U0062518

新古本
周易参同契
明意

温海明 著

Illuminating the New Version of
the Ancient Treatise on the
Book of Changes and the Unity of Three Continuities（*Zhouyi Cantongqi*）
and Its Intentionality

上海三联书店

目　录

序

唐明邦先生之女唐梦华女士为组建"明邦书院"之事,来寒舍拜访,提到中国人民大学温海明教授,过去几年里,他担任国际易学联合会秘书长兼学术部部长,团结学界众多师友一起研究《周易》,为推广易学付出了艰苦卓绝的努力。温海明教授研究推广易学这种不折不挠的精神,与我历时三十余年靠自力完成《丹道法诀十二讲》八卷本非常相似。温海明先生本是研究中国哲学和比较哲学的专家,过去主要研究儒家哲学和《周易》,但他对丹道一直情有独钟,刚回国任教那几年就曾教过《周易参同契》,可见他研究丹道已有十几年经历。

我一生致力于丹道研究和修行,阐发并公布丹诀,以期造福世人。我在《道学通论》里提出:"道学之士要为宇宙立基,为生灵立命,为人类图生存,为世界求和平,为科学开新篇,为社会奔大同,这就是新道学的历史使命。"温海明先生从年轻时入中国哲学这一行,就意识到我国哲学界对中国哲学的研究现状不能令人满意,而真正以中国人自己的传统理念对中国哲学展开的研究可以说几乎都没有起步。温海明先生认可新道学的使命,所以在九十年代就发心出国学习中西方比较哲学,再回来研究中国儒释道哲学。近几年来,他著有《周易明意》,说明他在易学方面能够一门深入,融会贯通,提出以"文王卦变方圆图"为中心的"卦变易学"。在"为学"方面,他创立意本论或意哲学,犹如我创立新道学;在"为道"方面,他汇集当代易学研究专家们编辑成《易经明解》三卷本,为这个时代的易学研究留下见证,犹如我花近三十年完成内丹学调研写成《丹道法诀十二讲》。可见,温海明教授是一个有历史使命感的学者。

我一直认为,丹家必以修心为本,温海明的《周易明意》开篇第一句话就是"易本心易"。他把自己的哲学理论称为"意学",认为哲学思考当以修意为本。我摸索丹道、禅、密诸家学问,前后三十余年,终究归之于一个

"心"字,认为三教学问都可以归于"心术",也可称心学。我认为每个人一生的得失荣辱,其实都是"境由心造",温海明教授有《儒家实意伦理学》一书申发"依境而生"之哲理,可谓所见略同。他赞同我关于王弼义理易学误导后世的观点,以《说卦》"穷理尽性以至于命"为易道正宗,所以提倡"卦变易学"来整合象数和义理之学,他的《周易明意》从意本论角度对64卦384爻作了精细的哲学建构,可谓独树一帜。他的《道德经明意》是关于《道德经》的意本论哲理阐发,可以接续我"新道学"的学术理路。近来他已完成《坛经明意》一书,说明他在完成"意丹"之学的时候,并不排佛,赞同佛道合参,这些都是难能可贵的。

据我所知,中国古代有三本书——《道德经》《黄帝内经》《周易参同契》——是中国文化在东方崛起的重要文化资源。此外还有《周易》、《孙子兵法》、《伤寒杂病论》,再加上佛教的《大方广华严经》,其中包含了中华文化的精华。《周易参同契》号称"万古丹经王",是古今最难读的一本书。连朱熹都说"辞韵皆古,奥雅难通","眼前见得了了如此,但无下手处"。《古本周易参同契》本是俞琰在静定中体悟《参同契》的一种直觉,后经道士杜一诚发掘出来,被杨慎确认,最后以仇兆鳌的整理本为优。温海明教授以此书为底本,可谓独具只眼。

温海明教授用几部系列著作把中国哲学本身的"心术"哲理讲出来,说明他具有坚强的意志力和强烈的人生使命感,充满学术公心。他觉得中国哲学界理解传统"心术"根本理念的学者少之又少,很多研究者对《周易》思维、阴阳五行、心物一体、身心一体缺少体会,其著作和讨论几乎没有多少中国哲学本身的味道。温海明教授对我提倡的中国圣哲一脉相传的"心术"绝学有深刻的认同。此学始于鬼谷子所授,而后"心术"仅在道学当中秘传,世人罕闻,至秦汉以后基本已成绝学。温海明教授1995年在鹭岛得授"心术"之学,而坚持弘扬道学至今,也有意师法先贤雅意,为中华民族复兴大业培养栋梁之材,我期待他有志者事竟成。

我因为研究内丹学,一直认为"境由心造"是丹家修炼的理论前提,温海明教授的《新古本周易参同契明意》续写"意本论",论证传统心物一体之哲理,没有深刻的人生体验,其哲学思想是难以论说成体系的。温海明教授的人生经历和学养与我在江湖上多年摸爬滚打有类似之处。我认为修道人要认真读现代心理学,尤其是弗洛伊德和荣格的精神分析学,温海明教授本是华东师范大学心理学科班出身,如今其《新古本周易参同契明意》多引用心理学和心灵哲学相关说法。该书的中心思想是"通神之意",接近于我所谓"双体合一(dual unity)的状态"。我认为丹家在双修中可以超越自我的心灵体验,直至扩大成为一种宇宙意识,获取整个人类、动物、植物的生物圈乃至各个星球的信息。温海明教授立足于"通神之意"的"意丹"说,也认同人的心灵可以与整个宇宙的量子虚空全息场产生共振,这和我提出的新道学文化科学观相通。

大自然比任何高科技高明,所以调神是中医学的道学境界,温海明教授在书中也以"通神之意"为核心论证"神"的重要性。我认为丹道修炼以辟谷胎息为入手正途,温海明教授也曾辟谷数次,并有修习胎息的经验。他提出的"意本论"其实是古代道学身心哲学的现代版本,在哲学、心理学甚至宗教学研究方面,都有深远意义。我自 1980 年 10 月得丹家法诀之传,1983 年在《文史哲》上发表研究《周易参同契》的文字,迄今近四十年的寻访和研究过程中,看到过不少关于《周易参同契》的翻译和注释著作,但像温海明教授这样除翻译和注释之外,还从意本论角度发挥其哲学思想的著作,确实很难见到。

温海明教授能够从意本论角度来申论和阐发《周易参同契》的哲学思想,跟他近三十年来在《周易》研究方面刻苦用功密不可分。他从少年时代开始就唯以求道为志,早年悟通《周易》和《道德经》之道,在往后二三十年求道历程中,能够遵循我说的"虚寂恒诚"要诀,努力"立一家之言,成一代学人"。我读他的《周易明意》《道德经明意》,感觉他努力做到分辨明晰,融会贯通,超越创新,再读其《新古本周易参同契明意》,发现全书结构分明,在仇兆鳌《古本周易参同契》基础上有所调整,发前人未发之见甚多。

《新古本周易参同契明意》一书参考了历史上流传下来的大多数《周易参同契》注本和现当代注译本,包括英译本,以及大量研究著作,经过多年研究写作而成。对于丹道的功理和功法,以及相关的哲学、思想、文化问题,甚至与西方哲学、宗教、心理学相关问题都作了研究和阐发。温海明教授细致翻译并解释《周易参同契》经文,建构以"通神之意"为中心的解释框架,努力论证其具有跨越时空的思想价值。该书对于弘扬优秀传统文化,帮助读者理解中国传统道术哲学思想的价值,传播中国文化和树立文化自信都有重要意义。温海明教授具有世界视野,强调《周易参同契》研究的中国立场,论述建构现当代身心哲学的必要性,从比较哲学的角度突出《周易参同契》的哲学和思想价值。该书强调《周易参同契》是中国道术哲学思想的核心,运用比较哲学、比较宗教、比较心理学的眼光,消化西方研究文献,这些视角是汉学界研究著作比较缺乏的。

《新古本周易参同契明意》相对于目前存世的本子来说,有如下特点:首先,该书形式独特,采取译、注、解、意四层著述形式,此前的《周易参同契》版本几乎没有从"意"的角度深入阐发其哲学与文化意义。其次,该书条理清晰,采用迄今为止清楚明白、有说服力的《古本周易参同契》的分章、分节、分小标题结构,并加以调整,使每章、每节、每段、每行的释读看起来简洁易读、清楚明白。第三,该书注解比较全面。注释部分综合古代和现当代各家说法,对必要的专业术语加以注释,采用大量脚注说清这些术语的意思,并加以必要的考证和学理说明。与此同时,作者引用欧美相关研究文献和学术著作,论述全面、专业、准确,有较强的当代气息。第四,该书哲理独到,以《新古本周易参同契明意》为名就是要通过"通神之意"来建立新的解释系统,系统解释经典文本,说明《周易参同契》本来就有自洽的哲学体系,这样的学术努力在《周易参同契》解释史上,多有新义。第五,全书解释明白浅易,采用比较哲学方法,对必要的哲学问题加以系统论述和说明,可以说站在与西方哲学、心理学对话的时代前沿。第六,该书对修炼功法作明白浅显的解释。内丹修炼功法素来难解,海明深入研究我对丹诀的阐发,对涉及内丹功法的地方都作了深入浅出的解释,并配以图表,不放过任何难以解释的地方,做到哲理连贯,首尾呼应,意味深长。总之,本书对《周易参同契》的解读既有深刻的学术性,又有较高的可读性,兼顾不同层面读者的需要。既可以作为学术研究著作,对东西方学界会有相当影响;也可作为相关国学课程的教科书或参考书。该书深入浅出,具有较大的流通价值,对普及道家文化很有意义。本书的读者群不限于对道家感兴趣的学术研究者,还包括广大的修炼群体。

透过温海明教授的字里行间,我能够感觉到他把做学问看作一种修持,正如他提出的"意丹"一般认真修炼,他考察内丹学涉及各个学科的隐微之情,旁及中西学术的奥妙,甚至不同学科如心理学、心灵哲学等之间非常细微的分别,尽量做到如掌上观纹一般明察秋毫,字句精审、用词确当,这可以说是他妙观察智的流露。全书以"通神之意"为中心,直达神境,努力达到会通中西、古今一贯的境界,很多关键的地方都以道观之,跳出分别心和差别相,这是他平等性智之发现。温海明教授在建立意本论哲学体系这件事上一门深入,如今通过《周易明意》《道德经明意》《坛经明意》诸著作,基本达到融会贯通、了如指掌的境界,可谓是他大圆镜智之激起。温海明教授处事治学熟能生巧,由巧通灵,许多历史性的难题他都迎刃而解,我期待他建功立业心想事成,发挥他成所作智的应用。如果温海明教授之为人为学,在立功、立德、立言各个方面都趋向这四种境界,他的法界体性智就大放光明,有望成为具有大学问、大智慧之哲人。

我常说,中国传统文化已经元气大伤,需要从古老的丹道文化中汲取营养,才能重新开发出其生命力。温海明教授在《新古本周易参同契明意》建构以"通神之意"为核心的"意本论",其实是为中国传统哲学研究接续先天元炁,期待其焕发活力的添油续命之作。我 1982 年受钱学森老师引导揭开《周易参同契》等丹经之谜以推进人体科学的探索,如今我在温海明教授的《新古本周易参同契明意》当中看出他已有相当高的造诣和深厚的体会,希望他今后能够百尺竿头更进一步,为中国传统"道术"哲学登场走向国际学术舞台不断努力。

胡孚琛

识于中国社会科学院

庚子冬月

导论：通神之意

——比较哲学境遇中的意丹学

本书致力于揭示中国古代身心哲学智慧对于世界的意义。道家的哲学，尤其是通过内丹术体现的哲学思想，传统上一直是中国文化的核心，也是中国古人对于世界文化的重大贡献。[1]可是，随着西方科学的传入，道家通天贯地的哲学思想被西方人定胜天的物质主义驱离，而内丹哲学思维也在近代被迫卷入如中医哲学思维般的悲惨命运，被西方心物分开的二元论世界观贬抑、排斥和边缘化，以致中国传统本来的道术文化及其所蕴含的精湛智慧，非但不能够帮助中国人建立文化自信，反而令国人陷入人云亦云、自弃宝藏、托钵乞食的悲惨文化处境之中，传统身心哲学之宝藏得不到开发和重视，可谓无限悲凉。[2]

《周易参同契》作为经典，同时还有中国传统文化之轴心意味，因为它涉及天文、历法、丹药、修行等方方面面。作为道学经典，它自有一定的封闭性和排他性，还有相当的神秘性和不可言说性。类似的特点东西方宗教都有。如果说西方的宗教千古相仇，那么可以说中国的宗教千古相嫉，但没有西方大规模的军事性的宗教冲突或战争[3]，只有义理和教义方面

---

[1] 张广保指出："作为渊源于中国本土的一种主要宗教形式，道教与世界上其他各大宗教和基督教、佛教及伊斯兰教相比，具有一个很重要的内在特征，这就是：以术合道或称术道合一。"参张广保：《唐宋内丹道教》，上海：上海文化出版社，2001年，"自序"，第1页。

[2] 胡孚琛写道："人体生命科学的研究越来越向人们证明，西方笛卡尔心身二元论的哲学是错误的，人的心身是相互作用乃至相互转化的一个整体。有趣的是，西方这几年兴起的心灵哲学也正在否定笛卡尔心身二元论的观点，逐步向中国道学文化的身体观靠拢。"参其《丹道法诀十二讲》（珍藏修订版），北京：社会科学文献出版社，2018年，第348页。

[3] 李泽厚认为："中国从来没有真正的宗教战争，便是世界文化史上一大奇迹。"参李泽厚：《论语今读》，北京：中华书局，2015年，第3页。

的排他性。历史上,道学因其不入世的品格,不到乱世之时不会迫不得已出来救苦救难,和平时期基本上都与世俗社会保持相当距离。

道学本身有其融贯的哲学系统,但一直难以为现代哲学家们所理解,更不要说得到重视和传播。本书通过注释《古本周易参同契》并作哲学阐释,希望实现对道学修炼功夫与智慧的现代哲学理解及诠释,力图从现代哲学的角度建构新道学,以期东西方哲学在身、心、意等根本问题上能够融会贯通。卢国龙指出:"道教哲学是中国传统哲学的一个有机组成部分,是传统哲学大系统中的一个子系统。"[1]詹石窗指出:"道教哲学是道教文化的核心内容之一,也是中国哲学的重要组成部分。"[2]但他也注意到,中国哲学史著作和教材很少重视道学的内容,所以希望道学的特点和地位需要得到理解和重视。

今造《新古本周易参同契明意》,通过哲学诠释的方式,帮助人们理解中国新道学思想,本有一套亘古亘今、颠扑不破的哲学系统,以期重建吾人对于新道学身心哲学之为中国传统哲学重要宝藏之信心。

一、《周易参同契》的作者和内容

(一) 作者

有"万古丹经王"之称的《周易参同契》是内外丹理论的源头,在中国哲学与文化史上占据着特殊的历史地位。关于《周易参同契》的作者历来有两种说法:一是东汉魏伯阳著;二是东汉魏伯阳、徐从事、淳于叔通合著。持魏伯阳著的理由是中下篇有魏伯阳自序,其中有隐语自署其名;葛洪《神仙传》说魏伯阳"作《参同契》、《五相类》凡二卷",《旧唐书·经籍志·五行类》中认为此书为魏伯阳著。五代后蜀彭晓《周易参同契分章通真义》的《序》按《神仙传》认为《周易参同契》为魏伯阳著,但其流传则是因为魏伯阳密示青州徐从事,徐从事隐名而写注;到后汉孝、桓帝年间,再传授给同是上虞人的淳于叔通才公之于世。彭晓只承认魏伯阳为作者,徐从事是注解者,淳于叔通是传经者,不同意魏伯阳、徐从事、淳于叔通三人

[1] 卢国龙:《道教哲学》,北京:华夏出版社,2007 年,《导论》第 1 页。
[2] 詹石窗:《道教哲学的定义、特点与地位作用简论》,见《道家文化研究》(第二十一辑),北京:生活·读书·新知三联书店,2006 年,第 77 页。

各写一篇的说法。

　　持三个作者之说的根据在于:唐玄宗(711—756 年在位,一说 712—756 年在位)时,绵州昌明县令刘知古所著《日月玄枢篇》说徐从事据龙虎天文作《周易参同契》上篇;传给魏伯阳,魏伯阳作了中篇;后传淳于叔通,淳于叔通作了下篇;三篇合于三才之道。明《正统道藏》太玄部映字号收原题长生阴真人注《周易参同契》三卷,其序言:

　　　　盖闻《参同契》者,昔是古《龙虎上经》,本出徐真人;徐真人青州从事,北海人也。后因越上虞人魏伯阳造《五相类》以解前篇,遂改为《参同契》。更有淳于叔通,补续其类,取象三才,乃为三卷……托《易》象焉。

按照这种说法,徐真人先有古《龙虎上经》,魏伯阳解《龙虎上经》而造《五相类》,其旨相通,于是改古《龙虎上经》为《参同契》;然后,淳于叔通法天地人三才补续其类,托《易》象,于是成《参同契》三卷。陈国符和孟乃昌认为,托名阴长生注本和容字号无名氏注本为唐代注本,早于彭晓本。[1]而此两本的序言都认为,徐从事、魏伯阳、淳于叔通三人在不同时期完成了《参同契》三卷。章伟文经过考察,认为:

　　　　学术界一般认为,与《周易参同契》密切相关的魏伯阳、徐从事、淳于叔通其盛年大致在东汉桓帝、灵帝之时;《周易参同契》一书亦当作于这一时期,其作者为魏伯阳,徐从事、淳于翼与《周易参同契》也有密切关联。《周易参同契》的主体内容有可能完成于后汉时期,与当时流行的黄老之学和金丹道教有关。[2]

章伟文综合两说,以魏伯阳为主,不排除徐从事和淳于叔通参与创作的可能。

　　综上所述,本书认为,对于《周易参同契》如此参差不齐、争议迭出、聚

[1] 参马宗军:《周易参同契研究》,济南:齐鲁书社,2013 年,第 89—90 页。
[2] 章伟文译注:《周易参同契》,北京:中华书局,2014 年,第 8—9 页。

讼纷纭的文本来说,三作者说应该比单作者说更加合理。本书认为,古文《龙虎经》(即《龙虎上经》)当最先为徐从事真人所著,这是五言经文;之后魏伯阳运用五行说解释《龙虎经》,写成《五相类》,这是四言传文;因二书本旨相通,就改古《龙虎上经》为《参同契》;最后,淳于叔通取法天地人三才,依托《周易》之象继续补充,即《大丹赋》和《鼎器歌》,这样就编成了《参同契》三卷。魏伯阳给三卷各写了序跋之文,为古文《龙虎经》五言经文写的称为《魏真人赞序》,为自己《五相类》写的称为《魏真人〈五相类〉序》,在三卷最后写的称为《魏真人自叙启后章》。

(二) 四言句与五言句

《参同契》原书已佚,只存各种注本。自东汉问世之后,为之注释者有记载的不下百家,流传至今的约四十余家。从后五代彭晓开始,研究《参同契》者就致力于"分章定句,合义正文"[1],可见《参同契》的文辞对后世的困扰之大。彭晓《周易参同契分章通真义》分九十一章,《古本周易参同契集注》说"颇嫌割裂支离"[2]。宋末元初俞琰认同三作者说,他在《周易参同契发挥》的《后序》中说:

> 忽一夕于静定中若有附耳者云:魏伯阳作《参同契》,徐从事笺注,简编错乱,故有四言、五言、散文之不同。既而惊悟,寻省其说,……文义重复如此。窃意三人各述一篇之说,未必不然。

俞琰认为不能否定三位作者与《周易参同契》有密切关联的说法。应该说,基于历代注家的判断,三位作者各自写成的文本之间当有所区别。下面综合各家看法,推断四言句和五言句内容的不同。

"始文使可修,终竟武乃陈"与"首尾武,中间文"二者说法有明确区别,说明《周易参同契》的文字由不同作者完成的可能性很大,加上历代都有不同作者的说法,所以如果能够考证出一个前后自洽的说法,或许对于

---

[1][清]仇兆鳌:《古本周易参同契集注》,上海:华东师范大学出版社,2015 年,第 4 页。

[2][清]仇兆鳌:《古本周易参同契集注》,上海:华东师范大学出版社,2015 年,第 10 页。

《周易参同契》的注释和解说,可以有所推进。

《契》文有"八石正纲纪",似乎认为后天药物(八石)正是修丹的纲纪和关键,这说明"八石"非常重要;不过,文中又有"八石弃捐",这似乎认为武都所出的雄黄和八石之类的东西,跟人的性命不是同类,应当抛弃不用。这样看来,五言句和四言句之间,有些地方可能有着针锋相对的矛盾,看起来四言似乎是对五言的否定,是针对五言句的说法有感而发的,加上四言句此句后有魏伯阳的廋辞,嵌有"魏伯阳著"之意,当可以作为署名,这样看来,魏伯阳写四言句,为《参同契》经文作传的可能性很大。

明代正德年间(1506—1521)苏州道士杜一诚、嘉靖年间(1522—1566)杨慎在俞琰之说的基础上,将内容重新分类——以四言为魏伯阳之经,五言为徐从事之注,《赋》《乱辞》及《歌》为《三相类》,乃淳于叔通之补遗——谓之为《古本参同契》。仇兆鳌《古本周易参同契集注》卷上"四言经文"起始的说明:"分四言以定经,则无长短句语之混淆;按古韵以分章,则无前后错简之倒置,古本所以可贵也。经文古奥,耐人寻思;传文疏爽,读之醒目,判然两人手笔。安得比而同之?具眼者自知耳。"[1]可见,四言经文与五言传文明显不同,而且区分之后有很多优点。萧汉明、郭东升认为:"在章法之起接、段落之关联、文句之条理及韵脚之调谐诸方面,则以仇兆鳌的《古文周易参同契集注》为优"[2]。马宗军也说:"此本事理贯通,深达道妙,而且音韵详确,美不胜举,堪称宗古派之最高成就。"[3]可见,仇兆鳌的《古文周易参同契集注》当是分开四言句和五言句之后最为理想的本子。

仇兆鳌的《古文周易参同契》以四言句为经,五言句为传。孟乃昌不同意,他说:"内容表明,五言句实为经,四言句为传。……徐渭(1521—

---

[1] [清]仇兆鳌:《古本周易参同契集注》,上海:华东师范大学出版社,2015年,第7页。

[2] 虽然萧汉明、郭东升书中的《校释》多认可《古本》有道理,但最后自己的校释文并没有按照《古本》,而是以唐代《周易参同契阴长生注》为底本。参萧汉明、郭东升:《〈周易参同契〉研究》,上海:上海文化出版社,2001年,第40页,第245页。

[3] 马宗军:《周易参同契研究》,济南:齐鲁书社,2013年,第92页。

1593)独不以四言经、五言传为然。"[1]可见,历代以五言句为经,四言句为传的看法非常少。因为这与《古文参同契》的说法正好相反。萧汉明、郭东升在《古文周易参同契》和孟乃昌结论的基础上做了深入的研究,他们写道:

> 《古文周易参同契》以文体分篇,为正确指证《参同契》、《五相类》提供了新的契机。该书以四言句为魏伯阳所著之《参同契》,五言句为徐真人传注,《大丹赋》、《鼎器歌》为淳于叔通所撰之《五相类》,除徐真人传注有取于彭晓序外,余皆有取于容字号无名氏本序,区别只在篇目指认对象不同而已。孟乃昌以此为基础,指认五言句为《参同契》、四言句为《五相类》,此两篇与《大丹赋》、《鼎器歌》分属四位作者,并据五言句后序之廋辞辞定四言句《五相类》为魏伯阳著。孟氏之失在于对五言句后序缺乏全面推敲,对五言句与四言句未能展开充分比较分析,仅以定四言句为魏伯阳所著之《五相类》为满足。[2]

萧汉明、郭东升继续论证"五言句为《参同契》、四言句为《五相类》和准确判断作者归属",说明了以下几条理由:

1. 五言句透露了对先贤著作的吸收。如"《火记》不虚作,演易以明之。《火记》六百篇,所趣等不殊。文字郑重说,世人不熟思。寻度其源流,幽明本共居。窃为贤者谈,曷敢轻为书?"五言句提到《火记》这部古代丹经,阐述丹道火候要秘之书,而四言句没有提及任何先贤的炼丹著作,"可以理解为作书的依据既然已经在先期著作中有了交代,后续著作自然无须对之再作说明。"[3]

2. 五言句对天体结构的描述过于简略,四言句是对五言句的充实与

---

[1] 孟乃昌、孟庆轩辑编:《万古丹经王〈周易参同契〉三十四家注释集萃》,北京:华夏出版社,1993 年,第 5 页。这篇序言的写作时间是 1991 年 5 月 17 日。

[2] 萧汉明、郭东升:《〈周易参同契〉研究》,上海:上海文化出版社,2001 年,第 42 页。

[3] 萧汉明、郭东升:《〈周易参同契〉研究》,上海:上海文化出版社,2001 年,第 43 页。

补充。[1]

3. 五言句以乾坤象征天地,阴阳往来为乾坤之用,正文未出坎离两卦,内容直接来自《易传》。而四言句有"配合相包"的鸡子形状,吸取了浑天说的理论;还有橐籥(风箱)模型的宣夜说特点,所以宇宙模型的复杂性、易卦运用的创造性、天体结构的精细性等,都超过五言句。[2]

4. 五言句对六十卦月的叙述很浅陋,而四言句意蕴深厚。萧汉明、郭东升引清初陶素耜(1650—1723)《参同契脉望》对"朔旦屯直事,至暮蒙当受。昼夜各一卦,用之依次序"的注,认为"以六十卦配一月三十日之昼夜,只是一般地象征火候药物之升降,并无其他深义可求。"[3]但他认为,四言句"按历法令,至诚专密。谨候日辰,审查消息"相对来说要更严格细致一些,并引董德宁注:"盖一日有十二辰,而一辰有八刻。息为阳生,自子至巳;消为阴生,自午至亥也。谓岁时气节之数,则以日辰为主;而阴阳二气之运,则以消息为机。故当谨候而审察之也。"[4]

5. "天符有进退,屈伸以应时"说明一月内月相的变化,以象征火符之屈伸。四言句补以乾卦六爻配震兑乾巽艮坤六卦,象征阳气自"造端"至"已讫"的过程。"纳甲法的采用只是对京氏易的继承与发挥,而以乾六爻配六卦之法则属魏伯阳独创。"[5]

6. 五言句以复卦为起始,论阴阳消长,四言句借用十二辟卦,对上述五言句的大略"敷陈"作了周密的补叙。四言句对五言句终坤始复的描述要更加形象、具体、生动、细密,是"补塞脱遗"的有力例证。[6]

7. 五言句对人体生理状况缺乏探讨,而四言句从男女媾精、胎孕至躯体生成作了详尽补充。[7]

[1] 萧汉明、郭东升:《〈周易参同契〉研究》,上海:上海文化出版社,2001年,第47页。
[2] 萧汉明、郭东升:《〈周易参同契〉研究》,上海:上海文化出版社,2001年,第49页。
[3] 萧汉明、郭东升:《〈周易参同契〉研究》,上海:上海文化出版社,2001年,第49—50页。
[4] 萧汉明、郭东升:《〈周易参同契〉研究》,上海:上海文化出版社,2001年,第51页。
[5] 萧汉明、郭东升:《〈周易参同契〉研究》,上海:上海文化出版社,2001年,第51页。
[6] 萧汉明、郭东升:《〈周易参同契〉研究》,上海:上海文化出版社,2001年,第51—53页。
[7] 萧汉明、郭东升:《〈周易参同契〉研究》,上海:上海文化出版社,2001年,第53页。

萧汉明、郭东升列出的理由基本合理,路永照认可萧汉明、郭东升的考证,他写道:

> 彭晓本第八十四章"补塞遗脱"的文字:"参同契者,敷陈梗概,不能纯一,泛滥而说,纤微未备。今更撰录,补塞遗脱,润色幽深,钩援相逮,旨意等齐,所趋不悖,故复作此,命五相类。"这段文字明显是著者完成作品后的自我题跋,它包含了以下几个重要信息:其一,《五相类》是对《参同契》的补充;其二,《五相类》的著者与《参同契》著者并非一人,古人是慎于立言的,著者对其前期作品做出"敷陈梗概,不能纯一"的评论,可能性不大;其三,《五相类》应是指四言的部分,因为这段文字应是《五相类》的组成部分,而它本身就是四言的。这就是说,四言经文产生在五言经文之后,是对五言经文的注解、发挥和补充。[1]

路永照认为,《五相类》是为了补充《参同契》而写的;两个文本当有两个作者,所以后面的作者会对前文有所评论;《五相类》指的是四言部分,是对五言部分的"注释、发挥和补充"。他进而举两段文字说明。五言句谈月相纳甲的段落是:"复卦建始萌,长子继父体,因母立兆基。消息应中律,升降据斗枢,三日出为爽,震庚受西方。八日兑受丁,上弦平如绳。十五乾体就,盛满甲东方。蟾蜍与兔魄,日月气双明,蟾蜍视卦节,兔者吐生光,七八道已讫,曲折低下降,十六转受统,巽辛见平明,艮直于丙南,下弦二十三,坤乙三十日,东北丧其朋。节尽相禅与,继体复生龙,壬癸配甲乙,乾坤括始终。"四言句沿用月相纳甲的理论,文字是:"昴毕之上,震为出徵。阳气造端,初九潜龙。阳以三立,阴以八通。三日震动,八日兑行,九二见龙,和平有明,三五德就,乾体乃成。九三夕惕,亏折神符。盛衰渐革,终还其初。巽继其统,固际操持。九四或跃,进退道危。艮主进止,不得逾时。二十三日,典守弦期。九五飞龙,天位加嘉。六五坤承,结括终始。酝养众子,世为类母。上九亢龙,战德于野,用九翻翻,为道规矩。阳数已讫,讫则复起。"四言句辅以乾卦六爻,深入说明阳气消长变

---

[1] 路永照:《论〈周易参同契〉的文本系统》,《周易研究》2011 年第 3 期。

化,这相对五言句的内容来说,明显是进一步丰富。路永照补充的证据是:

> 四言经文、五言经文并非出自一人之手的另一个证据是,文中多处讲到同一事物时,作者使用了不同的称谓。如,对于"北斗"的提法,四言的文字是"璇玑"(彭晓本第四十八章"循据璇玑"),五言的称法是"斗枢"(彭晓本第十三章"升降据斗枢"),而在《大丹赋》中则用了"关键"(彭晓本第八十章"关键有低昂兮")。再如,对于"元精",彭晓本第十六章的五言提法是"元精眇难睹",而在彭本第四十一章四言的则是"玄冥难测"。(《黄庭内景经》则有"肾神玄冥字育英"。)笔者认为,这不是作者在刻意追求避免重复,而是著者本身使用文字的习惯造成的。如,"鸿蒙"一词既有四言的"混沌鸿蒙",也有五言的"希言顺鸿蒙"、"仲尼赞鸿蒙",如果为避免重复,"鸿蒙"一词大可有许多同义语来替代。[1]

路永照强调,四言句和五言句并非出于一人之手。以上从孟乃昌到萧汉明、郭东升和路永照的考证,都是文本内证,条理融贯,说理清晰,结论鲜明,比较可取。可以继续做点补充,如果说四言句"按历法令,至诚专密。谨候日辰,审查消息"的"密""谨""审"只是态度上更加严格一些,并没有增加实质性内容的话,那么四言句中,此句之前"屯以子申,蒙用寅戌"显然是用纳甲解释六十四卦与三十日的配法,这就比"朔旦屯直事,至暮蒙当受"的粗略讲法要精细多了。如此比较也可以说明,四言句是对五言句的深化和发展;也就是说,四言句是基于五言句的内容写出来的。

(三)祖师乱辞[2]

在《周易参同契》中,伯阳祖师自述写作此书,实属迫不得已,说自己在写书的过程中感到非常矛盾,一方面自己参悟多年,很有心得,希望将

---

[1] 路永照:《论〈周易参同契〉的文本系统》,《周易研究》2011年第3期。

[2] "乱辞"虽有提纲挈领之总结之文的意思,但前贤注释多理解为淆乱之辞,说明之前注家多认为"乱辞"确实有故意淆乱文辞章句的意思在。参考书中相关讨论。

大道表达出来,写得清楚明白,纲举目张;可是另一方面又担心泄露天机,所以不得不运用隐语,甚至可能不惜把文辞和章节弄乱,毕竟悟性高的学习者,自然能够领悟文字背后的真义。他说:"伤之!定录此文,字约易思,事省不繁,披列其条,核实可观,分两有数,因而相循;故为乱辞,孔窍其门,智者审思,用意参焉。"伯阳祖师如此矛盾,当然跟此书要传达的特殊内容有关。著书是为了传道,为了让人读懂,就要把字词的运用尽量简约,使后人易于思考理解,让人觉得修丹之事其实可以是纯粹简易的,而不是繁杂困难的,尽可能纲举目张,明白晓畅,所以把纲目披露罗列出来,确定内核是真实可靠的,让人看了觉得清楚明白,甚至连火候分寸,药物剂量的数目都分毫不乱,方便后学根据书中所写来修炼。

可是,伯阳祖师可能故意写下了混乱的言辞,或者写好之后,故意把章节和内容变得混乱难懂,只是在通往修丹大路的门径上故意留下几个孔窍,这样做的目的,是为了不让一般人轻易得到修丹的真诀,而让真正有智慧的人,通过精审的思考和认真的修炼,去参透修丹的玄机。此处伯阳祖师的"意",一般理解为用心去参研,心专而意诚,这是什么样的"意"呢?本书认为,伯阳祖师要强调的是"智者"才能具有的"通神之意"。也就是说,一般人"意"不通神,所以读不懂《周易参同契》,他们没有"通神之意",智慧不够,即使花费几代人的努力,都不可能找到修丹的门径。

今天我们只有运用通神之意,穿透伯阳祖师留给我们的"乱辞",才能拨开云雾见青天。当然,类似的工作历代注家多有涉及。在做这件工作之前,我们首先要确定这件工作是必要的,也就是说,伯阳祖师留给后世的文字,本身确实是"乱辞",《周易参同契》的文字从伯阳祖师完成之后流传伊始就是"乱"的,而且可能是伯阳祖师故意弄乱的。从伯阳祖师写的"故为乱辞,孔窍其门,智者审思,用意参焉"是四言句来看,我们可以首先把四言句看作是伯阳祖师作,而且就传世的《契》文来说,四言句应该是在五言句之后完成的,这样才能把四言句和五言句掺杂在一起,成为形式上四言句和五言句相杂的"乱辞",否则就"乱"不起来。如此来说,以五言句为经,四言句为传的说法,就有一定的道理。

(四)本书新建版本

基于以上结论,本书致力于建构以五言句为经,四言句为传的新版本。本书不用通行本的部分原因与《周易参同契》这句话有关:"忧悯后生,好道之伦;随傍风采,指画古文;著为图集,开示后昆;露见枝条,隐藏本根;托号诸名,覆谬众文。"意思是圣人贤德担忧怜悯后世修丹之人,都跟他们一样是专心修道的同类;于是随顺依傍前贤的风貌文采,依其所传的古代文献来指点图解它们;著作成为图书典籍,用来开示启发后学之人;可是在这个过程当中,他们显露的不过是一些枝节条末,隐匿敛藏起原本的根源;并假托名号还有各种名称,颠覆谬改众多的文辞。可见,在《周易参同契》成书之前,修改丹经已经是非常普遍的事情。《周易参同契》作为"万古丹经王",后人不断修改,甚至故意错乱,也是情理之中,原因就是不让后学真正明白修丹绝学所在。

这是中国古代经典著述一个非常奇怪的现象。因为这部书有真理,悟道的人都受益于它,但也正是因为知道要想悟得修丹的真理,需要付出漫长的时光和巨大的代价,领悟的人反而不想在书中把真理一泄而尽,而故意用各种繁杂的名词来包装隐藏真正的功法。当然,悟道之路可谓历尽千难万险,前面的悟道者不甘心把大道简单开示、传之后学,于是就出现了经文不断被篡改、解释越来越复杂的诠释学系统。

从这个意义上说,关于《周易参同契》的所有文字,从本经到历代注释,都可以说是不可靠的,都应该放下甚至抛弃。但是,我们离开《周易参同契》这样的文字,可以说又几乎无法窥视古代修炼丹道的风景。这是修炼丹道最为吊诡的地方:可以这样说,作者们运用一套并不可靠的、甚至故意误导读者的言语系统,去表达一套古来颠扑不破,令人无法质疑的功夫和修道体系,而且,舍此之外,还没有太多其他言语系统。修丹的其他经典和言语系统,都是从《周易参同契》演化出来的,根子都在《周易参同契》的文字之中。

通行本《周易参同契》并不容易读懂,前贤于此多有说明,重要原因就是章节混乱。《周易参同契》所论修丹大法,古往今来秘不示人,著者和注家不得已落于文字,也不愿读者轻易读懂,因此最初的传本就四五言夹杂,当是故意使之难通,后世注家语焉不详,一方面因为得悟大道极度艰难,一方面又恐泄露天机太过,故乐于注释并不通顺的传世文本,让读者悟者自悟,得者自得。能够得道之人,自然有能力绕过混乱的文字表象,顿悟心开,修成正果。

本书致力于重建此经的文字系统。迄今为止，版本最为严整的是仇兆鳌《古本周易参同契集注》："今定经文一十八章，传文一十八章，合《易》卦三十六宫之数；末卷殿以《赋》、《歌》两章，兼应《周易》二篇之意。"[1]同时参考萧汉明、郭东升的《周易参同契》校释[2]，胡孚琛的《精校魏伯阳〈周易参同契〉》[3]。本书以《古本周易参同契》为底本，采纳最新研究成果，改仇本四言经为传，而五言传为经。以《古本周易参同契》为底本，可使经意明白晓畅，条理畅然清晰。

本书以五言句为徐从事古《参同契》经，四言句为魏伯阳《五相类》传，调整之后，有如下近乎巧合和合情合理的理由：

1. 前说伯阳祖师用心良苦的句子"故为乱辞，孔窍其门，智者审思，用意参焉"正好成为四言句的最后一章最后一句，好像伯阳祖师当年可能确实如此写下最后这句话一般。可以理解为，在他本人或他人打乱全书章节，使之流传于世之前，他自己写下的文字，以这句话作为全书的最后一句，是合情合理的。

2. 仇本下卷开篇《徐从事传文序》最后也是"用意健矣……重加意焉"，几乎完全通于伯阳祖师《魏真人自叙启后章》"用意参焉"的教导。旧传《徐从事传文序》为伯阳祖师赞词，可以这样理解，因为五言句不是他自己写的，所以伯阳祖师专门为五言句《参同契》写了赞词，强调"重加意焉"与"用意参焉"如出一辙，而且非常合理。伯阳祖师此"意"，当可通于本书的"通神之意"。

3. 既然五言句为古《参同契》，那么四言句当为伯阳祖师亲作的《五相类》，专门从五行的角度深入细致地阐发《参同契》的功理和功法。

---

[1] 三十六宫，指"非反即覆"的三十六对卦体。上下反复的卦，上经十八对，下经十八对，上经乾坤，颐大过，坎离重出，下经中孚，小过重出，三十六对，七十二卦，减去重复的八卦，得六十四卦。三十六对上下反复卦，为三十六宫。

[2] 萧汉明、郭东升：《〈周易参同契〉研究》，上海：上海文化出版社，2001年，第247—308页。

[3] 参胡孚琛：《丹道法诀十二讲》（珍藏修订版），北京：社会科学文献出版社，2018年，第1613—1632页。他精心校对的参同契，曾发表于《中国哲学史》1994年第3期，虽然他说："此精校本凝聚了笔者十多年心血，现予公布，自信为《参同契》文本中谬误最少者"（第1616—1617页），可惜他省去了校记和注释，对文字的取舍不明。

4. 仇本《三相类序》"参同契者,敷陈梗概,不能纯一,泛滥而说,纤微未备,阙略仿佛"当为《五相类序》[1],应是伯阳祖师作的。伯阳祖师认为古《参同契》文字过分简要,不够精细,所以用四言句条分缕析,使其更加精准到位,完全符合之前的分析。

5.《五相类序》"《参同契》者,敷陈梗概,不能纯一,泛滥而说,纤微未备,阙略仿佛。今更撰录,补塞遗脱,润色幽深,钩援相逮;旨意等齐,所趋不悖。故复作此,命《五相类》"当在四言句的开头,而不当如萧汉明、郭东升本认为是"《五相类》后序"[2]。也不当如仇本放在经传文之后[3],放在经传文之后,很自然跟下一句"大易情性,各如其度。黄老用究,较而可御。炉火之事,真有所据。三道由一,俱出径路"对应起来,认为俞琰改"五"为"三"似乎有理,因为后面没有其他内容支撑"五"的理由。但放在四言句的开头,则跟四言句多引五行来解释《参同契》内容合拍,伯阳祖师所著内容自称《五相类》,也就合情合理了。[4]

6.《五相类》当为"五"而不是"三"的另一个旁证可以从《悟真篇》借用五行解释修丹之法,与《参同契》用五行解释修丹之法的内在结构完全

---

[1] 仇本依俞琰本改"五"为"三",萧汉明、郭东升不同意,他们认为:"《参同契》之名,取义于大易、黄老、炉火三者同契于道。《五相类》之名,取义于五行功能模型,强调了'三五与一,天地至精'之道。二者的关系是'钩援相逮;旨意等齐,所趋不悖',而《五相类》较《参同契》,则有补塞其遗脱之文,润色其幽微深奥之处的作用。"萧汉明、郭东升此解甚为有理。参萧汉明、郭东升:《〈周易参同契〉研究》,上海:上海文化出版社,2001 年,第 297 页。

[2] 萧汉明、郭东升:《〈周易参同契〉研究》,上海:上海文化出版社,2001 年,第 296 页。

[3] [清]仇兆鳌:《古本周易参同契集注》,上海:华东师范大学出版社,2015 年,第 137 页。

[4] 萧汉明、郭东升指出,从葛洪至两宋,阴本、彭本、容字号无名氏本、朱熹本、储本、陈显微本,一直用《五相类》名。俞琰改"五"为"三",但不知道《三相类》的确指。仇本放在传文之后,也没有确指。萧汉明、郭东升认为,《五相类》的内容,需要在古本分开四言句和五言句的基础上才能看明白,否则连朱熹确定的《五相类》内容也不合适。参萧汉明、郭东升:《〈周易参同契〉研究》,上海:上海文化出版社,2001 年,第 55—59 页。

相通为一，虽然文字不同，但五行修丹的结构却完全一致。[1] 紫阳祖师张伯端倡《参同契》为"万古丹经王"，而后世并称其著《悟真篇》与《参同契》同为"万古丹经王"，实际是因为文本虽然不同，但内在的结构完全相通，而这个相通的结构，就是用五行来解释修丹之法，而不是《参同契》依托的其他结构，比如《周易》先后天八卦，六十四卦，纳甲体系等等，说明伯阳祖师对于五行解释修丹之法用功很深，所以《五相类》当为"五"而不是"三"才合理。[2]

7. 仇本《魏真人自序》当在全书最后，可改回旧题《魏真人自叙启后章》，交代自己综合古《参同契》（即徐从事著古文《龙虎经》）、自著《五相类》和他人的《大丹赋》《鼎器歌》（可能为淳于叔通著）合称为《周易参同契》以传世。

8.《魏真人赞序》是魏伯阳给古《参同契》，即徐从事五言的《龙虎经》所作的赞辞，相当于《周易参同契》全书的序言；《魏真人〈五相类〉序》是给自己四言的《五相类》作的序，《魏真人自叙启后章》是《周易参同契》编辑完成之后，魏真人给自己的全书写的后记。如此一来，说明《周易参同契》应该是徐从事、魏伯阳和淳于叔通三人各写一部分，最后经魏伯阳编辑而完成的。

9. 魏伯阳在最后整理全书时，写了前中后三篇文章，使得全书条理融贯，合情合理。

10. 本书仿魏伯阳四言句传，以四言句翻译全书，作为《意丹续传》，即以意丹为中心的《续传》。

(五) 译注解意

本书每节的注释解读分为译、注、解、意四个部分。译文为四字句，应四字句为传之传统。注文基于传统和当代注释，并辅之以"通神之意"角

---

[1] 胡孚琛认为："张伯端晚年得道，著《悟真篇》，将《周易参同契》的内丹秘诀公诸于世。"又参张青玄注译：《悟真篇》，浙江道教学院课程教材（北京：中华书局即出）。

[2] 孔令宏指出："张伯端的思想以《周易参同契》、《道德经》为根本。……《悟真篇》的体例结构是仿造《周易参同契》所运用的易学象数模式，……《悟真篇》所表达的内丹理论的框架同样与《周易参同契》中的易学象数模式相同。"参孔令宏：《宋明道教思想研究》，北京：宗教文化出版社，2002年，第99页。

度的"意丹"新解;解文为理解本章的关键要点的申发;意文为基于"通神之意"角度的意丹哲学体系性建构。

本书的注释和翻译致力于说明,《周易参同契》原文大部分意思本身是清楚的,难懂多因为后代注释带入很多修丹的隐语,使其变得繁复深奥,难以明白,其实这是注释者有意为之,为的正是不想让后人看懂文字,以便为口传心授留下空间。其实,修丹的具体功法见仁见智,本来《周易参同契》书中也没有多言,后人注释只代表其实修和理解而已。本书致力于发现历代注释本之间的共性,不去纠结具体功法之间的区别,尤其不分辨表述上的枝节差异,力图抓住意丹大道,说明丹法万变不离其宗。

【译】原文四言或者五言,带有诗意,所以译文亦诗化,基本采取四字句的方式来译。尽量忠实原文,有些地方加入自己的理解,融贯了意本论的思路,凸显译文特色。部分译文看起来依文解意,但译文以"意丹"为中心思想,带有《意丹经》的意味,讨论修炼"意丹"的宗旨和方法,超越传统外丹和内丹的理解。

【注】朱熹说《周易参同契》"词韵皆古,奥雅难通"[1],所以要进行必要的文字注释。本书注释部分尽量简单,努力切近原文本义。大部分注释中保留原文,主要是为了阅读和理解的方便。疏通字词句的意思,采用的修辞手段以及字句背后的比喻和隐喻意义,甚至作者如此书写的目的等等。

【解】说明本章的主旨,本章论证的结构,结合古今注本解释,说明历代争论的焦点,以及相关的观点,但不面面俱到,主要说明本书所取断见的来由。再结合修丹理论的相关讨论加以探讨,并进而导入"通神之意"的哲学维度。"明解"部分涉及多学科背景的交流互动及比较哲学的意涵。

【意】确定与本章相关的哲学问题,研讨该哲学问题的相关讨论,尤其是该哲学建构与现象学和心灵哲学的相关性,以及可能的对话之论,从而建立"通神之意"的哲学论说,推出"意哲学"的"通神之意"版本。"明意"的哲学建构致力于建立比较哲学视域中的意丹学体系,讨论的问题以"心、意、念、神、身"等相关的哲学问题为主,尽量有新的哲学思路和体系

[1] 朱熹《周易参同契考异》后跋。

化建构。

二、《周易参同契》哲学五论

（一）太极（大）宇宙论

《周易参同契》继承《周易》的太极宇宙论，以"太极""两仪""四象""八卦"为其宇宙论的核心系统。虽然没有用"太极"一词，但含义见于文中，如太极生两仪，黑白相扶（62）[1]两仪生四象，四时（4）；四象生八卦；八卦生六十四卦等意，可见《周易》整个八卦系统都被继承下来，至于六十四卦如何与火候相配，只是提及，而没有细说，倒是十二消息卦的系统，因为与天时相配，既是《周易》六十四卦卦变的基础，是六十四卦卦爻辞来源的总纲，也是《周易参同契》修炼的根基所在。十二消息卦可以配年月日时不同时刻的天时，可以与季节、方位相配，可以具有五行属性，还可以与音律等等配合，可见《周易参同契》吸收了汉易卦气说、纳甲学说等的精华，其宇宙论代表汉代宇宙论对上古宇宙论的继承和发展。

本书关键三宝章第十五[2]明确提到"无极"："往来洞无极，怫怫被容中"。如果把"无"理解为"无极"，那么"体本一无"（60）可以说很早就提出了太极之前的无极概念。"无"的解释有多种，与"无极"指涉的"浑沌虚无的元炁"状态可以相通。对这种无极状态的形容有"混沌鸿蒙"（44），"一者以掩蔽"（19），"其数名一"（21），"古今道由一"（38），这些都是关于无极或者太极的"一"的说法，其特点是"真一难图"（61）"玄冥难测"（39）。这里的"一"，可以是作为万物起源的"太极"，具有有无之间的意义，也可以是"炼神还虚"之后的"无极"，带有修炼的终极状态的意义。

《周易参同契》许多章节提到《周易》当中"两仪""四象""八卦"的概念。关于"两仪"的说法有："本之但二物"（80），"雄不独处，雌不孤居"（76），"物无阴阳，违天背原"（71），"牝牡相从"（44），"雌雄相胥"（39）。关于"四象"的说法有："四时"（5）、"四季"（8）、"青赤白黑"（8）、"青龙"（27）、"朱

---

[1] 此为五代彭晓本分章序号，本导论中所标文字出处之章节序号皆出自五代彭晓本，读者可根据本书导论之后、正文之前的《周易参同契章节对照表》查阅。

[2] 即元陈致虚本：关键三宝章第二十二；五代彭晓本：耳目口三宝章第六十六，世人好小术章第六十七。

雀"(29)、"白虎"(27)、"玄武龟蛇"(76)、"肝青为父,肺白为母,肾黑为子,心赤为女"(74)。关于"八卦"的说法有:"八卦布列曜,运移不失中"(14)。这说明,《周易参同契》系统全面地继承和发展了《周易》的太极宇宙论。

此外,《周易参同契》提及"三光"(18),"三宝"(64),"三五"(29,66,71,80,82),又可以与《道德经》"一生二,二生三,三生万物"相联系,其他说法如"三性"(29),"三物"(35,74),"三元"(77),"三者"(64,80)等,也可以这样理解。这些都说明,《周易参同契》是以《周易》的宇宙论为基础的,换言之,不懂《周易》,就不可能读懂《周易参同契》的宇宙论模式。

(二)阴阳(小)宇宙论

如果天地阴阳可看作一个大宇宙,则人身可看作一个小宇宙。确实,天地由气构成,而人身也是元气所化的一种表现形式。所以丹道既可以先天八卦配身体,也可以后天八卦配身体的五脏六腑,并且用卦爻符号的变化来比拟气息在身体的运行。

《周易参同契》把"无极"理解为"无念"(64),而意念的把控在修丹过程当中相当于火候的进退。火候又配合天时,与天地的大宇宙贯通一体,密不可分。身体的阴阳调节,要通于天地大化的阴阳平衡,这与中医"阴平阳秘,精神乃治"(《黄帝内经·素问·生气通天论》)的基本理念相通。在阴阳和谐的前提之下,才有对人身性情的理解和把握,要把控情意的分寸,以调节本性的合宜程度,如"春夏据内体""秋冬当外用"(4)。人身的性力,其实就是宇宙元炁在人身上体现出来的先天能量,也是人意识发动的能量之体现。

(三)五行本体论

《五相类》是魏伯阳祖师运用五行生克机理解释古文《参同契》的系统创作。后张伯端祖师在《悟真篇》当中完全继承和发展了五行生克解读《参同契》的思路。五行生克之说源远流长,不懂五行,基本上无法理解文王后天八卦的排列方式,以及后天八卦与注重天文地理的对应关系。在汉易当中,五行成为非常核心和重要的内容,而《周易参同契》尤其借鉴五行,而发展出很多关于修丹之道的不同说法。可以说,如果不懂五行生克和丹道逆用生克,基本上无法明白丹法所指和用功的方向。比如,提到"金水合处,木火为侣;四者混沌,列为龙虎;龙阳数奇,虎阴数偶。肝青为父,肺白为母,肾黑为子,心赤为女。脾黄为祖,子午为始;三物一家,都归戊己"(74),说明"金水一家""木火一家""意土中心""三五与一"(66)、"土旺四季,罗络始终,青赤黑白,各居一方,皆秉中宫,戊己之功"(8)等等说法,都是基于五行相生相克关系,五行与方位,五行配天干地支等等属性联系在一起的。

(四)逆克修丹论

修丹之道,以克为生。丹道追求水火既济,是水火相交,而五行当中,水克火,五脏当中,肾水在心火下方,而调动肾水到心火上方,需要心意的努力,心意理解、调动肾水,与心火相交而结丹,这是以水克火为结丹之方,所谓逆用五行之克而生丹。

同时,修丹之道强调五行归于意土之元。心意向外奔驰,甚至可以说本性就是向外发散、流溢的,但修丹之道,收视返听,把向外的心意收回,归于内心中土之意,此意不再流散,反而接近回忆之"忆"。对气的修炼,要逆生命气息发动的方向,持久封闭蓄藏生命原始能量,如"力比多",从而回复到先天之炁。对于神的修炼也如此,要回复先天之元神,不让元神消耗、散乱。对精力、精气的修炼也完全一致。要回复先天之精,不让元精耗泄、流散。可见,所谓炼精化气,炼气化神、炼神还虚的丹道修炼功夫,都是逆克为生之道。

可以说,"五行相克,更为父母"说明,以克为生是修丹之道的一个特色。类似说法还有"五行错王,相据以生;火性销金,金伐木荣"(66),"举水以激火,奄然灭光明"(37),"土镇水不起"(29)、"水盛火消灭"(29)、"魂之于魄,互为宅室"(61)、"龙呼于虎,虎吸龙精"(69)等,这些都是逆用五行的说法。五行相克有时也称"相须""夫妻",因五行关系当中,克我者官鬼,我克者妻财,如"竟当相须"(76)、"男女相须"(10)、"丹砂木精,得金乃并"(74)、"呼吸相含育,伫息为夫妇"(29)等。关于金水一家的说法有:"金为水母,母隐子胎,水为金子,子藏母胞"(21)、"金水合处"(74)。关于木火一家的说法有:"汞日为流珠,青龙与之俱"(27)、"木火为侣"(74)。这些都是活用五行来比喻功法的分寸和丹药之间的生克制化关系。

人在世间从生到死的一生是身体之气依托肌体的运行过程,本是一无意识的气息流散过程,而修丹是用意调整肌体气息的运行,降低元精消耗的速度,减缓元气消散的过程,收摄元神散乱的状态,所以要从调整呼吸、用意导气、内观气行等功夫入手。可以说,死亡永远相对于生才能存在,所以越能保有和积蓄生命能量,生命力维持越久,死亡的降临也就在意识中被无止境地拖延下去,而这种拖延,在外时空的意识看来,人一死去就说明其有限性,但对于内时空的意识来说,只要能够尽可能无限期地延缓死亡降临,就可以算是通神而成仙。如果能够到达气住脉停,如婴儿般逆回生命本原,就达到修丹的理想境界了。

（五）身国修养论

在修丹之道看来,人身与家国可以类比,所以《参同契》提出心君一体论,即心在身体的功能,犹如君主在国家的功能一般,或者说,这是身家国一体论,即身体、家庭、国家都是一个联通的整体,可以互相比拟。胡孚琛认为:"道学是一种'天人同构、身国一理'的学说,它将人体看作一个小宇宙,因之宇宙间的大道既可以用来治国,又可以用来治身。道教是一种'生道合一'的宗教,因之养生本身就是修道。"[1]《周易参同契》把身体与国家的道打通,可以通过《内经图》《修真图》等来加以图示,并说明人身经络五脏等各方面的运行,其实跟国家的运作非常接近。在这个意义上,《周易参同契》可谓接续《道德经》"上德无为"(20)之教。可以说,《参同契》中的心身关系,既有儒家以心为天君的比喻,又有道家"无为无不为"的说法,是对先秦儒家和道家思想全方位的继承和发展。

三、从内丹到意丹——传统内丹学的意哲学转化

《周易参同契》既是"万古丹经王",又是公认极其难懂的书。《周易参同契》的解释角度很多,前人探讨本已相当深刻到位,传世各家注本各有所见。当然纷争也在所难免,如王振山认为后蜀彭晓的注释不知所云,他写道:"只从文字的角度和《易经》的角度做解释,是说不明白的。他说不明白,我们就看不明白。因此说,不是炼丹的行家,无法解释清楚。"他进而指出,众多传世注释"都在玩文字游戏,以《易经》炼唇舌之功。《参同

---

[1] 胡孚琛:《道学通论》(2018 年修订版,上下编),北京:社会科学文献出版社,2018年,下编第 368 页。

契》不是炼丹的方法口诀,而是炼丹的一面镜子,只可以用它来对照,不可以用它来指导。如果用它来指导的话,就不知道从何处下手,怎么下手。整个《契》文讲的是修炼火候,并不是下手的方法"。[1] 本书认可《参同契》主要强调修丹火候的看法,可以借助文本从比较哲学、比较文化的角度来理解和分析道学本身蕴含的意、心、身、神等等哲学问题,字里行间力图直入修行根本,不做隔靴搔痒的文字表面功夫。

《周易参同契》的核心是炼丹,如何理解"丹"? 火候是其中一个很难把握的要素,甚至是炼丹中最难的一点。炼丹时火候的加赏或减罚,跟一年之间的春生秋杀之道相印证;一日从昏晚到明晨之间所用的火候,跟一年之间寒往暑来的变化节奏相应和。这是讲火候与把握天时的关系。对自身意识的把控和领会,跟一年四季天地之间阴阳气息运化的过程相通。身意时时刻刻通于天意,通于阴阳变化之大道。

在综合讨论了外丹与内丹各门派的说法之后,本书认为,丹药可以不理解为具体存在物,因为丹道的核心在于意随着天时之道盈虚消长,所以是无形的,而不是有形的。无形之意通过共感与天地相合,可以感受到阴阳交流的先天力量。萧汉明、郭东升认为,"内丹术的运作,依赖于人的意念调控体内阴阳二气的循环与交感配合。"[2]如何让意端正到原初的意念之中,于未发之中通于先天之炁的运行状态是修炼的重要问题。意可以通于先天元炁,即把身上元炁与天地元炁相交通,发动人身元炁可与天地元炁之运化相贯通和谐,这样人身元炁顺布,和谐有力。

其实,人的一生就是从天地父母那里秉受的真阳元炁的锻炼过程。自宇宙创生以来,日月光明朗照世间,真阳元炁如真金,修炼也不会减少其斤两,一直像日月一样光辉如常。可见真意即意与水火相融汇,都是先天一元精炁所化,本体上与先天元炁无二。

人身为一小宇宙,本于浩瀚宇宙的真阳元炁而与宇宙一气而异构。气在人身上运行,随时节而有不同的气机,如生气在大自然之中运转,因节气而不时转换。中国古人研究身体真气运行的结构,而形成了基于《黄

---

[1] 王振山:《〈周易参同契〉解读》,北京:宗教文化出版社,2013 年,第 55 页。

[2] 萧汉明、郭东升:《〈周易参同契〉研究》,上海:上海文化出版社,2001 年,第 107 页。

帝内经》的中医理论和《周易参同契》的丹道理论,说明身体本来就是阴阳和合之气丹,而《周易参同契》的目的,在于教导人们转换人身和宇宙的阴阳之气,从而结成意丹。

（一）心意发动

在理解"丹",不管是内丹还是外丹——在面对、把握"丹"的时候,其实一定是指一个非常微妙的存在,这微妙的存在跟天时、人的心意状态,以及心意状态对外在时间、空间的领会等连接在一起。可见,所谓"丹"之微妙存在贯穿天人,合于四时,通于五行。心意的发动要顺应春生秋杀,寒往暑来。爻辞说明心意发动的仁爱与合宜的状态。在乾阳适合发动的时候,即有生生之能。在坤阴适合发动之时,即存自灭之宜。中庸平和的喜怒情感表达,合于时势流转,心意合于四季,恒通于季节、时令、天道之变。此正是本书的基本主旨:人可以修炼通神之意,从而与身心、天道、地理、五行运化完美和谐。正如卢国龙所指出的:

> 内丹心性学的基本立场,是由渊源于《易》《老》《参同契》的生成论哲学之思想传统所决定的。其旨趣,从根本上说,是将对于造化生成之理的认知活动内化为身心两方面的体验活动,以此超越于现实生命的各种局限,认同并且契合于自然天道,在性灵上达到天人合一的境界。[1]

本书认为,《周易参同契》正是在领会《周易》《道德经》生生不息之哲学本体的基础上,深入阐发心灵如何通于天地的天人合一之境。也正是在运用五行生克的理论,转化造化生成之理的意义上,魏伯阳作《五相类》,强调从五行的角度对丹道加以解释。

在《周易参同契》的文本背景及传统的解释脉络下,因为不能够离开传统诠释的基本语境,对其理解与延伸空间自然有限。天地有阴阳,人身有阴阳,人的心意也有阴阳,心灵发动的一瞬间就分阴阳。诚如胡孚琛所指出的:

---

[1] 卢国龙:《道教哲学》,北京:华夏出版社,2007 年,第 433 页。

道学的历代宗师发现了宇宙和人体的一个大秘密,这种秘密可概括为"两重世界,四个阴阳"。按这一道学理论,宇宙分为"先天世界(本体界)"和"后天世界(现象界)",人体是一个小宇宙,先天的人体称作"法身",后天的人体称作"色身"。先天世界和后天世界,包括人体的法身和色身,都是由阴阳组成的,所以称先天阴阳和后天阴阳为"四个阴阳"。[1]

人身可以理解为先天与后天两重世界,先天本体世界和后天现象世界各有阴阳,都可以为人的心意所感悟和认知。在心意发动的瞬间,人可以感悟到内在于人身的阴阳和外在于肉身的阴阳、四时的阴阳之间,存在一种合于先后天八卦与五行生克那样的配合关系。心意发动的阴阳有"已发"和"未发"两种状态,那么发露的状态如何配合天地阴阳,心意未发的状态又应如何把握其内在和谐的原生情态?历代丹家都是通过先后天八卦与五行生克的微妙关系来领会和把握的,通过运用后天八卦配一年四季及二十四节气,又配干支,可以显现出易道与天时能量、地理阴阳五行的对应关系,从而应用到丹道的心意与身心内外在状态天衣无缝的配合关系之中。

(二) 乾坤立意

易道于天地定位之后、日月与万物在天地间变易流转化生。天地一高一低,一阳一阴,以乾坤之象来表征。因为天地实在无边无际,言不可尽,于是只能用象来指代。天地定位,阴阳设位,二者互相配合。坎离为阴阳之交,象征物(元神、元精)交互作用。丹药合乎日月坎离运转之道。意随阴阳交转变化,通过六个爻位的时空系统来加以表达。上下不定,往来不息,有时深隐、有时藏匿,意在或隐或显当中不断转化。一切生物形成与化育,皆因阴意与阳意的感应相合与化生而成,从而形成丹药并使之凝聚成形。神意修炼的难处在于,如何于后天的意念发动领会并体现出对于先天之意的领悟和把握。

《周易参同契》有一个传统的诠释语境,由此语境展开哲学性的解释

---

[1] 胡孚琛:《道学通论》(2018 年修订版,上下编),北京:社会科学文献出版社,2018年,上编第 339 页。

有其合理性。比如成就丹道的流转与变易，本质上是对"意"的锤炼，而对"意"的把握，其实是一个非常复杂的问题，不是简单地把握意念状态的概念，还需要通达丹药合乎日月坎离运转之道。"意"随阴阳交转变化，通过六个爻位的时空系统来加以表达。卦爻的阴阳消长变化，属于易学基础知识，譬如乾卦六爻从初九到上九，根据爻辞分别对应潜龙、见（现）龙、惕龙、跃龙、飞龙和亢龙，相应的又有"初难知、二多誉、三多凶、四多惧、五多功、六易知"的时空特点。

通过丹的无，可以置身于万物之有。不管外丹还是内丹，一般的解释都把丹看成"有"；而"丹"其实比较复杂，它既是有又是无。如果执着于外丹或内丹的"有"，则它被视为一种有限的、占有一定空间的存在。应该把"丹"作为有限的空间性存在，还是作为一种无限的、超越时空的存在？本书的讲法不同于传统具象讲法，综合外丹与内丹各门派之说，可以认为，丹药可以不理解为具体存在物，而丹道核心在于"意"随着天时之道盈虚消长，故而无形，而非有形。无形之意通过共感与天地相合，可以感受到阴阳交流的先天力量。以丹之"无"，可合道于万物之"有"。若是执着于某种器物性意念之丹，最后可能一无所获。

（三）通神之意

修丹本身有其意义，不管是外丹、内丹，如果能够修出某种具体存在物，当然不可忽略其意义。丹道的核心在于神意随着天时之道盈虚消长，真丹所用为无形丹药（心神），而非有形药物。坎离不是用有形的意念，而是以"无"通先天意念的存有，通过共感与天地相合，阴阳感应力量巨大，这种力量不可落入后天，因此要用先天的意念契机调动先天阳气。神意发动，皆要合乎天道进退，而阴阳之力的流转本身没有固定的时位，故不可拘执其中。

关于神意的理论建构并非凭空构造，而是在传统的诠释境域基础上做出的一点推进。神意依托天地阴阳四时运化，而非心念空虚想象而成。修炼之意可以在实践当中落实而验证，其中修丹的分寸，可以与神明相对应和校正。易（意）本身就是日月经天流转变化而成，坎月本无光，借离日之真阳放生光辉，所以光辉能够进入意念，使日光合乎月精并为"意"所领会。日光与月精之交合而成光辉之丹，丹药也是在意（土）的作用下，将火与水相融会贯通,使之既济,又融汇金与木,使金木相恋,而成丹药,而丹药全凭神意交汇作功。

"易者,象也。悬象著明,莫大乎日月。"以日月是炼丹所需元精元神之喻,日月经天,流转成易,元精元神流转而成丹药。人身阴阳运行合乎大道,意念发动即可通于易道,修丹之意与易意之间,一体两面,神妙莫测。元精与元神在身上的运行如车轮回转于鼎炉、天根月窟之间,唯用先天的神意才能调动后天元精与元神的运化。

修炼神意者,于人身一阳发动之几之生意中采药修炼。一阳初动是修炼的时机,一阳发动,人身与天地配合气机发动,阳气发生,此时用意的分寸非常微妙,有的修丹方法讲到这个时候不用意念去导引,让其自生作用,即能采药修炼而出;很明显,完全不着一意的修炼不可取,那么此时便有疑问——用意用到何种程度?若是纯粹用很明确之意念,无法导引过去;合适的用意程度需在有无之间,分寸微妙难论。阳气发动,一阳初动,人身与大自然气机相应的一瞬间,身体体会如何?要以多大的意念参与?阳气发动的时候,意识升起,此时应有反身意念观照,以判断阳气初动的状态,这用意的尺度和力度便是修炼之难。

一阳发动,如爻象周游六虚,变化无常,皆可因时因地而采之,无穷神化,不可为典要,唯神意之阳动所适,如震卦一阳生于下,阴阳交媾开始,后天之身意上不着相而可使阴阳交媾继续稳定。阴阳之气的交流与转化之中,阳气神意溢于天地生生不息之阳气,生之神意持续发动,玄妙播出精气,阴气受到生生之阳气的触动与感化,把如阳气之生生的神意转化为丹药的孕育过程,从而促进丹药的形成与化育。

一切生物的形成与化育,皆由阴意与阳意的感应相合与化生,是对彼此神意的调动,从而调动彼此的气象,形成丹药并坚持使之凝聚成形,此谓神意的无为而有知的过程。通于神意的圣人并非无故至于世间,圣人通晓阴意阳意交流沟通的机制,于阴阳二意的沟通之中,能够领会到天地之中的阴阳交流之道,知人间阴阳二意之沟通,皆合天体阴阳之道的运行之法。

着实用意是阳意,不着实用意、把意虚化是阴意。天地阴阳二意之交换,此间意念进与退的分寸如何把握?一方面要反身自省,非常清晰地知道意念的状态;另一方面意念的分寸要与天时即天地的阴阳运行相配合。

先后天八卦配四时,揭示了天地阴阳之运行在一定程度上的外化,与之配合即可。不但人身的阴阳之气符合阴阳之意的运用,内心的力量什么时候可以进,什么时候可以退,意念参与其中的分寸既是本能的,又是可以运意而动的。

人间阴意与阳意的沟通,当符合天体阴阳之道的运行规律和运行状态。阴意与阳意沟通,如复卦初九一阳复生,代表长子从父之气那里继承了生生不息的创造之力,而能够调动母体的气息,也就是阳意萌动生长能够调动阴气之体。虽然阳意发动足以改变阳意所关联的天地宇宙之境遇,但对整个阴性境遇的调动要以阴气的背景境遇为前提。阴意与阳意的消长关系有若黄钟大吕等钟律的变化,阴意与阳意的生长消息因此可以完美配合北极星的运转,随顺天地之间阴阳之气运转所体现的元气运行之道,可让神意顺天道而行。

(四) 先天之意

丹药修炼养成在调动后天气息过程之中,使元气运行符合先天阴阳运化节奏。从月相的弦望盈缩对应卦象的屈伸进退中,去领会用意的分寸与尺度;从日影的标杆移动的方式,去推理太阳气息的分寸。神意先天维度的调度要符合日月运行的先天节奏。当人来到世间,在有意地去修行之前,本来就存有一个先天的结构和状态,需要人们去配合。也就是说,调动元气来修行的过程要跟先天的节奏相配合,毫无疑问,意念的把握和运化也要符合先天节奏,这便是修丹的基础。

炼丹要把天、地、人三才之道贯彻落实于神意的修炼中。但神意的运行与日月星辰、山川草木、动植生长、人心之动相配合。丹药的修炼过程中,随时要极度谨慎地把先天之意落实于后天气机实化状态之中。意念每一个发动的原生情态,都要以卦爻象的变化为指南。每一个意念平复的状态,都要依循卦爻辞所体现的义理,让乾坤阴阳之意得到良好的交流和实化,神意通于先天之意,而与宇宙大化融为一体。这样境界当中的每一个意念活动,都要异常小心谨慎。意念的发动过程基本落实在后天的修意、用意的过程,除了非常好的领悟、理解和把握之外,还要以敬畏的心态小心地契合这种状态,以后天的单向状态去契合先天的节奏。

所以神意的发动,需要极度专注、谨慎,如紫微中宫居中不动,如万民之首心顺天时。心正意诚,方能如紫微统御众星一般统御天下之星。丹药修炼可成与否,可以说取决于神意的调试与运行的分寸,犹如天体众星依赖紫微的意念状态一般。丹药的形成就要在意念的发动之处上接天心,在意念发动的瞬间具有善的状态,这种善的状态既是先天又是后天。先天具有天地自然之善,后天则可善可恶,因此需要调节到先天纯善的状态,才能安宁应物,起意如若无意,不可起意发念于后天之境,否则如卦爻之中爻,爻一动则吉凶立即升起,天时人情立即失时失序。

神意修炼的难处在于如何于后天意念发动、触发意念而通于万物之化的过程之中,领会并体现出对于先天之意的把握,即先天八卦所体现出来的宇宙原初结构与力量。这种先天元气的力量在意念发动之处的体现就是有而无之,即有意于无境。先天真心灵意通天,用先天意调动后天气息。这种有意于无境神意的发动,可以从日月之间的交媾,有意于无境的状态中领会出来,即日月之会的神妙难言的奇妙境界。这里需要体会心灵的意念发动的原生情态如何回到先天状态,能够去引导后天气息的交流与变化,达到阴阳交媾、圆满融贯的状态,如日月相会的神妙状态。

(五) 意有而无

神意的有意于无境的状态,如日月之交汇,要在若有若无之间,阳意的调动当如太阳运行,符合先天之意的状态;而阴意的显而未发,则如月质隐而未显。神意的发动,念念皆存亡之枢机,稍有不慎,调动后天之气便会出现错乱的状态,偏离自然的轨迹,有若国家将乱,皆因君王妄意失度。故丹药之难成,在于神意无序。而丹药之凝结,有如"蒙以养正"的圣功——只有把意念的状态调整到有而无之的化境,才能有结为丹药的可能。丹药来自于意念发动的一瞬间,它和天地气息相沟通的那种已发未发之间、还没有发动的状态,来自于修习者对意念还没有发动之前状态的理解和把握。

神意要调试到如君王治国中正平和、万物自度这样有意于无境的最高境界。有意于无境实际上是有而无之,从本体论上讲,宇宙可以说没有"起源",它是"有而无之",也就是可以有、也可以没有。《系辞上》说"易有太极",周敦颐讲"无极而太极",太极和无极也是"有而无之"。在意念发动的瞬间是"有",并与天地万物相往来,与后天之气融成一片;在发动之前,它又不是纯粹的无、虚无、不存在,因此总的来说它是"有而无之"的状态。它非实有但又是存在,类似无极、太极,既是有又是无,是有无相生、有而无之、即有即无、体用一元、显微无间的最原始、最根本的状态,这是最难的本体论问题之一。

宇宙论中,宇宙的开端是有而无之。本体论上,世界存在还是有而无之。如果世界的"有"一定得有一个基础,那么一定得以"有"为开端,而"有"一定要以"无"为基础,这是传统上"有无"论辩的基本结论。理解意念跟世界交汇的瞬间,跟理解"有而无之"的本体论和宇宙论理论困境几乎一样。意念的有是一种有意于无境,它既是有——随时变成有,能够为人所感知和领会——又不是纯粹的有;也是无,当你去把握它的时候,它又是没有;但它又在那儿,它明明是有,而同时是无。

所以,"意"可谓清静无为,绵绵若存,似有若无,和顺自然。意在心间调动心力,神意即是丹药的根基,所以调试神意的状态,如人身中枢通达天体与众星的中枢,心意平和自然,万物自然顺命,丹药自然凝结。既可把丹药理解成具体存在,也可把丹药理解为有而无之的状态——它存在但似有若无,不再是纯粹形而下的有,而是超越形而下具体的存在——这样的存在一定与意并存,因为真正具体的存在可以超越而独立于意之外。如果"有而无之"的状态是"丹"的基本状态,"丹"的存在必须时刻与意关联、与意的有而无之合一而成"意丹",那就不再是一般的、具体的丹药,而是最根本的丹——神丹、天地之丹、意念之丹、宇宙之丹。这种"意丹"必须在意念与天地万物交汇的瞬间得以体会,因为它是有而无之,不是任何具体的"有"——具体存在物。

这种神意的修行与涵养,可以先从调试自己身体的基础开始。身体基础欠佳则心意容易出偏,心意之发就无法发用于正道之中,因此意所要实现的最高状态和境界就难达到了。这就把筑基当中调节身体气息的功夫,理解为对意念的调控——如何将意念把控到一个最具有原初形态的中正状态中。意念的中正比调节身体的阴阳平衡要难多了。首先要知道人的意念有阴有阳,意念的阴阳平衡要比肉身的阴阳平衡要难得多。

首先，心身应皆归于安静虚无的清净状态，心念不妄动，如天意升出，发动于无意之中。先天虚气正意用意调动元炁，去体会神意调动的虚灵窈冥之气，这些意念所关联的似有若无的宇宙力量为性命之源，调动这些宇宙能量就是修行的基础。但是大部分人因为缺乏反身意念（reflexive intentionality），从来不去这样思考，就不会知道性命之源可以超越肉身本来的力量，尤其是气血的力量——一般人把性命之源理解为气血的力量，这是很有限的。其实，跟人气血相关的意念所观测的整个宇宙的信息都是人的性命之源，但这些信息需要人用意念去把握，但在把握的时候，又好像没有把握的对象一般，因为它是有而无之的状态，不能用实在的意念去把握，必须要在意念虚化的状态去把握。可见，意念要实而虚之，才能把握到宇宙原初的根本力量。[1]

其次，不让意念从感官的孔窍中流出，需使元炁、元精、元神凝而不散，因为神与意发动，则精气会流泻出去，故不可随心通物，要凝神固守。神意发出、精气外泄时，要收视返听，如将日月星之光的能量都收摄于人心之中，以此温养神意，增长隐而未发的力量，好像小鸡待孵一般；这样就能理解原初意念的有而无之，以及这种"无"当中所观测的整个宇宙的信息，如果你理解了那种状态——也许是打坐的入定状态，也许是悟透了以后心通天地的状态，对于你的心意所观测的整个宇宙能量，你还是要用意，不用意就散掉了，没有观照，但又不能着实用意，要用一种很特殊的意念状态去把这些宇宙的信息、隐而未发的力量收拢起来。这种孵化丹药的状态，并不是看得见的，而是看不见摸不着的，只可领会于神意隐而未发的状态之中，因为这种状态是心通于虚空、心通于宇宙力量的状态，不可能用一种可见的方式去把握，只能用意念来领会，但因为就在意念当下之中，所以近在眼前，不难求得。

---

[1] 胡孚琛称这种"通神之意"的境界为"双体合一（dual unity）的状态"，是一种"自我身心的分界线松弛、消弭及与他人结合成一个整体的心灵体验"，并指出："丹家在双修中进而还可以将这种超越自我的心灵体验扩大成为一种宇宙意识，获取整个人类、整个动物、植物的生物圈乃至各个星球的信息。人的心灵是可以与整个宇宙的量子虚空全息场产生共振的，这是一种新道学文化的科学观。"参胡孚琛：《丹道法诀十二讲》（珍藏修订版），北京：社会科学文献出版社，2018年，第343页。

可见，炼丹要有所成，关键在于神意端正到原初的意念之中，于未发之中通于先天之炁的运行状态。意念有而无之，可以观测到广大的宇宙能量，又能够温养到一个很小的状态当中去，所以是于未发之中通于先天之炁。意可以通于先天元炁的状态，即把身上的元炁的契机与天地之元炁的契机相交通，则人身元炁之发动可与天地元炁之运化相贯通而和谐。心灵的气息、观测的气息和宇宙气息之间有一种配合，从而使得人身元炁顺布，和谐而有生生之力，久而丹药自成。这里调动的气息不仅是人身的气息，是人身和宇宙关联之力量的气息。调动人身之元炁通达于天地之元炁，让人身的元炁之契机发动，皆若天地元炁的自然流行，力量无穷。此二者即神意通于天地之意之"一"，即让神意调整到元精元神交融发动的凝结状态，并持之不失。

（六）意境之无

纯任天然，意念之发合于天机。较低的境界在意念上多下有为之功，从未休止却难有所成。因为意念的状态要有而无之，通达的境遇又无限广泛，所以不能下有为之功，那是任何有为的把握无法达到的。元神调动要尽意无为，修炼神意于无境之中，毫不做作，无意为之。

人身上面的孔窍闭合，则元神自然发动如有意。人身下面的孔窍闭合，元炁不失，精气化无形之气，自然上升。此无之境，与元神之意交汇，则为有意于无境之中。避世返听或闭合阴窍，不是不与物接，而是与物交接之中，因神意的调节之力而不让元炁流失，也就是元炁既不从五官的孔窍流失出去、也不从阴窍的活动之中流散出去。反而能够以神意御动外气，让身之元炁通达天地元炁，皆可为神意所调动，这种神意的元神调动人身与世界的元炁是非常美妙的化境。当然，这一境界需要亲身体验之后才能领会，体会用神意来调动外气，以意念来领会身的气息和天地元炁交融的状态。如果意念能够调动外气，这种体验可谓美妙难言。

神意调动元炁于阴阳交汇之所，让元炁之生气生长孕育，并且成为身内五经的主宰。神意调动人生元炁而在人身之中周天运行，则有若北斗驾驶太一之神，巡游天河，并随天河而轮转，即神意调动元炁，在人身真气运行的任督二脉之中运行。可见神意调动的元炁如铅之黑、如水配黑色，但此元炁却是外表毫不起眼的状态下包裹的金华之水。可见神意调动的真气,看起来粗犷不羁,毫无纹饰,但骨子里精神纯粹,有着黄金和圣人一般的纯粹质地,也因此一般人的意念难以调动人身的元炁。元炁狂放不羁、外表毫不起眼,因此常人难于领会其中自有的真阳之力。这就是神意调动元炁的状态,因为意念的参与,它除了调动气息在身体上运行之外,还调动气息超越人的身体和外在的气息相关联。

外表如铅之元炁初动,即元炁最初与神意相交接而能够调动之时,好比金是水的母亲,金中自然含有水的胚胎。刚刚被神意调动的元炁是非常美妙的,好像有又好像无的样子,又好像存在于深渊之中,一会儿起来,一会儿下去,让神意捉摸不定。这种由神意调动的先天元阳真一之气,看似难以领会,但流动散开之后,则化为精神魂魄之不同境遇,安宁自守,让丹药贯穿于全身,通达宇宙。这里讲的是超越全身的元炁,一般的元炁按内丹讲法是长在身体里的,身体通过修行而形成某种丹的感觉,这种元炁之丹运行于周身,贯穿于天地之间。因为意念的参与,这种"意丹"贯穿宇宙,带着贯通整个天地人之气息,"意丹"是对《周易参同契》传统解释语境的推进。

(七) 温养意丹

由神意领会并调动的先天元阳真一之气,一开始好像是白色之金,再加以真火温养锻造之后,可以锻炼成红色,即火候用上而加火成红,也就是锻造锤炼元炁的过程如炼铁一样加热,使之看起来像红色一般。这是神意或心神之火的颜色。先用神意采先天元阳真气如白金,用温火锻养,好像红色一般。内里如白色,而外表则如红色,犹如鸡蛋,外红里白,白金为里,居于正位,这样所结成的丹药,方圆大小只有一寸左右。

丹药初成,固守不失,元神温养,阴阳和合。使元神安宁平和,充沛自养,如无失意而自养。任何运用失意与元神的努力,反而会使丹药消亡。丹药温养固守的阶段,人的一动一静、一休一息,都与人身与心意不可分离,所以都与人的神意融为一体。阴阳温火,锻炼温养有时,而悟得此丹药大旨。这是丹药在跟元神互动,不断地修养锤炼的过程。人的一生就是从天地父母那里秉受真阳元炁经大地之火候猛烈锻炼的过程。

自宇宙创生以来,日月如其光明朗照其间,从未有任何变化,真阳元炁如真金,修炼也不会减其斤两,一直像日月一样光辉如常。人身的真阳元炁之金如月体本来有质无光,故色黑,但受日光而生辉,也就是受神意的激发,如神意和精气结合融汇而成丹药。丹药初成就如月体有质无名,但接受太阳光华的锻炼而能够焕发其光明。可见真意即意与水火相融汇,都是先天一元精炁所化,本体上与先天元炁无二。

子水数一、午火数二,相合为三,戊己土数为五,水流下,火炎上,水火不能相遇,必须通过中间真意之土来化合致水火既济。可见神意是使先天精气与后天药物融混化合的关键,好像把水火融为一体而形成丹药一样。人身的水火药物通过神意使二者交接融会,使精气神意如夫妇融为一体,在阴阳化合的时候通过呼吸虚心凝神静气积累精气,意为中、为根本,通过运转先天之意来化合镇抚后天之精气。

土色黄,生金故为金之父,汞为液体,水为金之质,所以水被土克,因为水被土克,被土镇抚,才不四溢泛滥,也才能为神意所化合融汇。修丹以克为生,朱雀为南方之神属火,水被土镇而不泛滥,再加神意的火候来化合融汇,就会把水汞精气蒸化成为气体上升,但此过程中,水火要保持平衡才行,如果意识之火太旺,水气被蒸化干涸,则神气皆散,如果意识之火被水之泛滥淹没,则神意消亡,复归于无火之质,意与水皆完归于土。这是通神之意说法的五行基础,这种五行之说在《周易参同契》中有类似的讲法和根据。

意土有融汇化合的力量,但融汇化合的分寸非常微妙。意念要有而无之,它所调动的真阳元炁也是有而无之,在不同的时间空间条件下,意念的参与有不同的形式状态,它在不同的性质状态的形式下去做融化和合的妙功。因为时空转化,五行属性也不停地随着意在变化,怎么样去把握好分寸是很难的;这实际上也是最核心、最难判断、但是又最重要的理论要点。在历代《周易参同契》的解释和本书关于"通神之意"的解释中,其实共享了一个内在结构,即基于神意的五行生克关系。传统的解释必须要把意土和神火之间、水火之间的关系把握清楚,在这个基础上,又怎样去把握好意的状态呢?这其实很不容易。真意即神意与水和火的相合融汇,如土为木火水金之祖宗,本来都是先天一元精气所化,可见丹药为精气所化,本体上与先天元炁无二。无论水弱水胜,皆不得成丹药,因为修成丹药必于水火平衡既济的状态。

丹药温养既成，人食之可以延年益寿，如服先天之意，天意凝结的先天元炁之丹，这种元精与元神的真丹永不败朽，是万物之中通天达地、横亘古今、最为宝贵之物。如果你的意念能够调动元精、元神融化成丹，这个丹永不败朽，因为它跟日月精华同质而出。关键在于怎么把它凝固下来，转化下来；它永远是"有而无之"，不可能是很实在的物性存在；而它又是肯定可以领会的，日月光华不是虚的——日月光华实实在在就在那里，尽管你抓不到，但可领会到其先天的力量所在。意念修到，便能够把这种力量转化为自己内在的力量，神意之力可以通于那种无限的、有而无之的、先天的、日月光华之力量，这种日月光华的力量如果能够为意念所收摄，如果能够用《周易参同契》所说的这套五行运转的方式来运化的话，它就能实在地成为一个具体的意念对象，只是这具体的意念对象，并不是一个真正的、物性实在的东西，它是意念的实在，但是当意念去把握作为对象的存在的时候，它又是空的，就像用意念去感悟阳光，阳光本来是实实在在的，但你用意去把握阳光，却把握不到作为实物的阳光。日月的光芒都是如此，这是先天的力量，本来就在那个地方，可以意会，无法言传。人来到世间，如果有一种修行的方式，能够把先天的日月光华转化为先天元炁的内在状态，它就是永远不失、绝不可能朽败的；所以"意丹"是实实在在存在的，关键是怎样把它意会出来。

如何修炼"意丹"，进而精通养生术？元精元神之真气凝结成丹药，人即可延年益寿，得以长生。神意如土之调和木火金水四行，能够调和节制它们并都有规矩可寻而凝成丹药。铅的材质本来即是铅，投入水火锻炼之后仍可返回铅的原质，人身的元精、元神经神意的火候修炼，其意会之元神的本始状态并不改变，这就好比冰与雪其实就是水的慢慢变化。坎水居北，可用北方玄武之神来代表，元神主气，本来就需先天的神意来调动，使元炁与元阳之精并合融会，精气的一切变化皆因为本来就是真气，并由真意调动。自始至终，互为本因，可见要想修炼而成丹药、自己服食成仙，最好用同类的真阳元炁与心身真意共同作用，犹如春分与秋分正好平分了阴阳，但如果与正常计时之法不相应和，就会风雨失调，导致水灾或者旱灾，甚至蝗虫四起，各种奇形怪状的东西层出不穷，天上出现怪象，地上山崩地裂，这些都是神意不能顺合四时之序，神意偏而人身与天地阴阳违逆失序导致错乱的状态。

炼丹要极度小心谨慎,要像孝子孝顺天地父母那样恭敬虔诚;意念极度专注,不受外物的纷扰,忘意、忘身、忘天、忘地,才能感通天地、扭转乾坤。神意的修行好像人之言语,从口中发出,发至近处,在遥远的他乡都能够感应到,或招来祸患,或接引福气。好比一个主政者的心意,或者开创一个太平的时代,或者让金装甲戈之武装斗争延续。灾祸还是福气,和平还是纷争,这四样东西的来到和招引都是由于心中的神意控制与调试的分寸。修行神意,动静皆合于天时之常,遵守炼丹的法则,身体气息流动与天道阴阳合拍。人的神意之运用顺应配合四时节令,与阴阳之气的运行节奏完美配合。人的意念本来就不是肉身的意念,而是一种宇宙性的存在,元炁性的存在,一种有而无之的、通于宇宙力量的存在。

"通神之意"不是一般理解的意念,只是用"神意"一词来帮助理解,因为这种意念的状态通达于宇宙全体的力量,对这种力量的把握、意念的调动,可以通达于无限的时空并与过去、未来完全打通,可以调用当下的阴阳之力。意念有这个力量,能够照应出宇宙中你原先感知不到的气息的状态,一个人的意念的状态可以感通无限的空间、无限的时间。

(八) 文武意火

修炼意丹之时,文火与武火不同,犹如刚柔有分,不可混同。意丹不是一个小丹、外丹或内丹,而是大丹、宇宙之丹——心神通达宇宙的大丹、神丹。在采药归炉之时,要用武火猛炼,在丹药初成之后,要用文火温养,所以火候在不同时候使用,不可混淆。人在炼意的过程之中,可以模仿五行之化,土意居中,主于四方。调动精神魂魄意化而成丹药,他们彼此之间的消长都有土意控制调试完好,不宜越界、随意盈满消缩。炼丹如日月经天周游天地之间,调运阴阳之气,在任督二脉上下周流,如同日月运行于黄道之间,昼夜往来,屈伸反复、不眠不休。

修炼意丹要阴阳相感,同类相应。日月阴阳之气玄妙幽远,通过感化尚能相通,何况自身之精、气与神本来就在心胸之间,咫尺之内。只要神意清明澄澈,调动阴阳大化之力,即可感应玄通,丹药凝结。此中要有内观的功夫,往内虽然没有光,但仍然能够看;这是意念之光,意念不需要借助实际的光华,而能够内观真气在身体上的运行。其实能够看到宇宙之间的气息运行,并不是借助于外在的日月光华,而是借助于意念之光。外在的日月光华就像房间里的灯光,只是把空间照亮,但你真正看到的东西,意念所感通的东西,只能用意念之光照耀,那才是真正意念所观测的东西;所以意念所观测的东西和屋子里有没有灯光,和外面有没有日月光华没有关系,它只和你意念的光华有关系,而意念的光华和真正外在的日月光华、有形的光没有关系。

神意有其本来的光华,它清明澄澈,能够调动阴阳大化之力,感应玄通而丹药凝结。神韵于身内世间,通天贯地。人身之阴阳可配日月,通过调动水火之运,可炼成丹药,而有效验于身、于天下。这种丹药除了是内在的身体之丹,同时也是身体与整个天下气息相感应的意丹,由于身体合于宇宙气息之间的感应,它是身体通达天下的大丹。此中运用真意如何调节调动神意为根本,要对准光源,安宁平和,神意也要清净不动,神凝气静。方可调配人身阴阳,如调动天地日月之化育。故所成丹药,乃时刻贯通人身与天地之丹药。这里的意丹是贯通人身与天地的丹药,这是很根本的东西。

“通神之意”的核心在于修炼过程当中对意念所参与、把握的状态有反思和理解,在修丹过程当中所形成的、与意念关联的“意丹”,是超越人的有限存在的、通于宇宙力量的“丹”,是一种有而无之的存在。从这个角度,本书希望从哲学角度,对《周易参同契》的修丹传统,无论是内丹还是外丹的解释,都作一个系统性的超越。其实,“意丹”和传统的“丹”本质上并没有太大的不同,但可以说首先不是外在的物理性丹药,也就不是外丹;其次因为强调意,与传统的内丹也有所不同,区别于身体之丹、物性之丹、气感之丹的实体性理解,而强调如“神意”一般有而无之、通天贯地、跨越时空的永恒特性。

四、比较哲学境遇中的意丹学

为了建立比较哲学境遇中的意丹学,需要明确意丹学的内涵,以及为什么要从比较哲学的角度来加以思考。因为意丹学作为中国传统哲学与文化的瑰宝,即使在中国文化传统之中,也往往被误解,难以得到正当的对待。尤其是在面对西方文化的冲击之后,中国人对待自己传统文化瑰

宝的态度总体来说出了问题,正如荣格在《纪念卫礼贤》中写道:

> 面对着东方的异国文化,卫礼贤表现出了欧洲人罕见的谦
> 恭。他毫无芥蒂地面对它,不带任何偏见和自负,完全敞开自己
> 的心灵,任它控制和塑造,因此当他回到欧洲时,他给我们带来
> 了在精神和本质上都很纯正的东方图像。他获得这种深刻转变
> 肯定要付出巨大的牺牲,因为我们的历史预设与东方全然不同。
> 面对着东方更为普遍、更为温和的本性,西方意识的尖锐及其严
> 峻问题必须变得柔和,西方的理性主义及其片面的区分也必须
> 让位于东方的宽广和质朴。[1]

荣格指出了东西文化的巨大差异,最为重要的是,西方人要理解东方文化
需要包容和谦恭的精神,这是非常难得的。他认为卫礼贤对《周易》的翻
译和介绍,给西方人"带来了已经存活数千年的中国精神之根,并把它植
入了欧洲的土壤。"[2]其实,中国人自己面对自己的传统文化,尤其是面
对作为文化内核之一的传统意丹学,特别需要卫礼贤这种对于传统文化
的谦恭和开放的精神,这种对待文化的态度,不仅仅是异域文化交流之间
特别需要的,而且今天的中国人面对传统文化的时候,也极其需要从这样
的态度上汲取养料。

荣格在《导言》一开始就说自己是"在感受上是一个彻头彻尾的西方
人"[3],其实,绝大多数现当代中国人,其文化感受性已经西化得非常厉
害,认同西方文化超过中国文化,而且盲目地否定中国传统文化。正是在
这个意义上,我们看到荣格提出自己对于东方道术哲学秉持"实事求是
(Sachlichkeit)"的客观态度,这尤其难得。他说:"东方智慧并不是苦行
的隐士和怪人所给出的一些近乎病态的神秘直觉,而是基于中国思想精

---

[1] [瑞士]荣格、[德]卫礼贤著,张卜天译:《金花的秘密》,北京:商务印书馆,2019
年,第13页。

[2] [瑞士]荣格、[德]卫礼贤著,张卜天译:《金花的秘密》,北京:商务印书馆,2019
年,第13页。

[3] [瑞士]荣格、[德]卫礼贤著,张卜天译:《金花的秘密》,北京:商务印书馆,2019
年,第15页。

英的实修洞见，对此我们没有任何理由表示轻视。"[1]荣格是"专心致志地挖掘人类最深的心灵奥秘，同时又能对一切文明成果兼收并蓄的大师"[2]，他写道：

> 正如人的身体拥有一种超越了所有种族差异的共同解剖结构，人的心灵也拥有一种超越了所有文化和意识差异的共同基底（Substrat），我称之为"集体无意识"（kollektive Unbe-wusste）。[3]

荣格这篇导言影响之所以如此深远，正是因为他触及了人类最永恒的两种存在——身体和心灵，并且从西方人的角度对于中国古代道术哲学的伟大探索表达无限的敬意。荣格认为，他的心理学研究，可以打开与中国道术哲学沟通的内在可能。当代中国人，面对传统的意丹学，首先要借鉴学习荣格这样的文化态度，相信意丹学本身是贯通所有人性和一切人类文化的人道主义成就，它本身就是有文化和人类学普适性的，而且是超越时空的。

至于传统外丹学，虽然在历史上有其道理，而且《周易参同契》的一些说法也可以作外丹的解读，但外丹学不是《周易参同契》的主旨所在，其影响主要与今天的化学等自然科学知识有关，这不是本书要讨论的学科范畴。本书认为，《周易参同契》与身心哲学有关的主要是内丹学，在本书中也称"意丹学"，这是《周易参同契》的身心之学，也是传统内丹学现代哲学转化的主旨。胡孚琛总结过类似的学术努力，他写道：

> 内丹学的理论基础是试图将老子的道家学说变为丹家的切身体验，在人体中将道家的宇宙论作时间反演的实验，使自身的

[1] ［瑞士］荣格、［德］卫礼贤著，张卜天译：《金花的秘密》，北京：商务印书馆，2019年，第16页。
[2] ［瑞士］荣格、［德］卫礼贤著，张卜天译：《金花的秘密》，北京：商务印书馆，2019年，第128页。
[3] ［瑞士］荣格、［德］卫礼贤著，张卜天译：《金花的秘密》，北京：商务印书馆，2019年，第20页。

精气神向道复归,并以招摄宇宙虚空界的先天一气为要诀。这些丹家把人的意识划分为三个层次,……这样,内丹学就成了一套凝炼常意识(识神可凝炼为"意念力")、净化潜意识("真意"即净化了的潜意识)、开发元意识(识神退位则元神呈现)的心理实验程序。丹家把元神称作"主人公",是真正的"自我",当排除常意识(识神退位)进入无思维的虚灵状态时,称为真空妙有的境界,元神便呈现,从而找到了真正的自我,因之内丹学又是一项开发自我,认识自我的生命科学。内丹家通过丹功修炼使自己的身心节律与初始的宇宙根本节律相调谐,将虚空界的先天一气招摄到体内,在恍惚杳冥的混沌状态中与宇宙的自然本性契合,和虚无世界交通,达到后天返先天的天人合一境界,称之为体道合真。[1]

胡孚琛认可卫礼贤、荣格、李约瑟等对诠释和理解传统内丹学做出的理论贡献,无疑心理学对于意识不同层次的划分,有助于理解丹道修炼的不同意识状态,也是本书导出"通神之意"这一中心思想的理论铺垫。

本书不讨论《周易参同契》这部经典的宗教性、历史性、外丹学及其历史发展与流变,也不讨论道教的义理、仪轨、人物、学说的历史发展与变迁等道教史研究的问题,而着重于其哲学意味及其当代价值,并尝试其与西方哲学(现象学、心灵哲学)、宗教学、心理学、传统中医医理如"医者意也"[2]等相关问题进行哲学对话的可能性。正是从涵摄西方哲学的视野

---

[1] 胡孚琛:《道学通论》(上下编,2018 年修订版),北京:社会科学文献出版社,2018年,上编第 283 页;又参下编第 555 页。

[2] 按照廖育群的说法,中国古代郭玉首先提出"医者意也"的说法,之后南朝名士陶弘景提出:"医者意也。古之所谓良医,盖以其意量而得其节。是知疗病者皆意出当时,不可以旧方医疗。"这里强调良医有自己的意量,有用意来称量的分寸和把握,而且都是按照当时当地的时空情境加以理解和称量的,离不开良医本身的"意"在情境当中的作用。这样的观点为隋唐间人许胤宗认可;唐代医家孙思邈也说:"医者意也,善于用意,即为良医。"宋代之后,医家大谈"医者意也"。如南宋严用和著《严氏济生续方》自序写道:"医者意也,生意在天地间,一息不可间断,续此方,所以续此生。"参廖育群:《医者意也:认识中医》,广西师范大学出版社,2006 年,第 46—50 页。

里,本着再造道学内在活力的文化精神,立足传统内丹学的诠释语脉,开创中西比较哲学对话的新维度。本书深入解读和诠释《周易参同契》的原文及其内涵,以"通神之意"为中心,深化意本论哲学体系,返本开新,建构起一套身心一体性哲学、灵性与生命哲学、心灵与意识哲学。

(一) 国际视野下的炼丹术

胡孚琛致力于复兴道学文化,对弘扬内丹学有着国际性的视角,他写道:

> 内丹学的研究是打开宇宙虚无世界,打开人体生命和心灵之秘的钥匙,内丹之谜的揭开必将给现代宇宙学、生理心理学、心身医学、脑科学特别是认知科学带来突破性的进展。我相信,内丹学的西传必将引起一些宇宙学家、数学家、医学家、心理学家、脑科学家的注意,从而调动东西方学者的智慧共同攻下人体生命科学前沿的堡垒,为全人类造福。[1]

类似的,卢国龙肯定了从道家道学角度回应西方哲学进而重建"天人合一"理论的可能性,他写道:

> 对于重建天人合一的文化体系,道家道教哲学有其独特优势。发挥优势的前提是发扬其真精神,而不是苦守这种历史文化遗产。道家道教虚融通达,从不断丰富发展的自然天道观的高度,关注着人文建设。既能够不迁不滞地吸收各种自然科学成就,又能够本着人文精神对自然科学成就作出价值判断。它所赋有的精神活力,必将在反映新时代气息的天人合一之文化体系中,焕发出异彩。[2]

胡孚琛和卢国龙等前辈学者都把道术哲学放置在世界哲学与文化的宽

---

[1] 胡孚琛:《道学通论》(上下编,2018年修订版),北京:社会科学文献出版社,2018年,上编第284页。
[2] 卢国龙:《道教哲学》,北京:华夏出版社,2007年,第14页。

广视野之中,强调道学必然焕发新生的特殊价值。但是,如何"重建天人合一的文化体系",其实还需要一个全新的理论创造过程,这方面西方心理学家如荣格等的努力无疑值得借鉴。荣格在《金花的秘密·第二版序言》中写道:"正是《太乙金华宗旨》这部著作帮我第一次走上了正确的道路,因为在中古时代的炼丹术中,我们终于找到了灵知(Gnosis)与当代人集体无意识过程之间的联系。"[1]荣格所谓的炼丹术的"灵知",指的是意识的一种特殊状态,这种状态并不直接呈现在人们当下的意识之间,所以他称之为"集体无意识",这种意识深沉的内容,在他的老师弗洛依德那里,是著名的"潜意识"理论,这都是他们苦心追寻,希望对人的精神系统作出诠释而最后找到的答案。《金花的秘密》译者张卜天写道:

> 荣格从分析心理学的角度对《太乙金华宗旨》进行评述,是为了在东西方之间架起一座心灵理解的桥梁,他不仅努力站在东方人的角度对此经典抱以同情的理解,而且时刻提醒西方人勿要盲目模仿,认为只有基于西方自身的文化土壤,才能与东方精神嫁接出芬芳的果实,化解西方人所面临的精神危机。荣格和卫礼贤(以及西方其他许多有识之士)都能毕恭毕敬地潜心研究被许多当代中国人弃之不顾甚至斥为荒谬迷信的内丹经典,真是让人感慨和汗颜![2]

本书将从意本论的角度重构道术哲学,比如荣格提到的这种精神意识系统的深层内容,将有助于论证本书的中心概念——"通神之意",即意念通于"神"的神妙状态。修行人保持这种状态,进入某种意念修持的境界,则如有"神意",即通常所谓"神"。从丹道的角度,意念通神又称为"意丹",也就是"意念"之"丹",即内丹的极致境界,可以超越世间事物的变化,达

---

[1]［瑞士］荣格、［德］卫礼贤著,张卜天译:《金花的秘密》,北京:商务印书馆,2019年,第2页。

[2]［瑞士］荣格、［德］卫礼贤著,张卜天译:《金花的秘密》,北京:商务印书馆,2019年,第128页。

致永恒不灭之域。

(二) 回光与真意

要想修成"意丹",核心是要有意念去"回光",因为没有心意之光,就不能运意,也就不可能内观,修炼成为"意丹"。王振山在《〈周易参同契〉解读·再版前言》当中认为,"自"就是回光返照,"'目'字上边一撇,像镜子返照眼睛。其实真意是眼光返回,不见世间,在清净灵性上。"显然他强调"真意"与回光的关系:"修行人认住真意,修行自己,即享自然造化。"真意即人心,但不是心脏,而是通于天地太极的心意,一种虚空渺茫的、心通万物的境界,所谓"戊己是真意",便是这样的意思,真意是从静定当中产生的无态,领悟了这种无态,才能"以无制有"[1]。

无独有偶,《太乙金华宗旨》也强调"回光"的修持法,其十三篇当中,有五篇明确以"回光"为题(回光守中、回光调息、回光差缪、回光证验、回光活法),可见对于"回光"特别重视。这种"回光"作为意识之光,与《圣经》"上帝是光",埃克哈特等密契论神学家主张的灵魂之火,上帝之光的理论一致。[2]赖贤宗写道:

> 《太乙金华宗旨》的教义在卫礼贤和荣格的研究之中,变成了一个松动西方的理性传统,并且印证西方自己本有的密契传统的东方坐标,它也变成东西方跨文化沟通的一个重要文本。尤其是荣格对于《太乙金华宗旨》的解释,更将此书和其背后的丹道传统推向了分析心理学的研究,扩张和革新了当代心理学的领域。上述种种的《太乙金华宗旨》教义形象的变迁,都符合中西的灵性复兴运动的历史轨迹。[3]

赖贤宗指出了卫礼贤和荣格对中国传统道学、"道术"和意识学问有精深的领会,并对西方理性主义传统构成冲击。无独有偶,李约瑟(Joseph Needham)自称"十宿道人",与鲁桂珍(Lu Gwei-djen)合作撰写《中国科

---

[1] 参王振山:《〈周易参同契〉解读》,北京:宗教文化出版社,2013年,第50页。
[2] 赖贤宗:《道家诠释学》,北京:北京大学出版社,2010年,第150页。
[3] 赖贤宗:《道家诠释学》,北京:北京大学出版社,2010年,第169页。

学技术史》(Science and Civilization in China),其中第五分册专门讨论内丹学,即"生理炼丹术(Physiological Alchemy)"。这些西方哲人对中国精神哲学的理解和论述,帮助西方人跳出其思维模式,欣赏和理解东方精神哲学的奥妙,甚至窥探中国隐秘难传的"道术"之奥秘。他们所做的学术工作和其理论解释之深度,不少地方甚至超过二十世纪中国哲学史传统的建构者们和现当代中国哲学问题的研究者们。

(三) 意与道

道贯天地,人领悟天地之道,可以于人身运转天道,这是修丹之法,通于易道的根基所在。张伯端非常重视意的存在和作用,认为意在修丹时的作用不可偏废,但认为不能让心驰于意,只能让意驰于心。"意者岂特为媒而已?金丹之道,自始至终,作用不可离也。意生于心。然心勿驰于意,则可;心驰于意,则未矣。"[1]他认为"意"是心的媒介,需要合理地加以利用,但毕竟承认"意"在修丹过程中有着重要作用。而王振山进一步指出"真意"的作用:"每个人都有精气神,都可以用真意使三宝合一,在体内结成金丹。体内也有日月星,心中之神为日,身中之气为月,中央真意为星,日月相合而成丹。"[2]"真意"比一般的"意"重要,在修丹过程当中处于非常核心的位置。

不仅仅在中文当中,"意"与心,与道有着重要的作用,其实在翻译和反思这样的内容时,即使运用德语,也有异曲同工之妙,一语双关之巧。荣格在《纪念卫礼贤》中说道:"卫礼贤把核心概念'道'译为 Sinn(含义、意义)。把这种 Sinn 转化为生活,亦即实现'道',这正是学生的任务。"[3]他写道:

> 西方思想的一个典型特征是它根本没有"道"的概念。"道"这个字由"首"和"走"这两个字所组成。卫礼贤把"道"译成 Sinn(意义),还有人将其理解为 Weg(道路)、Providence(天恩),耶

---

[1] 张伯端:《青华秘文·意为媒说》。

[2] 王振山:《〈周易参同契〉解读》,北京:宗教文化出版社,2013 年,"前言"。

[3] [瑞士]荣格、[德]卫礼贤著,张卜天译:《金花的秘密》,北京:商务印书馆,2019 年,第 10—11 页。

稣会士甚至将其译为 Gott(神)，由此可见翻译的困难。"首"可
以理解为"意识"，"走"可以理解为"走路"，于是"道"这个概念就
是："有意识地走"或"自觉的道路"。与此相一致，"天光"，即"居
于两目之间"的"天心"，被认为与"道"同义。[1]

可见，意涵可以跨越语言表达的形式，而寻找到深层的"意"来表达"道"或
"心"的"意"，无论是中文还是德文都有相通之处。荣格对"道"的诠释说
明，人之行道就是用头脑走路，自觉自己走的路就可以称为上道，这不是
无意识的道，而是有意识地行在道中，这与《中庸》"修道之谓教"相通。
"修道"可谓凝聚天光，即所谓"注意"，也就是全神贯注地集中意念于眉
心，这是意念通天的开关。慧真子注"以两目谛观鼻端……但于两目中间
齐平处系念便了"说："学者注意宜从此处下手。"他所谓"注意"，是"止观"
意义上的贯注意念。[2] 如慧真子注《回光守中第三》曰："舌抵上腭，调鼻
息，意止玄关。……意不外驰，真念自住。念住则精住，精住则气住，气住
则神住。"[3]注《回光守中第三》曰："回光之要在于调息……教人须用调
息工夫，系住心意，以杜神气外驰。"[4]可见，调息的目的就在于止住纷纷
扰扰的心念，不让神气向外流散。

《太乙金华宗旨·逍遥诀第八》："天心一动，即以真意上升乾宫，而神
光视顶，为导引焉，此动而应时者也。"可见，天心发动，就要用真意导引气
机向乾宫(头顶)上升，眼的神光也注视顶部，作为引导，这样才算动的时
机恰到好处。意丹与神光的微妙关系，可以通过历代思想者的"意"所凝
聚之"丹"来体会，没有神光照耀，就无意丹，而神光的降临与离去，对意丹

[1]［瑞士］荣格、［德］卫礼贤著，张卜天译：《金花的秘密》，北京：商务印书馆，2019
　　年，第 29 页。
[2]［瑞士］荣格、［德］卫礼贤著，张卜天译：《金花的秘密》，北京：商务印书馆，2019
　　年，第 95 页。
[3]［瑞士］荣格、［德］卫礼贤著，张卜天译：《金花的秘密》，北京：商务印书馆，2019
　　年，第 96 页。
[4]［瑞士］荣格、［德］卫礼贤著，张卜天译：《金花的秘密》，北京：商务印书馆，2019
　　年，第 100 页。

的修炼和保持,有着巨大的影响。[1]

(四) 意丹与无意识

卫礼贤在介绍《太乙金华宗旨》的基本观点时写道:

> 人出生时,心灵的两个领域——意识和无意识——就分离
> 了。意识是被分开的个体要素,无意识则是与宇宙相结合的要
> 素。两者可以通过禅修统一在一起,这是这部经典所依据的原
> 理。意识必须沉入无意识之中播下种子,从而将无意识提升至
> 意识,并与得到丰富的意识一起以精神再生的形式进入一种超
> 个人的意识层次。这种再生首先会使意识状态内部继续分化而
> 进入自主的思想形式,但禅修必然会导致所有差别都在最终不
> 二的统一生命中消失。[2]

这里,卫礼贤提到的"禅修"可以理解为后天的修养和返回先天的精神性
努力,在这个过程当中,具体的、明晰性的意识,可以跟无穷无尽的、无边
广大的、宇宙性的无意识相连接,融贯一体,他把这种链接的状态称为"精
神再生",其实,如果把无意识当做境域,而意识当作境域性生成的点,那
么这里的"点"和"域"之间的关系是可以融贯转化的。这种个体的精神力
在当下努力回复与无穷性的宇宙力相链接的状态,既可以作为一种哲学
理解,比如"天人合一""物我融贯",在具体的修行当中,又可以保存在带

---

[1] 荷尔德林是谢林和黑格尔的同学和朋友,他去做家庭教师时与女主人相恋,此女
子1802年去世,荷尔德林也开始精神失常,此后他在一个好心木匠的家,在其塔
楼临河的房间当中孤独度过36年,默然去世。二十世纪初,德国学界发现了荷
尔德林,"因为他的深邃思想在古希腊与大自然的谐荡中放射出了'令人神往的
美'。"本雅明说,"多少年来,在这样的夜晚都是荷尔德林的光芒照射着我。"海德
格尔终生无条件推崇的只有荷尔德林和老子两个人,他认为荷尔德林的疯狂是
由于"接受了过多的神性光明"。参张祥龙:《德国文化感受》,《社会科学论坛》,
2005年,第12期,第102—103页。这种神性之光的照耀对于理解意丹的光芒可
以作为参照。

[2] [瑞士]荣格、[德]卫礼贤著,张卜天译:《金花的秘密》,北京:商务印书馆,2019
年,第74页。

有秘密意味的宗教派别当中,比如卫礼贤说:"一系列秘密教派,它们力图实修古代的神秘传统,以达到一种摆脱一切人生痛苦的心灵状态。"[1]其实,道术也带着这样的意味,把当下的意识状态,回归到无限的无意识状态当中去,而这正是荣格与卫礼贤对于道术修行无限向往和着迷的地方。

这种宗教修行的核心在于相信精神力能够超越肉体的有限性,而超越时空地永恒存在:"世俗之躯如蝉蜕一般脱离了精神本原,作为一具干壳遗留下来,而精神本原则能在由自身的能量系统产生出来的精神体(Geisterleib)中独立地继续存活下去。"[2]这说明,"精神体"在世之时,虽然与肉身不可分离,但离世之后,可能因为人的修行,而继续以某种方式存在下去。当然,精神体永存的诉求不仅仅是道术的,其实也是很多宗教信仰的诉求,只是表达的方式有所区别。卫礼贤认为,"吕岩(吕洞宾)力图在瞬息万变的现象世界中找到固定不动的极点,从而获得永恒的生命,这与否认实际存在着任何自我的佛教是绝对相左的。"[3]可以这样说,佛教认为自我是永恒流变的,不存在不变的意识基点,而道术则认为,有可能通过修行成就一个永恒的"精神体(意丹)"。

五、通神之意

修炼意丹,达到通神之意的境界,第一层还是吸收采集先天之炁,即日月之精华,让日月之炁打通人身的先天炁机,也就是使意通炁,人的意识境遇通于先天之炁,则通神之意在人身运行,境界近似于密宗的观想,唯识第六识化成的"妙观察智"。

(一)"神"意的几重维度

通常来说,传世文献当中的"神"有这几个方面的意思:指神奇的自然力,《系辞上》"阴阳不测之谓神"指的是事物阴阳转变之间的神妙莫测。

---

[1] [瑞士]荣格、[德]卫礼贤著,张卜天译:《金花的秘密》,北京:商务印书馆,2019年,第75页。

[2] [瑞士]荣格、[德]卫礼贤著,张卜天译:《金花的秘密》,北京:商务印书馆,2019年,第76页。

[3] [瑞士]荣格、[德]卫礼贤著,张卜天译:《金花的秘密》,北京:商务印书馆,2019年,第78页。

事物变化内在的神秘力量,如《管子》"一物能化谓之神"。事物和谐自然生成,但不彰显于其表面的神秘感,如《荀子》:"万物各得其和以生,各得其养以成,不见其事而见其功,夫是之谓神。"自然食物当中具有的精气,《黄帝内经·灵枢》:"神者,水谷之精气。"神秘莫测的物理、心理状态,《阴符经》:"神而神者,识神也。不神而神者,无神也。"心和身的主宰,即"心神",《管子》:"有神自在身,一往一来,莫之能思,失之必乱,得之必治。"心智能够明辨的状态,即"神明",《系辞上》"神而明之,存乎其人"是人使得易道变化神妙莫测,也指人与物身上特殊的、神奇的功能,如《老子河上公注》:"治身则神明至。"特殊的知觉能力,如《系辞上》"神以知来,知以藏往"指《周易》功能之神奇到能够预知未来,睿智到能够包藏以往经验的程度。《黄帝内经·素问·八正神明论》:"神乎神,耳不闻,目明心开而志先,慧然独悟,口弗能言,俱视独见,适若昏,昭然独明,若风吹云,故曰神。"郑开认为,此处的"神"指的是"生命机制之中枢,或者还有一层意思是指透视人体生理状态(病理)的能力"[1]。他引用王冰注:"既独见了,心眼昭然,独能明察,若云随风卷,日丽天明,至哉神乎!"并评论说,医师("工")具备"一种可以'观于冥冥'的内在能力,这种内在的——也可以说是独出而特异的——知觉能力就是'神'。"[2]《黄帝内经·素问·遗篇本病论》有"神游上丹田"之说,此处的"神"既是一种特殊的感知力,也是一种通达天地的化境。

在本书中,"神"的含义兼具以上诸义,具体含义依境而生,即意义依托语境和上下文的情境而生发出来。孔令宏说:

> 道教不是一神教,而是多神教。这是它与其他宗教最大的不同。道教的神不是西方宗教的至上神,而是功能神,是道士通过术可以控制、役使的。道士对神进行控制、役使的有效性本身就是该道士修道所达到的程度的标尺。……道教神仙的实质内涵是道,神仙不过是道的具象化罢了。……神只是修道者为了达到改造自然、改造社会的目的而使用的工具,是人能够驾驭、

[1] 郑开:《道家政治哲学发微》,北京:北京大学出版社,2019年,第409页。

[2] 郑开:《道家政治哲学发微》,北京:北京大学出版社,2019年,第409页。

控制、役使的对象。[1]

虽然这种见解有把神对象化的意味，与"通神之意"要强调的非对象化状态有所区别，但诚如所言，道术当中"神"的可知性、可通性、可驾驭性是修丹之道的一大特征，"神"不是高高在上，不是只发布命令，不是动不动惩罚修道之人的人格神，而是一种修丹之士可修而至的神妙和灵动境界。

(二)通神之意：对精神修炼和提升的状态

凝神、定神之前，需要通神，即通达世间无限神妙莫测的变化，如他心之神，他力之神，皆在幽隐难定的神妙之境之中，唯通神之意可以通之。如果与神不通，何来凝聚之神，静定之神？也就是说，必须要心意通神，才能让神凝聚下来，静定下来。

通神之意时刻通于天地大化，悠游世间，无天地，无人我，无古今，此意丹之玄奥秘境，非借《周易》道境不可通之，非"天关在手，地轴由心"[2]之境界不能得"通神之意"的妙境。《黄帝内经·素问·生气通天论》"故圣人传(按：疑作抟)精神，服天气，而通神明"，王冰注曰："久服天真之气，则妙用自通于神明也。"可见，通于神明靠的是服气，而且要服"天气"，也就是"天真之气"，不可以是浊气，这样才能让我们的精神通于神明。可见，精神之内有清明的部分，这部分清明的精神要使之通于天地本然的天真元炁，这样精神通畅，有通天的舒畅感。

王冰注《黄帝内经》"神谓神智通悟，形谓形诊可观"，郑开认为："《内经》之'神'并不是通常所说的意识，更不是感觉，而是一种超乎感觉心思的内在精神状态(深层意识-心理状态)。"[3]可以说，"通神之意"指的是对精神修炼和提升的状态，而不是精神外化流散的状态。也就是那种"物物而不物于物"(《庄子》)的精神意识能量(意能)，卫礼贤这样写道：

如果活着的时候就能"逆流"，引导生命能量上升，如果魄的

---

[1] 孔令宏：《宋明道教思想研究》，北京：宗教文化出版社，2002年，第5—6页。

[2] [清]仇兆鳌：《古本周易参同契集注》，上海：华东师范大学出版社，2015年，第4页。

[3] 郑开：《道家政治哲学发微》，北京：北京大学出版社，2019年，第409页。

能力被魂所掌控,从外界事物中的解脱就会发生。自我对外界
事物依然认识,但却无所欲求。这样一来,幻相的能量被打破,
一种内在向上的能量循环开始发生。自我从世界的纠缠中脱身
出来,死后仍然活着,因为"内化"已经阻止了生命能量的向外耗
费,生命能量将在单子(Monade)的内在旋转中创造一个不依赖
于肉体存在的生命中心。这样一个自我就是神。"神"这个字意
为伸展、起作用,简而言之与"鬼"相对。"神"字最古老的写法是
一段双波形线,也有雷、闪电、电刺激之义。只要内在旋转持续,
这样一种存在就会持续下去。尽管不可见,它仍然能够影响人,
激发出伟大的思想和高尚的行为。古代圣贤就是这样的存在。
几千年来,他们一直在鼓励和教育人类。[1]

《左传》子产曰"鬼有所归",段玉裁《说文解字注》"人所归为鬼""鬼之为言
归也",鬼与"归"音意接近,阳魂之归为鬼。"神"的甲骨文为𥘅,双波形线
应该是右半部分,可见,"神"可以说是人内在灵性的旋转状态,超越对于
外在物的执著。

《老子河上公注》第二十八《反朴》章注"朴散则为器"说"器,用也。万
物之朴散则为器用也。若道散则为神明,流为日月,分为五行也",可见,
在修行过程中,如果要回到道,就要收敛神明,诚如荣格所言:"永恒者唯
有金花,通过内在的解脱,它摆脱了万物的一切纠缠。达到这种境界的人
转变了他的自我,不再被单子所限,而是超越现象的二元对立,回到了未
分的一,即道。"[2] "神"在这个意义上,是意识时时刻刻把意能调整转向
道的状态,或者意向时刻朝向道的状态。这种分秒不失、朝向神性的觉
知,摆脱了意向的物化状态,走出了意向的神化之路。[3] 修炼是从后天

[1][瑞士]荣格、[德]卫礼贤著,张卜天译:《金花的秘密》,北京:商务印书馆,2019
年,第85—86页。
[2][瑞士]荣格、[德]卫礼贤著,张卜天译:《金花的秘密》,北京:商务印书馆,2019
年,第86页。
[3]这种状态可谓通于"道心""人心"之辨的"道心"状态。在《尚书·大禹谟》当中表
达为:"人心惟危,道心惟微,惟精惟一,允执厥中。"宋明时代,二程子和朱熹继续
发挥,朱熹《中庸章句》说:"必使道心常为一身之主,而人心每听命焉。"

返归先天,哪怕在各种情绪的暴风雨中,在身家性命的利害关系中,在性高潮的癫狂之中[1],都要保持无限清醒的觉知,这就是通神之意时时刻刻在意识境遇当中作主宰的状态。

(三) 通神:神通乎阴阳之气

众所周知,中国传统的阴阳观无孔不入,在意识的构成和运作过程当中,也可以找到"阴意"与"阳意"的影子[2],可以理解为,阴意是对气息运行阴面的领悟,而阳意是对气息运行之阳面的领悟。荣格认为,这是中国传统意识哲学的高妙之处,他说:

> 中国人之所以能够发现这条道路,显然是因为他们从未让人性的对立面过分远离,以致失去了一切有意识的联系。而中国人的意识之所以能够包容一切,是因为是与否一直保持着原初的临近性,就像在原始的心灵状态中那样。尽管如此,他们必定会感觉到对立面的冲突,于是要寻找一条道路使之从对立面中解脱出来,一如印度人所说的"无争"(nirdvandva)。[3]

相比中国人一直保持着阴阳之间的张力,西方人对于人性问题的追问,则明显陷入各种对立的意见,而且以保持各自的偏见为本,其实是大谬不然。这就是卫礼贤和荣格臣服于中国阴阳哲学的微妙之处的原因,因为如果没有宽厚的心灵,没有对人性整体的观照和悲天悯人的世界性胸怀,他们就无法欣赏中国阴阳哲学的高深奥妙所在。

荣格如此理解"回光":"使人意识到对立面……意识到与无意识的生命法则重新结合,其目的在于获得自觉的生命(慧命),用中国人的话来说

---

[1] 胡孚琛认为:"性高潮是人类对灵子场虚空振荡的体验,内丹家以此招摄先天一炁,先天一炁是虚空振荡的火花,也就是'道之华'。"此"道之华"可谓意识通于大道,通乎神明的"金花"。参胡孚琛:《丹道法诀十二讲》(珍藏修订版),北京:社会科学文献出版社,2018年,第1128页。

[2] 参温海明:《周易明意:周易哲学新探》,北京:北京大学出版社,2019年,《意学总论》部分。

[3] [瑞士]荣格、[德]卫礼贤著,张卜天译:《金花的秘密》,北京:商务印书馆,2019年,第23页。

就是'回归于道'。"[1]可见,"回光"是意识到"道"的存在,是意识到超越当下意识的对立面的存在,那种"无意识的生命法则"可以理解为"神",所以"意识到与无意识的生命法则重新结合"就是一种通于"神"的意识,也就是人的意识境遇与本源的、生命的、全体的、宇宙的大道相通的意识境遇。他借用曼荼罗来表达,如"这幅曼荼罗与一个具有强烈基督教特点的心灵宇宙体系有关,波墨把它称为'哲眼'或者'智慧之镜',这显然意指一些秘密知识。"[2]这种"秘密知识"犹如与先天之"神"或者"道"相通的那种状态:

> 天地之初,万物未分,因此即将作为最高目标出现的东西仍然位于幽暗的无意识海底。在原窍之中,意识和生命(性-命)仍然"合而为一","融融郁郁,似炉中之火种","夫窍内有君火","漏尽之窍,凡圣由此而起"。请注意火这个比喻。我知道一系列欧洲曼荼罗图案,显示有一个被层层包裹的植物种子似的东西在水中漂流,火焰从下面很深的地方穿透种子使其成长,从原窍中遂生出一朵硕大的金花。
>
> 此象征与一种"修炼"的炼丹过程有关,阴中生阳,"水乡铅"中生出"尊贵"的金。在生命成长过程中,无意识变成了意识(印度的昆达里尼瑜伽[Kundaliniyoga]与此非常相似)。这样一来,慧与命便统一起来了。[3]

曼荼罗作为"幽暗的无意识海底"的化身,将人的意识带入原初性的性命合一的境界当中去,从那个黑暗悠远、深不见底的海底深处,慢慢有白光显现。荣格写道:"慧与命的统一就是道,道的象征是中间的'白光'。这

---

[1] [瑞士]荣格、[德]卫礼贤著,张卜天译:《金花的秘密》,北京:商务印书馆,2019年,第30页。

[2] [瑞士]荣格、[德]卫礼贤著,张卜天译:《金花的秘密》,北京:商务印书馆,2019年,第31页。

[3] [瑞士]荣格、[德]卫礼贤著,张卜天译:《金花的秘密》,北京:商务印书馆,2019年,第33页。

道光居于'方寸'或'面部',即两目之间。"[1]可见,曼荼罗是白光的化身,五行之中,金色白,所以是"金花",不是肉眼所见,而是两眼之间的、通常所谓"天眼"所观照的与"道"融为一体的境界,也就是通神之意的境界。

"道"虽然遍布宇宙之间,但不在心、性、命、意之外,通神之意不可以理解为对外在力量的意识,而是对内在力量的体证,即荣格所谓"激活了人性中所有光明和黑暗的力量,并且随之激活了心理上的所有对立面,无论它们属于何种类型。这实际上意味着通过自我培育(印度人称之为tapas)而觉悟,与完满造物类似的一个原始概念是柏拉图所说的那种雌雄同体的圆滚滚的人。"[2]柏拉图的雌雄同体说唤醒人身的阴阳之力,与修丹的原理有着相通之处,身内自有阴阳对立的力量,两种力量在身体当中运行,修丹的过程就是调动身体内部的阴阳之气运行的过程。这里的"外在",是指与身心无关的外在性,也就是说,天地之间的元炁,当与我们的身心无关的时候,就是纯粹"外在"的,但当我们领悟自己身体的元精元神通于天地之间的元炁,那么天地大宇宙之间的元炁就不在我们的身心小宇宙之外,这就是一种开"天眼"的境界,能够感受到身心之气与宇宙阴阳之气之间的同频共振。

在荣格看来,如果我们日常的意识是阳意,那么我们修丹过程当中与阳意对应的身体和宇宙意识就是阴意,它是阳意的基础和境遇性存在。这种阴阳之意的关系只能通过象征来表达,而不能通过逻辑方式来得到推演。荣格写道:

> 人凭借有意识的意志是达不到这样一种象征统一性的,因为在这种情况下意识是有偏袒的。其对手是集体无意识,而集体无意识理解不了意识的语言,因此需要让那些包含着原始比喻的有魔力的象征与无意识进行对话。无意识只有通过象征才能企及和得到表达,因此个体化(Individuation)离开了象征是

[1] [瑞士]荣格、[德]卫礼贤著,张卜天译:《金花的秘密》,北京:商务印书馆,2019年,第34页。

[2] [瑞士]荣格、[德]卫礼贤著,张卜天译:《金花的秘密》,北京:商务印书馆,2019年,第35页。

> 不可能实现的。象征一方面是无意识的原始表达，另一方面则
> 是与意识产生的最高预感相对应的观念。[1]

荣格的无意识必须要通过象征来表达，而象征是从易到参同契的必经之路，不仅仅是一种思维方式，而且被模式化、模型化、万变不离其宗，后人研究这个体系如何表达人的无意识，需要先有能力解码这些卦爻象征符号以及相应的学说，而这些学说本身，就可以让人皓首穷经，甚至终身不得要领。

身心小宇宙本来具有的元炁，可以贯通天地大宇宙之元炁，这是从《易》到《周易参同契》内在的中国哲学之密码学背后的意义结构，不懂卦爻符号和相关原理的人，对此意义结构可能终其一生不得其门而入，而要想进入中国传统哲学的殿堂，没有解码的功夫，是根本不可能窥其堂奥的。更何况历代参悟之人竭尽心力，方换来一点点骨血，还不愿意彻底泄露出来。所以传统上从《易》到《周易参同契》的系列诠释，都以难懂著称，其中的隐语，更是犹如密码学一样难解，所以中国的"解释学"，从来不是简单的语词解释，更不是训诂等学问可以彻底涵盖的，要基于解码学才能做出合乎情理的解释。

（四）精神：神之通于元精

《黄帝内经·灵枢·本神》："生之来谓之精，两精相搏谓之神，随神往来谓之魂，并精而出入者谓之魄。"精是随着先天元炁而来的自然之力，而精气阴阳运动变化则为神，所以此神也可以说是精之神，即通于元精之神，可以理解为精气的神妙运动和变化状态，而能够承受这种变化状态的是人的魂与魄。这是典型的生理与精神活动一体相关论，与西方分离二者的传统很不相同。人身之精来自天地本然之炁，入身而转化为身体之精。精入于五脏六腑运转不息，每个脏器工作生产新能量提供给其他脏器使用，这种不断转化的能量就是"气"，此谓"炼精化气"。气进入人的脊髓和大脑，为思维和意识提供能量，就是"炼气化神"，"神"是人可以记忆和思考的意识能量。

---

[1] ［瑞士］荣格、［德］卫礼贤著，张卜天译：《金花的秘密》，北京：商务印书馆，2019年，第38页。

神在一体相关的机制当中,是一个自行组织、自动修复、自然运动的内在状态,是与生理运动密切相关,无法分开的。机体自行运动的这种神妙莫测的内在状态,虽然不可见,却可以感知其智慧,这就是"神",没有"神",就会进入精神失散的状态,其实是人之躯体和心灵一体交关的机制被破坏了。换言之,没有"神",就是没有应付外邪的意识能量,不能够消化和转化它们,就进一步削弱本来已弱的神识状态。

因此,调神、敛神、养神、制神[1]、定神成为休整身体与心灵一体性的必经之路,致力于恢复身体自动调控自身的内在性智慧,而这种内在性智慧只能通过内观和感悟,根本无法言之于书,所以只能通过外在的比喻把内观的景象加以想象来理解,这就是《内经图》的由来。可以说,《内经图》是为了说明"神"在周身的运行,和人可能运神的通路与智慧。这种运用日常生活的图景,来理解内观的景象,这就是"通于神明"的内在观照,其最终的目的是调节身心,调动内在的"神",而这种"神"与身体先天的精气不可分割,所以很自然也就是称为"精神",其实是有精气就自然会有其神妙的运化作用。

道家修炼绝不仅仅是让身心取得一如,更重要的是要让精气的运行不受阻碍,因为内观的景象难以理解,所以借助于外丹的言语,通过这样的想象和表达,也把内在的小宇宙的精气神,转化为大宇宙的精气神之运转,延展了个体存在于世的边界,也打通了精气存身而能够与宇宙阴阳大化交流的根本性状态。如此人生有限的精神性,就熔铸在天地阴阳大化的变化之中,达到与宇宙精神性相贯通的状态。

神通乎元精之通道,必有其门,这就是"门道",正如《道德经》"无为"之教的意识境遇之敞开,而现其"道门"[2],诚如荣格所言:

　　为了取得进步,解放自己,这些人做了什么呢?据我所知,他们什么也没有做(无为),而只是让事情如此本然地发生,正如

---

[1] 制神为功夫,通神为境界。功夫为通往境界必经之路。《坛经明意》因论顿教,多用功夫,少用工夫。同理,本书多从境界上论功夫,而少从工夫上论境界。

[2] 参温海明:《道德经明意》,北京:中国社会科学出版社,2019 年,"导论",第41—54 页。

吕祖所教导的，如果一个人放弃他的执著，神光就会按照自己的规律运转。让一切顺其自然地发生，无为而为，"放开自己"，埃克哈特大师（Meister Eckhart）所传授的这些技艺成为我成功打开通向道的大门的钥匙：在心灵上必须听任事情发生。对我们来说，这成了一种鲜为人知的真正技艺。一般人的意识总是在干预、帮助、纠正和否定，从来不让心灵过程宁静地简单发展。这项任务本来是足够简单的（如果简单不是一切事情中最难的话！）。它所要做的仅仅在于，首先客观地观察心灵发展中的某个幻念（Phantasiefragment）。再没有比这更简单了，但困难也正始于此。[1]

让自己的精神无为而为，顺其自然，言之容易，实现则难。所有对治精神问题的第一步都是"放开自己"，让精神的光自己运行，然后才可能适当加以调适。这种从《道德经》的"无为"到佛教的"止观"的修行方法，有其内在一脉相承的道理，虽然不过是"一以贯之"的"道门"，但付诸实践则没有那么简单，往往最简单的"道门"当中，蕴含着最为精妙复杂的"门道"和机关。

对于《周易参同契》的哲学重构就致力于哲学性地建构这种"门道"和机关。历代修行人已经重复这些门道和机关很多遍，但一直没有真正从哲学的角度加以建构，以致当代人难以理解这其中真正深刻奥妙的哲学道理。荣格写道："一切宗教都是对灵魂的痛苦与混乱的治疗。"[2]在这个意义上说，以《周易参同契》为核心的道术思想体系，在东方的传统当中，与佛教一样，是对治无秩序的心灵意识状态之纠结和苦难的宗教体系。毫无疑问也是对治人灵魂的苦难和无序的，只是这样一种对治的方式，即所谓"修炼内丹"的通常说法，是否仍然对现代意义上的人有帮助，这是我们需要思考的问题。

---

[1]［瑞士］荣格、［德］卫礼贤著，张卜天译：《金花的秘密》，北京：商务印书馆，2019年，第25—26页。

[2]［瑞士］荣格、［德］卫礼贤著，张卜天译：《金花的秘密》，北京：商务印书馆，2019年，第55页。

另外,如果道术想要对治人类灵魂错乱和苦难的问题,对于任何时代,当然包括今天这个时代都有意义的话,我们需要知道,这种古代的、常常被贬斥为充满神秘主义和迷信色彩的修丹方式,是否仍然对工业化和后工业化的现代人有意义? 其实,正如张祥龙指出的,"神秘主义"的标签不过说明,中国古代思想的根本识度(insight)超出西方概念和观念哲学的范围,运用这个标签其实是一种极为有害的偏见,因为这会阻拦当代人理解古人的真智慧。[1] 比如,理解《庄子·养生主》中庖丁在解牛时达到的"通神"境界:"臣之所好者道也,进乎技矣。始臣之解牛之时,所见无非牛者。三年之后,未尝见全牛也。方今之时,臣以神遇,而不以目视,官知止而神欲行。"庖丁明确说,如今自己的境界是目无全牛,不用眼睛看,而用"神"来"遇",这不可能是一种感官如"目"的对象化的"视",而是以"神"之意来整体性地感通认知的世界,这里没有丝毫通常意义上的"神秘主义"意味。本书也正是在类似的意义上,虽然用"通神之意"这样的说法,但丝毫不可以用旁观者视角或者外在论者眼光那种所谓神秘主义意味来理解。

(五) 调神(敛神)养神

这部书要"明"古代《参同契》的意义,要"明"给现代社会中的人,告诉人们追求内丹修炼不仅是长生不老,最重要的是修炼一种意识的状态,也就是所谓"意丹",那种内在意识的饱满和丰厚,因为你的意识本身就是万源之本。胡孚琛认为:"调神,又名调心,即是以人之正念调整人的常意识和潜意识,以自我调节为主,他人调节为辅。"[2]"正念"在本书当中,就是"通神之意",即以通于神明般的意识境界这种状态来观照、反省、调整人当下的意识状态,甚至是潜意识的状态,通于心理平衡和心理治疗的各种理论和技术,认为疾患都是身心一体的,调神、调心就可以调整身体的状况。

可见,"意"就是"意本论"的根基,即调养神气、收敛精神可以集中到"意"的状态来体会和化解。虽然延年益寿是可能的,但肉体的永生毕竟

---

[1] 参温海明:《道德经明意》,北京:中国社会科学出版社,2019 年,第 31 页。

[2] 参胡孚琛:《丹道法诀十二讲》(珍藏修订版),北京:社会科学文献出版社,2018年,第 49 页。

很难,只是人们仍然可以追求意识的永垂不朽,这就是"意丹"的修炼。在某种意义上,修丹本质上就是修炼"意丹",也就是让当下的意识状态,具有划过时空的永恒性的力量。

《黄帝内经》有"调神大论",说明调节和收敛神气是延年益寿的根本。陈致虚注《参同契》有:"养神者,外养全体之神以合气。"[1]这是认为养神就是养全体之神,神就应该是合内外之神。丹法有百日筑基之说,筑基一方面去掉身体的宿疾陈病,另一方面主要是调神,使人身动静与天地阴阳之道相配合。[2]只有修炼出神识发动不偏离自然之道后,人身神识的运动才算能够顺应自然之道。

(六)治神或制神以还丹

《周易参同契》有明显的反对外丹的说法,所以应该主要是内丹修炼的著作。[3]不是因为历史上很多人拿着《周易参同契》修炼外丹,最后都没有成功,所以才逐渐变成内丹的书,而本来就是一部专门讲内丹修炼法门的书。胡孚琛写道:

> 东汉魏伯阳著的《周易参同契》,是一部专门论述内丹法诀的丹道著作。《参同契》以周易象数学的卦爻作符号,以日月运行的规律作理论框架,以外丹炉火的铅汞反应作模型,来论述阴阳交感男女合炁的秘术。……书中藏有各派丹诀,被后世丹家尊为"万古丹经王"。[4]

---

[1] 孟乃昌、孟庆轩辑编:《万古丹经王〈周易参同契〉三十四家注释集萃》,北京:华夏出版社,1993年,第325—326页。

[2] 胡孚琛写道:"《内经·灵枢》每言'得神者生,失神者死',中医治病,贵在用神,医家施治于外,患者神应于内,以天地正气却患者之邪气,能随精神升降往来,用药用针,手到病除。"参胡孚琛:《丹道法诀十二讲》(珍藏修订版),北京:社会科学文献出版社,2018年,第1049—1050页。

[3] 程乐松认为,《周易参同契》是讨论外丹烧炼技术的重要基础文献,虽然他讨论了宇宙及生命过程,但其视角过度强调神秘色彩。参程乐松:《身体、不死与神秘主义:道教信仰的观念史视角》,北京:北京大学出版社,2017年,第250—256页。

[4] 胡孚琛:《道学通论》(2018年修订版,上下编),北京:社会科学文献出版社,2018年,下编第524页。

胡孚琛对丹道法诀有精深的研究,认为《周易参同契》是修炼内丹各个门派的丹诀之总汇。潘启明认为,"《周易参同契》共九十节,有九节反对服食外丹。"[1]他写道:

> 魏伯阳认为服食外丹不是长生之道,……他竭力反对除了宣耀精神之外的一切旁门小道,却偏有人说《周易参同契》是外丹之书。
>
> 我不知道他们是视力有限,看不到这些字句,还是故意闭起眼睛不看这些字句。如果我这样罗列出来给他们看,他们还信誓旦旦地说《周易参同契》是外丹之书,我看只有一句话可以解释:装睡的人是叫不醒的,闭着眼睛说瞎话的人是不会睁开眼睛的。[2]

本书同样认为,《周易参同契》是内丹修炼著作,可以认为是从"意"的角度讨论修炼"意丹"的著作。类似的说法潘启明曾经表达过:

> 意也是主观的指令信息。神与意的区别在于,神是非工作态的主观信息,意是工作态的主观指令。意即意念,包括意识和下意识两类。意不尽道,言不尽意,书不尽言。意识指意之可言部分,下意识指意之不可尽言的部分。
>
> 心神识悟元精,称作日月会,坎离交,男女相须,龙吞虎咽。神悟所得,存之于身,就是记忆。忆者意也。意也即是丹。意可以作为进一步修丹的模式,故又叫媒,黄婆。[3]

本书的"意"是"意本论"哲学意义上的"意",不再是主观的指令信息了。关于"丹",潘启明写道:

---

[1] 潘启明:《周易参同契解读》,北京:光明日报出版社,2004年,第31页。

[2] 潘启明:《周易参同契解读》,北京:光明日报出版社,2004年,第32页。

[3] 潘启明:《周易参同契解读》,北京:光明日报出版社,2004年,第381页。

丹是宇宙间无数存在态势的一种,是人用自身精、气、神培育出来的。它根据"凝精流形"的一般原则,由心神复制遗传信息,并加以聚能所成的一种态势,是心神能够指挥的以能量为载体的遗传信息的复制品。[1]

宋常星《道德经讲义》,第 33 章:"学道者,果能性定而心自清,心清而意自静,意静而神自凝而炁自回,炁回而精自还,精还而丹自结。"天台宗持息念的"息"就是一种能量(prana),是一种炁,这和丹道的"炼精化气,炼气化神"本来就是相通的。[2]修丹的境界要求是达到气住脉停,当意念通神的时候,心念不起,后天的身心气息都接续先天元精元神,真意通乎天地而还丹。

郑开指出:"《内经》特别强调'治神',而'治神'也是所谓'养生'的第一原则与核心内容。因此,'养生'即'治神',即精神内守,恬淡虚无。"[3]可见,中医治病的主要精神,其实就是调心调神,让心灵的变化改变身体的阴阳,进而帮助身体重新与周围环境建立和谐的互动关系。这种调治精神的主要过程是收敛精神,使之不弛逐于外,不让身心疲惫,从而神满精足,延年益寿。

(七) 凝神、聚神或定神

《周易参同契》之最高境界,即凝神出意的化境。对于《周易》所谓"神者,妙万物而为言者也"这样神妙无方、变化莫测之"神",要定而制之,使之为意所摄受,从而凝结成意丹。可见,无"通神之意",则"意丹"不成。

王冰《黄帝内经注》:"盖欲调治精神,专其心也。"这是把"治神"理解为"专心",也可以理解为"凝神",即道家常说的"用志不分,乃凝于神"[4]。不过,在"治神"一语中,"治"为动词,"神"为宾语。在"凝于神"一语中,"凝"为动词,"神"为名词,代表凝聚精神的一种特殊状态,可以说是"治神"的结果状态。

---

[1] 潘启明:《周易参同契解读》,北京:光明日报出版社,2004 年,第 262 页。
[2] 赖贤宗:《道家诠释学》,北京:北京大学出版社,2010 年,第 197 页。
[3] 郑开:《道家政治哲学发微》,北京:北京大学出版社,2019 年,第 407—408 页。
[4] 郑开:《道家政治哲学发微》,北京:北京大学出版社,2019 年,第 408 页。

心理学对治很多日常情感,这方面跟佛学很相近。《周易参同契》的"意丹",却不那么强调如何对付和治疗很多日常情感,也就是出偏的情感状态,而是不断地强调合理的丹道之道门,不希望人们走上歧路。凝神是修丹必经之路。张伯端认为,修丹就是凝聚"神","凝者,以神凝于精气之内。精气本相依,而神亦恋之。今独重于神。何也? 神者,精气之主。"[1]炼神的关键就是凝神,"凝神者,神融于精气也。精气神合而为一,而阳神产矣。"[2]马宗军写道:

> 道教内丹术修炼的关键在于进入一种"虚静"的状态,就是使意念静定下来。内丹功法就是控制和调节人的身心系统,净化潜意识,开发元意识的一套心理程序。内丹修炼对开发人的大脑有特别重要的作用,在修炼中通过凝聚常意识、净化潜意识、开发元意识,可以最大限度发挥人体的生命潜能,把深藏在元意识中的人类进化途中所积累的所有智能、能力开发和释放出来。……由执著外在对象的意识返照内观,从而进入一种非对象化的意识。这种凝神功夫,在心理学中可能属于"集中的沉思"一类技巧。[3]

凝聚精神可以说是修丹的关键所在,而精神意识的内观,是凝神的必经之路。

凝神又可以称为聚神,如陆长庚云:"斗之所指则气动,罡之所指则神聚。"[4]没有通神之意,神散而不能凝聚,对于神与时空之间交关的一切,则难以凝聚,也就无法实化意念。此张载所谓"一故神,两故化",因为精神专一才能够有神,也就是神气凝聚,定神出意,否则精神分散二分,则无从凝聚,意缘转化而无法凝聚,神气生成即散乱无聚。

凝神、聚神,又可以称为定神。胡孚琛认为"内丹学是一种凝炼常意

---

[1]张伯端:《青华秘文·精神论》。

[2]张伯端:《青华秘文·精神论》。

[3]马宗军:《周易参同契研究》,济南:齐鲁书社,2013 年,第521 页。

[4][清]仇兆鳌:《古本周易参同契集注》,上海:华东师范大学出版社,2015 年,第175 页。

识、净化潜意识、开发元意识的心理程序。"[1]悟道传道就是致力于养传道之志于人世的虚无之间,此志凝之于书中,为"通神之意",大抵人之神最为难定,故需要养志实意以定之。为了定神,古今多有方法,如坐禅之方,务在定心安神,而定神不仅仅是安自己的神,更是安与自己的精神、神志交关的一切意缘,使得诸神定于当下意缘。

神于世间,虚幻莫测,唯定者能通之。清人仇兆鳌在其《古本周易参同契集注》序中写道:

> 古之真人,知神由中主,而气自外来。故必以神驭气,而保厥长生。夫人之一身,常以元神为主宰,而取坎填离,气始复焉。坎离者,一水一火,迭用柔刚。坎中之水,乘其爻动,而以意招之;离中之火,静极能应,而以意运之。坎中之铅,即阳气也;离中之汞,即阴精也。精气会合,皆以真意摄之。意不专一,则神散而不凝;神不凝聚,则大用现前,而俄顷失之。[2]

可见,神为驾驭气息之根本,而定神是驾驭气息之要枢,故"通神之意"方是安定精神、驾驭气息的核心所在。通神的意识状态是修丹的根本,通于神明,取坎填离是运"通神之意"而成,所以"通神之意"极为关键。关于"神"的产生,胡孚琛写道:

> 细胞组合到一起达到某一"阈阈"就会"突现"为意识。每个细胞和神经元实际上都是真空振荡器,前者产生"生命波"("气"),后者产生"意识波"("神")。灵子场本身是由真空振荡产生的,灵子场的叠加则可以组织化、结构化为"意识场",其"灵性"不断提高,心灵就产生了。[3]

---

[1] 胡孚琛:《道学通论》(2018 年修订版,上下编),北京:社会科学文献出版社,2018年,下编第 567 页。

[2] [清]仇兆鳌序,见氏著《古本周易参同契集注》,上海:华东师范大学出版社,2015年,第 6 页。

[3] 胡孚琛:《道学通论》(2018 年修订版,上下编),北京:社会科学文献出版社,2018年,上编第 358 页。

这是从生物进化的角度来阐发"神"产生的机理,有其道理。他进一步论述"意识波":

> 意识波一般只传递信息,不传递能量,意识既有波动性,必然会有场的特征。当两个意识场高度有序且传播速率相应时,则存在交换心灵信息的可能。意识波如何和生命能量(气)相耦合,就会存在物质的质碍性。唯识学认为有识则有质碍,则有生死,高度入静至意识的真空零点状态,才可明心见性。……意识场的传播速度不受光速的限制,且其速率不受一个固定值,而是一个区间,意识场中不同意识波在传播速率区间的位置依其灵子场耦合与叠加的程度而异,也就是说依其灵性的高低而异。……有灵子场的真空振荡逐渐叠加、耦合、组织化为意识场,受外界信息激发产生"第一念",最后演化出唯识学的八重意识结构。[1]

可以这样说,宇宙中真正的实存是意识波,而生命体和物质都不过是意识波暂住的载体而已,意识波能够穿越物质,与其他意识波感应、叠加、耦合,由隐形的"意"转化为显形的"念",进而产生纷繁复杂的意识结构。所以可以说,人身通于宇宙之间精气的运行和化合,都要用真意来统摄,这就是为什么"通神之意"是修行的关键所在。在唯识学里,第六意识之根称为"意根",在第七识,即"末那识",也有译成"真意"的,指的是不经思考,纯粹天然,本能的自我意识活动,带有弗洛依德所谓无意识和荣格所谓文化无意识的意味。修丹有成达到"通神之意"的境界,其实通乎第八识"藏识"深层次的"净分",即包含无我执、无我见的无漏种子,又称"无垢识"、"真如实相",丹家称为"灵明性体"、"真我",即最终修证"通神之意"

---

[1] 胡孚琛:《道学通论》(2018年修订版,上下编),北京:社会科学文献出版社,2018年,上编第358—359页。

而达到宇宙万法之原初终极实体的"真一",也是零点的真空纯净态。[1]

(八) 通神——后天返先天

道学信仰的一大特点是包容性,没有西方系统宗教信仰那种排他性,道学信仰可以融贯儒释道三教教理,也可以融贯西方各宗教系统。"在中国传统文化发展史中实际存在的道教,并不是一种宗教,而是一种有道有术,既有哲理,也有实践操作手段的文化体系。"[2]这个道教文化体系超越系统宗教的定义,其"通神之意"的核心思想不仅可以融贯儒释道三家思想,而且可以贯通世界各大宗教的义理。

在《周易明意》的《易传明意——卦意总论》部分,我讨论后天之意如何返归先天之意的问题。在《周易明意》体系当中,主要是形而上学和认识论的论说,在本书当中,主要是生命修炼之论的论说。这种后天返先天之可能,在于有通神之能力的意,故作"通神之意"之论,可以贯通各书要旨。"道教有多方面的内容,道教哲学无疑是其中最为抽象、最核心的部分。"[3]本书以"通神之意"为核心,以对"万古丹经王"《周易参同契》的文字疏解为依托,希望能够从比较身心哲学的角度,重构道术哲学最为核心的内涵。

神本通天,通神之意就是我们的意识要时刻让神做主。当然,这里的"神",是自然之意,是天意,而不是人格神。人本有神,但神常出,故要让意识之神常常做主,所以要通神之意。而修炼意丹,以致长生,都是要让意识时刻通神,时刻接续先天真一之炁,至于永恒。

今造意丹之论,本身即是造丹,立意丹之说,基于古来身丹之传统,不是要否定身丹的合理性,而是说身丹其实就是意丹,而意丹除了身丹之外,的确可以是跨越时空的意识之丹,意念之丹,意义之丹,都是通神之意所凝结而成的丹,因为通神,所以丹可以跨越时空而永世不朽。

[1] 参胡孚琛:《道学通论》(2018年修订版,上下编),北京:社会科学文献出版社,2018年,上编第360—361页。
[2] 孔令宏:《宋明道教思想研究》,北京:宗教文化出版社,2002年,第9页。
[3] 孔令宏:《宋明道教思想研究》,北京:宗教文化出版社,2002年,第9页。

《周易参同契》章节对照表

以新古本（本书版本）顺序查

新古本	新古本章节	古本	古本章节	元陈致虚本	元陈致虚本章节	五代彭晓本	五代彭晓本章节
	五言经文 魏真人赞序	古本周易参同契集注下卷	五言传文 徐从事传文序				
1	牝牡四卦章第一	19	牝牡四卦章第十九	1,2	大易总叙章第一 乾坤周设位章第二	1,2,3,4,5,6	乾坤者《易》之门户章第一 牝牡四卦章第二 明日一屯卦事章第三 既未至晦爽章第四 春夏据内体章第五 赏罚应春秋章第六
2	乾坤二用章第二	20	乾坤二用章第二十	2	乾坤设位章第二	7	天地设位章第七
3	日月神化章第三	21	日月神化章第二十一	3,5	日月悬象章第三 开头部分 君臣御政章第五 后半部分	10	易者象也章第十
4	发号顺时章第四	22	发号顺时章第二十二	17,4	青道迷真章第十七 发号顺时章第四	42,16	君子居室章第四十二 元精眇难睹章第十六

（续表）

新古本	新古本章节	古本	古本章节	元陈致虚本	元陈致虚本章节	五代彭晓本	五代彭晓本章节
5	朔受震符章第五	23	朔受震符章第二十三	5,3,4	君臣御政章第五 日月慈象章第三 圣人上观章第四	10,11,12,13	易者象也章第十 於是仲尼章第十一 圣人不虚章第十二 复卦建萌章第十三
6	药生象月章第六	24	药生象月章第二十四	5,4,34	君臣御政章第五 圣人上观章第四 补塞遗脱章第三十四	19,13,14,15,87	日合五行精章第十九 复卦建始明章第十三 十六转受统章第十四 王癸配甲乙章第十五 象彼仲冬节章第八十七
7	八卦列耀章第七	25	八卦列耀章第二十五	4	发号顺时章第四中间部分	15,16	王癸配甲乙章第十五 元精眇难睹章第十六
8	上下有无章第八	26	上下有无章第二十六	7,6,15	明两知药章第七 炼己立基章第六 王癸配甲乙章第十五	22,21,40	上德无为章第二十二 黄中渐通理章第二十一 名者以定情章第四十
9	二八弦气章第九	27	二八弦气章第二十七	9	龙虎两弦章第九部分	29	火记不虚作章第二十九
10	金火合受章第十	28	金火合受章第二十八	10	金返归性章第十	30	金人猛火章第三十

（续表）

新古本	新古本章节	古本	古本章节	元陈致虚本	元陈致虚本章节	五代彭晓本	五代彭晓本章节
11	三性会合章第十一	29	三性会合章第二十九	11	二土全功章第十一	31,32	子午数合三章第三十一 巨胜尚延年章第三十二
12	金水铢两章第十二	30	金水铢两章第三十	14	金丹刀圭章第十四	37,38	以金为堤防章第三十七 捣治并合之章第三十八
13	水火情性章第十三	31	水火情性章第三十一	15	水火情性章第十五	39,40	推演五行数章第三十九 名者以定情章第四十
14	二气感化章第十四	32	二气感化章第三十二	21	二气感化章第二十一	65	阳燧以取火章第六十五
15	关键三宝章第十五	33	关键三宝章第三十三	22	关键三宝章第二十二	66	耳目口三宝章第六十六
16	同类服食章第十六	34	同类服食章第三十四	23,12,11	傍门无功章第二十三 同类合体章第十二 二土全功章第十一	67,33,32	世人好小术章第六十七 胡粉投火中章第三十三 巨胜尚延年章第三十二
17	背道迷真章第十七	35	背道迷真章第三十五	12,8	同类合体章第十二 明辨邪正章第八	34,27,28	世间多学士章第三十四 是非历脏法章第二十七 明者省厥旨章第二十八

（续表）

新古本	新古本章节	古本	古本章节	元陈致虚本	元陈致虚本章节	五代彭晓本	五代彭晓本章节
18	三圣制作第十八	36	三圣制作章三十六	13,9	三圣前识章第十三 龙虎两弦章第九	35,29,36	若夫至圣章第三十五 火记不虚作章第二十九 火记六百篇章第三十六
	四言传文 魏真人《五相类》序		三相类序	34	朴塞遗脱章第三十四	84,85,86	朴塞遗脱章第八十四 大易情性章第八十五 枝茎华叶章第八十六
19	乾坤坎离章第十九	1	乾坤坎离章第一	16	阴阳精气章第十六	41	乾坤刚柔第四十一
20	君臣御政章第二十	2	君臣御政章第二	5	君臣御政章第五	17,18,19,20	君臣御政章第十七 文昌统录章第十八 日含五行精章第十九 辰极受正章第二十
21	发号施令章第二十一	3	发号施令章第三	17	君子居室章第十七	42,43,44,45	君子居室章第四十二 聊陈两象章第四十三 二至改度章第四十四 动静有常章第四十五
22	坎离戊己章第二十二	4	坎离戊己章第四	2	乾坤设位章第二	9,7,8	言不苟造章第九 天地设位章第七 以无制有章第八

（续表）

新古本	新古本章节	古本	古本章节	元陈致虚本	元陈致虚本章节	五代彭晓本	五代彭晓本章节
23	晦朔合符章第二十三	5	晦朔合符章第五	18	晦朔合符章第十八	46,47,48	晦朔之间章第四十六 勘毕之上章第四十七 循据璇玑章第四十八
24	卦律终始章第二十四	6	卦律终始章第六	19	爻变功用章第十九	49,50,51,52,53,54,55,56,57,58,59,60,61	朔旦为复章第四十九 临炉施条章第五十 仰以成泰章第五十一 渐历大壮章第五十二 夬阴以退章第五十三 乾健盛明章第五十四 姤始纪序章第五十五 遁世去位章第五十六 否塞不通章第五十七 观其权量章第五十八 剥烂肢体章第五十九 道穷则反章第六十 玄幽远渺章第六十一
25	性命根宗章第二十五	7	性命根宗章第七	20	养性立命章第二十	62,63,64	将欲养性章第六十二 阴阳为度章第六十三 类如鸡子章第六十四

（续表）

新古本	新古本章节	古本	古本章节	元陈致虚本	元陈致虚本章节	五代彭晓本	五代彭晓本章节
26	养己守母章第二十六	8	养己守母章第八	7,6,8	明两知药章第七开头。炼己立基章第六开头。明两知药章第七后部。明辨邪正章第八后部。	22,20,26,23,24,25,26,28	上德无为章第二十二 辰极受正章第二十 旁有垣阙章第二十六 知白守黑章第二十三 金为水母章第二十四 采之类白章第二十五 旁有垣阙章第二十六 明者省厥旨章第二十八
27	日月含吐章第二十七	9	日月含吐章第九	27	男女相须章第二十七	74,75	坎男为月章第七十四 金化为水章第七十五
28	流珠金华章第二十八	10	流珠金华章第十	24	流珠金华章第二十四前面部分	68	太阳流珠章第六十八
29	三五至精章第二十九	11	三五至精章第十一	24	流珠金华章第二十四前半部分	68,69	太阳流珠章第六十八 子当右转章第六十九
30	四象归土章第三十	12	四象归土章第十二	28	四者混沌章第二十八	76	丹砂木精章第七十六
31	阴阳反覆章第三十一	13	阴阳反覆章第十三	29	卯酉刑德章第二十九	77	刚柔迭兴章第七十七
32	以类相况章第三十二	14	以类相况章第十四	24	流珠金华章第二十四后半部分	70	不得其理章第七十

（续表）

新古本	新古本章节	古本	古本章节	元陈致虚本	元陈致虚本章节	五代彭晓本	五代彭晓本章节
33	父母滋禀章第三十三	15	父母滋禀章第十五	25	如审遭逢章第二十五大部分	71	五行相克章第七十一
34	姹女黄芽章第三十四	16	姹女黄芽章第十六	26	姹女黄芽章第二十六	72,73	河上姹女章第七十二 物无阴阳章第七十三
35	牝牡相须章第三十五	17	牝牡相须章第十七	30	君子好逑章第三十	78	关关雎鸠章第七十八
36	后序孔窍章第三十六	18	后序孔窍章第十八	31	圣贤伏炼章第三十一	79	惟昔圣贤章第七十九
	大丹赋		大丹赋	32	法象成功章第三十二	80,81,82,83	法象天地章第八十 升熬於甑山章第八十一 阴阳得其配章第八十二 先白黄黄章第八十三
	鼎器歌		鼎器歌	33	鼎器妙用章第三十三	附录	鼎器歌
	魏真人自叙启后章	卷上四言经文	魏真人自序	35	原自叙启后章第三十五	88	会稽鄙夫章第八十八

以古本(仇兆鳌本)顺序查

古本	古本标题	新古本	新古本章节	元陈致虚本	元陈致虚本章节	五代彭晓本	五代彭晓本章节
卷上四言经文	魏真人自序		魏真人自叙启后章	35	原自叙启后章第三十五	88	会稽鄙夫章第八十八
1	乾坤坎离章第一	19	牝牡坎离章第十九	16	阴阳精炁章第十六	41	乾坤刚柔章第四十一
2	君臣御政章第二	20	乾坤御政第二十	5	君臣御政章第五	17	君臣御政章第十七
3	发号施令章第三	21	发号施令章第二十一	17	君子居室章第十七	42,43,44,45	主体君子居室章第四十二 聊陈两象章第四十三 二至改度章第四十四 动静有常章第四十五
4	坎离戊己章第四	22	坎离戊己章第二十二	2	乾坤设位章第二	9,7,	言不苟造章第九 天地设位章第七
5	晦朔合符章第五	23	晦朔合符章第二十三	18	晦朔合符章第十八	46,47,48	晦朔之间章第四十六 勋毕之上章第四十七 循据璇玑章第四十八

（续表）

古本	古本标题	新古本	新古本章节	元陈致虚本	元陈致虚本章节	五代彭晓本	五代彭晓本章节
6	卦律终始章第六	24	卦律终始章第二十四	19	交变功用章第十九	49,50,51,52,53,54,55,56,57,58,59,60,61	明旦为复章第四十九 临炉施条章第五十 仰以成泰章第五十一 渐历大壮章第五十二 夬阴以退章第五十三 乾健盛明章第五十四 姤始纪存章第五十五 遯世去位章第五十六 否塞不通章第五十七 观其权量章第五十八 剥烂肢体章第五十九 道穷则反章第六十 玄幽远渺章第六十一
7	性命根宗章第七	25	性命根宗章第二十五	20	养性立命章第二十	62,63,64	将欲养性章第六十二 阴阳为度章第六十三 类如鸡子章第六十四
8	养己守母章第八	26	养己守母章第二十六	7,6,8	明两知窍章第七开头部分,炼己立基章第六章第七后面部分,明辨邪正章第八后面部分。	22,20,26,23,24,25,26,28	上德无为章第二十二 辰极受正章第二十 劳有垣阙章第二十六 知白守黑章第二十三 金为水母章第二十四 采之类白章第二十五 劳有垣阙章第二十六 明者省厥旨章第二十八

（续表）

古本	古本标题	新古本	新古本章节	元陈致虚本	元陈致虚本章节	五代彭晓本	五代彭晓本章节
9	日月含吐章第九	27	日月含吐章第二十七	27	男女相须章第二十七	74,75	牝牡为月章第七十四 金化为水章第七十五
10	流珠金华章第十	28	流珠金华章第二十八	24	流珠金华章第二十四前面部分	68	太阳流珠章第六十八
11	三五至精章第十一	29	三五致精章第二十九	24	流珠金华章第二十四前半部分	68,69	太阳流珠章第六十八 子当右转章第六十九
12	四象归土章第十二	30	四象归土章第三十	28	四者混沌章第二十八	76	丹砂木精章第七十六
13	阴阳反覆章第十三	31	阴阳反复章第三十一	29	卯酉刑德章第二十九	77	刚柔迭兴章第七十七
14	以类相况章第十四	32	以类相况章第三十二	24	流珠金华章第二十四后半部分	70	不得其理章第七十
15	父母滋禀章第十五	33	父母滋禀章第三十三	25	如审遭逢章第二十五大部分	71	五行相克章第七十一
16	姹女黄芽章第十六	34	姹女黄芽章第三十四	26	姹女黄芽章第二十六	72,73	河上姹女章第七十二 物元阴阳章第七十三
17	牝牡相须章第十七	35	牝牡相须章第三十五	30	君子好逑章第三十	78	关关雎鸠章第七十八

（续表）

古本	古本标题	新古本	新古本章节	元陈致虚本	元陈致虚本章节	五代彭晓本	五代彭晓本章节
18	后序孔窍章第十八	36	后序孔窍章第三十六	31	圣贤伏炼章第三十一	79	惟昔圣贤章第七十九
古本周易参同契集注下卷	五言传文 徐从事传文序	古本周易参同契集注下卷	五言传文 徐从事传文序				
19	牝牡四卦章第十九	1	牝牡四卦章第一	1,2	大易总叙章第一 和第二	1,2,3,4,5,6	乾坤者《易》之门户章第一 牝牡四卦章第二 朔旦一屯直事章第三 既未至晦爽章第四 春夏据内体章第五 赏罚应春秋章第六
20	乾坤二用章第二十	2	乾坤二用章第二	2	乾坤设位章第二	7	天地设位第七
21	日月神化章第二十一	3	日月神化章第三	3,5	日月易象章第三开头大部分 君臣御政章第五章后半部分	10	易者象也章第十
22	发号顺时章第二十二	4	发号顺时章第四	17,4		42,16	君子居室章第四十二

（续表）

古本	古本标题	新古本	新古本章节	元陈致虚本	元陈致虚本章节	五代彭晓本	五代彭晓本章节
23	朔受震符章第二十三	5	朔受震符章第五	5,3,4	君臣御政章第三 日月悬象章第五 圣人上观象上第四部分	19,10,11,12	日含五行精章第十九 易者象也章第十 於是仲尼章第十一 圣人不虚生章第十二
24	药生象月章第二十四	6	药生象月章第六	5,4,34	君臣御政章第五 圣人上观象章第四 补塞遗脱章第三十四	19,13,14,15,87	日含五行精章第十九 复卦建始萌章第十三 十六转受统章第十四 壬癸配甲乙章第十五 象彼仲冬节章第八十七
25	八卦列耀章第二十五	7	八卦列耀章第七	4	第四章中间部分	15,16	壬癸配甲乙章第十五 无精眇难睹章第十六
26	上下有无章第二十六	8	上下有无章第八	7,6,15	明两知药章第七 炼己立基章第六的部分、水火性情章第十五	22,21,40	上德无为章第二十二 黄中渐通理章第二十一 名者以定情章第四十
27	二八弦气章第二十七	9	二八弦气章第九	9	龙虎两弦章第九部分	29	火记不虚作章第二十九
28	金火含受章第二十八	10	金火含受章第十	10	金返归性情章第十	30	金入猛火章第三十

（续表）

古本	古本标题	新古本	新古本章节	元陈致虚本	元陈致虚本章节	五代彭晓本	五代彭晓本章节
29	三性会合章第二十九	11	三性会合章第十一	11	二土全功章第十一	31,32	子午数合章第三十一 巨胜尚延年章第三十二
30	金水铢两章第三十	12	金水铢两章第十二	14	金丹刀圭章第十四	37,38	以金为堤防章第三十七 梣治并合之章第三十八
31	水火情性章第三十一	13	水火情性章第十三	15	水火情性章第十五	39,40	推演五行数章第三十九 名者以定情章第四十
32	二气感化章第三十二	14	二气感化章第十四	21	二气感化章第二十一	65	阳燧以取火章第六十五
33	关键三宝章第三十三	15	关键三宝章第十五	22	关键三宝章第二十二	66	耳目口三宝章第六十六
34	同类服食章第三十四	16	同类服食章第十六	23,12,11	傍门无功章第二十三 同类合体章第十二 二土全功章第十一	67,33,32	世人好小术章第六十七 胡粉投火章第三十三 巨胜尚延年章第三十二
35	背道迷真章第三十五	17	背道迷真章第十七	12,8	同类合体章第十二 明辨邪正章第八	34,27	世间多学士章第三十四 是非历脏法章第二十七
36	三圣制作章第三十六	18	三圣制作章第十八	13,9	三圣前识章第十三 龙虎两弦章第九	35,29,36	若夫至圣章第三十五 火记不虚作章第二十九 火记六百篇章第三十六

（续表）

古本	古本标题	新古本	新古本章节	元陈致虚本	元陈致虚本章节	五代彭晓本	五代彭晓本章节
	三相类序		四言传文魏真人《五相类》序	34	补塞遗脱章第三十四	84，85，86	补塞遗脱章第八十四 大易情性章第八十五 枝茎华叶第八十六
	大丹赋		大丹赋	32	法象成功章第三十二	80，81，82，83	法象天地章第八十 升熬於甑山章第八十一 阴阳得其配章第八十二 先白后黄章第八十三
	鼎器歌		鼎器歌	33	鼎器妙用章第三十三		
	参同契附录	参同契附录					

以元陈致虚本顺序查

元陈致虚本	元陈致虚本章节	古本	古本章节	五代彭晓本	五代彭晓本章节
上篇	魏真人自序				
1	大易总叙章第一	19	牝牡四卦章第十九	1,2,3,4,5,6	乾坤者《易》之门户章第一 牝牡四卦章第二 朔旦一屯直事章第三 既未至晦爽内体章第四 春夏据内体章第五 赏罚应春秋章第六
2	乾坤设位章第二	20,4	乾坤二用章第二十 坎离戊己章第四	7,8,9	天地设位章第七 以无制有章第八 言不苟造章第九
3	日月悬象章第三	21	日月神化章第二十一	10	易者象也章第十
4	圣人上观章第四	22,23,25	发号顺时章第二十二 朔受震符章第二十三 八卦列耀章第二十五	11,12,13, 14,15,16	於是仲尼章第十一 圣人不虚生章第十二 复卦建始萌章第十三 十六转受统章第十四 壬癸配甲乙章第十五 元精眇难睹章第十六
5	君臣御政章第五	2,21,23,24	君臣御政章第二 日月神化章第二十一 朔受震符章第二十三 药生象月章第二十四	17,18,19	君臣御政章第十七 文昌统录章第十八 日合五行精章第十九

（续表）

元陈致虚本	元陈致虚本章节	古本	古本章节	五代彭晓本	五代彭晓本章节
6	炼己立基章第六	8,26	养己守母章第八 上下有无章第二十六	20,21	辰极受正章第二十 黄中渐通理章第二十一
7	明两知药章第七	7,26	性命根宗章第七 上下有无章第二十六	22,23,24,25,26	上德无为章第二十二 知白守黑章第二十三 金为水母章第二十四 采之类白章第二十五 旁有垣阙章第二十六
8	明辨邪正章第八	8,35	养己守母章第八 背道迷真章第三十五	27,28	是非历藏法章第二十七 明者省厥旨章第二十八
9	龙虎两弦章第九	27	二八弦气章第二十七	29	火记不虚作章第二十九
10	金返归性章第十	28	金火含受章第二十八	30	金人猛火章第三十
11	二土全功章第十一	29,34	三性合会章第二十九 同类合体章第三十四	31,32	子午数合三章第三十一 巨胜尚延年章第三十二
12	同类合体章第十二	34,35	同类服食章第三十四 背道迷真章第三十五	33,34	胡粉投火章第三十三 世间多学士章第三十四
13	三圣前识章第十三	36	三圣制作章第三十六	35,36	若夫至圣章第三十五 火记六百篇章第三十六
14	金丹刀圭章第十四	30	金水铢两章第三十	37,38	以金为堤防章第三十七 梼治并合章之章第三十八

（续表）

元陈致虚本	元陈致虚本章节	古本	古本章节	五代彭晓本	五代彭晓本章节
15	水火情性章第十五	26	水火情性章第三十一	39,40	推演五行数章第三十九 名者以定情章第四十
中篇					
16	阴阳精气章第十六	1	乾坤坎离章第一	41	乾坤刚柔章第四十一
17	君子居室章第十七	3	发号施令章第三	42,43,44,45	君子居室章第四十二 聊陈两象章第四十三 二至改度章第四十四 动静有常章第四十五
18	晦朔合符章第十八	5	晦朔合符章第五	46,47,48	晦朔之间章第四十六 勋毕之上章第四十七 循据璇玑章第四十八
19	爻变功用章第十九	6	卦律终始章第六	49,50,51,52,53, 54,55,56,57, 58,59,60,61	朔旦一为复章第四十九 临炉施条章第五十 仰以成泰章第五十一 渐历大壮章第五十二 夬阴以退章第五十三 乾健盛明章第五十四 姤始纪序章第五十五 遯世去位章第五十六 否塞不通章第五十七

（续表）

元陈致虚本	元陈致虚本章节	古本	古本章节	五代彭晓本	五代彭晓本章节
20	养性立命章第二十	7	性命根宗章第七	62、63、64、	观其权量章第五十八 剥烂肢体章第五十九 道务则反渺章第六十 玄幽远渺子章第六十一 将欲养性章第六十二 阴阳为度章第六十三 类如鸡子章第六十四
21	二气感化章第二十一	32	二气感化章第三十二	65	阳燧以取火章第六十五
22	关键三宝章第二十二	33	关键三宝章第三十三	66	耳目口三宝章第六十六
23	傍门无功章第二十三	34	同类服食章第三十四	67	世人好小木章第六十七
24	流珠金华章第二十四	10、11、14	流珠金华章第十 三五至精章第十一 以类相况章第十四	68、69、70	太阳流珠章第六十八 子当右转章第六十九 不得其理章第七十
25	如审遭逢章第二十五	15	父母滋禀章第十五	71	五行相克章第七十一
26	姹女黄芽章第二十六	16	姹女黄芽章第十六	72、73	河上姹女章第七十二 物元阴阳章第七十三 卷下
27	男女相须章第二十七	9	日月含吐章第九	74、75	牝牡为月章第七十四 金化为水章第七十五

（续表）

元陈致虚本	元陈致虚本章节	古本	古本章节	五代彭晓本	五代彭晓本章节
28	四者混沌章第二十八	12	四象归土章第十二	76	丹砂木精章第七十六
29	卯酉刑德章第二十九	13	阴阳反覆章第十三	77	刚柔迭兴章第七十七
30	君子好逑章第三十	17	牝牡相须章第十七	78	关夫睢鸠章第七十八
下篇					
31	圣贤伏炼章第三十一	18	后序孔窍章第十八	79	惟昔圣贤章第七十九
32	法象成功章第三十二		大丹赋	80,81,82,83	法象天地章第八十 升熬於甑山章第八十一 阴阳得其配章第八十二 先白后黄章第八十三
33	鼎器妙用章第三十三		鼎器歌	附录	
34	补塞遗脱章第三十四		三相类序	84,85,86,87	补塞遗脱章第八十四 大易情性章第八十五 枝茎华叶章第八十六 象彼仲冬章第八十七
35	自叙启后章第三十五	卷上四言经文	魏真人自序	88,89,90	会稽鄙夫章第八十八 务在顺理章第八十九 审用成物章第九十
周易参同契赞序				赞序	

以五代彭晓本顺序查

五代彭晓本	五代彭晓本章节	古本	古本章节	无际致虚本	无际致虚本标题
卷上					
1	乾坤者《易》之门户章第一				
2	牝牡四卦章第二				
3	朔旦—屯直事章第三				
4	既未至晦爽章第四	19	牝牡四卦章第十九	1	大易总叙章第一
5	春夏据内体章第五				
6	赏罚应春秋章第六				
7	天地设位章第七				
8	以无制有章第八	20	乾坤二用章第二十	2	乾坤设位章第二
9	言不苟造章第九				
10	易者象也章第十	21	日月神化章第二十一	3	日月悬象章第三
11	於是仲尼章第十一				
12	圣人不虚生章第十二				
13	复卦建始萌章第十三	22,23,25	发号顺时章第二十二 朔受震符章第二十三 八卦列耀章第二十五	4	圣人上观章第四
14	十六转受统章第十四				
15	壬癸配甲乙章第十五				
16	元精眇难睹章第十六				

（续表）

五代彭晓本	五代彭晓本章节	古本	古本章节	元陈致虚本	元陈致虚本标题
17	御政之首章第十七				
18	文昌统录章第十八	2,21,23,24	君臣御政章第二 日月神化章第二十一 明受震符章第二十三 药生象月章第二十四	5	君臣御政章第五
19	日合五行精章第十九				
20	辰极受正章第二十	2,8,26	君臣御政章第二 养己守母章第八 上下有无章第二十六	6	炼己立基章第六
21	黄中渐通理章第二十一				
22	上德无为章第二十二				
23	知白守黑章第二十三	7,8,26	性命根宗章第七 养己守母章第八 上下有无章第二十六	7	明两知药章第七
24	金为水母章第二十四				
25	采之类白章第二十五				
26	旁有垣阙章第二十六				
27	是非历脏法章第二十七	8,35	养己守母章第八 背道迷真章第三十五	8	明辨邪正章第八
28	明者省厥旨章第二十八				
29	火记不虚作章第二十九	27	二八弦气章第二十七	9	龙虎两弦章第九
30	金入猛火章第三十	28	金火含受章第二十八	10	金返归性章第十
31	子午数合三章第三十一	29,34	三性合会章第二十九 同类服食章第三十四	11	二土全功章第十一
32	巨胜尚延年章第三十二				

（续表）

五代彭晓本	五代彭晓本章节	古本	古本章节	元陈致虚本	元陈致虚本标题
33	胡粉投火章三十三	34,35	同类服食章第三十四 背道迷真章第三十五	12	同类合体章第十二
34	世间多学士章第三十四				
35	若夫至圣章第三十五	36	三圣制作章第三十六	13	三圣前识章第十三
36	火记六百篇章第三十六				
37	以金为堤防章第三十七	30	金水铢两章第三十	14	金丹刀圭章第十四
38	梼治并合之章第三十八				
39	推演五行数章第三十九	26	水火情性章第三十一	15	水火情性章第十五
40	名者以定情章第四十				
卷中	【另一卷中 27 开始】				
41	乾坤刚柔章第四十一	1	乾坤坎离章第一	16	阴阳精气章第十六
42	君子居室章第四十二	3	发号施令章第三	17	君子居室章第十七
43	聊陈两象章第四十三				
44	二至改度章第四十四				
45	动静有常章第四十五				
46	晦朔之间章第四十六	5	晦朔合符章第五	18	晦朔合符章第十八
47	勤毕之上章第四十七				
48	循据璇玑章第四十八				

（续表）

五代彭晓本	五代彭晓本章节	古本	古本章节	元陈致虚本	元陈致虚本标题
49	朔旦一为复章第四十九				
50	临炉施条章第五十				
51	仰以成泰章第五十一				
52	渐历大壮章第五十二				
53	夬阴以退章第五十三				
54	乾健盛明章第五十四	6	卦律终始章第六	19	爻变功用章第十九
55	姤始纪序章第五十五				
56	逐世去位章第五十六				
57	否塞不通章第五十七				
58	观其权量章第五十八				
59	剥烂肢体章第五十九				
60	道穷则反章第六十				
61	玄幽远渺章第六十一	7	性命根宗章第七	20	养性立命章第二十
62	将欲养性章第六十二				
63	阴阳为度章第六十三				
64	类如鸡子章第六十四				

（续表）

五代彭晓本	五代彭晓本章节	古本	古本章节	无陈致虚本	无陈致虚本标题
65	阳燧以取火章第六十五	32	二气感化章第三十二	21	二气感化章第二十一
66	耳目口三宝章第六十六	33	关键三宝章第三十三	22	关键三宝章第二十二
67	世人好小术章第六十七	34	同类服食章第三十四	23	傍门无功章第二十三
68	太阳流珠章第六十八	10,11,14	流珠金华第十 三五至精章第十一 以类相况章第十四	24	流珠金华章第二十四
69	子当右转章第六十九				
70	不得其理章第七十				
71	五行相克章第七十一	15	父母滋禀章第十五	25	如审遭逢章第二十五
72	河上姹女章第七十二	16	姹女黄芽章第十六	26	姹女黄芽章第二十六
73	物无阴阳章第七十三				
74	坎男为月章第七十四【一本卷下开始】	9	日月含吐章第九	27	男女相须章第二十七
75	金化为水章第七十五				
76	丹砂木精章第七十六	12	四象归土章第十二	28	四者混沌章第二十八
77	刚柔迭兴章第七十七	13	阴阳反覆章第十三	29	卯酉刑德章第二十九
78	关关雎鸠章第七十八	17	牝牡相须章第十七	30	君子好逑章第三十
卷下					
79	惟昔圣贤章第七十九	18	后序孔窍章第十八	31	圣贤伏炼章第三十一

（续表）

五代彭晓本	五代彭晓本章节	古本	古本章节	元陈致虚本	元陈致虚本标题
80	法象天地章第八十				
81	升熬於饭山章第八十一		大丹赋		
82	阴阳得其配章第八十二			32	法象成功章第三十二
83	先白后黄章第八十三				
84	朴塞遗脱章第八十四		三相类序	34	朴塞遗脱章第三十四
85	大易情性章第八十五	卷上四言经文			
86	枝茎华叶章第八十六				
87	象彼仲冬节章第八十七				
88	会稽鄙夫章第八十八		魏真人自序	35	自叙启后章第三十五
89	务在顺理章第八十九				
90	审用成物章第九十				
附录	鼎器歌		周易参同契赞序		
	赞序				

魏真人赞序^①

《参同契》者，辞寡而道大，言微而旨深^②。列五帝以建业，配三皇而立政^③。

若君臣差殊，上下无准，序以御政，不致太平^④。伏食其法，未能长生。学以养性，又不延年^⑤。

至于剖析阴阳，合其铢两。日月弦望，八卦成象^⑥。男女施化，刚柔动静。米盐分判，以易为证^⑦。

用意健矣，故为立法，以传后贤^⑧。惟晓大象，必得长生，强己益身。为此道者，重加意焉^⑨。

【译】

古参同契，道贯天人，言精辞微，旨深趣远，功成无疆，五帝德业，当与并列，三皇政理，恰相配匹。

君骄臣佞，殊异差分，官民失准，妄图政序，难开太平。药非同类，结丹无望。伏食无法，不得长生。练功失道，难延寿数。

修丹正法，剖阴判阳，析炁分力，配重合量，融汇交关。日升月降，相配运行，弦月既望，时机和合，八卦之象，相随配列。修至胎息，气住脉停，命功有成；修至通神，境达意丹，通乎天地，元炁元神。男施女化，变刚与柔，制动与静，精微所处，卦爻之道，以为佐证。

修丹之道，通神之意，达乎天道，神意齐天，刚健天行，可立大法，传之后人，修丹贤士。参同主旨，大象无形，长生久视，强体增魄，利身益形，修丹道人，尤当念之，意丹通神。

【注】

① 原仇本下卷开篇《徐从事传文序》，彭晓补注："旧传此序为魏公赞

词。"据说朱熹"合诸本更相雠正"时,录此篇于《周易参同契考异》卷末,称其篇名为《赞序》。[1]

②《参同契》这部书,言辞寡少,道贯天人,言辞精微,旨趣深远。

③"五帝"通常指伏羲、神农、黄帝、尧、舜。古代有多种"五帝"说,《史记·五帝本纪》持黄帝、颛顼、帝喾(kù)、帝尧、帝舜的说法。相传伏羲画八卦,黄帝著《阴符经》,二圣为道家之祖。三皇:夏禹、商汤、周文王。相传夏有艮卦为首的《连山易》,商有坤卦为首的《归藏易》,周有乾卦为首的《周易》,《连山》《归藏》后世无传,《周易》为群经之首,大道之源。这里是比喻《周易参同契》一书道通天人,成就卓著,可以与五帝所建之功业并列,可以与三皇所建之政事相匹配。

④差殊:不同类,不相配,指药物不同类而难以相配。无准:天地不交泰,阴阳无准绳,灾异频发。如果君骄臣佞,分差殊异,君主与民众没有准绳,即使用统御政治的方式来恢复秩序,也无法重新回到太平状态。比喻修丹不用同类药物,无法结丹的状态。

⑤如果法不对路,伏食练功,反而不能长生久视。学习不得正法,希望涵养心性,反倒不能延长寿命。

⑥阴阳:丹家以乾为鼎,以坤为炉。铢两:离卦外阳内阴,其中一阴爻为后天真阴之炁,为半斤,即八两,月相为下弦;坎卦外阴内阳,其中一阳爻为先天真阳之精,为八两,即半斤,月相为上弦。所以半斤八两相当,配合而能够成为药物。日月弦望:修丹要应六候消息。此句是注《契》作者的关键,意为:修丹正法,要解剖分析阴阳之炁(力),将阴阳之炁(力)的重量和分寸配合交融,与太阳月亮的运行相配,与弦月到望月的运行时机

---

[1] 萧汉明、郭东升:《〈周易参同契〉研究》,上海:上海文化出版社,2001 年,第 307 页。彭晓注:"魏公以书授青州徐从事,令其笺注。徐乃隐名而注之。疑此序为徐从事所作,注亡而序存耳。"仇兆鳌注:"徐公尝为青州从事,得公亲传而作注。"([清]仇兆鳌《古本周易参同契集注》,上海:华东师范大学出版社,2015 年,第 77 页。)仇兆鳌按:"魏原序,词气谦雅,必无夸张自赞之理。彭谓'注亡而序存',其实注未尝亡也。以四言还经,以五言归传,各拈韵语,自为次第。特因经、传混淆,彼此重复,遂疑注不可见耳。注以韵语释经,解意不解字,脱除训诂旧习,文字最为古劲。"([清]仇兆鳌《古本周易参同契集注》,上海:华东师范大学出版社,2015 年,第 79 页。)

相合，八卦之象随顺相配。修丹至胎息，到气住脉停，是命功；而修至通神之意的境界，意念通乎天地元炁元神，是性功，要性命双修。

⑦ 男女施化：即男施女化，指男施精，女受孕而化。刚柔动静：男刚女柔，男动女静。一说刚、动为活子时之功，外阳举为刚，采药之时。柔、静为温养、虚无静定之功，外阳萎为柔。米盐：《史记·天官书》："凌杂米盐。"《正义》云："米盐，细碎也。"米盐意为纤末、细微之处，指十二月卦律，六十卦火符等。此句意为：修丹男施女化，化刚为柔，化动为静，其中细微之处，要以《周易》卦爻之道作为佐证。

⑧ 意：指通神之意。健：指天道之健行。天行健，君子以自强不息。大象：指《周易参同契》着眼于丹法之根本大象，可以得象忘言，得意忘象。此句意为：修丹之道，运用通神之意要通乎天道，神意如天般强健，所以才可以订立大法，以传之于后世的修丹贤士。

⑨ 惟晓大象，必得长生，强己益身。为此道者，重加意焉：只要推晓了《周易参同契》主旨在于丹法的大象无形，就一定可以长生久视，增强自己的体魄，利益自己的身形。追寻修丹之道的人，对于意丹修成的通神之意，要着重加以注意啊！

【解】

最后一句"用意健矣……重加意焉"，几乎完全通于伯阳祖师《魏真人自叙启后章》"用意参焉"的教导！可以这样理解，因为五言句不是他自己写的，所以伯阳祖师专门为五言句古《参同契》写了四言赞词，而且应该是伯阳祖师编写好全书之后再专门写的。

此赞序强调"重加意焉"，与《魏真人自叙启后章》"用意参焉"如出一辙，而且非常合理。伯阳祖师此"意"，当可以理解为本书的"通神之意"。此"神"不是人格神，不发号施令，而是通达全体、神秘莫测的"神"。"神"毫不神秘，不可以用"神秘主义"这样的字眼来形容和理解。

此处"重加意焉"是全书的真心和眼睛，相当于在十二消息卦体系当中复卦初九"天地之心"的意味。"意"是"意本论"的"通神之意"维度，在本书中，基本与"意丹"等词汇相通，说明修丹到达最高境界之后那种心身如一、心意通神的极致状态。

【意】

《周易参同契》之作,接续大易之道,道贯天人,学穷性命。修丹之人,其心如君,其精炁如臣子,身体好比国家,如果不能按照时序来修炼,就会身心皆乱,心神乱序。

如果不得真传,很难修成正法,也难以延年益寿。古人认为,人身内的元炁,可以"铢"为单位来计算。出生到十六岁,卦体从复到乾,增长一个阳爻,相当于增长元炁六十四铢,到十六岁变成纯阳乾卦,等于从父母那里获得三百八十四铢元炁。以斤两喻之,则人身大药共一斤,金水各半,共十六两。从十六岁开始,每隔八年生一阴爻,相当于减损六十四铢元炁,到六十四岁减损殆尽。这些损耗,都是杂念的损耗,所以修行首先要排除杂念,才能添油续命,也就是添补元炁,延年益寿。[1]添油便是保合太和,增长阳气,更是让意识通神,采先天之炁。可见,修丹必在阴阳和合之处用功,采得真阳之药,化为周天精炁,而具体的功法,需要配合易理加以展开和理解,此《周易参同契》之来由和千古不败之根本。

---

[1] 参王振山:《〈周易参同契〉解读》,北京:宗教文化出版社,2013年,第25—28页。

古《参同契》

（即徐从事著古文《龙虎经》）

牝牡四卦章第一^[1][1]

乾坤者，易之门户^①①，众卦之父母^②②。

坎离匡郭^③③，运毂正轴^④④。

牝牡四卦，以为橐籥^⑤⑤。覆冒阴阳之道，犹工御者^⑥⑥：准绳墨，执衔辔，正规矩，随轨辙^⑦⑦。

处中以制外，数在律历纪^⑧⑧。月节有五六^⑨⑨，经纬奉日使^⑩⑩。兼并为六十^⑪⑪，刚柔有表里^⑫⑫。

【译】

乾天坤地，乾阳坤阴，天门地户，乾父坤母。

坎离四正，兑震巽艮，八卦既成，两相为章，六十四卦，父母子众。坎阳刚中，如月似水；离阴丽阳，如日近火。日月环转，正轴在中。

乾坤坎离，乾牝坤牡，如若风箱，水运火风，通阳贯阴，似善驭者，牵控马缰，定准墨绳，操控马首，摆规正矩，随轨顺辙。

人身葫芦，脾气中土，调气制意，内意通外，阴机阳括。参合律历，数极理至。一月三十，每日两卦，昼经夜纬；子午卯酉，冬夏春秋；乾坤坎离，余六十卦，两两相对，刚柔表里。

【注】

① 乾坤：乾卦和坤卦，乾卦代表阳性事物和力量，坤卦代表阴性事物和力量。门户：单扇为门，双扇为户，是出入所由，所以也是枢纽和开关。

---

[1] 元陈致虚本：大易总叙章第一和第二；五代彭晓本：乾坤者《易》之门户章第一，牝牡四卦章第二，朔日一屯直事章第三，既未至晦爽章第四，春夏据内体章第五，赏罚应春秋章第六。

乾坤或者阴阳是《周易》或者变动不居的天地万物的开关和枢纽。语出《系辞上》:"子曰:'乾坤,其《易》之门耶?'乾,阳物也;坤,阴物也。阴阳合德,而刚柔有体。以体天地之撰,以通神明之德。"意思是孔子说:"乾坤两卦应该是打开《周易》殿堂的门径吧?"乾代表阳类的事物,坤代表阴类的事物,阴阳不同的德性相互配合,刚和柔就成为形体了,用乾坤就可以体现天地阴阳自然现象的生成化育,拥有近乎可以贯通神明的德性与德行。又出:"乾坤,其《易》之蕴也?乾坤成列,而《易》立乎其中矣。乾坤毁,则无以见《易》。《易》不可见,则乾坤或几乎息矣。"意思是乾与坤所象征的阳与阴,应该就是《周易》人天之意的精蕴所在吧?乾阳坤阴排列成序,《周易》的道就在其中成立起来。乾坤如果毁灭,那《周易》之道就无法显现了。《周易》之道无法显现出来,那么乾阳坤阴推演化育万物的奇功也就近乎熄灭了。

② 乾坤是其他所有卦的父母,《说卦》有乾坤生六子之说:"乾,天也,故称乎父;坤,地也,故称乎母。震一索而得男,故谓之长男。巽一索而得女,故谓之长女。坎再索而得男,故谓之中男。离再索而得女,故谓之中女。艮三索而得男,故谓之少男。兑三索而得女,故谓之少女。"意思是乾卦象蓝天那样令人敬畏,因此称作父亲;坤卦象大地般和蔼可亲,因此称作母亲。有天地必生万物,有男女必生儿女,刚柔相交而成变化。《易经》逆数,从下往上,以下为先。乾父坤母结合,震卦是坤母从乾父中索求的第一个阳爻而生出的男孩,故叫长子。巽卦是乾父从坤母中索求的第一个阴爻而生出的女孩,故叫长女。坎卦是坤母从乾父中索求的第二个阳爻而生出的男孩,故叫中男。离卦是乾父从坤母中索求第二个阴爻而生出的女孩,故叫中女。艮卦是坤母从乾父中索求的第三个阳爻而生出的男孩,故叫少男。兑卦是乾父从坤母中索求的第三个阴爻而生出的女孩,故叫少女。一说乾坤两卦是其他六十二卦的父母。

③ 坎:坎卦,在地为水,在天为月。离:离卦,在地为火,在天为日。坎离:先天八卦居西东,后天八卦居北南。修丹喻为药物,是乾坤之用,没有日离月坎之用,天地无法显现其乾阳坤阴之体。匡:同"筐"。郭:城郭。匡郭:即"垣郭",外垣内郭。

④ 毂(gǔ):车轮中心部,外实而持车辐,内空可以放进车轴;车动时,连着车辐辘一起转动;外实内虚,以离为象,对应身上的心。轴:车轴,外

虚内实,以坎为象,对应身上的肾。乾坤为阴阳之体,坎离为阴阳之用,乾天坤地,坎月离日,日月经天,好像天地中间的车轴和车轱辘一般,循环往复,运转不息。

⑤ 牝(pìn):雌性、阴性的事物;牡(mǔ):雄性、阳性的事物。四卦:乾坤坎离。橐(tuó):有底无孔的布袋子;龠(yuè):竹子做的七孔或九孔的笛子,有孔无底。橐龠:橐是底下有方形木头板的小口袋,龠是通风鼓火器上的管子,将龠插在橐上口并用绳子扎紧,就成了古代烧火的时候,用来鼓风的输风管——葫芦形的"风袋"或"风囊",通过挤压可以送风,到唐宋之后出现了风箱。语出《道德经》第五章:"天地之间,其犹橐龠乎? 虚而不屈,动而愈出。"意思是天地之间像个鼓风器,里面空虚,所以鼓出的风不会穷竭,而且越鼓动吹出的风越多。人身肺部如橐,气管鼻腔如龠,一呼一吸,犹如风箱鼓动,而控制风箱的,是人的心意。

⑥ 覆冒:涵盖,覆盖,包裹,统摄,指乾坤坎离四卦包融统摄天地之间,一切阴阳之物的运行与变化之道。工御:善于驾驶,驾驭的专家。一说工匠和驾车者。控制心意的机括[1],通于天地阴阳之化。

⑦ 准绳墨:好像木匠用墨斗画线,要精准对应于用来验直的、经黑墨浸泡的绳子墨迹(也要符合圆规与矩尺的尺寸,才能制造用具)。衔:马口之铁,俗称"马嚼子"。辔(pèi):马嘴两边的缰绳。执衔辔:好像御马的人能够很有技巧地拉住马的缰绳。规:画圆之器,矩:画方之器。正规矩:好像做工程的人,能够准确画圆的和方的图形。轨辙:车的轨道和辙迹。随轨辙:好像车子奔驰,能够不偏离路轨和大道。

⑧ 处中以制外:处理控制好中气的阴阳就可以控制阴阳外气。人身时刻依靠呼吸维持,身体好像一个葫芦形的橐龠一般,一呼一吸,通于天地阴阳大化。当呼吸平和,均匀舒缓,好像风和日丽,生气充盈,春意盎然,百骸皆生。此"中"也可以指中土脾意,就是脾气引导的意念变化,直接影响人与天地之气的交流,而控制脾气和脾意,就可以主导天地之间气息的变化。律:用金属或者竹管做成定音或测量气候的仪器;十二律吕与一年十二节气相贯通,代表了太阳的行度与地球的关系;相传黄帝命伶伦

---

[1] 修丹入门之法,先降伏心猿,控制意马,如《西游记》中,唐僧先收大徒弟孙悟空,再收白龙马,通于此喻。

制作乐律,取长短不一、音调不同的竹筒十二根,埋于土中,上面管口平齐,埋入地下长短各不相同,管中充满芦灰,管口用"竹衣"(芦苇茎中薄膜,即葭莩)轻轻贴上,外面筑室,布幔密遮,不留缝隙。随着季节变化,竹衣依次喷出,发出不同笛音。冬至一阳生时,最长管子首先受到地下阳气上升的影响,竹衣喷出管外,同时发出"嗡"的声音,这就叫黄钟之音,然后每月一根管子喷出灰来,并发出不同声音,分别是黄钟、大吕、太簇、夹钟、姑洗、仲吕、蕤(ruí)宾、林钟、夷则、南吕、无射(yì)、应钟。其中,阳律六:黄钟、太簇、姑洗、蕤宾、夷则、无射;阴律六:大吕、夹钟、中吕、林钟、南吕、应钟。可见,古人认为大地运行与天的运行规律步调一致,这成为"十二律吕"的起源,说明音乐十二个音节本来就是模拟天籁之声,阳气和天道为"律",阴气和地道为"吕",古人用六律六吕十二个音节,来校准二十四

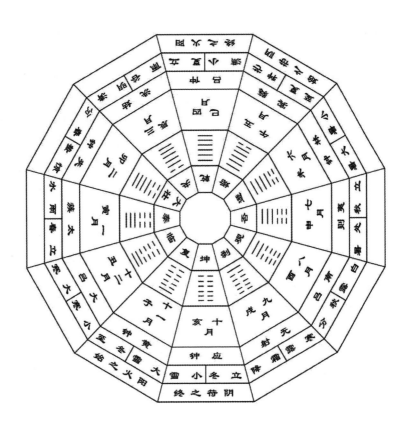

节气的准确时间,调校人间的时间刻度,使之与天时精准吻合[1]。历:推算日月星辰、节令气候的方法;指一年十二节气之数。纪:岁、日、月、星、辰、历数皆称纪;一说古代纪年的单位,十二年为一纪。数在律历纪:驾驭阴阳之气的数理在于正音、正时的法度和准则。

⑨ 五六:三十,一月有三十日,中涵一节、一气,如十一月建子,有冬至之气和大雪之节;正月建寅,有立春之节和雨水之气。每候五日,三十日分为六候。一说一节五日,一月六节。

⑩ 经:子午线;纵向、竖直线;南北向,先天八卦乾坤定南北。纬:卯酉线;横线;东西向,先天八卦坎离定东西。奉:遵奉、遵循。使:指使、支配。"奉日使"是说子午卯酉是时间的使者,用太阳历,子(冬至)午(夏至)卯(春分)酉(秋分)。

⑪ 兼并:合并。六十:六十四卦,除去乾坤坎离剩六十卦,因为天地不动,坎离代表太阳月亮,因为太阳月亮的运行,所以可以意会出天和地的存在,其实天和地只是名相,是对宇宙全体的分别性意会。

⑫ 刚柔有表里:配日的卦象,朝在上则暮在下,早晨阳刚在表则暮晚阴柔在里。丹道修炼,朔日为子,望日为午,此为经线;晨卯进阳,昏酉退阴,各配一卦,朝暮覆卦,阳动阴静,一呼一吸,一刚一柔,一表一里,此为纬线。一说卦有阳有阴,爻有奇有偶,外卦为表,内卦为里;一说每卦有其阳面,也有其阴面,阳里有阴,阴里有阳。

【解】

此章是通行本首章。本章经文先解释"乾坤"为《周易》的门户,众卦的父母;"坎离"是天地之间的水火运行,周流不息。萧汉明、郭东升以为非五言经文的都是注文,但"此条注文足补正文之缺,故历代传本不能损"[2]。第十九章传文"龙马就驾,明君御时"对此章经文"覆冒阴阳之道,尤工御者:准绳墨,执衔辔,正规矩,随轨辙"有解释意味。第二十章君

---

[1]《周易明意》的"人天之意"的根本表达就是时间,是人间的时间,要精准调校与天时对准,人时合乎天时。通神之意的本义也是如此,通神达天,人意合乎神意,也就是天意。参温海明:《周易明意:周易哲学新探》,北京:北京大学出版社,2019年,第60页。

[2] 萧汉明、郭东升:《〈周易参同契〉研究》,上海:上海文化出版社,2001年,第247页。

臣御政章传文有"辰极受正,优游任下",可以视为对本章经文"处中以制外,数在律历纪。月节有五六,经纬奉日使,兼并为六十,刚柔有表里"的发挥。发号施令章第二十一传文有"余六十卦,各自有日","四时顺宜"是对这些内容的解释。二十一章后半部分"刚柔断矣,不相涉入。五行守界,不妄盈缩。易行周流,屈伸反覆"是从五行角度对本章"兼并为六十"的引申解释。

坎卦阴中有阳,象征天月和地水;离卦阳中有阴,象征天日和地火。天地之间,需要日月的运行来生成一切,正如坎月和离日之运行,方显天地乾坤本体之大用,在天地之间像永不停息的车轮循环往复,仿佛车轮需要车毂(离)和车轴(坎)来运转一般,也永不离天地阴阳的中枢。乾坤代表天地阴阳定位,坎离代表阴阳日月在宇宙时空之间永远运转不息,进退、升降、往来、存亡,无穷无尽。天地是车轮的两端,日月在其中运行,好比车轮和陀螺一般。因为天地的轴永远是正的,所言日往月来才能像永不停歇的车轮和陀螺那样运行下去。

乾卦纯阳为牡,坤卦纯阴为牝,坎卦与离卦是阴阳相交之卦,坎卦阴中含阳,离卦阳中藏阴。乾坤包容天地,离日坎月在其中往来运行,阴阳变化的分寸和尺度都可以比拟风箱的运行,阴阳之气沟通的力度和分量,就通过坎离的交互作用来表示。这种对于天地阴阳之道的精准领会,好比极其善于驾驭马车的人:对于时机和驾驶力量的把握如此精到,几乎跟木匠按照绳墨制造器物一样精准;专心致志地抓紧马的嚼子,控制好马的缰绳,持守正道和规矩,随着行车的轨道前行。

《周易》的根子在数,一切的卦象和万物的运动,本质上都可以通过数理的推演来理解,所以天时和万物的运行,所谓气和运的变化,都不能离开数的变化,而把握了数的变化,就可以推演万物的运动。古人用天干地支刻画天时的运动变化,以掌控和推演其中的能量,来为修炼自己的意识状态所用。如果内在意识可以精准领悟外在时机和阴阳之力,那么对于时机和能量的控制就可能达致精准和完美,可以比配律历的数理。人的内心意念一动,阴阳就改换,身体和生理的状态就改变了,就偏离身体本来"中"的状态了,好像姤卦初六要剥六阳,有坤卦初六"履霜坚冰至"之象,可以预见整个形势即将发生改变。乾坤两卦,中爻一动,就成坎离,卦象变了,状态就变了,所以要意守中道的阴阳。如此不仅能改变身内阴阳,而且能够感而遂通地迅速改变身外阴阳,甚至于天地阴阳之力。所以意念发动要极度地谨慎。

【意】

修丹之士的呼吸,表面看是气息的进出,好像鼓动橐龠,用风吹火,人身呼吸之间吹动的火,看起来吹的是心意识神的假火,其实时刻吹的都是天地阴阳的元炁真火。修丹之人,把控的是心意,制伏的是身体的气息,但真正调控的,是宇宙和天地阴阳的变化。所谓乾卦象征天,坤卦象征地,都是心意之间的天地,把自然天地的乾坤,化为心身之间的乾坤,精准捻熟的程度,好比木匠运用墨斗画线,实化自己的心意来制造物件;好比驭马的骑士,心意发动之间,摆弄马的缰绳,马就完全听命于自己的指令,左右前后,进退有度。乾阳坤阴是宇宙大家庭的父母家长,心里有乾坤,就能够操控天地。乾坤通于六十四卦,就等于在意念实化的瞬间,将天地阴阳进退之机,全都操持把控,如有神助,这就是通神之意。

神通于天地,则天地之子午卯酉皆在心中,配以人身的子(会阴)午(泥丸)卯(夹脊)酉(绛宫),心意通于宇宙的运化皆从身上气息开始。"意丹"其实就是心意通于宇宙大道的根源性状态,是达到身心和宇宙同步和谐之后,意念能够即于万千之变,当下超脱世间之化,也就是于变中实现超越不变的心意,意念在动中不动,在发中不发,瞬间实意达致永恒意识性存在,此可谓复卦"天地之心"之意。

从《周易》到《周易参同契》,都不把大道理解为绝对性的、永不变化的、本质性存在。"意丹"指在意识修行过程当中,人能够默会到意识可以超越瞬间变化的万有,而似乎趋近于永恒变化的不变本体。人出于对有限肉体转瞬易逝的体会和理解,致力于追求意识性的永恒状态。这完全在情理之中,诚如荣格所言:

这种高级人格的制造和诞生就是我们这部经典(《太乙金华宗旨》)在谈及"圣胎"、"金刚体"或"不坏之躯"时所要达到的目标。这些表达在心理学上都象征着一种不受感情纠缠和剧烈动荡影响的心态，象征着一种从世界中分离的意识。[1]

《参同契》作为修丹经典，与《太乙金华宗旨》一样，在这样的理解当中，不断强化这种意识可能的永生存在。如果肉身的延长来自于气息的调理，那么意识的延长，则来自于意念的境域性，意识可以包容宇宙和天地的境遇性，毫无疑问是最为广博和浩瀚的，而心灵和意识也因为其可以无限浩瀚，所以能够有超越时空的力量。

丹法基于对时间的意会，以及与时间对应的、在身体当中的能量来修炼。对身体小宇宙和天地大宇宙的精准领会，从刻度上几乎都是一样的，可以精准对应。这是对时间的神格化领会，当然不是真有时间之神，但领会起来犹如有时间之神，好像无形无相的时间，只有通过"意道"的转化才能够显示其刻度。

天地用乾坤表示，日月用坎离表示，离对应身上的心，坎对应身上的肾，意对应身上的脾胃、天上的北极星。头为乾鼎，腹为坤炉，心离肾坎为药物，中土脾意为火候。修炼内丹，不但要每时每刻心意通于天地，而且要精准领悟身体小宇宙与大宇宙的同构性，如头腹对天地，四肢对四季，五脏对五行，八脉对八节，十二经络对十二月，二十四椎对二十四节气，三百六十骨节对三百六十日。卫礼贤在《太乙金华宗旨》的序言当中如此讨论："人是一个小宇宙，与大宇宙并无严格界限。同样的法则支配两者，由此可以及彼，由彼也可以及此。心灵和宇宙的关系就像内部世界和外部世界的关系。因此，人自然参与了全部的宇宙事件，里里外外同它们交织在一起。"[2]通过对大小宇宙精准同构性的领悟，在身体内驾驭先天元炁，在身外让心意通于天地先天之意。

朔旦屯直事①，至暮蒙当受②。昼夜各一卦③，用之依次序④。既未至晦爽，终则复更始⑤。

［1］［瑞士］荣格、［德］卫礼贤著，张卜天译：《金花的秘密》，北京：商务印书馆，2019年，第53页。

［2］［瑞士］荣格、［德］卫礼贤著，张卜天译：《金花的秘密》，北京：商务印书馆，2019年，第81—82页。

日辰为期度，动静有早晚⑥。春夏据内体，从子到辰巳。秋冬当外用，自午讫戌亥⑦。

赏罚应春秋，昏明顺寒暑⑧。爻辞有仁义，随时发喜怒⑨。如是应四时，五行得其序⑩。

【译】

每月卅日，应六十卦，初一早晨，屯卦值事，傍晚时分，蒙卦值事。一昼一夜，十二时辰，对应两卦，十二爻运，循序轮流，周而复始。既济未济，每月最末，月晦之日，朝用既济，暮用未济，月晦之后，生明之时，周期已终，新周复始。

日临时辰，确定动静，早晚有度。早晨日出，阳升应动，晚昏日入，阴升应静。一年之中，春生夏长，阳气生发，草生木长，自内而外，对应日中，子时顺行，六个时辰，至于巳时，喻炼丹时，当进阳火；秋收冬藏，阴气生长，草木内藏，自外而内，应一日中，午时顺行，六个时辰，止于戌亥，喻炼丹时，当退阴符。

心意发动，顺应四时，春生秋杀，寒往暑来。爻辞所指，心意所动，仁爱合宜。乾阳之力，意能生生。坤阴之力，承载顺生。喜怒之情，合于时势，流转无方。心意应时，通于四季，天道时令，地理五行，皆与人合，意神相谐。

【注】

① 朔：农历每月初一。旦：每天清晨、平明之时。朔旦：每月初一的早晨；一说初一子时至寅时。屯：乾坤之后的第三卦，上坎下震。直：当值、轮值。直事：执行其职责。

② 暮：傍晚；一说是戌时。蒙：屯后的第四卦，上艮下坎，为屯的覆卦，上下颠倒之卦。

③ 昼夜各一卦：初一昼用屯，则夜用蒙，其余一日二卦，以此类推，一月三十日，正好配六十卦。

④ 用之依次序：一日一月一年都可以依次用六十卦来表示丹道的火候。[1]

⑤ 既、未：既济未济，第六十三和六十四卦，《易经》的最后两卦。晦：月尽为晦，月底，每月三十。爽：月出为爽，清晨。晦爽：三十早晨起来的朦胧亮光。终：月末。更始：重新开始一个新的周期，配合太阳历的节气。

⑥ 日辰：日所临的时辰，一日有十二个时辰，用来确定时间早晚。期度：规则和法度。动静：修丹火候有动有静。早晚：早晨日出为阳应动，晚昏日落为阴当静。

⑦ 春夏据内体，从子到辰巳：春夏之际，阳气从内往外抒发，草木由内向外生长，这时宜进阳火（施仁、扶植、爱护），相当于一日从子时到辰时、巳时的六个时辰。秋冬当外用，自午讫戌亥：秋冬之际，阳气从外往内收敛，草木由外向内枯萎，这时宜退阴符（施义、肃杀、克病），相当于一日

---

[1] 萧汉明、郭东升指出，认为"以六十卦配一月三十日之昼夜，只是一般地象征火候药物之升降，并无其他深义可求。"参萧汉明、郭东升：《〈周易参同契〉研究》，上海：上海文化出版社，2001年，第50—51页。

从午时到戌时、亥时的六个时辰。

⑧ 赏罚应春秋：阳气到春天的时候生发，春气生万物，好像天的奖赏一般；阴气到秋天的时候肃杀，秋气杀百草，好像天的惩罚一般。昏：暮，晚。明：朝，早晨。昏明顺寒暑：修丹一个昼夜所用的火候，要随顺一年的寒暑变化之候。

⑨ 爻辞：六十四卦三百八十四爻的爻辞。仁义：阳爻刚为仁；阴爻柔为义。随时：顺应季节变化。喜：文火；怒：武火。阳爻代表生发之仁，阴爻代表肃杀之义；根据时间和季节变化，阳仁舒发则喜，阴义敛藏则怒。

⑩ 四时：春夏秋冬四季。五行：木火土金水五行。序：五行配春夏秋冬，配仁义礼智。人身内脏的运行，本来都自然合乎天时运化，通神之意就是要通于此本然接续天时的意识境遇，而不用私意去干扰自然时序的运行。

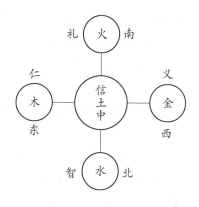

【解】

本章指出，丹道与天道、易道准确贯通。"爻"代表阴阳之"交"，也就是说，爻辞是对阴阳时刻交互作用的动态过程的意会和表达。天地之间，阴阳之气不停轮转，用卦来表示，每月初一的早晨，屯卦值事，到了傍晚时分，就用蒙卦值事。一昼夜十二个时辰，恰好对应两卦十二爻的时运，循序轮流一周来使用。其中的爻代表阴阳之气运行的极小刻度，而这种阴阳之气的刻度，是需要意会出来的。正如四季物候一般，需要观察体会理解而领悟出来，再加以表达。

既济、未济卦用在每月最末一天(月晦之日，朝用既济，暮用未济)，在月晦之后，即将生明之时，就是一个周期已经终结，而另一个周期刚要重新开始的时候。人的意念与天时刚柔相配合，让人的意念有时刚，有时柔。天时的阳刚在一天来说，是夜里子时到中午午时，阴柔是午时到亥时；在一年是冬至到夏至阳气生发，夏至到冬至阴气生长。人的心意当顺应天时，心意时有刚柔。有时刚可以指阳气舒发，心气平和，头脑清醒，明白四达的精神状态，此时有利于深思精深的哲理，研究繁难的问题；有时柔可以指阴气上升，心气不平，头昏脑胀，神思抑郁的精神状态，此时最好研读历史兴衰成败，转化不平之气，开启人的眼光，充实人的气魄。可见，所谓"刚日读经，柔日读史"可以理解为心意的刚柔与天时阴阳之间的转化关系。

这是何其神妙不已的天地轮轴呢？一切车轮和陀螺，都是有限的运动，但日月在天地之间，如一个大陀螺那样，不停旋转，永不停止。修身养性是要从日月经大的永恒回旋力量当中汲取能量，让当下心身交关的意念，通于天地运行的先天之意。一月三十日，每日用两卦，一卦为经，一卦为纬，正好用（六十四卦除乾坤坎离之外的）六十卦，使用的对卦或刚或柔，或表或里。日所临的时辰，是确定动静早晚的时间尺度。早晨日出阳升阴降，晚昏日落阴升阳降。

一年之中，春生夏长，阳气生发，草木从内体往外生长，对应一日之中，从子时顺行至巳时（子丑寅卯辰巳）六个时辰，以此比喻炼丹时进阳火；秋收冬藏，阴气生长，草木从外向内收藏，对应一日之中，从午时顺行到戌亥（午未申酉戌亥）六个时辰，以此比喻炼丹时退阴符。火候的加赏或减罚可跟春生秋杀之道相应证；一日从昏晚到明晨之间所用的火候，相当于心意发动，要顺应四时，跟一年之间寒往暑来、春生秋杀的变化节奏相应和。爻辞说明心意发动的仁爱与合宜的状态。在乾阳之力适合发动的时候，即有生生之意能。在坤阴之力适合发动的时候，即存自灭之宜。喜与怒的情感表现，要合于时势的流转，也就是心意当通于季节、时令、天道的变化，与四季相合。这样天道与地理五行的运转都与人的心身之意的运动相和谐。此时通神之意修到意神相谐之境，此处的"神"指自然先天炁机神妙莫测的机制和作用。

【意】

火候的加赏或减罚应于春生秋杀之道，以及寒往暑来的变化节奏。对自身意识的把控和领会，跟一年四季天地之间阴阳气息运化的过程相通。可谓，身意时时刻刻通于天意，通于阴阳变化之大道。比如人体的器官、经络的运行，有天然的时间表，人体的器官，不论是脚底、耳朵还是五官，基本上都可以透露出身体的全息信息，这是因为身体是一个气息联通，彼此关联的系统，生气在全身各处运行，器官的气息可以在身体各个部位显示出来。而通过断食、清理肠胃等方法清除身体的积弊,可以使身体更加健康,因为身体有自我修复的机制,可以激发但不可摧毁这个机制。中医的身体整体观面对的是身体的元炁统一体,与西医基于尸体解剖学建立的身体观,有着完全不同的哲学观念和系统。

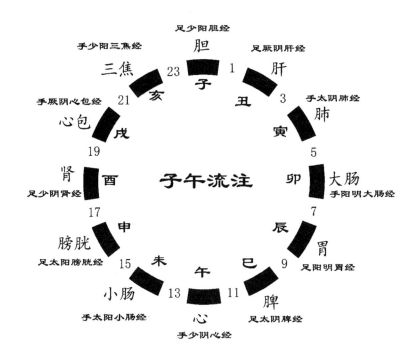

与十二辟卦相应的子午流注图说明修丹者在修气、修意之时,也要修五脏六腑之气,每天身体气息的流转,要与天时配合,使其平衡通畅。人身是个元炁系统,健康就是要维持元炁的平衡,对身体伤害的食物当然会泄去身体的元炁,但身体不需要的所谓补品,也会消耗身体的元炁,如果身体的元炁承担不起对补品的消耗,那就会伤害元炁。人自身的经脉按照天时运转,这是客观存在的事实,依次修炼,人的意念应该顺应天道的运行,才能有利于身体的健康。

乾坤二用章第二[1]

天地设位,而易行乎其中矣①。天地者,乾坤之象也;设位者,列阴阳配合之位也②。易谓坎离③,坎离者,乾坤二用④。

二用无爻位,周流行六虚⑤。往来既不定,上下亦无常⑥。

【译】

天定地位,易流道行,日月万物,变化易生。天高地低,乾阳坤阴,由此象征。天陈地列,阴阳设位,两相配合。坎月离日,阴交阳象,元神元精,交互作用。铸成丹道,通变简易,心锤身炼,配日合月,乾运坤用。

阴交阳转,六爻变化,时空更易,上下无定,往来不息,深隐藏匿,或隐或现,化流无穷。

【注】

① 天地设位:天尊地卑,天高地低,这是天地本来就设定好的位置。而易行乎其中:易就是变易,就是万物在天地之中变化。《系辞上》:"天地设位,而《易》行乎其中矣。"意思是天上地下设立了乾阳坤阴的位置,《易》道在其中运行。

② 天地者,乾坤之象也:天地是乾坤两卦所对应的宇宙之象。设位者,列阴阳配合之位也:乾天设位于上,坤地设位于下,阴阳二气就彼此配合,各就其位于其中。

③ 易谓坎离:《周易》把这两个代表阴阳二气运动配合的卦象称之为坎卦和离卦。

④ 坎离者,乾坤二用:坎月和离日是乾天坤地之体的运用或功能。

---

[1] 元陈致虚本:乾坤设位章第二;五代彭晓本:天地设位章第七。

只有通过观察日月的运行,才能理解和领会天地之间阴消阳息的变化,所以日离月坎为天地功能的体现。[1]

⑤ 二用无爻位,周流行六虚:坎卦和离卦之用没有固定的爻位,可以说在一卦六爻的不同位置上下周流。六虚:六个爻位作为时空刻度,是虚拟的位置,不是确实有位。语出《系辞下》:"《易》之为书也不可远,为道也屡迁,变动不居,周流六虚,上下无常,刚柔相易,不可为典要,唯变所适。"意思是《周易》这部书,不可以将其看得远而与自己无关,它所显现的道理是经常迁移的,变动运行而永远不会静止不动,在各卦六个爻位上周期性地流动,或上或下没有一定的常规,阳刚与阴柔相互变易,不可当成典藏纲要和僵化原则,只有随机应变才是人天之意应该适应的方向。

⑥ 往来既不定,上下亦无常:坎水离火过往去来没有一定之规,上去下来也没有一定的常道。

【解】

本章承续上章"坎离匡郭"。乾坤是身体的鼎炉,是肾和心的匡郭,也可以说乾坤是匡郭[2]。本章通于坎离戊己章第二十二"日月为易,刚柔相当";也通于晦朔合符章第二十三"周流六爻""故无常位"。

易道是天地定位之后,日月与万物在其间的变易流转化生。日月为易,不是天地之间的日月构成一个实有的易,而是虚而实之的易,与六爻的"虚"位一个道理,即天地之间,本来没有刻度,但人生活其间,以日月运行来刻画天地的本相,积日为月,积月为年,周而复始,天行如此,阴阳二气,可感而不可见,日月如梭,斗转星移,晨昏午夜,可感时间流逝,霜风雨雪,寒往暑来,可见空间物候与时迁化。人身阴阳,意随气行,周流无定。《参同契》教人通过梳理周身气息的运动,来改天换地,停止顺行的人道,不使阴阳之气流散而至于魂飞魄散之境,而逆行其道,使得周身气息绵绵缓缓地回归元炁充盈的本来状态,精气神合一不散。

---

[1] 萧汉明以此前为散文,当是五言句、四言句完成之后的传注。参萧汉明、郭东升:《〈周易参同契〉研究》,上海:上海文化出版社,2001年,第49页。

[2] 王振山:《〈周易参同契〉解读》,北京:宗教文化出版社,2013年,"如何阅读这本书?",第2页。

【意】

对通神之意的锤炼，是心身之丹合乎日月坎离运转之道。通神之意随阴阳交转变化，通过六个爻位的时空系统来加以表达。上下不定，往来不息，有时深隐，有时藏匿，在或隐或现中不断转化。天地一高一低，一阳一阴，以乾坤之象来表征。因为实在大得无边无际，无法描述，只能用象来指代。天地定位，阴阳设位，互相配合。坎离为阴阳之交，象征"万物"即阴物与阳物之间的交互作用。卫礼贤在《太乙金华宗旨》译序中如此写道：

> 阴和阳只在现象领域起作用，它们共同源于未分的一，其中阳是决定性的主动本原，阴则是被导出或被决定的被动本原，因此很明显，这些思想并非基于一种形而上学的二元论。乾和坤这两个概念没有阴阳那么抽象，它们源于《易经》，以天和地为象征。通过天和地的结合，通过这一活动舞台内部的两种原初力量的作用（根据道这个原初法则），就产生了"万物"即外部世界。[1]

这里，卫礼贤特别强调阴阳、乾坤思维与西方形而上学的二元论之间有着根本性的区别。他的理解是准确到位的，西方的形而上学二元论，还有与此相关的外在超越论，都与中国发端于阴阳和乾坤的形而上学传统大异其趣，这种特质从《周易》一直延续到《周易参同契》，以及之后的大部分中国哲学传统，所以从形而上学意义上说，新道学致力于修证的"意丹"，同样缺乏外在超越的意义，如果要说有超越义，那就应该是在牟宗三"内在超越"意义上去理解。

---

[1] ［瑞士］荣格、［德］卫礼贤著，张卜天译：《金花的秘密》，北京：商务印书馆，2019年，第83页。

日月神化章第三[1]

易者，象也；悬象著明，莫大乎日月①。

穷神以知化，阳往则阴来；辐辏而轮转，出入更卷舒②。

【译】

修炼意丹，日比元精，月喻元神；日月经天，流转成易；元精元神，终成意丹。意丹实易，即易成丹；意会易道，成意之丹。易意丹者，异名同物。

人身阴阳，运行之道，意会易道，通神之意，人天之意，彼相贯通。以意会易，意丹通神，一体两面，神妙莫测。日月轮转，鼎炉之间，天根月窟，唯用先天，调动后天，运化无止。

【注】

① 易者，象也：《周易》这部书，就是关于象的。语出《系辞下》："是故《易》者，象也。象也者，像也。"意思是《周易》最重要的就是象。象就是对万事万物的模拟取象。悬象著明，莫大乎日月：太阳和月亮高悬在天上，照耀四方，天下没有比他们更大的法象了。语出《系辞上》："是故法象莫大乎天地，变通莫大乎四时，县（xuán）象著明莫大乎日月。"意思是所以效法自然的对象没有比天和地更大的，变化通达的情形没有比四季更替更大的，高悬法象光明显著没有比太阳和月亮更大的。

② 穷神以知化：凝神入气穴，就可以采药，抱一归虚，守住若有若无的元神，从而明白炼精可以化气，炼气可以化神。出自《系辞下》："穷神知化，德之盛也。"意思是能够穷极宇宙的神妙，通晓天下的变化，这就是道

---

[1] 元陈致虚本：日月悬象章第三开头部分，加第五章后半部分。五代彭晓本：易者象也章第十。

德盛大的最高境界了。阳往则阴来：语出《系辞下》："日往则月来，月往则日来，日月相推而明生焉。寒往则暑来，暑往则寒来，寒暑相推而岁成焉。往者屈也，来者信(shēn)也，屈信相感而利生焉。"意思是太阳西落则月亮东升，月亮西落则太阳东升，太阳月亮交相推移产生光明。寒冬逝去暑夏就来，暑夏逝去寒冬就来，寒冬和暑夏交相推移就形成年岁。过往消逝的事情可以说是处于委屈收缩的状态，将来发生的事情可以说是处于伸开舒展的状态，(收缩是为了伸展)，委屈与伸展交相感应就产生了利益。辐辏而轮转，出入更卷舒：辐条辏紧才有车轮的飞转，日出月入才有阴阳往来天地间一卷一舒；精气出入才有阴阳往来人身中一卷一舒。能够穷神知化便是意丹之境，心通天地阴阳便是意丹法象。

【解】

此章通于"日月为易""坎离二用"。日月交替，照明天下，生机如光明。日升月降，月升日降，日月交光，阴阳推荡，但日月合璧，阴阳交融之时相对较少，所以以此比喻坎离交媾，心肾交关，水火既济。日月不合，如心火上升，肾水下降，心肾不交。丹法以意念控制心肾与水火的协同，帮助心阳下降至肾，温养肾阳元精；肾阴上升至心，涵养心阴元神，心神与肾精相合于腹中，涤心虑神，归于虚无，祛病延年。

"化"指阴阳大化，阳往阴来，阴往阳来，日月交通，天地变化不过阴阳，好像车轮旋转一般，出出入入，云卷云舒，此运通神之意化后天气机为先天元炁，即为"穷神知化"。象是意的实化，日月大象也是意象，生而活着，方见日月，方通光明，意去则无日月之明，故生生方能持神，方能知化，方能让神出游于天地之间，可与气变化、同化而知化。

【意】

以天元丹法言之，心意通神，阳神通天；以日月比喻修炼意丹所需的元精与元神，以日月经天流转成易说明元精与元神流转相合而成意丹。意丹实即易之丹，即意会易道之丹，即日月经天之丹。从这个角度意、易、丹三位一体，一物而异名而已。

在通神之意的境界中，内神通乎外神。以人元丹法言之，意守阴阳，开合自如，舒卷天行。人身的阴阳运行之道，经通神之意的意会可与易道的人天之意相贯通。这种意丹的通神之意与意易的人天之意之间，一体两面，神妙莫测。元精与元神在身上的运行如日月经天，如车轮回转于鼎炉、天根月窟之间，唯有用先天的通神之意，才能调动后天元精与元神的运化。

发号顺时章第四[1]

君子居其室,出其言善,则千里之外应之①。

谓万乘之主,处九重之室;发号顺时令,勿失爻动时②。

上察河图文,下序地形流,中稽于人心,参合考三才③。

动则循卦变,静则因象辞④。乾坤用施行,天下然后治⑤。

【译】

修意炼丹,守意纳采,天地本意,真精元炁,意丹修成,语默动静,皆通于天,谨慎出意,一念善意,天地相应,一念恶意,天地违之。

意丹既成,犹如君主,威临天下,治国理政,身处深宫,密室不出。先天意炁,运行相符,先符后念,后天气机,运行方显。后天运气,合乎天意,合炁通神,意运念行,本意出论。天地人者,三才之道,人炼其中。

运意通神,日月星辰,山川草木,走兽飞禽,人心动静,交相配合。意动之机,通于天地,阴阳变化,先天意机,实于后天,意念实化。意之炼修,丹之铸就,随意赋形。

意念发动,依爻变卦,与象同化。意念平复,依循爻意。乾阳坤阴,良意通流,与境创生,通乎万化,意融治序。

【注】

① 语出《系辞上》:"'鸣鹤在阴,其子和之:我有好爵,吾与尔靡之。'子曰:'君子居其室,出其言善,则千里之外应之,况其迩者乎? 居其室,出其言不善,则千里之外违之,况其迩者乎? 言出乎身,加乎民;行发乎迩,

---

[1]元陈致虚本:背道迷真章第十七,发号顺时章第四;五代彭晓本:君子居室章第四十二和元精眇难睹章第十六。

见乎远。言行,君子之枢机。枢机之发,荣辱之主也。言行,君子之所以动天地也,可不慎乎!"意思是《中孚·九二》爻辞说:"'大鹤在山阴下鸣唱,它的小鹤在远方也鸣唱应和:我这里有甘甜的美酒,我希望与你分享,同饮共乐。'孔子说:'君子居住在自己的屋室内,说出的话充满真诚善意,即使千里之外也会有人得到感应而来应合,更何况那些在近处的人呢!居住在自己屋室里,说出的话没有诚善之意,即使千里之外也会有人违逆背叛,更何况那些在近处的人呢!言论通过自身的嘴说出来,民众即使在很远的地方都能够听到并受到影响;行为通过自身发生在近处,但民众即使在很远的地方都能够看到它的表现。言论与行为,是君子起心动念、实意行事的枢纽机关。枢纽机关开启发动的瞬间,是决定得到荣耀还是受到羞辱的主导因素。言论与行为,是君子起心动念以至感天动地的根本所在,怎么可以不谨慎小心呢!'"

② 谓万乘之主,处九重之室;发号顺时令,勿失爻动时:即使是万乘之尊主,身处九重宫殿之内,发号施令的时候,也必须顺应天时节令,不可不顺从阴阳爻发动代表的阴阳之气运动的时节。

③ 河图文:河图的文理,也是天河两旁的众星,周天星宿运行的法则和图案文理。稽:考察。三才:天地人三才。修丹向上要观测星象,选择吉日良辰;向下要考察地理分布,阴阳流向,一说洛书;中间要考察人心状态,情感向背,意念向量;必须要把天地人三才的各种情形综合起来考虑才可以。古代圣人以天道为准则,推算阴阳二气的变化,针对不同的地理状况,做好耕种安排,效法天道,善用人才,实现天下大治。三才对应于丹道的上中下三丹田,尾闾、夹脊、玉枕三关;精气神三宝;天魂、地魂、人魂三魂。

④ 动则循卦变,静则因象辞:修丹之动要遵循卦爻变化之节律;修丹之静要因循象辞静观之总则。卦变说基于象辞和爻辞的提示,从十二消息卦变出六十四卦。

⑤ 乾坤用施行,天下然后治:乾坤为体,坎离为用,乾坤体用施播行动,天下事物都能够得到治理(阴阳和合,万物化生,各得其宜)。

【解】

本章强调丹道通于天地人三才,丹道之动静当合天时。通于发号施令章第二十一"发号施令,顺阴阳节,藏器待时,勿违卦月"。丹道修炼理论不能离开古代农耕文明的背景来理解,而古代中国农耕文明的重要特征之一是二十四节气对人们生活有根本性指导意义,这种意义远远超过自然节气对后来工业社会所可能产生的影响。

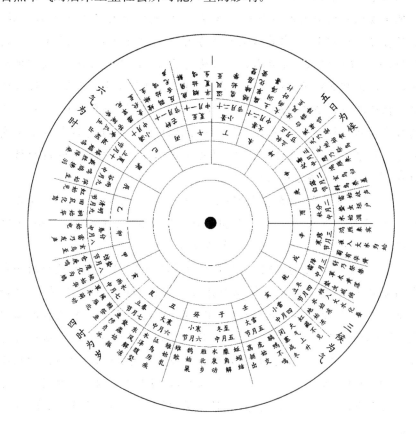

人身能够存续在世间,当以维系阳气为主,而意念之存世,也依赖阳意。心通天地,阴阳感通,阴阳合体,阳意勃发,一阳来复,皆要求阳气主导,方能有生机接续不断。如气之生生,可以如"富润屋德润身",气息充满生意,则身与屋同润而化。修丹与造化同途,意在逆转天地造化,攒簇之道,将人身等乎天地,使得呼吸气感与时辰变动相合。自家之水,如阳气升起,提起而流,如甘泉活水,润身养心。

【意】

　　修炼意丹之时，守意而采纳天地之真精元炁，即已修得意丹，则语默动静皆通于天，故要极度小心谨慎，一念善则天地相应，一念恶则天地变色。此处所论意念发动之状态，没有心灵哲学对意向性（Intentionality）那种具体的关于（about）、属于（of）、直接指向（direct at）或代表（representing）[1]的意思，而是深不可测、深藏不露、待时而发之意。此"时"即时令，合于节气，阴阳消息，以卦爻来代表，爻动合乎天时，合于三才之动，合乎卦变之节文。人意之动，合于天意，通乎神明，神机妙化，意如神助。此类人天之意或通神之意，都不是心灵哲学之"意"所论的意义。

　　心意通神，则心意如先天之意与先天之炁运行相符，只是这种相符的先天意念状态，本身未发，必须落实于后天之气机的运行方能显现出来。如何于后天之气的运行之中，意会并回复先天之意的状态，让后天之气的运行与先天元精元神的运行状态相符，则是后天修炼运行的重要内容。丹士的意念能够采天地之气，心意发动而改变天地阴阳，皆始自心意之端，而不在于意向的对象，或信念的对象，也不在于过程，不在于意向性与何者有关，通往和指向何物，代表何种状态等等。心意之修，当在起心动念的当下，心意善恶不是外在的、道德性的价值判断，而是反身性的综合判断，这种判断有先天未发意味。

　　修炼意丹把天地人三才之道落实于通神之意的修炼中，使之与日月星辰、山川草木、动植生长、人心之动相配合，所以通神之意的每一个意动之机，皆是通于天地阴阳变化的先天之机落实于后天的意念实化过程。意向性并不是单纯指向外物，而其本身有反思、反省、自我判断的能力。意念发动影响和指挥身体气息的运行，不是纯粹物理主义意义上的物理化学过程，或者把意念活动都还原为肉身的活动，与精神又分又合的传统观点不同。虽然按照现代科学的观点，大脑的物理基础不运动，就没有意识发动，意识的活动都是基于大脑活动，这似乎没有问题，但人身死亡意念未必就死，人的意念可能通过其他方式超越肉身而存续于世。

---

[1] John R. Searle, *Intentionality：An Essay in the Philosophy of Mind*, Cambridge University Press，1983，p. 1.

意丹的修炼和形成随时要极度谨慎地把先天之意落实于后天之契机的实化状态。意念发动的原生情态以卦爻象变化为指南。意念平复依循卦爻辞所体现的义理,让乾坤阴阳之意充分实现交流,则通神之意可以实化,并通于万化先天之意,与宇宙大化融为一体。此谓修意成丹,可以超越生死轮回而永续存世。

朔受震符章第五[1]

易有三百八十四爻，据爻摘符，符谓六十四卦①。铢有三百八十四，亦应卦爻之数②。

晦至朔旦，震来受符③。当斯之际，天地媾其精，日月相撢持④。雄阳播玄施，雌阴化黄包⑤。混沌相交接，权舆树根基⑥。经营养鄞鄂，凝神以成躯⑦。众夫蹈以出，蠕动莫不由⑧。

【译】

易道生生，其机可得，悟而意之。爻动卦中，炼神修意，人身一阳，发动之几，生意之初，采药修炼。譬如爻象，周流六虚，逮而采之，变化无穷，不唯典要，阳动所适。通神之意，切近先天，本体缘意，因时因地，调动权舆，后天阳气，爻发生机，群龙无首，诸爻发动。悟道通天，接阳气力。量斤轻重，三百八十，又有四铢，卦总三百，兼八十四，其数相应。

阴阳相交，震卦一阳，生于坤下，阴阳交媾，自此方始。此刻心意，归于先天，无意之意，后天身意，不着有相，可使继续。阴阳之气，交流转化，依乎天地，生生不息，纯阳之气，持发续动，玄播妙出；阴感阳生，联动融化，合为意丹，成形育化。阴意阳意，交感有力，远超气感。心力沟通，心意相感，彼此持续，加持有力，不可思议。生命造基，阴感阳生，天地之间，胚胎起始，化育成形，阴阳交神。生物化育，阴阳相合，凝聚成形，化生无穷，无而有之，意丹成形。

---

[1] 元陈致虚本：君臣御政章第五，日月悬象章第三，圣人上观章第四。五代彭晓本：日合五行精章第十九，易者象也章第十，於是仲尼章第十一，圣人不虚生章第十二，复卦建始萌章第十三。

【注】

① 易有三百八十四爻：《周易》有六十四卦，每卦六爻，共三百八十四爻。符：爻画和卦的配合。据爻摘符，符谓六十四卦：六十四卦，两两相反相合，成三十二对符契，摘卦爻之象为符，一爻当一时，两卦一日，来配合日月运行以行火候。

② 铢有三百八十四，亦应卦爻之数：丹道以一斤大药计三百八十四铢，正好应卦有三百八十四爻之数。这是用大药的分量来配合火候的强弱。

③ 晦至朔旦：一月的晦（月底）朔（月初）之间。震：震卦一阳在二阴之下生长。符：信验。震来受符：月初的月象好像阳气突然生出的震象。初三新月如一阳初动，为震卦，相当于活子时来临，此时丹士应该调药练功。此即以震卦来执行其职责，动而阳兴，如符印信而验；震卦从坤卦变来，坤卦一阳生，如众阴之下一阳突生，好似雷鸣电闪一般。

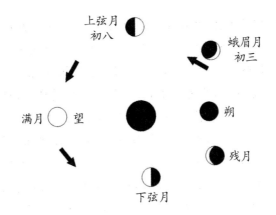

④ 天地媾其精：天地之间，阴阳之气交媾。撢(tàn)：探，探接，远处相取，比喻日月相处虽远，仍然能够相感而明。日月相撢持：日月虽然遥远，但彼此互相抱持。二十八到初二这五天，地球在太阳和月亮之间，夜黑无月光，纯阴坤象，月亮居于北方虚危之地，一片浑沌，黑暗至于极致。到月尾太阳与月亮在北方阴阳交合，慢慢自北转向西方，这是向右旋转，等于月亮被吞下去一段时间，再被慢慢吐出来，此谓"呕轮吐萌"，逐渐萌芽发展起来。

先天八卦配月相盈亏图

⑤ 雄阳播玄施,雌阴化黄包:阴阳氤氲,阳施阴受,如太阳把阳精射入月中,月亮放出阴气,包围日光之外,如同鸡蛋一般。应于人体,为女性排卵,男性精生之时。

⑥ 权舆:植物萌芽的状态,引申为事物的开始;一说权如权柄,舆如北斗车舆,引申为控制阴阳交媾的初始气息之象。混沌相交接,权舆树根基:天地阴阳二气氤氲交流的浑沌状态,可以作为一切生命萌发的根基。

⑦ 龈(yín):垠,边际,界限,引申为躯体。龈鄂:“鄂”通“萼”,根蒂,喻人之命蒂;一指胚胎;一说堤防,城墙。经营养龈鄂,凝神以成躯:阴阳之气的交接当中,包含着生命的根蒂;凝聚通神之意可以形成胎胞命基。要体会阴阳之气相交的状态,并用意经营起来,建立一个凝聚神意的城池,息诸外缘,凝聚通神之意,而生成另外一个意丹之躯体。

⑧ 众夫:人民。蠕动:含灵性的活物,指代生命的迹象。众夫蹈以出,蠕动莫不由:一切天地之间有灵性的活物,都来自阴阳氤氲化成的过程,都从生命体极其细微的蠕动开始。一解一般民众不懂“凝神以成躯”的修丹秘诀,在日月交媾之时,情欲萌动,交合走泄,元精日损。

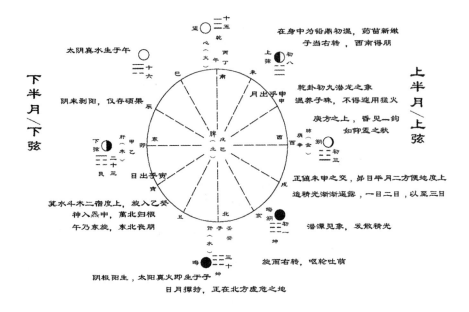

【解】

本章讨论《周易》卦爻准配丹法,通于晦朔合符章第二十三"晦朔之间,合符行中"。修丹之士要紧紧把握住阴阳交媾的时空气息,让自己的意念发动配合天时的力量而通于天地之深意。正如"雄阳播玄施,雌阴化黄包",要在阴阳相交、天地阴暗的状态当中,体会到太阳把阳意之精射入月中,使得月亮能够放出阴意之气,因为意念通于日月,所以可以体会到日月交媾之后,月亮的金华把日光包起来,似有鸡蛋之象。

这其实是意念的领会,因为太阳与月亮之间的能量转化,不可简单理解,它们之间的能量关系其实是意念的领会和判断。至于天道本然是否如此,有康德式"自在之物"的意味,只是天道被意会为如此,好像《纯粹理性批判》建构了一个认知过程和模式,中国古代也有一个意念领会的认知过程和模式,尤其是用卦爻符号图像来表达认知对象,其实是在概念范畴推理的认知方式之外的,基于所谓"象思维"的思维方式。

如果把"道"理解为"自在之物",那就基本无法表达,只能"道可道非常道",因为作为自在之物的"道"是不可言说的。但道既然可以被言说,也可以用卦爻象征符号来表达,甚至可以推演,那么就可能建立一个有内在自洽逻辑的认知系统。

【意】

爻动于易卦之中,彰显易道生生之机,此可得而意之。修炼通神之意者,于人身一阳发动之几之生意之中采药修炼,犹如爻象周流六虚,变化无常,皆可因时因地得而采之,变化无穷,不可为典要,唯通神之意之阳动所适。通神之意此处接近先天本体之意,随时因时因地调动后天阳动之生机(如爻动),如群龙无首之爻动,所谓悟道通天,其实也是意念能够接续先天阳气的力量。

先天阳气的力量体现在阴阳相交之时,犹如震卦一阳生于坤下,表示阴阳交媾开始。此时心意当归于先天无意之意,于后天之身意上不着相,尽量使得阴阳交媾状态继续稳定。在阴阳之气的交流与转化之中,阳气(通神之意依于天地生生不息之阳气)而生的通神之意持续发动,并玄妙地施与播出精气;阴气受到生生之阳气的触动与感化,把如阳气之生生的通神之意转化为意丹的孕育过程,从而促进意丹的形成与化育。可见,阴意与阳意的交感有先天意味,这要大于或者强于后天阴气与阳气之间的交感。所谓阴意阳意之先天交感,可以感知的表现形式有如心力的沟通,心意的感通,彼此持续加持而有力,其中的力量其实可以不可思议,跨越时空,恒久不灭。

一切生命创造的根基,皆由于先天阴意与阳意的交感,带动后天阴阳气息的感应与化生,好比天地之间一切生物胚胎的形成与化育都是这样。胚胎若要化育成形,只有阴意与阳意交流并持续凝聚如神方有可能。也就是说,生物形成与化育是由于阴意与阳意的感应相合与化生,是对彼此通神之意的调动,从而调动彼此的气息,形成意丹并坚持使之凝聚成形,这就是所谓通神之意无而有之、生生不息的过程。

于是仲尼赞乾坤,鸿蒙德洞虚[①];稽古当元皇,关雎建始初[②],冠婚气相纽,元年乃芽滋[③]。

故易统天心,复卦建始萌[④];长子继父体,因母立兆基[⑤]。

圣人不虚生,上观显天符[⑥]。天符有进退,屈伸以应时[⑦]。消息应钟律,升降据斗枢[⑧]。

【译】

阴意阳意，感应交通，融成太极，姤自洪荒，蒙昧无极。易卦乾坤，中空虚冥，于无之中，化生阴阳，二意共存。尚书考古，元皇治世；关雎偶配，夫妇伦首；礼重冠婚，人道法天；春秋建元，君臣有道；经典一阳，斯文初生。

易经之道，自日合月，天萌心动；复卦初九，一阳复生，下震上坤，震为长男，坤为家母，长子继父，依母立基。母炁先天，子气后天，子气发动，母炁来收，阴阳相亲，子气怀胎，结婴纯阳，子继父成。阳生活子，回归母怀，坤腹造体，阴阳合丹。

圣人降生，绝非无故，洞察阴阳，意会天地，气交人世，阴合阳天，进退往来。阳生阴变，合乎斗枢，阴感阳通，随天顺地，元运炁行。阳意发动，阴性境域，随而改变。阴消阳长，黄钟大吕，十二钟律，变相化和。

【注】

① 赞：称颂，赞美。鸿蒙：混沌初开，乾天坤地未分的状态，天地元炁未分之时的太极状态。德：一本作"得"。洞虚：空洞至虚、形气未具的无极状态。仲尼赞乾坤，鸿蒙德洞虚：孔子作《易传》，赞美乾卦和坤卦，能够通达天地未分、空洞至虚的混沌初开状态；或者太极乾坤得自空洞至虚的无极状态。

② 稽：考核，考察。稽古：考古，追溯上古；一说《尚书》称"稽古"，以《尧典》为治道之宗。建：创立，创建。始初：开始。《尚书》考察古时的元皇，《诗经》咏《关雎》，把男女求偶、婚配视为礼仪之首，以人道效法天道。

③ 冠(guàn)：冠礼，成人之始的礼仪。婚：婚礼，男女婚配，人伦之始的礼仪。纽：交接、连接、结合。元年：岁首之年。芽：萌芽。滋：生长。《礼》重冠婚，明男女成人婚配之仪；《春秋》以"元年"为第一义，表明君臣之道始立，天下之治道如一阳初生般萌芽而繁盛。

④ 萌：萌芽。兆：根基。故易统天心，复卦建始萌：这是讲《周易》之道，来自日月相合的天心之道，如复卦一阳生代表了天地生养万物的心意，应于物象即元炁滋养的新芽；所以"天心"指代万物生生变化之机。邵康节曾言"冬至子之半，天心无改移，一阳初动处，万物未生时"，此刻的

"天心"指的是"天心正运",好像天盘刹那之间停止一般,语出《复·象》:"复,其见天地之心乎。"意思是从复卦一阳生看阳气往去复来,从中我们可以看到天地化生、生养万物的心意吧。

⑤ 长子继父体,因母立兆基:复卦下震上坤,震为长男,坤为母,长子继承父亲,需要通过母亲来立好根基。在修丹中,母亲之炁代表先天开始的元炁,子气代表人身之中生长的后天之气,子气发动,需要母炁来收摄和降伏,使得阴阳相亲相恋,当子气怀胎结婴,形成纯阳之体,子继父体就成功了。复卦一阳生,代表人身的活子时,此时当从《道德经》"食母"之教,即心意通神,回归母怀,坤腹道体,而得阴阳相和之丹。语出《道德经》第20章:"我独异于人,而贵食母",意为我所要的与别人都不同,因为我看重那滋养万物的道体。

⑥ 圣人:开启丹道之教的圣人,一说作易的圣人,还有黄帝、老子二圣。不虚生:不会虚来人世一遭。上观:向天上观察。符:合,月亮在天上运行,一月一度,跟太阳交合,所以称为"天符";一说天心北斗。显天符:看出天的符信和节度,天文的脉络,天象运行的法则。

⑦ 天符有进退,屈伸以应时:领悟天地之间阴阳的升降,日往月来形成的晦朔盈亏,岁序更迭之中的寒来暑往,每天日辰变化的昏明早晚,从而感应出天时时时刻刻的进进退退,用进火退符的屈伸来应和这种变化。月亮的亏盈对应于药材的老嫩;太阳的早晚对应于火候的温寒。丹道的火候升降的秘密,隐藏于北斗运转之中。

⑧ 消息应钟律,升降据斗枢:这其中的一消一息,都能够与钟律相互应和,而一升一降,都依据北斗的指向来运行。上天通过北斗来斟酌元炁,圣人观察斗柄所指,悟出月建;修丹的圣人用火也应该据此来运行,从而使得内气的调适,合乎外在阴阳之气的运行。初一之后,月光越来越明亮,火用震、兑、乾来表示阳伸阴屈的过程;十六之后,月光越来越暗淡,火用巽、艮、坤来表示阴伸阳屈的过程。钟律每月换一管,一年更换十二管;斗柄每个时辰移动一位,一天移遍十二个时辰。所以意会和运用天时的力量,从年中用月,月中用日,日中用时,各自都有层次和脉络。

【解】

本章借孔子赞易和经典开篇主旨来颂赞开天辟地的原初状态,通于卦律终始章第二十四"朔旦为复,阳气始通"。丹道能够发明于世,我因为有通达丹道的圣人。圣人之意接于天地开辟的原初状态,其心意可谓"天地之心",即天地一阳来复那种微渺意缘发动的状态。在人身之中,"天心……在鼻梁子往里,泥丸的下边,玉枕关的前边……在口腔正中上颚的上边"[1],这说明人身亦有"天心",人心可以与天心神妙相通,心心相印。

圣人之心回归天地开辟之心,犹如母子相恋,回归母怀,有恋母情结的意味,因为回归母腹是不可能的事情,但情感上的回归母怀,是自然之意在人的天然流露。阴阳相和,天经地义,修丹则体现为对人身之腹作为母体的重视,因为这是结丹之所,是长生之地。而腹中五行和谐,气血通畅,元炁充沛,当然是身体健康,无病无灾,祛病延年,长生不老的根本,所以对于坤腹和运行气脉的高度重视,是非常自然的。人身除了四肢就是鼎炉,四肢不存,生命可续,而鼎炉毁坏,人身气血崩溃,元炁消散,生命趋于终末。

人身之元来自母腹,修丹之成败也在坤腹,此即母体。可见,修好母体才有长生之兆,延命之基。这就是为什么《内经图》《修真图》等都是没有四肢的鼎炉图,因为鼎炉是修身之基,身丹在鼎炉中炼,不在鼎炉之外去寻找。

【意】

在阴意与阳意感应沟通融合之前,彼此都来自无限洪荒蒙昧的宇宙深处。《周易》用乾卦与坤卦来表达一种从宇宙无限的空洞状态(无的状态)中生出阴意与阳意的存在与感应过程。阴意与阳意的感应交流与沟通,可以回溯到无始之前、未曾纪年的洪荒历史境遇之中,好像时间还没有开始,情感无从想象的状态。

阴意与阳意的交流沟通带动阳气与阴气的感应交流。从阴意与阳意的沟通交流的状态开始萌芽并发荣滋长。先天之意接生天之心,而得先天之气,立先天之机。人间阴意与阳意的交感互动,也是要顺天地生生之意(等于复卦所谓"天地之心"),抓住宇宙阴阳之气运动的创生力,并把阴气与阳气运化的创生之力转化为阴意与阳意交流沟通的生生创造之力。

---

[1] 王振山:《〈周易参同契〉解读》,北京:宗教文化出版社,2013年,第60页。

　　一旦阴意与阳意沟通无间，如宇宙间阴阳之力交流感通般顺畅自然，则达到心意通天的境界，就能够使元神调动本初之元炁，可以让元炁生生不息，汩汩流出而不竭。

　　阴意与阳意之沟通，如复卦初九一阳复生，代表长子从父之气那里继承了生生不息的创造之力，能够调动母体的气息，也就是阳意萌动生长能够调动阴气之体，这就说明虽然阳意发动足以改变阳意所关联的天地宇宙之境遇，但对整个阴性境域的调动要以阴气的背景境域为前提。阴意与阳意的消长关系有若黄钟大吕等十二钟律的变化。

　　意识从世界本体性的存在中分离出来，是世界之谓世界，也是意识之谓意识的根本来源，没有这种意识与世界的对待和分离，意识不可能意识到世界的存在，但这种分离并不是一种纯对待性，而是从来可分如无分的状态。意识到的世界如果没有对待的力量，意识的世界就无法延展开来，因为对待，所以有力，但这种对待，不是外在的超越性对待，而是内在的统一性对待。荣格评论意识与客体的分离时说：

这样一来,意识既空也不空。它不再被种种物象所占据,而仅仅是包含它们。此前直接纠缠意识的完满世界并未失去其丰富绚丽,但已经不再能够主宰意识。世间万物对意识魔法般的要求已经终止,因为意识与世界的原初交织已经消解。无意识不再被投射,它与事物原初的神秘参与(participation mystique)也就消除了。于是,意识不再被各种强迫性的意图所占据,而是像这部中国经典(注:《太乙金华宗旨》)所说的那样转向了禅定。[1]

在禅定的状态当中,人的意识境遇可以说是"无意之意",或者说是"空有之意"[2],这是一种当下空去万有的意识状态,意识虽然"空"了,但并不是空无一物,而是一种融贯性的包涵和融摄状态。那种意识与世界原初性的交融,可以说是对所谓"无意识"的意识,从来都不神秘,那种时刻禅定的状态,是意念时刻空去万有的状态,世界不是按照正常的一维的意识状态来展开和呈现,而是多维全体性地呈现。在空去万有的状态当中,有其道在做主宰,即易道似有若无地在统御天心,遍及万有。

---

[1] [瑞士]荣格、[德]卫礼贤著,张卜天译:《金花的秘密》,北京:商务印书馆,2019年,第51页

[2] 参温海明:《坛经明意》,北京:宗教文化出版社,2021年。

药生象月章第六[1]

日含五行精,月受六律纪①。五六三十度,度竟复更始②。

三日出为爽,震庚受西方③。八日兑受丁,上弦平如绳④。十五乾体就,盛满甲东方⑤。蟾蜍与兔魄,日月气双明,蟾蜍视卦节,兔者吐生光⑥。七八道已讫,曲折低下降⑦。

十六转受统,巽辛见平明⑧。艮直于丙南,下弦二十三⑨。坤乙三十日,东北丧其朋⑩。节尽相禅与,继体复生龙⑪。壬癸配甲乙,乾坤括始终⑫。七八数十五,九六亦相应。

四者合三十,阳气索灭藏⑬。象彼仲冬节,竹木皆摧伤;佐阳诘贾旅,人君深自藏⑭。象时顺节令,闭口不用谈⑮。

天道甚浩广,太玄无形容;虚寂不可睹,匡郭以消亡⑯。谬误失事绪,言还自败伤⑰。别序斯四象,以晓后生盲⑱。

【译】

日月五星,日含月受。日与五星,合生万物。日含精华,修炼之元。风寒暑湿,及至燥火,六气散布,熏习坎月;月之运行,度与绳准,十二律吕,基准为判。五六三十,五日一候,三候一气,一节一气,即成一月,七十二候,一年之度。一月卅日,晦朔弦望,周复循环。每月初三,月相复明,黄昏时现,西方庚位,象如蛾眉,犹如震卦,一阳二阴,汉震纳庚。每月初八,月相上弦,昏现南丁,象如挂弓,弦如绳平,犹如兑卦,二阳一阴,以兑纳丁。每月十五,月日相望,黄昏时现,东方甲位,如圆银盘,犹如乾卦,三

---

[1]元陈致虚本:君臣御政章第五,圣人上观章第四,补塞遗脱章第三十四;五代彭晓本:日合五行精章第十九,复卦建始萌章第十三,十六转受统章第十四,壬癸配甲乙章第十五,象彼仲冬节章第八十七。

阳饱满,故乾纳甲。月相消长,卦爻之变,道理相合。月本无光,受阳吐辉,乃发光华。每月十五,月圆致极。阳气上长,纯阳之状。阳极生阴,满月渐亏,曲曲折折,阳气下降。

十六之后,阳消阴长,由圆变缺,犹如巽卦,纯阳乾卦,下生一阴。清晨时分,月亮出现,西方辛位,其象如巽,汉巽纳辛。下弦廿三,光明半亏,犹如艮卦,乾下两阴。清晨时分,南方丙位,其象如艮,汉艮纳丙。三十为晦,清晨时分,现东乙位,光明丧尽,象如阴坤,汉坤纳乙。西方坤兑,南方巽离,阴方得友,同类相伴;东方艮震,北方乾坎,阳方失友,得乾主人,喜乐吉庆。月终为阴,月初为阳,新月朔旦,阴让与阳。日月合朔,新轮循环,复卦阳生,下变震龙,继阴之体,阳动阴下,继体生龙。汉易纳甲,乾纳甲壬,坤纳乙癸;甲阳之始,壬阳之终,乙阴之始,癸阴之终,乾坤分联,阳阴始终。

七为少阳,八为少阴,相加十五;九为老阳,六为老阴,相加十五;七八九六,四数相加,和为三十,一月卅日,每月卅时,月化纯阴,光明尽灭,阳气消索,湮灭潜藏。冬至时节,天寒地冻,阴气强盛,竹木秋草,皆为摧折;为保冬阳,君王闭门,禁人经商,诘问旅人,深藏宫中。扶助微末,谨慎护阳。

修丹之人,法象天时,随顺节气,变其主意,冬至时节,如从天行,忘情息虑,闭口不言。

天地之道,浩荡广阔,虚空寂寥,目睹不见,太虚玄冥,无从描摹。一阳来复,错谬失端,任意发言,必有还报,自取灾败,伤害之扰。谨此序说,乾坤坎离,四象深意,天道之理,丹法之要,开示晓悟,后人不盲。

【注】

① 五行:金、木、水、火、土五行,一说五星。精:精华,指太阳包含五星的精华,即先天元炁。日月与五星运行合生万物。日月一月合一次,五星跟太阳也是一月合一次,所以太阳与月亮、五星都是一月相合一次,太阳含受着木火土金水五星之精华,是修炼的根本。六律:律吕各六,一年共用十二律吕,日月共分,月只受得一半律吕之气。纪:纲纪。坎月受风、寒、暑、湿、燥、火六气的熏习;月亮的运行的精准刻度要以十二律吕的分判为基准。日月合璧十二次形成一个阴历年,是354.3672个太阳日,所

以要用与节气密切相关的十二律吕(六律六吕)来调整,设置闰月,约束太阴历,使其基本符合节气变化,以律吕调整闰月的方法,即"律吕调阳"。后有金火含受章第十,金水铢两章第十二有"三物相含受"的说法,都说明"含"比"合"更合理。

五行纳音表,十二消息卦配十二律

五行纳音表											
五行	土		金		木			火		水	
局数	5		4		3			6		2	
七律	宫		商		角		变徵	徵		羽	变宫
十二律	黄钟	大吕	太簇	夹钟	姑洗	仲吕	蕤宾	林钟	夷则	南吕	无射	应钟
地支	子	丑	寅	卯	辰	巳	午	未	申	酉	戌	亥
月份	11	12	正	2	3	4	5	6	7	8	9	10
卦名	复	临	泰	大壮	夬	乾	姤	遯	否	观	剥	坤
卦象	一阳	二阳	三阳	四阳	五阳	六阳	一阴	二阴	三阴	四阴	五阴	六阴

② 更始:一月计度完日、月、五星相合之度数之后,下一月又开始计算。太阳日行一度,月亮一日行十三度有余;太阳行三十度,则太阳与太阴(月亮)交合,循环往复。五六三十日,五日为一候,三候为一气,一月中有一节一气,六气为时(一季),四时为岁,一年七十二候。每一候都因为天时的阴阳消息而导致生物的潜藏、显现或衰弱、旺盛,这就是物候。一月三十日,晦朔弦望,周而复始,循环不休。

③ 爽:平明、明朗、清亮。三日出为爽,震庚受西方:每月初三,月亮复明,黄昏时出现在西方庚位,象如娥眉,用一阳在二阴之下的震卦表示,所以汉易纳甲法以震纳庚。

④ 八日兑受丁,上弦平如绳:每月初八,月相变为上弦月,黄昏时出现在南方丁位,象如挂在墙上的弓,其弦像绳一样平,用二阳在一阴之下的兑卦表示,所以汉易纳甲法以兑纳丁。

⑤ 十五乾体就,盛满甲东方:每月十五,月日相望,所以称月盈,也称月既望,月相圆满,黄昏时出现在东方甲位,象如圆银盘,以三阳饱满的乾卦来表示,所以汉易纳甲法以乾纳甲。

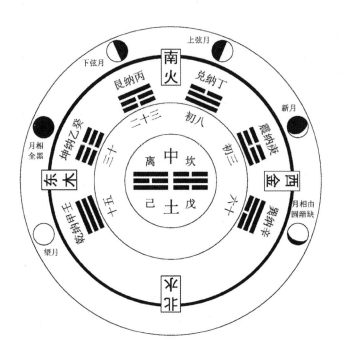

⑥ 蟾蜍：月的形体，金精。兔魄：月亮所反映的太阳光华。日月气双明：兔魄的日光和蟾蜍的月体二精之气双双焕明。蟾蜍：比喻月亮的精气。卦节：以卦象定节气。月相的消长与《周易》卦爻之变的道理相合。兔者吐生光：月亮本无光，受太阳吐出的光辉而生发光亮。肾之元精如月体，要有元神之光明，才会有元精的生化之力；一说精满则溢，采药当如脱兔。

⑦ 七八：每月十五，月圆到极致。道已讫：阳气上涨已经达到纯阳状态。曲折低下降：阳极生阴，盈满的月亮逐渐亏损，阳气显现曲曲折折下降的趋势。

⑧ 统：统领。平明：清晨。十六转受统：月亮在十六既望之后，阳消阴长，由圆变缺，用纯阳的乾卦下面生出一阴的巽卦来表示。巽辛见平明：清晨时分，残月出现于西方辛位，其象如巽，所以汉易纳甲法以巽纳辛。

⑨ 直：同"值"，当值。艮直于丙南，下弦二十三：月亮到下弦二十三的时候，光明半亏，用乾卦下生两阴的艮卦来表示。清晨时分，残月出现

于南方丙位，其象如艮，所以汉易纳甲法以艮纳丙。

⑩ 坤乙三十日，东北丧其朋：残月到三十日为晦，清晨时分出现在东方乙位，光明丧尽，其象如纯阴之坤，所以汉易纳甲法以坤纳乙。语出坤卦卦辞："坤，元亨。利牝马之贞。君子有攸往，先迷，后得主，利西南得朋，东北丧朋。安贞吉。"《象》曰：'西南得朋'，乃与类行。'东北丧朋'，乃终有庆。"卦辞的意思是坤卦象征地，元始化生，亨通顺畅。如果像雌马那样持柔守正，就会有利。君子有所前往，如果抢先居首就会迷失方向，如果随后顺从，就会得到有乾阳之意的主人。在西、南的阴方，与同类相伴，会找到朋友，有利；在东、北的阳方，失去同类朋友，却可以找到阳为主人，也有利。安于柔顺，持守正道，吉祥。象辞的意思是在西方（坤兑）和南方（巽离）的阴方，会找到朋友，这是与同类相伴，在东方（艮震）、北方（乾坎）的阳方，失去同类朋友，却可以找到乾阳主人，最终得到喜乐吉庆。一说"朋"通"明"。

⑪ 节：三十日分六节，一节五日，对应一卦。节尽：一月之终，六节已经终尽。禅与：月终为阴，月初为阳，在新月的朔旦，阴就让位给阳，好像禅让与阳一样。日月合朔之后，阳受阴的禅让，开始新一轮的循环重复，复卦一阳生，坤卦的下卦变为震，这是继阴之体而生阳，震为龙，一阳动于二阴之下，所以是"继体复生龙"。

⑫ 括：包括，联结。壬癸配甲乙，乾坤括始终：按照汉易纳甲法，月相纳甲，六候已毕，十天干还有壬癸，故以壬癸配甲乙，分纳乾坤之下，以示乾坤括纳甲乙终始之意。乾纳阳干甲、壬，坤纳阴干乙、癸；所以说壬癸和甲乙相配；甲是阳干之始，壬是阳干之终，盛于甲者，也盛于壬；乙是阴干之始，癸是阴干之终，盛于乙者，也盛于癸；所以乾卦和坤卦分别联结了阳干与阴干的始与终。

⑬ 索：消索殆尽。七八数十五，九六亦相应，四者合三十，阳气索灭藏：七为少阳，八为少阴，二者相加为十五；又七为火数，八为木数，木火一家为元神，相合其数为十五。九为老阳，六为老阴，二者相加也是十五；又九为金数，六为水数，金水一家为元精，相合为十五。七八九六四个数相加之和为三十，应一月三十天，每月三十之时，月亮之体化为纯阴之坤，光明尽灭，阳气消索殆尽，湮灭潜藏。

⑭ 仲冬：农历十一月。节：冬至。佐：辅助、辅佐。诘：诘问、盘问。

贾(gǔ)旅:商人。象彼仲冬节,竹木皆摧伤;佐阳诘贾旅,人君深自藏:农历十一月的冬至时节,天寒地冻,地面上阴气强盛,竹子草木等都被摧残伤害;为了保护冬至升起的一阳,以前的君王通常都关闭城门,禁止商人经商,诘问路上的旅人,自己深藏宫中。这是为了扶助微阳,好像火苗非常微弱的时候,要非常小心谨慎地守护它。人身活子时发动,犹如冬至一阳来复。

⑮ 象时顺节令,闭口不用谈:修丹之人,也要法象天时,随顺节气时令的变化,活子时发动时,好像到了冬至时节,就要仿效天道,忘情息虑以养气,闭口不再言谈。

⑯ 天道甚浩广,太玄无形容;虚寂不可睹,匡郭以消亡:天地之道是多么浩荡广阔啊,太虚玄妙,无法描绘其形状和容貌;那么虚空寂寥,就是用眼目睹也什么都看不见,根本无法像城市垣郭那样被勾勒出来。

⑰ 谬误失事绪,言还自败伤:如果在一阳来复之时,还错谬地失去做事的端绪,随意发言那就会有还报,自取失败和伤害之困扰。

⑱ 四象:乾坤坎离。别序斯四象,以晓后生盲:特别序说乾坤坎离四象之深意,显露天道之理,丹法之要,以便开示、晓悟那些盲目不知丹道的后来人。

【解】

关于本章结构,仇兆鳌认为:"此章四句开端,中两段各十二句,后两段各八句,布置秩然。"[1]修丹之士特别重视月亮小周天的行度,月亮上半月由小变到大圆,下半月由大圆变成黑暗,这个小周天的精准行度,受到律吕和历法的约束和规范。太阳运行是大周天行度,在天体中走一度,是地球上人间的一天。太阳的光辉含合五星之精华,但其中有至阴之气,即离中之阴。此章引申第一章"月节有五六",启下文纳甲说。

纳甲是在震、兑、乾、巽、艮、坤六卦上装天干地支,与五行方位配合,因甲为天干之首而称纳甲。上半月望前三候,在黄昏可见,兑、震、乾代表新月、上弦月和望月,是阳息阴消的过程。下半月望后三候,在清晨可见,

[1] 参[清]仇兆鳌:《古本周易参同契集注》,上海:华东师范大学出版社,2015年,第102页。

先天八卦配月相图

三日上弦月之初,八日月几望,十五日月盈,
十六日月既望,二十三日下弦月,三十日月虚。

巽、艮、坤代表月相由圆渐缺、下弦月和月相全黑,是阳消阴息的过程。用冬令证月晦,比喻修丹之士于静中待动。举天道以明月晦,希望修丹之士存无以守有。

退阴符是午后三候,即阴意之升进,犹如月体下弦始亏,如从巽卦一阴生于下,纳辛于西方,到艮卦二阴生于下,纳丙于南方,至坤卦三阴已成,纳癸于东方,直至震卦一阳重生,如乾阳之龙再现,故阴意之进即如阳意之退。

修炼意丹要特别注意人身一阳来复之时,好像冬至时节,竹子草木都被强盛的阴气摧毁折伤,为了保护这微弱的阳气,这时应该顺应天道之法则,静养微弱的阳气,好像古时关闭城门,不让商旅出行,修丹者当神气内敛,辅助

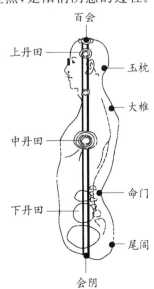

微阳。这是以仲冬时节一阳来复为例,向后来不明的修丹者宣示修炼意丹最关键的机理。天地一阳来复是气息运动,需要人意会出来,意念直接通于天地阴阳之气运化的本来状态,而意念通于发动的气息,就是阳意发动。气息是气的息长,而息可以理解为自心,即自己心意对天地上升的一阳之气的顺动和意会。

【意】

此章以四季之中仲冬时节一阳来复为例,专门向后来不明的修丹者宣示修炼意丹最关键的机理。通神之意的发动,念念皆存亡之枢机,如果稍有不慎,则调动后天之气将出现错乱的状态,偏离自然的轨迹,有若国家将乱,皆因君王妄意失度。一月三十日,到月末之际,光明尽灭,似乎阳气消失,其实阳意仍在阴意之中潜藏,待时而发,待机而动。

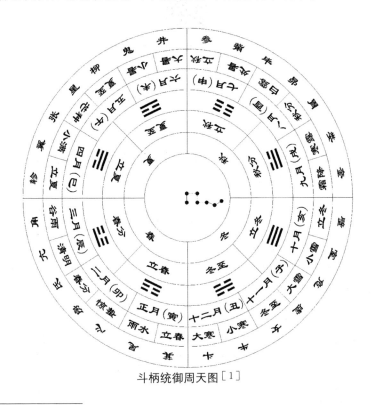

斗柄统御周天图[1]

---

[1] 参任法融:《周易参同契释义》,北京:东方出版社,2012 年,第 67 页。

阴意不能单明，需随顺阳意的创生之力而逐渐转强。阳意的修炼以调动阴气之质（以月质为喻）而能有成。故此用月质从无生有之阴性境域作为阳意修炼进火的自然感应与参照，即纳甲以喻小周天火候。阳气之创生与生长，是与调动阴性之境同时发动的，故可以用月体来纳十天干（阳意之动即天心之动），是与同时调动阴性之质（月体）一时俱生，共同成就的。这是阳意的修炼，用月质即阴质来比喻。阴意与阳意的互动，当模仿日月光华的变化。日月光华是彼此共同造就的，尤其是月亮需待太阳之光而明，即阴意的光华待阳意的光华而彰显，可以用卦爻的变化来表示之。

乾之阳意与坤之阴意总括天地阴阳之意的运行，通过八卦纳甲可以体会出来。乾纳甲壬，坤纳乙癸，说明乾坤阴阳之意收纳天地阴阳消长的始终之意。天道浩渺广大，幽深玄远，无形无象，虚无寂寥，视之不可得而见，阴阳和合，日月合璧之时，神凝气聚，没有边界。如果不了解修炼意丹妙理、功法的原理与头绪而妄言丹法，所言容易多有悖谬失误之处。

八卦列耀章第七[1]

八卦布列曜,运移不失中①。元精渺难睹,推度效符证②。

居则观其象,准拟其形容③。立表以为范,占候定吉凶④。

【译】

八卦五行,分列八方,五星日月,七曜列周,随廿八宿,环绕中天,北极紫薇,指挥运行。药物升降,如同五星,八卦星宿,分运列行,不离人身,一阳元炁。先天之意,调后天气,意机领气,随意赋形,成事就业。意丹之修,要在调气,后天气息,合于先天,阴运阳化。

居观天象,有月盈缩,如同卦象,屈伸进退。运意分寸,如用日影,标杆占候,推阳理气,合乎先天,日运月行,占候验事。

【注】

① 曜(yào):日、月和火、水、木、金、土五星为七曜。中:轮轴,中枢、中天,紫微星中天枢纽。本句意为:修丹每月运火之时,要遵循八卦和众星运动之轨辙,这样运化移动才不会失去紫微星中天枢纽的领导。

② 元精:天地元阳之炁,对应身内的元阳真精,是生物之源。渺难睹:微渺难以看见,无法揣摩。推:推理。度:衡量。符证:阴阳进退的验证,指卦爻与天文地理符合验证。本句意为:人身之内的元阳真精,本来就是天地之间元炁的精华,微渺玄冥,不可目睹,修丹者可以用《周易》卦爻符号来推理衡量并验证元炁运动的阴阳进退,从而深达造化。

③ 象:天象、月相和卦象。形容:元炁的形状、相貌。在屋内居住时,

---

[1] 元陈致虚本:第四章中间部分;五代彭晓本:壬癸配甲乙章第十五,元精眇难睹章第十六。

就静观天象的变化,月相的弦望盈缩,用卦象的消长进退来模拟人身元阳真精之进退和运度状态。

④ 表:晷表,计时器,测量日象的柱子。范:铸造器具的模子,引申为法则、规范。占候:用汉易的卦气说,来占验对应于七十二候之具体刻漏,卦气与时间对应,可以看出其吉凶状态。本句意为:又可用测日影的标杆占验气候的方法作为模式,来测定元精的动静消息与卦爻象所对应的卦气之吉凶,不失天人合发之机。

【解】

申论前章"处中制外",通于君臣御政章第二十"辰极受正",性命根宗章第二十五"真一难图",君臣御政章第二十"爻象内动,吉凶外起"。

本章明确使用西汉孟喜卦气说。以《周易》卦象配四时、十二月、三百六十五日、二十四节气、七十二候。其中坎、离、震、兑为四正卦,主管一年四季,即坎主冬、离主夏、震主春、兑主秋。十二辟卦主管一年十二月,复主十一月、临主十二月,依次至坤主十月,六十卦配一年的日数,每月配五卦,每卦主管六日七分,以中孚卦配冬至初候,为一年节气的开始,四正

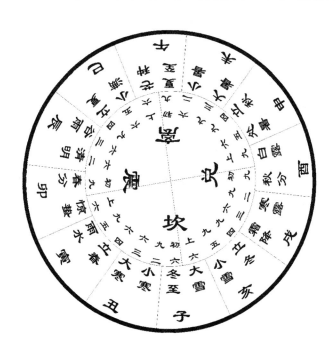

卦、十二辟卦、六十卦爻均配季、月、日、气、候。其说法源于《礼记·月令》
《吕氏春秋·十二纪》《淮南子·天文训》、汉武帝时邓平等人编写的《太初
历》,刘歆的《三统历》、五行家土德说等,又与《易纬·稽览图》卦气说大同
小异。

【意】

意通天地之意境,即意念行乎天地之间的状态,可以通过八卦随五行
而加以刻度化,好像五星加日月之七耀,连同二十八宿,都受北极天心的
调遣,而意通天心,方是通神之意境,此时天地万物,就如围绕中天北极紫
薇中心运行一般,听候通神之意的指挥来运行。

意丹之药物的升降,就是意念的能量变化,有阳意和阴意之分,来自
对于天地之间的阳力和阴力的意会,如同五星八卦星宿在天上分列运行,
但受北斗天心的制约,与人身有关的阴阳之力,都受人身意识的控制,而

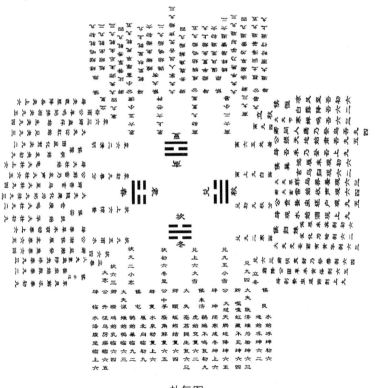

卦气图

意识发动,从来不可能离开人身的元炁。所以要用先天之意方能调动先天之炁,这样意念发动,就可以随意赋形成事,让意念领会天地运行的气机。所以意丹之修炼养成,要运意于调动后天气息的过程之中,使之完全符合先天阴阳运化之节奏。运用先天之意以调动先天之炁机,即意识到元精的存在,并运用意能使之运行,好像北斗指挥五星八卦星宿一般,分毫不乱。

意能发动,指挥天地气息的状态,是领悟先天之意,使之处于本体性平衡,且不离中枢的状态。意念的分寸,来自对天象的观测,比如月相的弦望盈缩,体现在卦象的屈伸进退中。意会用意的分寸与尺度,也可以从日影标杆占候的方式去推理太阳之气息的分寸,所有这样的运意的努力,都是为了让通神之意能够实现其先天维度,以调度先天气息,不被后天的意气随便牵制,所以要努力用意去时刻领会,使得意念发动符合日月运行的先天节奏。虽然元精之存在与运行,无形无象无味,基本上难以察知,甚至无从摸索。不过,了解了通神之意,就能够通于元精的运行状态,领悟宇宙之元炁时刻通于人生之真灵真精,既然能够参透天时运化的机理,那么对于人身之阴意与阳意的消长发动,就可以运用天人合一的机理,像北斗操控天盘一般,从人身的丹心出发,去用意调控全身的气息运化。

上下有无章第八[1]

上闭则称有,下闭则称无①。无者以奉上,上有神德居②。此两孔穴法,金气亦相须③。

黄中渐通理,润泽达肌肤④。初正则终修,干立末可持⑤。一者以掩蔽,世人莫知之⑥。

【译】

元神发动,如有用意。下窍闭合,元炁不失,精气转化,元炁上升。于此无境,元神之意,自然交汇,有意无境。收视返听,闭合阴窍,仍与物接,通神之意,调节功力,元炁不失,持守九窍,常葆精神,神意御气,身元天炁,皆通神意。元神调动,人身世界,炁化仙境,美妙绝尘。

涵养意丹,引而不发,如鸡孵子,时长日久,黄色中正,土气之意,流布四方,意念所发,皆通文理,行事端正,合于大道,美善和谐,事事通畅。人乐身美,自得天善。意行心动,黄中通理,其间景致,人间少有。

【注】

① 上:头上孔窍。有:离宫所产的一点真水。下:身下前后两阴窍。上闭则称有,下闭则称无:河车搬运进阳火采药入泥丸(上丹田)时,应上鹊桥舌抵上腭,人身头上的孔窍用意闭塞,收视返听,元神自然体现出来,因为"坎中满",精满则自溢,所以称"有"。采药归炉退阴符时,引药自舌下重楼、绛宫入下丹田,应上鹊桥舌降,下鹊桥提会阴,人身下前后两阴窍闭不泄气,因"离中虚",精气不漏,自化为气,所以称"无",即神气相合归

---

[1] 元陈致虚本:明两知窍章第七,炼己立基章第六,壬癸配甲乙章第十五;五代彭晓本:上德无为章第二十二,黄中渐通理章第二十一,名者以定情章第四十。

于虚无。

②无：坎宫一点真阳。此真阳从后天有形的浊精中化出，所以称"无"。无者以奉上，上有神德居：元神内敛，以通神之意驾驭气，元炁自然上腾，与元神交会。元炁在下以奉上，奉养元神；元神居上以御下，上下相须，神炁融汇，还精补脑。

③孔：上窍。穴：下窍。在用通神之意坚固封闭人身上面的孔窍和下面的阴穴之时，金气也帮忙起着辅助的作用。离中真水之气下降，坎宫真金之精上腾，金化为气，气为融金，金气相交相恋，意丹生成。元神与元精（元炁）皆为"金气"，因为元神本先天乾卦之体，乾卦属金；元精（元炁）在五行中也属金，所以都是同类，可以相互感应，相交相合。

④黄中：黄为土之色，五行土居中宫；指中宫丹田、黄庭，通神之意。理：文理，腠理，皮肤之间的组织。此句意为：意丹好比居于中宫丹田的黄色之土，其通神之意能够渐渐通畅达致腠理，滋润悦泽通达四肢百骸的肌肉和皮肤之间，举手投足无不包含着动人的光彩，美不胜收。语出《坤·六五·文言》："君子黄中通理，正位居体，美在其中而畅于四支，发于事业，美之至也。"意思是在六五爻的时势下，君子应该像黄色那样中正，他的坤阴之意能够平衡四方，通达人情事理，立身处世摆正自己的地位，安居自身，平宁稳重，起心动念皆蕴含丰厚的文采和美德，进而在身内畅达于身体四肢，在身外扩充于事情和功业，这就达到美的极致了吧！

⑤正：修炼意丹以通神之意为正法。修：成功。干：根本。末：终末。持：掌握。此句意为：修丹之时，要在初炼的时候就遵循修炼意丹的正宗之法，只要抓住修炼的意丹之功法的主干和根本，其余细微末节自然能够掌握。

⑥一：道，指修炼意丹的大道；一阳之生机。掩蔽：遮掩隐蔽而不彰显。此句意为：修炼意丹的根本大道就是一阳之生而有生生之机，可谓万化之源，阴阳和合，水火既济，可以用一个通神之意来概括，遮掩修丹的其他功夫就可以遮掩隐蔽而不需要彰显出来了。可是一般的世俗之人，几乎没有人能够了解明白这一点的。

【解】

本章通于坎离戊己章第二十二"以无制有"；通于后序孔窍章第三十

六"孔窍其门";筑基有成,精满气足神旺,达到"黄中渐通理,润泽达肌肤"的状态,人身上心肾相交,阴阳融合,意丹生成。意丹由内向外滋润身体的肌肤,达致身体四肢的末端,渗透在七经八脉当中,容颜亮泽,美不胜收。这是意丹修出来的极致境界。此时意念通神,心意光明,好像有圣洁的光芒一般。

通神之意是一种状态,正如"道"只可意会,意本唯一,非一阴一阳不能明,于是有乾坤、坎离、性命等等对待说法,所有这些对待、两分的说法,都是意会丹道的方便法门,必须从天地、心神本来一"意"的本原上追溯,从意的根源上理解意之本,而理解意本的状态,自然是意念通神的状态。

人身上面的孔窍闭合,则元神自然发动如有意。人身下面的孔窍闭合,元炁不失,精气化无形之气,自然上升。元神之意与此无之境交汇,则为有意于无境之中。闭视反听或闭合阴窍不是不与物接,而是在与物交接之中,因通神之意的调节之力,而能够不让元炁流失,也就是元炁既不从五官的孔窍流失出去,也不从阴窍的活动之中流散出去,反而是能够以通神之意御动外气,让身之元炁通达天地元炁,皆为通神之意所调动。这种通神之意的元神调动人身与世界的元炁是非常美妙的化境。

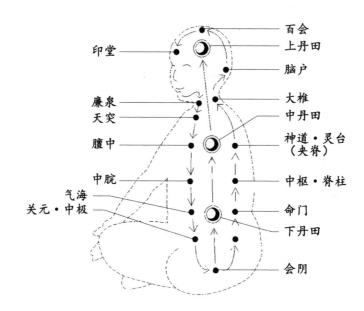

通神之意在上窍与下窍的闭固工夫之中，逐渐发动修行，有如元神之精（金）与元炁融会贯通，相互配合而成妙用。让通神之意发动凝成意丹。通神之意的发动时需调动先天之炁（人身的元炁与自然的元炁），才能在意念发动过程之中结出意丹来。

把这种涵养意丹的状态持之不失，让通神之意的隐而未发状态，如鸡子孵育，时长日久就会有如黄色中正的土气之意流布于四方之中，显得意念所发，皆通达文理，行事端正合于大道。周围一切都美善和谐，自然事事通畅顺利。让人身之美善与天地自然之善完全贯通为一。通神之意调动心气之力而黄中通理，美妙至极。

【意】

意丹既是当下瞬间通乎先天真一之炁的交合之物，也是通神之意长期发动而形成的结果。通神之意发动必然在意之境中，而意境似有若无，因其在元炁之境中，则如同元神与元炁在心身之境的意境中交汇而成意丹。

修炼意丹要有所成，在于通神之意端正到原初的意念之中，于未发之中通于先天元炁的运行状态。通神之意可以通于先天元炁，即把身上元炁的炁机与天地元炁的炁机相交通，则人身元炁发动就可与天地元炁之运化相贯通而和谐，这样元炁在人身之上顺布流行，生生和谐，久则意丹有若天成。

阴阳之意可谓先天之意与后天之意的融会贯通，调动人身之元炁通达于天地之元炁，让人身的元炁之炁机发动，皆若天地元炁自然流行，生机无穷。此"一者"即通神之意通于天地之意之"一"，即让通神之意调整到元精元神交融发动的凝结状态，并持之不失。

吾不敢虚说，仿效圣人文①。古记题龙虎，黄帝美金华；淮南炼秋石，王阳嘉黄芽②。

贤者能持行，不肖毋与俱③。古今道由一，对谈吐所谋④。学者加勉力，留念深思惟⑤。至要言甚露，昭昭不我欺⑥。

【译】

文无言空，仿效圣人，神意成文。意丹多名，论说不一，青龙白虎，黄

帝所美,其为金华,西金东花;淮南刘安,称为秋实,秋天果实,亦为秋石,
王阳黄芽,情金返木,初生于东。

　　修丹之人,品德贤明,切实持行;品德不正,必不得悟;丹通奥妙,莫论
其旨。古今修炼,大道归一,此书所吐,谋虑有道;真意之土,运后天水,克
于离火,运先天情,克先天木,金归木性。有意修丹,勤勉努力,深思精研,
平白自露,和盘托出,彰明天下,无有诈欺。

【注】

　　① 虚说:没有根据的谎言。我写这部书,不敢凭空虚构而谈,而是取
法古圣先贤的著作,模仿他们的文字来写成的。

　　② 古记:古代丹经的记载。龙虎:指《龙虎经》,或以龙虎为喻的丹
经。金华:金丹。淮南:淮南王刘安。秋石:金花属性为金,金配西方为
秋,所以指代秋天的果实,比喻炼成的真丹。王阳:古仙人,汉代益州某刺
史之名,生性好道,常炼金丹,烧黄丹,号为"黄芽"。黄芽:人生意丹的始
生状态,如初生的草木,黄而柔软。此句意为:古代丹经记载修丹功法的
时候,假名易号,有以龙虎为喻为题的,还有黄帝赞美真丹为金华(花),淮
南王刘安称炼成的金丹为"秋石(实)",古仙人王阳修成正果之后,嘉慕真
丹为"黄芽",所有这些古代圣人的文字,都把炼成的真丹用比喻性的别名
来表达。

　　③ 不肖:品德不正之人。古圣先贤能够持守修丹真法而践行,心思
不端正的小人是不可能参与到一起修丹的大道里面来的。

　　④ 古今道由一,对谈吐所谋:从古到今,修丹的真道都是一个大道,
都从一个门里出来,后人来读这部丹经,就像与作者现场对谈,听他倾吐
尽心竭力谋得的通神之意的大道。

　　⑤ 学者加勉力,留念深思惟:有助于修习意丹的学习之人,要勤勉努
力,留心此书之说,反复沉潜玩味思索其中的深意。

　　⑥ 至要言甚露,昭昭不我欺:要知道此书所写的内容,已经把至关紧
要的修丹法诀,彻底泄露殆尽,昭昭朗朗,不敢有一丝一毫的欺骗和隐瞒。

【解】

　　上篇揭示意(土)之本为意丹之核心,抽坎填离,就是调动后天呼吸之

气(金),来修先天之情(金),归于先天之性(木),修炼通神之意就是阴阳和合,神气归一,返情归性。可见,修炼的意丹着眼于修先天之情(金在西)到先天之性(木在东),而后天之坎水(北)离火(南)为用,此言不虚。

作者说这些说法都不是自己凭空虚说的,而是仿效古代圣人文意而写成。古代对意丹有很多不同的说法,最早有用龙虎(青龙白虎)来指称,黄帝赞美其为"金华"(西金东华(花)),淮南王刘安称其为秋实(秋天的果实),也称"秋石",王阳又加上一个"黄芽"(金丹自黄土生出),如先天之性木(东方震木)初生。

【意】

丹法难言,因为文字无法穷尽描述的对象,无论赋予它多少名字"金华""秋石""黄芽"等等,都不是丹之本身,这与"道可道非常道"之理相通。无论后世发展出的所谓天元丹法、人元丹法,还是地元丹法,都是将人身之精气神通于天地人之元精元炁元神的修丹之法。

本章强调修丹需要品德贤明,说明不可将之当作自私图利、损人利己的过程。修丹在人之身体和精神的交互作用上用功,而不是一味地滋养自身,不顾外物和他人,那样为己图谋利益者,是品德不正的人,此类人修丹只图自己的利益,也就不可能领悟意丹通于天地的奥妙,也不必跟他谈论其中的玄妙之旨。

其实古今修炼的大道都只有一条,此书尽吐所谋之道,也就是真意(土)运后天之呼吸之气(金),合肾水(坎)克神火(离),再以金克木,返先天之情(金),而归于先天之性(木)。可见,有意修炼意丹者当勤勉努力,用心反复深思精研。最为重要的道理和秘诀,其实已经平白自露地和盘托出,彰明于天下,而无一丝一毫欺瞒之心。先天真一之炁,自然自在于天地之间,但如果修行人的意念不能从后天至于先天之境,就不能领悟先天之炁的真实无妄,一般人从外物之中去具体寻求甚至纳采的所谓真气,都是形而下的物气,即物所附着的后天之气,已经不再是先天真炁。真炁贯通天地人三才,只可意会不可言传,不能悟至先天,也就不能确证丹道之真。

二八弦气章第九[1]

偃月法鼎炉，白虎为熬枢；汞日为流珠，青龙与之俱。举东以合西，魂魄自相拘①。

上弦兑数八，下弦艮亦八，两弦合其精，乾坤体乃成。二八应一斤，易道正不倾②。

【译】

修丹之道，上鼎下炉，药物火候，取法月相。白虎真铅，隐匿于下，丹田在中，炉下燃火，运意枢机，有如神意，煎熬精气，融为意丹。青龙汞藏，泥丸萌动，如水流下，体如圆珠，故为流珠，并来下行，白虎铅汞，相会融合，青龙虎铅，东西结合，魂魄相抱。

上弦月相，初一至八，其数八日，示以兑卦；下弦月相，十六廿三，复加八日，示以艮卦；上弦月行，乾体月圆，下弦月至，坤体月晦，阴阳消息，盈虚变化，乾体坤成。二八十六，易道之数，平正不倾，可以管见。

【注】

① 偃：卧，仰。偃月：新生不满的月象，如初三的新月，状如仰卧。初三状如仰卧的新月好比如何把炉鼎中的新火燃起，也就是一元复始、一阳复生之象。白虎：丹经用来比喻铅金，在西方。熬：煎熬。枢：枢机。熬枢：烹调修炼的核心。汞：水银，因其外明内暗，丹道以离象之。日：太阳。"汞日"指太阳放射光明。流珠：水银动态的样子。此句意为：太阳放射其光明，犹如水银流动起来，好像珠子散落一地的样子。用来比喻光明清净的本性，好像阳光一般亮丽。"青龙与之俱"指的是东方青龙（肝木）与东

---

[1] 元陈致虚本：龙虎两弦章第九部分；五代彭晓本：火记不虚作章第二十九。

方升起的太阳光华(南方心火)在一起,指代太阳不断释放其光明和能量,犹如元神(无意识或潜意识)经过转化不断化为神识之流(意识流)。"举东以合西"指的是月亮在西方,地球在太阳和月亮的中间,月底和月初地球挡住了太阳的光辉,月亮没法吸收阳光而黯淡,但初三之后,月亮的阳气升起来了,等于东方太阳青龙的阳光又能够被月亮吸收到了,所以是举东边青龙的阳光来合西方月亮,使之有光华。月亮的光明叫"魄",其魂在太阳,也可以说太阳是月亮的精神所在,它们自己相互拘执凝聚在一起。人身修炼也是这样,好像月亮采天地的阳气,使得神和精气凝结而成丹。神意如云流动,需附体而居,附鬼而归为魂,如云附尘气为雨,乃意识实化之过程,人生于世,主动收敛、凝炼意识,至于通神之境,可成意丹。

② 上弦兑数八:初八晚上月亮从正南方出现,为上弦,好像弓拉平了,用兑卦代表,一半亮,一半黑。从上月二十七到初三第一候,初三到初八第二候,用两个阳爻来代表,上面黑用阴爻代表,所以是两阳在一阴之下的兑卦。阴历二十三以后,下半夜看到月亮在东北方出来,东北方为艮卦,上半截白,下半截黑,所以也是两阴在一阳之下的艮卦之象。上弦月象经八日后成月圆之象,以乾卦表示;下弦月象经八日后成月晦之象,以坤卦表示;上下两弦,月之精华都是经过"二八"(两个八天)之后相合,所以"乾坤体乃成"。一说上弦和下弦都各自有一半光亮(精),一半黑暗,光亮部分合起来就是全亮的乾卦,黑暗部分合起来就是全黑的坤卦,乾阳坤阴合而成丹。"二八"(两个八两)正好十六两,也就是一斤之数,一两二十四铢,一斤正好三百八十四铢,说明乾阳坤阴之道与修丹阴阳之道都正好阴阳平衡,所以都中正而不会倾覆。

【解】

本章通于流珠金华章第二十八"太阳流珠,常欲去人;卒得金华,转而相因;化为白液,凝而至坚"。王振山认为,南方天上两颗星星,即荧星和惑星的星光,可以通过百会进入人体之内,流窜到全身,最后到心脏产生造化,在心脏外面有很多水珠,即"太阳流珠",因为心脏即人身之太阳。[1]

---

[1] 王振山:《〈周易参同契〉解读》,北京:宗教文化出版社,2013 年,"如何阅读这本书?",第 1 页。

此为内证观察而得,可备一说。一说身上的体液之水变化的津液、精液、血液、荷尔蒙等,当然是水之子。通于性命根宗章第二十五"魂之与魄,互为室宅";通于晦朔合符章第二十三"八日兑行""艮主进止"等说法。

这段话接着上面"仿效圣人文"比较通畅而且合乎行文逻辑,因为古代圣人写作的时候,用了很多隐喻,从这里往后也不断使用。此前类似的说法不是没有,但数量很少,所以之前的文句,都可以尽量直译。用复杂的隐喻来解释本章之前的文字,容易越说越烦,不知所云。从本章往后,尽量明确解释各种修丹的比喻,降低阅读与理解的难度。从本章开始,很多章节用各种比喻来说明修炼意丹的功法和过程,而之前的章节,可以看做是为做出这些比喻而作的铺垫。换言之,从本章往后,修丹的比喻不能按照字面的意思来理解,而必须翻译、转译出来才能理解,之前的章节或可理解为为此后的比喻做理论铺垫。

自然界						五行	人体						
五味	五色	五化	五气	五方	五季		五脏	六腑	五官	形体	情志	五声	五神
酸	青	生	风	东	春	木	肝	胆	目	筋	怒	呼	魂
苦	赤	长	暑	南	夏	火	心	小肠	舌	脉	喜	笑	神
甘	黄	化	湿	中	长夏	土	脾	胃	口	肉	思	歌	意
辛	白	收	燥	西	秋	金	肺	大肠	鼻	皮毛	悲	哭	魄
咸	黑	藏	寒	北	冬	水	肾	膀胱	耳	骨	恐	呻	志

【意】

修炼意丹的道理是取法上弦月与下弦月的两弦之气来结合成丹,上弦下弦各半圆,相对身体而言,即是身心平衡。身体方面,修到气住脉停,是修成命功;心灵方面,修到起心动念如若无意,念念清净圆明,才是修成性功,性命合一,则意丹修成。

意丹的修炼与凝结与月体的阴阳消息极其相像,其实有深意存焉。月体无明,借日之光华而明,如人身并无日华,但也可以如月亮一样采阳气之光华而凝结成丹。所以,人身之进火退符,皆当应于月亮光华的消长变化,这样与日月的互动完全密合无间。从这个意义上说,意丹如月丹,如月阴之丹,因为得太阳之阳气而成者,莫大于月,通神之意凝结的丹也必然如月亮一样朗照世间,所以丹法不是直接采太阳之光,而是模仿月亮来采太阳之光。

心意凝聚成丹,取法月相之圆成,身心和性命,都如月相的一体两面,阴阳白黑,相反相成,时刻取坎填离,成就乾体,天上的易道何等平正不倾,身体的丹道也当时刻平衡,方能道成德就。

金火含受章第十^[1]

　　金入于猛火,色不夺精光^①。自开辟以来,日月不亏明。金不失其重,日月形如常^②。金本从月生,朔旦受日符^③。

　　金返归其母,月晦日相包。隐藏其匡郭,沉沦于洞虚^④。金复其故性,威光鼎乃熺^⑤。

【译】

　　元神真气,太阳光华,月之望晦,猛火之修,意丹方成。人身之丹,天父地母,秉真受阳,元炁在地,烈火炼成。宇宙创生,日月恒定,光明朗照,万世不易;真阳元炁,真金修炼,斤两不减,恰似日月。人身真阳,元炁之金,有如月体,本来有质,无光色黑,但受日光,熠熠生辉,神意精炁,结合融汇。意丹初成,即如月体,有质无明,受阳光华,锻炼焕发,光明日生。

　　铅金之返,本于地母,金自土生,复归于土,土即神意,其在丹田,合闭精炁,不泄于外。通神之意,护坤土精,紧包土气,非意加持,锤炼所致,如月晦日,纯黑无白,日光真意,全包于中,日月边界,消解不明,日月之间,意炁真精,如在空洞,寂寥虚空。日光金性,辉煌灿烂,猛火烹炼,光芒四射。日光月质,交流激荡,意丹焕发,融汇精炁,隐发其芒,通天彻地,意境之丹,境月意日,日月本丹。

【注】

　　① 把黄金投入烈火之中,不但火的颜色不变,而且金的精光倍增。火克金,但金不受损伤,而且金喜火克,因为经火锻炼,金更纯更亮,才能成器。铅经过火炼提纯,其铅内之色更加亮白。

---

② 自开天辟地以来,太阳和月亮的光明永不亏损。黄金的本性非常稳定坚固,无论怎样冶炼都不会失去其重量,好像月亮的金华不会失去其分量,正如太阳和月亮的形体变化的规律也恒常不变。

③ 朔旦:初一清晨。日符:太阳光。月亮的金华和金性(是吸收太阳能量而反射,所以)就是阴精,本居西方,兑月所生;一说从月亮代表的坎(月)水当中生出,金为坎中阳精,为水中金精;初一月亮开始从太阳吸收光芒,到初三开始呈现光明。

④ 匡:垣城的内层。郭:垣城的外围。沉沦:沉没。洞虚:空虚、窈冥,寂寥。金返归其母,月晦日相包。隐藏其匡郭,沉沦于洞虚:土生金,金返归其母坤土,精炁处于坤腹丹田之中,与神相守不离,好像月晦之时,月体纯黑无光,被太阳阳气完全包藏,此时月体与太阳相抱,阴阳合并,内匡和外廓都融为一体,好像月光隐没在空虚寂寥、幽远窈冥的天地之北方(水)一般。

⑤ 威光:强烈的光芒。熺:火力炽盛,炎热炙烤。金复其故性,威光鼎乃熺:(在无限苍茫窈冥的北海(水)之境,)月光之金性慢慢地恢复起来,经过七日来复,大药将产,金性那种强烈威猛的光芒逐渐升到鼎内,精光无限,活力炽盛,这是返本还原,回复乾父光明本性。

【解】

丹道之火指元神,丹道之金指元炁、元精。以元神之火炼养元精,则人身精炁神相合为一,更加纯而不杂,人心无杂念,气血通畅,则易于健康长寿。本章通于日月含吐章第二十七“月受日化(光),体不亏伤”“男女相须,含吐以滋”;通于晦朔合符章第二十三“六五坤承,结括终始”。日月是天地之药物,丹道仿天,以日比元神,月比元精。人身的元神真炁如太阳光华,要经过猛火,即月的望晦之间的火候变化,才能修炼而成。人一生的修炼,其实就是从天地父母那里秉受的真阳元炁,在大地之时空中经火候猛烈锻炼的过程。

天地开辟以来,日月光华丝毫未改,日月本体一如初始,犹如金属经过火炼,产生氧化还原反应,但金属元素本身其实并未改变。人身的元炁元神本是先于人身之物,通于天地,在人身之中相互炼化,好像日月经天,不断炼化。人身日衰,不是元炁元神有所衰减,而是识神日强,欲求过度,使得元神元炁分散,至于神飞气散而死。丹法并非增加元神元炁,而是泯去识神,除去欲壑,使元神元炁归一。

【意】

万物之始是人的意识之始所能回复的极限。自宇宙创生以来,日月如其光明朗照世间,几乎没有任何变化,人身修炼,真阳元炁入世一遭,好比投真金入火修炼,不但不会减少其斤两,猛火锻炼好像月亮经太阳修炼一般,只会焕发出更多光明。

月亮之金光,沉沦于北海之水中,但同时吸收太阳之精华,过几日又焕发光明,人身修炼也是如此,要在阴阳交接、窈冥黑暗的子时凝神久守,等待坎离交媾之后,金性的光明渐渐升起,经过一阳来复,七日来复,阳气日升,大药将产,如婴儿逐渐成长,终复光明,恢复乾阳之体。乾阳属金,仍是金体,历劫修行,金之本性从来不变。

人身的真阳元炁之金好比月体,本来有质无光,故色黑,但受日光而生辉。日月的光亮从未减少,日月之本体也从未变化,但日月相交之时,光明隐去,而日月合朔之后,就会转化出震来受符的效果。人身的元精源于元神所化生,但元精和元炁不会增加或者减少,凝神入气穴之因,可以转化出一阳来复之果,神气相合而归于无极。

铅金本于地母,如金生于土而复归于土,土即制神之真意,使丹田之中精炁合闭不泄。可见,通神之意是维护坤土之精炁不泄于外的关键所在(不泄是意的加持与锤炼所致),通神之意紧紧包裹坤土的精炁,好像月晦之日,纯黑无白,但日光之真意已被完全包裹于其中,日月的边界已经消解不明,日月之间,真意与精炁之间的界限又好像在空洞、寂寥的虚空之间一般。但金的本性如日光之辉煌灿烂,得猛火烹炼而自然光芒四射。一旦日光把月质之中的本性激发出来,意丹就从本来隐晦不明的精炁融汇的状态,焕发而成光芒四射、通天通地、超越时空的意境之丹:境如月,意如日,意丹为日月之丹。

受通神之意的激发,神意和精炁结合融汇而成意丹。意丹初成,就如月体有质无明,但接受太阳光华的锻炼而能够焕发其光明。潘启明把修丹和气功相联系:"人利用自己的悟性,结合进入气功态的内观实际,可以掌握一些调节自身信息的经验。这个经验,被记忆下来,储存下来,就叫意。"[1]他把古往今来修丹积累下来的经验归之于意,认为"气功是意念指挥能量做功"[2],意念如何指挥能量呢? 他说:"运用成功的经验,去祛病,去调节自身太过不及的信息,就叫据候抽添。"[3]他认为,意就是意念,包括意识和下意识,而记忆的"忆",也是"意"的一部分。他说:"意也即是丹。意可作为进一步修丹的模式,故又叫媒,黄婆。"[4]中央土色黄,所以称黄婆。修丹是运用意念改变身体能量状况的一种努力,后天意土能够使铅汞相会,神炁相合,如意念(土)能够改变物质,指挥能量做功,从而调整身体的状态,从而使得身体更加健康,返老还童。作家写作,画家绘画,都是为了凝聚意能。如果作品充满意能,展现出意念的力道,彰显出作者的意量,那么意能可以超越时空,恒久不息。作品是意丹的载体,因此才为世所珍。[5]

[1] 潘启明:《周易参同契解读》,北京:光明日报出版社,2004 年,第 171 页。
[2] 潘启明:《周易参同契解读》,北京:光明日报出版社,2004 年,第 381 页。
[3] 潘启明:《周易参同契解读》,北京:光明日报出版社,2004 年,第 171 页。
[4] 潘启明:《周易参同契解读》,北京:光明日报出版社,2004 年,第 381 页。
[5] 法国印象派画家莫奈喜欢在户外作画,因为他深信,"直接在现场画出的东西,总有一种力量感,这是在画室里找不到的。"他认为在现场作画有力量,比如《花园里的女人》《日出印象》等,就是意识能量的凝聚,其作品就是意识能量接受光的锻炼而凝聚的意丹的实化。

三性会合章第十一^[1]

子午数合三,戊己号称五①。三五既和谐,八石正纲纪②。
土游于四季,守界定规矩③。呼吸相含育,伫思为夫妇④。
黄土金之父,流珠木之子⑤。水以土为鬼,土镇水不起⑥。
朱雀为火精,执平调胜负⑦。水盛火消灭,俱死归厚土⑧。三性即合
会,本性共宗祖⑨。

【译】

　　子水数一,午火数二,相合为三,戊己土五,水流就下,火炎朝上,水火
不济,必经中央,真意之土,化合既济。通神之意,如混八石,先天精炁,后
天药物,水火相融,一体成丹。

　　意土调和,木火金水,各有规矩,依循而凝,结成意丹。人身之中,水
火药物,通贯神意,二者融汇,精炁神意,夫妇一体。阴化阳合,通呼达吸,
虚心凝神,积精累气,意为中根,运先天意,镇抚化合,后天精气。

　　土黄生金,为金之父;汞为离阴,为木之子;水被土克,为土官鬼;水为
土厌,不溢泛滥,既为神意,化合融汇。

　　朱雀属火,南方之神,水为土镇,不泛不溢,加以神意,火候化之,水汞
精炁,蒸气上升,二物之精,达于平衡。意火既旺,水气耗尽,神气皆散;意
识之火,如被水淹,意水悉亡,终归至土。真意通神,与水火会,木火土金,
以土为宗,五者一元,炁自先天。意丹之成,真气所化,先天元炁,本体无
二。水弱水胜,皆不成丹,既济恒衡,意丹乃成。

---

[1] 元陈致虚本:二土全功章第十一;五代彭晓本:子午数合三章第三十一,巨胜尚延
　　年章第三十二。

【注】

① 子午数合三,戊己号称五:按河图数,天一生水在北方,子为水,数为一;地二生火在南方,午为火,数为二,天一加地二为三。戊己属土,独居中宫,其数为五。戊土为先天土,表真意,源于元神,是元神的妙用;己土为后天土,指意念,因火生土,所以后天土来源于神识(火),是一种意识状态。

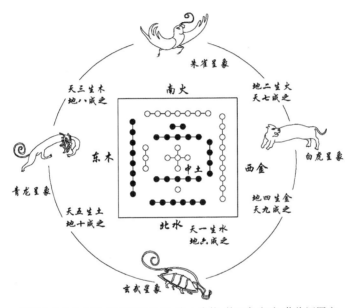

河图中土为中为阴,四象在外为阳;中土为静,外四象为动;若将河图方形图化为圆形图,木火为阳,金水为阴,阴阳土各为黑白鱼眼,就变成太极图。四象之中,每象各统领7个星宿,共28宿,按古人坐北朝南的方位为正位就是:前朱雀,后玄武,左青龙,右白虎。

② 八石:修炼外丹的八种药物(朱砂、雄黄、雌黄、云母、空青、硫磺、戎盐、硝石)。三五既和谐,八石正纲纪:天一加地二为三,加中宫五为八,指代水、火与土合会(成八)才能修成意丹,数八好比八种药物融混和谐,必须经过土釜为媒介。一说八石如八卦,代八方之气。一说按河图数,东木三加南火二,一家为五;西金四加北水一,一家为五,加中央戊己土为物,所以是"三五"。

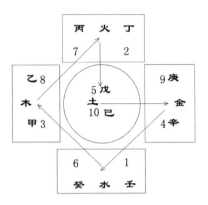

③ 土游于四季：土是木火金水的媒介，它独旺四季，每季分孟仲季三月，季月的后十八天均为土旺，所以说土气游走于春夏秋冬四季。土居每季之末，为四季之分野，所以帮助四季守其边界，确定其规矩。此句移来此处非常合适，因为上句刚刚提到，水火不经土不能化合，八石不依赖土釜不能冶炼，此句继续深入阐发土旺四季的道理。

④ 呼吸：出气为呼，入气为吸，一呼一吸为一息。含育：含恋生育，收进来孕育。仁思：积蓄，虚心凝神积累精气。水火药物在真意（土）的作用下，呼吸融汇，互含依恋，化生共育；虚心凝神，回光内照，呼吸自如，包含化育炉中水火，使之结为夫妇，相亲相爱，互不分离。

⑤ 流珠：水银，滚动如珠；一说太阳或太阳黑子，为阳中之阴，离中之木；一说身上的津液、精液、血液。黄土金之父，流珠木之子：土生金，所以黄土是金的父亲；流珠为火焰四射之离日，为青龙木之子（即肝木之魂生

心火之元神）；一说身上的液体是水之子。

⑥ 鬼：八卦配五行产生六亲，生我者父母，我生者子孙，比合者兄弟，我克者妻财，克我者官鬼。水以土为鬼，土镇水不起：水以土为官鬼，土镇克水之后，水才不泛滥而起，乱流不止。坎水即肾精受脾土克制，脾土真意可以克制肾水元精，不使之因淫而泄；即真意土制伏了妄念水，就能够不起妄念，为"意克念"。

⑦ 朱雀：南方之神，属火，为神火。执平：掌握平衡。朱雀为火精：朱雀为南方火神，代表心神的光明气象。执平调胜负：坎水为肾精，代表先天元阳之炁。人的心神与炁、精，分别对应火和水，火炎水干，水决火灭；但是，水无火则冰，无法润物，火无水则炎，可以焚毁万物，只有把水和火两方面调节好，保持平正，才能让精炁充盈。

⑧ 水盛火消灭，俱死归厚土：人生精炁充盈，则水盛，水盛可以压制心神妄念之火，使之不炎，妄念不炎那就可以心定神和而脉住，水火相济之后，就归于中央戊己之土。此时，通神之真意呈现，意念通于冲虚之境，意念发动如无为无思于无何有之乡。水火俱息，意丹修成，归于意土，通乎神境。

⑨ 三性：水、火、土。宗祖：本元。水（元精）、火（元神）、土（真意）三性虽然不同，但合会之后，水火既济，归于中间真意土，可见它们的本性都能够总归一处，即先天之炁，即通乎神境之意。

【解】

春夏秋冬配五行的木火金水，对应于人身的魂神魄精。修丹就是修意，以土意为中心。土克水，真意为土，能够克制身上液态的气血，包括如流转不住的意识之流，从而不使妄念纷飞。肝魂与心神为元神，肺魄与肾精为元炁，一呼一吸，都入戊己之宫，元神与元炁在中宫中包含互育，神凝气聚，胎息启动，丹药炼成。

本章通于四象归土章第三十"三物一家，都归戊己"；通于戊己之土：土为真意，土旺四季，真意是调节精气神的核心。人身水火不能相济，必须通过中央真意之土来化合，致水火既济。可见，通神之意是使得先天精炁与后天药物融混化合的关键，好像把水火融为一体而形成意丹一样。通神之意如土之调和木火金水四行，能够调和节制它们，使它们都有规矩可循而凝结成意丹。人身的水火药物通过通神之意使二者交接融会,使精炁神意如夫妇一般融为一体。

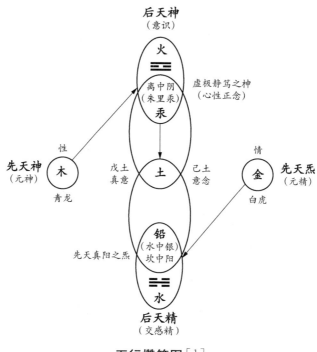

五行攒簇图[1]

《五行攒簇图》说明:[2]

先天神(木):人的元神,即灵性、道性,即通神之意所通之神。木在东为青龙,为性。

后天神(火):即神识,人的心神和意识(火),意识(火)生出具体化的意念(土),是由后天的心神和意识所化的后天念头。卦象为离。木生火

---

[1]《五行攒簇图》来自张青玄道长注译《悟真篇》,该书是浙江道教学院课程教材,即将由北京中华书局出版。本书作者2016年与张青玄道长相会于厦门时,他就以此图开示。

[2] 此图的说明是基于张青玄道长对《五行攒簇图》的说明而作的。张青玄道长创作此图,功莫大焉,可谓理解《周易参同契》和《悟真篇》的纲领和核心,也是此二书之所以被称为"万古丹经王"之根本奥秘。读者掌握此图后再来解读丹经,就可以驾轻就熟,一通百通。

说明先天神(阴爻)可以生出后天心神和意识(阳爻),后天的心神和意识活动(阳爻)当中,都包含着先天神(阴爻),所以修丹需要修到通神之意,即通先天神之真意,超越了后天的意识状态,进入无意识或潜意识的先天意识状态。修丹用离中之阴,又称"汞""真汞""朱里汞"。

先天意(戊土):真意,为先天元神所化,是无需用意而元神自发的妙用,即元神妙用、先天妙意,在本书中称为通神之意,即修丹要修之真意,通达先天真一之炁的先天妙意。

后天意(己土):意念,为后天的心神和意识转化的念头状态。修丹过程当中调动和运化的意念,如意守丹田的意,都属于后天意念。后天意念(己土)来自于后天的心神和意识(火),说明后天具体化的意念是后天心神和意识状态不断实化的过程。但先天意念(戊土)则来自于先天元神(木)。

先天精、炁(金):先天精为元精,具体指人的性激素,是性意识发动的先天基础。先天炁就是人身的元精(性激素)所激发的性能量(真阳之炁或外药),性能量发动的过程,就是真阳精炁散播的过程,也是情感发动和绵延的过程。经炼精化炁之后,真阳之炁转化成为元炁(真一之炁或内药)。金在西为白虎。

后天精、气(水):后天精为浊精,分男女则为男精女卵(血)。后天气即人身呼吸之气,是修炼的火候,分文火和武火。坎水卦象表明,先天精(阳爻)包含在后天精(阴爻)之间,修丹要用坎中之阳,即先天一炁(先天真一之炁),又称"铅"、"真铅""水中金""水中银"等,是修炼的关键药物,据此才能从后天精气中修炼而返先天精炁。

五行分三家:

金、水(坎)、铅为一组,为三家中之一家。

木、火(离)、汞为一组,为三家中之另一家。

土(戊土、己土)独立一组,为三家中之第三家。

炁金精水合并称虎,神火性木合并称龙,所以"列为龙虎",龙性属阳居东,木生树为三,故为奇数;西金生数为四;虎性属阴,故配偶数。脾属土,为黄色,生金性之水,故为水之主;脾土为真意,生先天一炁(金),化后天之精(水),并修炼后天之神(火)返先天之虚性(木),故为金木之主。水居五行之始,配子,午配火,故子午为始,木火合为元神(归木),金水合为元精(归金),土为真意,三物归中,故为一家,故归戊己之坤土,也就是通神之意的调配,最后才可能修成意丹。在《五行攒簇图》中,意土为脾胃气血运化之中心。朱雀为南方火神,火能生意土,为意识之主。真意为主,呼吸时刻将身体的经脉打通,直接接续先天元炁,身体如清虚之体,意识入清虚之境,真意即是通神之意。火能使脏腑温暖,生意益然,使得肾水(精)蒸腾上入离宫,离火为坎水所灭,俱归真土。水被土镇而不泛滥,再加通神之意的火候来化合融汇,就会把水(汞、精炁)蒸化成为气体上升,但此过程中,火水要保持平衡才行。如果意识之火太旺,水汽被蒸发干涸,则神气皆散;如果意识之火被水之泛滥淹灭,则神意消亡,复归于无火之质,意与水皆亡,终归于土。真意(即通神之意)与水和火炁相合与融会,如土为木火金水之祖宗,本来都是先天一元真炁所化。可见意丹为真气所化,本体上与先天元炁无二。可见无论水弱水胜,皆不得成意丹,必于水火平衡既济的状态才能生成。

【意】

脾属土,主意,真意能够使得精气神打成一片,结为夫妇。意土能够控制元精(水),不使其因淫而外泄,元精(水)足,则克制心火过旺,不使识神欲求过多,从而使得元神更加专注。元精(水)和元神(火)都归于戊己之土,可使元精(水)、元神(火)和真意(土)之间,克中有生,生中有克,三者归一,返归于真一之炁。炁不是呼吸之气,精不是精虫之精,它们都不是在形而下的层面来使用的,而毋宁说是在形而上的层面来理解才可以。修行的气,都要通于先天的元炁,是生命的能量,如果理解为性力,就已经太过形而下了,可以说是生命力,是意识能量(意能)。

人心之杂念如水,好像詹姆士的"意识流",用土意可以克服杂念,此为"以意克念"状态犹如胎息之时,回到先天式的内呼吸,用肚脐下面的丹田呼吸,好像气住脉停,恢复婴儿般的呼吸,此时身体逐渐回归本源,而杂念自然退却,真意时刻浮现,心念合于天机,肉身通于大化流行,自我化为宇宙能量流动,没有"自己"的私意。

金水铢两章第十二[1]

以金为堤防，水入乃优游①。金计有十五，水数亦如之②。

临炉定铢两，五分水有余③。二者以为真，金重如本初④。其三遂不入，火二与之俱⑤。

三物相含受，变化状若神⑥。下有太阳气，伏蒸须臾间⑦。先液而后凝，号曰黄舆焉⑧。

岁月将欲讫，毁性伤寿年⑨。形体为灰土，状若明窗尘⑩。

捣治并合之，持入赤色门⑪。固塞其际会，务令致完坚⑫。

炎火张于下，昼夜声正勤⑬。始文使可修，终竟武乃陈⑭。候视加谨慎，审察调寒温⑮。周旋十二节，节尽更须亲⑯。

气索命将绝，休死亡魄魂⑰。色转更为紫，赫然成还丹⑱。粉提以一丸，刀圭最为神⑲。

【译】

五行金气，以为堤坝，精水在内，悠哉舒缓，波澜不兴。肺气属金，肾气属水，金代光明，心无杂念，还丹之时，强固肺金，呼吸缓慢，至于止息，意念清净，至于无思，内外隔绝，如如不动，启动内吸，接先天精，元炁所化，将泄未泄，得入金气，强固堤防，悠游自得，身心皆融，真炁之境。金水化生，元精之水，元炁之金，质能之动，相互转化，分量相当。

临炉修炼，一阳来复，玉液当生，十五月满，体成阳坚，玉液盈满，采药归炉，玉液化精，元精化气，元炁化神。修炼终始，神炁真药，不增不减，金性分量，无有损益。地二生火，元神之火，元炁之金，化为精水，重如本初。

---

[1] 元陈致虚本：金丹刀圭章第十四；五代彭晓本：以金为堤防章第三十七，捣治并合之章第三十八。

按河图数，三木居东，二火居南，各为魂神；修丹之时，气金神火，肝木不与，木性藏隐；金火交抱，真性明朗，神气不离，木火为友，金水为朋；木火魂神，金水魄精，魂魄形影，不能相离。

金水木火，中土三物，互相容受，彼此化合，炼精化气，炼气化神。元精之水，元炁之金，元神之火，中意之土，微妙作用，后天之意，通于先天，如若通神。人身之下，坎中真阳，丹田春暖，采药既成，熏蒸向上。一阳来复，发活子时，丹田炁海，意土督脉，尾闾夹脊，玉枕泥丸，真炁发动，武火来速。大药玉液，咽至丹田，先液后凝，阴阳和合，入于中宫，称之黄舆。丹退阴符，任脉下降，十二玉楼，喉管膻中，入于下腹。神炁真意，氤氲相交，化而成液，金光满室，腾腾车舆，奔行黄道。

丹在人身，纯阳之境，息停脉住，自然岁月，戛然而止，生死本性，毁掉一般，自然寿数，抛诸脑后，解脱生死，超越自然，入新天运，掌控生死，与天同寿。修丹入境，槁木死灰，光华闭藏，阴阳交媾，大药将产，体扩无限，轻飘若无，犹如烟霭，无形无状，如若明光，照窗飞尘。

乾坤交媾，阴阳和合，大药将产，丹头捣治，可通赤门，小心持护，使入鼎中，加工烹炼。丹头入鼎，封固鼎器，停脉闭息，启动胎息，入于先天，收拢阴门，闭气之户，不使交际，不让精失，凝神专注，身体外界，屏息沟通，坚固完备。

入定极致，先天境界，发动真火，有念无念，发动神意，降伏妄念。真火猛烈，先天时空，龙吟虎啸，地动山摇，昼夜不息，外于时空，气停息止，意断念住。先天火境，始用文火，真阳发动，近乎胎圆，武火烧炼。运用火候，不可差失。先天意境，意念不动，动则火燥；意不可散，散则火寒。先天火候，十二消息，应十二辰，子时尾闾，穴进阳火，午时泥丸，可退阴符，周而复始，文烹武炼，丹基修成。十二节尽，天罡复子，进退火候，与之相应，历十二辰，升降阴阳。入先天境，一阶一境，一步一工，乾阳坤阴，交融更密。

先天境界，气住脉停，虎啸龙吟，气断将死，空空如也，无形无体，无精无神，若无神意，与死无别。肉体凡躯，此刻已空，魂焕魄新，欲望尽放，换骨脱胎，意丹修成。丹成之后，纯阳之体，阳气赫赫，至为炽盛，体色转紫，近乎黑色，转成意丹，臻于极致。意丹之本，精水神火，炁乃先天，元阳能量，还丹成功，有炁无质，非实有物。意丹修成，内外纯阳，神清炁爽，五内俱化；脏腑通畅，意通天地。

【注】

① 以金为堤防，水入乃优游：以五行之金气作为堤坝，精水在金气之内才会流得悠哉舒缓，不会泛滥成灾。肺气属金，肾气属水，金代表意境光明，心无杂念，还丹之时，强固肺气金性，使呼吸缓慢至于止息，意念清净至于无思无虑之境，内外隔绝一般，如如不动，从而启动内呼吸，接续先天之精水，此先天元炁所化之精水，在将泄未泄之际，得以进入金气的强固堤防，变得悠游自得，身心皆融于天地真炁之境。

② 修丹金水化生，元精（水）和元炁（金）是物质与能量的转化关系，故金水分量相当。以每月三十天的周期来比喻周天火候，金代表震兑乾的阳升过程，水代表巽艮坤的阴升过程；阳生过程十五天三候，阴升的过程也同样这么多。再解释前一句就可以理解为：以刚爻上升的金气可以为堤防，才能够让柔爻上升的水气悠游于其中。一说金和水藏着戊土和己土，按照河图之数，土的生数是五，成数是十，所以"金计有十五"。坎纳戊，坎水藏金，得戊土十数之五；离纳己，离火藏水，也得己土十数之五，两个土合起来是圭，上弦下弦的炁就正好圆满具足。所以说"金数十有五，水数亦如之。"

③ 铢：古代重量单位，一两的二十四分之一为一铢。铢两：剂量。临炉定铢两，五分水有余：要让金与水的剂量相当，各自五分，两样各一半。临炉修炼时，以震来受符是为水生五分，上弦月为水生十分，望月为水生十五分。一阳来复时，口中玉液当生，口干舌燥则为肾虚不制心火而致虚火妄动，待十五满月乾体已成阳举至坚，口中玉液盈满，则可进阳火采药归炉，则玉液化精，元精化气，元炁化神。

④ 二者以为真，金重如本初：神和炁为修丹真药，修炼前后金的本性和分量并不会改变，跟开始的时候一样。二指地二生火的元神之火，炼丹之火为元神真火，元炁（金）之能量转化为元精（水）之质量，不因其参与而有所增加。

⑤ 按河图数，三为木，居东，为性；二为火，居南，为神；修丹之时，气金与神火相交，肝木并不参与，木性隐而不显，所以说"其三遂不入"；气金与神火相交相抱之后，真性逐渐明朗，神气不离，木火为侣，金水为朋；木

火为魂神,金水为魄精,魂魄如形影不能相离,所以说"火二与之俱"。一本作"其土遂不离,二者与之俱",亦通,因为金水化合不能离开中央戊己土,金水二者与土合一。

⑥ 三物相含受,变化状若神:金水、木火、中宫土三物互相包含容受,彼此融合,炼精化气,炼气化神。坎水中间一阳纳戊土,离火中间一阴纳己土,坎离之中,水火之间,含藏阴阳二土。一说元精(水)元炁(金)元神(火)在中意(土)的作用下互相微妙地发生作用,使得后天之意通于先天之意,如通神一般。

⑦ 下有太阳气,伏蒸须臾间:人身之下,坎中一点真阳之气,使得丹田如春暖意,采药之后,从下往上熏蒸。这是丹道进阳火的过程,一阳来复,即活子时,真炁于下丹田炁海发动,应以意(土)沿身后之督脉由尾闾、夹脊、玉枕逐节升入泥丸脑海。伏蒸须臾间:指采药要用武火,要迅速。

⑧ 黄舆:黄为土色,舆为大车,都取坤象;真意配脾土,色黄,载神炁而升腾之象。先液而后凝,号曰黄舆焉:将大药与口中玉液咽至丹田封固,先是液体状态,之后凝成固态,阴阳和合之后,入于中宫,称为"黄舆"。这是丹道退阴符的过程,真炁沿身前之任脉下降,经十二玉楼即喉管、膻中,入于下腹。神、炁在真意(通神之意)的作用下氤氲相交,化而成液,犹如金光满室,腾腾如车舆奔行在黄道之上。

⑨ 岁月:人的生命。讫:结束,终止。岁月将欲讫,毁性伤寿年:意丹修至纯阳之境,息停脉住,人身本来的自然岁月就好像终止一样,之前有生有死的自然本性就好像毁掉了一样,原先的自然寿数和年龄就好像被伤害或抛弃了一样,因为已经进入解脱生死的仙境,超越了一切自然规律的束缚,进入了一个新的天运轨道,从此可以掌控生死,与天地同寿。

⑩ 形体为灰土,状若明窗尘:修丹进入形体犹如槁木死灰之境,似乎毫无光华,此时阴阳交媾,大药将产,形体无限扩大,轻飘若无,犹如灰土,无形无状,好像阳光明媚之时,窗前阳光当中飞扬的尘埃。[1]

---

[1] 有相反解释,认为错过了修丹的光阴(岁月将欲讫),那就会毁掉自己的本性而短命(毁性伤寿年),那样身体就会变得跟灰土没有两样(形体为灰土),好像明窗上的尘土一样被轻轻抹去(状若明窗尘)。参王振山:《〈周易参同契〉解读》,北京:宗教文化出版社,2013 年,第 96 页。

⑪ 赤色门：鼎，一说胸口，可以说是从胸口到头顶的门。捣治并合之，持入赤色门：乾坤交媾之后，天地阴阳之炁在身和合，大药将产，把丹头捣治调和之后，可通过赤色门，小心翼翼地持护它，使之进入鼎中，进一步加工烹炼。

⑫ 固塞：封固窒塞。际会：鼎盖鼎身连接之处。固塞其际会，务令致完坚：把丹头塞入鼎中之后，封固鼎器，停脉闭息，启动胎息，入于先天境界，收拢阴门，关闭精炁与外界交际融会之门，不让精炁流失，极度谨慎小心，意念专注，使得身体与外界沟通的屏障非常完备坚固。

⑬ 炎火：一阳来复之阳火，三昧真火。炎火张于下，昼夜声正勤：在极度入定的先天境界当中发动真火，在有念和无念之际发动通神之意，此通神之意能够降伏一切妄念。随着真火越来越猛烈，先天内时空的声音也越来越大，起初好比煮饭烧水的声音，之后能够达到龙吟虎啸的程度，好像地动山摇一般，昼夜不息，而后天外时空连气息的交流都已经停止了，更不要说任何后天意念的交感了。

⑭ 始文使可修，终竟武乃陈：进入先天丹境之后，开始的时候用文火烹炼，当真阳之炁发动，快要胎圆之际，用武火烧炼。

⑮ 候视加谨慎，审察调寒温：这个过程当中运用火候，不能够有一丝一毫的差失。要认真反省用意辅助自己用火的力度。此先天之意境当中，意念不可发动，发动则火燥；但意念也不可消散，否则就会火寒。

⑯ 周旋：转圈，回转，旋转。十二节：周天十二辰，一说十二辟卦，或十二节气。周旋十二节，节尽更须亲：先天修丹火候，要按照十二消息卦对应十二辰来周转，子时由尾闾穴进阳火，午时从泥丸退火，周而复始，文烹武炼，丹基（药物）逐渐修成。至于十二节尽，天罡复指于子，丹道进退火候与之相应，好像天道历十二辰而升降阴阳。一节过去进入下一节，就是一个阶段过去进入下一个阶段，修丹入于先天境界之后，是一个阶段对应一个境界，一步有一步的工夫，所以下一个阶段乾阳坤阴的交融应该更加亲密。

⑰ 气索：好像断气一般。气索命将绝，休死亡魄魂：修丹至于先天境界，修到气住脉停，而身内龙吟虎啸之时，好像休克即将断气要死了，也像自己彻底空空如也，没有形体也没有精神了，如果没有了通神之意，那就与死人没有区别了。肉体凡躯此刻已经彻底空掉了，魂魄焕然一新，自然

肉身的一切欲望也都全部放下了,肉身已经脱胎换骨,灵魂和神魄完全被置换成为新的了,此刻意丹修成。"休死"如槁木死灰之状,但尚未至于"体死"之境。

⑱ 赫然:纯阳之境,光明赫赫,阳气极盛的状态。色转更为紫,赫然成还丹:意丹修成之后,身体达致纯阳之体,阳气赫赫,至为炽盛,体色转为紫色,这是所有颜色最接近黑色的颜色,这就到了转成意丹的极致境界。

⑲ 粉:细微之物。提:用指甲撮一点。丸:圆而小的东西。刀圭:圭是上土下土,自性为戊土,戊为性,为天,是先天真意土;自心为己土,己即命,即人,是真意后天实化之意念土。饮刀圭就是双土合体,己归于性,就是命归于性,性命相合,自心之命与自性相合,人合于天,即让自己后天意识心之命合乎天性戊土真意,此人天之意[1]也,也是心法之密,真意存焉,即是通神之意之真意[2]。一说刀头,圭角一点点,药店里用来挑药的小刀;一说中医称药之器,以象征土的作用在于药。粉提以一丸,刀圭最为神:意丹的根本,还是元精(水)元神(火)二炁修炼而来,炁乃先天元阳之能量,还丹成功后,仍然有气无质,非实有物。意丹修成之后,从内到外都是纯阳之体,如此神秘莫测的意丹,只需要一点点就神功莫测,用指甲挑一点点,就能神清气爽,五内俱化;用小刀刮一点点,就脏腑通畅,意通天地,无限神妙。

【解】

本章讨论的是修炼意丹的极致境界,行文至此,可谓层层递进,渐入高潮。正如朱云阳在本章注释时总结道:

> 此章全露还丹法象,系伏食卷中大关键处。初言两物相交,则伏炁于坤炉而产药。继言一阳初动,则凝神于乾鼎而成丹。前两节总是金丹作用,后一节方是还丹作用。《入药镜》云,"产在坤,种在乾"。《悟真篇》云:依他坤位生成体,种在乾家交感

---

[1] 参温海明:《周易明意:周易哲学新探》,北京:北京大学出版社,2019 年。
[2] 参王振山:《〈周易参同契〉解读》,北京:宗教文化出版社,2013 年,第 105 页。

宫。皆本诸此章。

开头的说法"此章全露还丹法象,系伏食卷中大关键处"说明此章揭示了修成意丹的法象,也就是修丹最为关键的地方。随即解释此章的结构,说明此章如何揭示全书的高潮部分。当然,理解其中文字的深意,需要立足于长期的修行和丰富极致的体验才有可能。陈致虚也说:"《参同》一书此章大有肯綮,非此一章之详,后人如何下手?"[1]可见他也认为,本章其实是修丹的极致境界,如果不能悟通本章之境,就无法通达全书的极致境界。

修丹要求药物剂量相等,即金水相当,因为金气为堤防,可以控制元精(水)不外泄;精(水)得以统摄,就不会走失。如果金气过多,就会将元炁破损;如果精水太大,就会将神火淹灭。此水即坎之精水与坎之乾金,对应于人体五脏的精微之液,总纲在肾,即"肾主液",其水囊括人体之精,既有先天之精,也有后天之精。先天精与后天精所产生的能量,就是"气",此气分先天真一之元炁和后天呼吸之气,后天之气经鼻入肺,属金,属后天物质层面的存在物。先天之炁是天地混沌太极之元炁,为坎中一阳爻之乾金,属先天能量层面的存在物。先天乾金之炁与后天呼吸之气,可以归为一物,即元精元炁,归精或气,都属金,为金丹之基,细分之,则其中先天乾金属水,后天气金属金,形象是白虎饮水,虎向水中求。

金丹之金,与离火相对而言,金为质料,火为功能,所以金为阴,火为阳。离为心火,为欲望之火、生命之火,对应于人身之心脑系统、神经系统的所有思维、感知、认识、情欲等功能,细分之,则可分为元神(潜意识)和识神(意识)。因心脏运输血液与肝脏造血藏血功能最为密切,所以肝木生心火,可以归为离火一家,形象是青龙戏(流)珠,

人体五脏皆有神灵,心藏神,肝藏魂,脾藏意,肺藏魄,肾藏精,总纲在心,即"心主神"属火。火为后天呼吸之火候,以火候炼金,通过调整呼吸,锻炼后天气金,从而调动先天元炁,锻炼先天乾金,此即以后天之意为本,通过火炼金精,让后天之意通于先天之意,此即让后天之意识,通于先天

[1] 孟乃昌、孟庆轩辑编:《万古丹经王〈周易参同契〉三十四家注释集萃》,北京:华夏出版社,1993 年,第 150 页。

之神意,这就是意识通神,炼出通神之意。身体如房屋,本身是个能量体系,自然的过程是不断消耗,修丹的提炼出生命的元精元神,与先天的阴神结合,而能够形成独立的阳神,有自在的能量,在修丹有成的时候,能够控制阳神出离,可见,意丹是通神之意,也是制伏和转化人身能量的动力系统。意丹通神,而能够超越生死,可以说是灵魂自觉表现出来的状态,也可以说是通于先天元炁的浩然正气状态。阳神虽然肉眼看不见,但心念可以清楚感知。[1]

丹法以元精(水)和元神(火)为药物,取坎填离而成。元精是肾气交心气,水火既济之后的"真液",即"太阳流珠"。元神非思虑、意识之神,而是通神的元神,即意识、思虑未发之前,是通神之意的先天状态,通乎自然大化、宇宙万物,通神之意,即是天人合一之境界。元神为阳气阳力之源,意识散漫、纷乱、受惊吓等,则元神不显,阳气萎靡,阳力后缩。元精包含

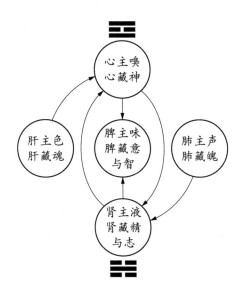

---

[1] 胡孚琛认为:"在内丹学修炼中,元意识经过开发和凝炼,可以凝聚为佛教所谓'意生身'并逐步人格化为'阳神'。阳神是元意识的凝聚体,有成熟的人格,是有形有相的真我,可以脱离肉体存在,具有突破时空障碍的巨大神通,这是内丹学研究和修持中须待验证的一项课题。"参胡孚琛:《道学通论》(2018年修订版,上下编),北京:社会科学文献出版社,2018年,上编第348页。

元精与元炁。元炁不是呼吸之气,而是坎卦中来自乾金之真阳,即肾气发动,一阳发动之真炁,即性力,生命力,生命能量。坎离交媾之时,实际上是元精(水)元炁(金)元神(火)三者相合为一。

虽然肾主液,心主神,但心肾交关,互相作用,也是常理,比如心惊可能会出汗,心中淫欲炽热,会导致肾之淫精泄出;肾中精气发动,心识有感,元精一生,则心神可使口中分泌玉液。肾虚则妄火必炽。本章所言,通于四象归土章第三十"金水合处",强调修丹金水互用。把金液咽下送入丹田,也叫"饮刀圭",即"金液还丹"[1]。说明修成意丹的顶峰体验,帮助修丹者逐渐探寻并开悟修丹圆成时的极致境界。

"炼精化气"的精有先天元精,后天精气之分;而后天之精包括阴精(五谷之精气)和淫精(气化之精,欲火之精)。这样,"炼精化气"包括两部分,即一般意义上的化后天之精(阴精淫精)为元精,再化为元炁;以及化先天元精为元炁。肾脏为精府,精盛在肾,肾水升腾,熏蒸周身,元精化元炁,皆元神之化用。金水火三者还丹。金是金液,是太阳的玄精,月亮之精华,能够长养万物的能量,所以也叫金华,金华就是金丹的光华,也叫白虎,五脏属肾。白虎合于青龙,就是肾气发动之后,元炁、元神、元精都纳归上丹田。[2]

当元精(水)将泄欲泄之际,迅速提肛抵腭吸气(金)以意(土)引元精(水)自尾闾经夹脊上至泥丸,屏息,此时口中有玉液(水)分泌流出,舌降提会阴,匀缓呼气(金),以意(土)引元精(水)与玉液(水)相随,下重楼,经绛宫,入丹田为内炼之药(此时玉液亦由津化精)。丹田之药由元精(水)、元炁(金)与元神(火)三家,归于戊己中宫意(土)一家。元炁(金)生元精(水),如能量生质量,转化之后,分两不变,

三昧真火指的是入定之后的先天真火,即先天真意、通神之意,于意念未发的有念无念之间,即意能将发未发之际,此时阴阳未交,而先天之意通于元炁元神元精,此时于先天无意之境、未发之中,发意修意,则火炼金精,以意为本,寰宇震动,意贯通先天后天,通神不测,进入意丹之境,空而有之,有而空之。这就是传说的在世神仙的境界,如《庄子》"坐忘"和

[1] 王振山:《〈周易参同契〉解读》,北京:宗教文化出版社,2013年,第98页。
[2] 参王振山:《〈周易参同契〉解读》,北京:宗教文化出版社,2013年,第140—141页。

"槁木死灰"的境界一般,这通于上古对于超越自然、超脱生死的期待和确认,其实并不真正超越自然,而是即自然而超自然,不是真正超脱生死,而是即生而忘生不死的境界。而这正是意丹之境,即意念所结的先天之丹,可以千古长存于后天之世界当中,脱离时空的限制而永恒存续,真实不虚。

【意】

所谓九转还丹,九是阳数之极,修丹到达纯阳境界之后,本性光明彰显,通神之意光芒万丈,此为意丹修成,丹光通天贯地之象。先天真气之金精是后天心神之气水运化游走的堤防与界限,气水与金精水乳交融,在真意土的化合作用下,化合而为意丹。金成数为九,水成数为六,金与水相合的先天自然之数都是十五,象征一月三十日自然之数,说明精金与气水之交要合于天地自然之数的显化,也就是修炼意丹当让心意通天,让后天心意的发用,合于先天自然之道的运化。在运用人身鼎炉修炼意丹的过程之中,当以脾胃所主的意土为本,以心识神火为火候,以气金与精水为药物,而金与水的比例本来就是能量和质量的关系,所以彼此转化,后天之气的运化,都当合于先天自然之精炁。

以意为本,以火克金,则人身之下有一点真阳元炁,无时无刻不从下往上熏蒸升腾,后天气金、先天精水在真意的交融作用之下,氤氲化合而为液,蒸腾而上,如车舆行于黄道之中,并在上方凝聚成真意加气与精的化合物,即意丹。意丹通神之后,人身真阳之气的运行与天地元炁运行同步。可见,通神之意其实是超越识神,通于元神之意,即超越具体的意识分别状态,而通达无形无相的无极元炁之意。《太乙金华宗旨·元神识神第二》认为"丹道以精水、神火、意土三者为无上之决。"[1]慧真子注《太乙金华宗旨·逍遥诀第八》:

> 仙家取坎填离之术,非真意不能调和,因真意属土,土色黄,故丹书喻为黄芽。……圣贤养生之法,并无别方,不过竭欲保

---

[1] [瑞士]荣格、[德]卫礼贤著,张卜天译:《金花的秘密》,北京:商务印书馆,2019年,第90页。

精，积精累气，气足则造成乾健之躯矣。其与凡夫不同者，因有顺逆之用耳。……人以真意为主宰，故金丹之成就，全仗真意调和。……意气调和得法，百日内即可成丹。……丹成则神气清明，心空性现，变识光为性光。[1]

慧真子注强调了真意的作用，而真意即是通神之意。按照此章，意丹初成，为气金与精水合并意土而成，封于乾首之鼎内，用意封闭感官与外物交接的通道，使之完备兼顾，即运真意固守意土于鼎器之内。在意丹初成于鼎内之后，要用意念之火昼夜烹炼，先用文火，后用武火，因不同时期而使用。意丹凝结后，形状如明窗之尘，清白而有质，这是比拟意丹之可观形象与状态。

用意的火候即意识"回光"的分寸和尺度。慧真子《太乙金华宗旨》注："光之回，即火候也。……故金华之道，全用逆法。"[2]即下文慧真子注："用意摄回。"可见，回光是用"意"的，而此"意"不是一般意义上的意识状态，而是"通神之意"。修炼意丹时，要非常谨慎地静候观察，用意调动后天呼吸之气，小心调节鼎炉的寒温，体会到每日每年阴阳之气的升降，使之与十二卦节相配，在每个卦节交替、尤其是阴阳转换的时节，更需要小心地用意调节火候，从而使得气金与精水在真意的化合之下形成意丹。

意丹将成之时，人身进入气息凝结，呼吸将止，如命将绝的状态，好像身体将要死亡，似乎连魂魄都要离开一般。《太乙金华宗旨·百日立基第九》："息者自心也，自心为息。元神也，元炁也，元精也。升降离合，悉从心起。有无虚实，咸在念中。"[3]这里的念就是意念之土，神火生之。由此可见，筑基修炼的核心其实都是心火生意土，以锻炼气金生精水的修行。上文之后写道："今心为念，念者，现在心也。此心即光即药。凡人视物，任眼一照去，不及分别，此为性光。如镜之无心而照也，如水之无心而

[1] ［瑞士］荣格、［德］卫礼贤著，张卜天译：《金花的秘密》，北京：商务印书馆，2019年，第112页。

[2] ［瑞士］荣格、［德］卫礼贤著，张卜天译：《金花的秘密》，北京：商务印书馆，2019年，第92页。

[3] ［瑞士］荣格、［德］卫礼贤著，张卜天译：《金花的秘密》，北京：商务印书馆，2019年，第113页。

鉴也。少顷即为识光,以其分别也。镜有影已无镜矣,水有象已非水矣。光有识,尚何光哉?"[1]意丹修成时颜色变成紫金之色,所以意丹犹如金丹,其实就是意丹能够放射意识的光辉,好像金光闪闪一般,此时,意和光无分无别,意即光,光即意,或者说,意丹化为光华而存在,自然通于原初性的光明之意,也就修到了所谓通神之意的状态。

---

[1] [瑞士]荣格、[德]卫礼贤著,张卜天译:《金花的秘密》,北京:商务印书馆,2019年,第114页。

水火情性章第十三[1]

推演五行数,较约而不繁①。举水以激火,奄然灭光明②。日月相薄蚀,常在朔望间③。水盛坎侵阳,火衰离昼昏④。阴阳相饮食,交感道自然⑤。

名者以定情,字者缘性言⑥。金来归性初,乃得称还丹⑦。

【译】

推演河图,五行数理,内五生数,外五成数,各居五方,五行生克,丹道简约。以水浇火,火弱明尽。心肾相交,玉液还丹,津液润身;水火不交,中气消失。水火相克,日蚀朔日,月蚀望日。月蚀水旺,侵淹离火;日蚀火弱,坎水浇浸,白昼昏暗。人身水火,玉液神识,交互隐藏,复于平衡,既入定静,不听外声,不接外缘。人身阴阳,交感吞饮,舔食流通,自然之意。修丹之士,情性恬淡,顺其自然,水火均平,无偏无执,昏昧清醒,交互变化,持盈保泰。

名裁辞定,事情物理,文表字达,物性实质。文辞多变,性理恒定。丹道之理,自古弗易。人身肺金,感物动情,情性欲力,应物而感,喜怒哀乐。人性本木,五脏配肝,胆液造血,滋养心火。情金返性,取坎填离,心火发动,火炼金精,呼吸气金,带动情金,先天肾水,返归先天,本性木液,乃称还丹。回归清净,脉停气住,先天本性,无虑无觉,一念不生,还丹极致。

【注】

① 推演五行数,较约而不繁:按照河图推演五行数理,内层一二三四

---

[1] 元陈致虚本:水火情性章第十五;五代彭晓本:推演五行数章第三十九,名者以定情章第四十。

五为生数,外层六七八九十为成数,各居五方,如图所示,可以推导演绎五
行生克之理,则可以理解修丹之道其实简约而不繁杂。

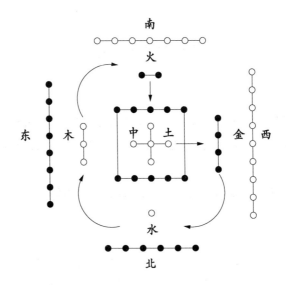

②奄然:微弱。激:灌灭。举水以激火,奄然灭光明:用水去浇灭火,
火的光明自然逐渐微弱至灭尽。水火相交,就是心肾相交,玉液还丹,津
液常常滋润周身;水火不交,中气消失。

③日月相薄蚀,常在朔望间:水火相克的道理,在太阳和月亮的关系
当中表现出来,就是日蚀总是发生在初一朔日,而月蚀总是发生在十五望
日。阴历月底到初三之前,日月合璧,太阳和月亮走到一条线上。

④水盛坎侵阳,火衰离昼昏:月蚀是坎水(月)旺盛,侵淹离火之阳
(月华);日蚀是离火(日)衰弱不敌坎水,导致出现白昼昏暗的情形。比喻
人身的水(气血、玉液)火(心火、神识念头)交互把对方隐藏起来,所以要
走出不平衡的状态,慢慢沉静下去,进入定静的境界,不听外境的声音,不
接外境的乱缘。

⑤阴阳相饮食,交感道自然:人身本具阴阳,阴阳交感,彼此吞饮舔
食,互相交流感通,此道本是天地自然之理。修丹之士要情性恬淡,顺其
自然,注意水火均平,无偏无执,在昏昧和清醒之间交互变化,才能持盈
保泰。

⑥ 名者以定情，字者以性言：名辞是根据事物的情理来裁定的，文字是依据事物的性质来表达、仿效和言说的。名辞和文字是可以变化不定的，但事物本体性的性质是不能够改变的。古来解释丹道用了各种各样的名词，但丹道的原理从来没有变过。

⑦ 金：人身肺属金，精神上思想和知觉是金，金主流动，配感于物而动之情，即是情欲，包括性欲，即凡性力所及，应物而感的情或欲等状态，如喜怒哀乐等各种情感。性：人生而静，天之性也。五行属木，五脏配肝，肝胆之液造血，滋养心火。修丹之人，使得情（金）返归性（木），取坎（水）中真阳（来自乾金）来填离（火）中的真阴（来自坤土），这是后天离（心）火发动，火炼金（后天呼吸之气、带动情金）精（先天肾水），返归先天本性之木（肝胆）液，让后天之情（金）返回先天之性（木），就可以称得上"还丹"。"金来归性初"是说知觉和思想回到本来清净的状态，气住脉停，就是回到先天本性初始的状态。能够达到这种呼吸停止，血脉凝固的状态，做到这种"金返归性（木）"的状态，就是与天地之炁交换的肺部后天呼吸停止，血液运行导致的知觉和思虑完全放下，一念不生，才算是返回先天之性（木）的境界，这就能够开悟"还丹"彻底、根本的意义，所以叫"乃得称还丹"。

【解】

此章以日蚀和月蚀为喻，说明肾水与神火之间需要达到平衡关系。水火是丹道的要枢，是性命之道的核心。以日月比喻人身水火来解还丹之道，通于性命根宗章第二十五"则水定火，五行之初"。修丹之士以后天之神火炼人身先天之精水，后天离火中有先天太阴真水，因坤中一阴，入乾宫成离；先天坎水中有先天太阳真火，因乾中一阳发动入坤宫成坎，水火二气，互藏其根，互济为用，道法自然，随顺天机。所以修丹要从后天之境沉静下来，进入"日月合璧，璇玑停轮"的先天境界，在这个先天境界当中，静观意会阴阳媾精、一阳发动的后天气象。

后以阴阳交感，通于晦朔合符章第二十三"推情合性，转而相与"。在阴阳交感，但潜龙勿用的沉潜状态，去体会人身水火之间的关系，此刻阳气将动未动，可用而不宜用。按照河图之数，"天一生水，地六成之"是说先天肾水中本有真阳，代表身体之水（玉液）中有天地元炁无始以来的能量，所以也可以说是无中生有来的，大地自然接受和承载它。"地二生火，天七成之"是说大地真阴能够生火,因为大地接受太阳的热能而散发出来,这样的火中本有真阴,这是后天的心火,代表身体后天之火(阳动),来自先天能量的转化。

以思想的兴灭状态来说,神识思想随境翻飞就是火;神凝气聚,清静无为就是水。修丹是要从心念意识随着外境不断变幻,消耗内在精气神的状态,调整到身心清净,意念不起的境界,也可以说,是从已发回归未发之境。肾水旺可以浇灭心中欲火,使人欲念淡薄与世无争,从而实现心肾交关,水火既济,身康体健。如果心火过旺,肾阳偏虚,不能克制心火,则狂妄偏执。所以心肾当两旺,彼此制约,既济平衡。

【意】

修丹之核心是火炼金精,即以意为本,用真意(土)推动后天呼吸之气(金),即火候,炼养先天肾精(水)的运行。此丹道之法,与五行所配天地自然之数及其运化关系,完全相合无间,人身火炼金精,需要完全与五行相配运行,人身之道通于宇宙大道,即是通神之意,此道简明清晰,从不繁杂。

"天一生水"是先天之肾水,如清凉的津液,脑下垂体荷尔蒙的分泌,肾上腺、性腺分泌,也就是上天来的癸水,落入海底(会阴穴),水下地面,归入大海,而成阴。"地二生火"是后天神识之心火,地中阳气升起,如从海底之水中生阳火,也似初生的太阳,从海底跳出来一般。所以还丹的功法,是要让后天地火从先天真炁之水之中发动、升腾、熏蒸、凝聚、通畅、润泽全身。

人身难得,人之身形是性与情结合虚灵之意本而得,此天道之本义,静则为先天木性,动则为后天金情。性动成情,性不可能不动,性是恒动之体(木),发为五行之情(金)。修丹之士,灭情以复性,得赖土意运先天之情(金)而为先天之性(木),从而使得性情相合,坎离(后天之水火)交媾,这就是让后天的情(金)回归先天之性(木)。此即所谓"名者以定情,字者缘性言。金来归性初,乃得称还丹"。关于这一句,朱云阳特别强调:

此两句不特为一部《周易参同契》关键,且能贯穿万典千经。

《楞严经》云,"如金矿杂于金精,其金一纯,更不成杂。"《圆觉经》

云,"如销金矿,金非销有;即已成金,不重为矿。"经无穷时,金性不坏,是此义也。吕纯阳云,"金为浮来方见性,木因沉后始知心。"张紫阳云,"金鼎欲留朱里汞,玉池先下水中银。"亦此义也。可见三藏梵典,只发挥得金性二字;万卷丹经,只证明得还丹二字。且更兼质之羲易,若合符节,可以豁然矣。

可见,朱云阳认为,这两句可以说不仅仅是《周易参同契》的核心,而且还是所有丹经的中心。诚如仇兆鳌所说"修真之道,内定心神,外采丹药,取坎填离,以复其固有之元阳,此乃内外合一,归根复命之道,所以谓之'还丹'。"[1]道学修丹以修行工夫见长,与儒家修身修意以修齐治平,和佛家之明心见性,旨趣不同。

丹道以火炼金,是调整心肾至于平衡,当一阳来复之时,不可有欲念邪念,此时阳气自然从北方坎水(海底)上升至南方离火(头顶),打开头顶脉轮,而有通神之意的无限欢欣愉悦。意丹修成,于还丹法象之中,取肾水之真阳(来自乾金)去填离火之真阴(来自坤土),复归纯阳之体。回归清净无为的先天本性初始状态,此间后天呼吸之气(金)绵绵停驻,气住脉停,后天气动所带动之情(金),也随着意识消弭和思虑停止而放下,进入通神之意的先天神境,好像进入没有意识发动的、意念未发之境。在这种未发之境中,心合于物,心物一体,并非完全没有意识,只是看起来昏昏昧昧,好像槁木死灰,其实意识还是持续通神,可以说是一种看似没有意识,但意仍然通于宇宙全境的意识状态,这是"意"的先天之境。或者说,意丹之态,是从常识的意识状态,回归到潜意识状态,即意识没有发动的先天前反思状态。这种潜意识的状态当中,仍然有"力比多"(弗洛伊德)那样的生命力等待发动,也有通于文化全体的"文化无意识"(荣格)随时可能实化出来,但意丹态肯定不是物理主义意义上的、心物两分的、基于神经活动的、思维向外投射的心灵和意识状态。

[1][清]仇兆鳌:《古本周易参同契集注》,上海:华东师范大学出版社,2015年,第121页。

二气感化章第十四[1]

阳燧以取火，非日不生光。方诸非星月，安能得水浆①？二气玄且远，感化尚相通；何况近存身，切在于心胸②？阴阳配日月，水火为效徵③。

【译】

阳燧铜制，凹镜取火，不借阳光，不能生火。方诸阴燧，蛤可取水，不借月华，且无水浆。日阳月阴，玄妙非常，幽远难测，感化相通，炁与神本，存乎心胸。澄澈清明，神意之通，阴感阳化，意丹玄通。

【注】

① 阳燧：铜制的凹镜，能聚集日光点燃木材而取出火来。方诸：又名阴燧，用大蛤制成，夜里对月凝化露水，古人认为蛤能向月取水。运用阳燧可以来取火，但如果不与阳光发生感应，就不能够发出光芒生出火来。用方诸来取水，如果不跟星星和月亮发生感应，那又怎么可能取出水露来呢？月亮含藏阴精，方诸能够吸收月亮的阴精。

② 二气：日月代表的阴阳二气。太阳和月亮在天上，阳燧和方诸在地上，它们之间的感应关系非常玄幻，而且彼此之间的距离无限遥远，可是它们之间的阴阳、水火之气却能相互感通。更何况人身本有阴阳二气，本身切近无比，不就存在于身中的心与胸之间吗？

③ 效徵：效验。阴阳配日月，水火为效徵：可见，阴阳之间的感通，好像太阳与月亮能够（经阳燧和方诸而）感应出火和水那样，是实实在在、可以验证出效果来的。

---

[1] 元陈致虚本：二气感化章第二十一。五代彭晓本：阳燧以取火章第六十五。

【解】

修丹在于阴阳二气的神奇感化,这种神奇感化的机理,不是来自后天的同类或者相似,而是来自先天彼此贯通的真一之炁之间的神奇感应之力,可以跨越时空,发生感应。日月与地面之物,遥不可及,但能量的感应,实实在在,就像太阳之气,使得万物生长,真实不虚,其中之力,不在后天的结构,运行的机制,而在先天的真炁相通。

本章通于坎离戊己章第二十二"引验见效"。异类无情,不能成丹,说的只是后天层面。其实,修丹时时刻刻的意念是阴阳对待而修,阳意于阴境中修成,阴意于阳境中修成,而这种阴阳之意,本乎先天真一之炁。如说结丹之时,水火既济,水液被火熏蒸,到清凉的头顶凝聚成水,再从顶上灌下来,即是灌顶。这都是后天比喻说法,真实的感受,是心意清净到极致,无思无虑,神宁气和,阴阳感应,皆是先天真炁作用于后天物事之境。

【意】

运用外丹和后天的阴阳感应的比喻,如阳燧(即铜制的凹镜)虽然可以取火,但不对着太阳就不可能生火;方诸(阴燧,蛤)虽然可以取水,但如果不对着月光就不可能得到水浆。其实都是为了说明先天元炁可以穿透日月阴阳之气,所以显得无限玄妙幽远,通过感化尚且能够相通。自身的精、炁与神本来就在心胸之间,咫尺之内,彼此感应相比之下容易得多,但如果没有先天真炁,那么后天的运化就都只是后天功夫,难回先天。

要返归先天,就要通神之意清明澄澈,调动阴阳大化之力,感应玄通,这样意丹才能凝结。身内自有真夫妻,但需玄牝之意(力)的指引,而且自意难成,所以需要天意,即通于先天真炁的阴阳合意之力方可实现。阴阳之间的感通,可以跨越时空,超越万水千山,意丹的感应之力,可以及于无限时空,恒久不败。

修炼意丹与阴阳之意在后天时空中的远近无关,只要阴阳相感,同类相应,通神运于身内或者世间,都可以通天贯地。人身之阴阳可配日月,通过调动水火之运,可炼成意丹,而且可以有效验于身,并能够推致天下。

此中以运用真意如何调节调动通神之意为根本,正如用阳燧和方诸时,要对准光源,安宁平和,调动通神之意时,人也要清净不动,神凝气静,方可调配人身阴阳交汇,好像调动天地日月之运一般。因此如果能够修成意丹,那就是时刻贯通人身与天地的意丹。

关键三宝章第十五[1]

　　耳目口三宝,闭塞勿发通①。真人潜深渊,浮游守规中②。旋曲以视听,开阖皆合同;为己之枢辖,动静不竭穷③。

　　离气内营卫,坎乃不用聪④;兑合不以谈,希言顺鸿蒙。三者既关键,缓体处空房⑤。委志归虚无,无念以为常⑥。

　　证难以推移,心专不纵横⑦。寝寐神相抱,觉寤候存亡⑧。颜色浸以润,骨节益坚强⑨。排却众阴邪,然后立正阳⑩。

　　修之不辍休,蒸气云雨行;淫淫若春泽,液液象解冰;从头流达足,究竟复上升;往来洞无极,怫怫被容中⑪。

　　反者道之验,弱者德之柄⑫。耘锄宿污秽,细微得调畅⑬。浊者清之路,昏久则昭明⑭。

【译】

　　修炼意丹,根在炼意,收摄意念,及至九窍,气息回返,闭塞不泄,真意真炁,不流于外。真意潜渊,深不可测,一元真炁,浮游人身。通神诚意,规矩制约,运行之要,丹田其心。真意运转,真炁于中,旋转委曲,收视返听,开闭符节,天地本意。阴阳之意,玄牝之门,自然进出,真意不发。耳目不泄,精神集中。

　　阳意阴意,和合往来,动静开合,通天贯地,无端无穷。收敛目光,使之内视;收摄耳聪,使之返听;收拾口谈,使之缄默。耳目口三,不至流荡,真气于外,舒缓全身,若身通天,空荡大房,归本天地,心与虚空。意能杂念,放归无境。

---

[1] 元陈致虚本:关键三宝章第二十二;五代彭晓本:耳目口三宝章第六十六,世人好小术章第六十七。

凝神聚气,调节丹胎,随顺正常,艰境心魔,安定不动。醒睡无别,元神相抱,不任意丹,走失迷乱。

不可辍行,效验可显,如云气升,霏雨施下,淫满四溢,如春泽水。津液丰盛,涣然而下,如春冰河。如头到足,畅通快乐。全身百脉,又返复升。上下往来,无极之域,如通先天。通神贯地,融入意丹。

修丹之士,意守弱势,反观内视,顺自然意,清净柔弱,诸虑皆息,百骸俱理,阳气升腾,阴秽尽除,容颜润泽。其中有劫,视昏如浊,历昏恍境,终清澈明。

【注】

① 耳目口:以八卦象言,坎耳离目兑口;配五行则坎水离火兑金;以五脏言,则坎肾离心兑肺。五官是人气息进出的通道。耳朵分辨声音则漏肾气元精;眼睛观察事物则漏心气元神;嘴巴张开则漏肺之元炁。所以要求修丹之人把耳朵、眼睛、嘴巴都闭塞住,这就不会让内三宝精气神耗散掉。所以说,"耳目口三宝,闭塞勿发通"。语出《道德经》第六十七章:"我有三宝,持而保之:一曰慈,二曰俭,三曰不敢为天下先。"意为我有三件法宝,要小心执守而且保全它。第一是慈爱;第二是俭啬;第三是不敢与天下人争先。另出《道德经》第五十二章:"塞其兑,闭其门,终身不勤。开其兑,济其事,终身不救。"意为塞住欲念的孔穴,闭起欲念的门径,终身都不会有烦扰之事。如果打开欲念的孔穴,满足欲念的目标,就会心烦意乱,终身不可救药。此处借用老子名言关于修身之道的维度。

② 真人:指真意,元神,也指真我,自我。潜:隐藏。渊:深水,深藏的止水。浮:潮汛升而上。游:流水顺而下。规:画圆之器。规中:指圆明清净之境域,一指丹田。真人潜深渊,浮游守规中:自我真正的元神(真人),即通神之意潜藏于下丹田气穴的深渊之中,悠游自在,坦坦荡荡,勿忘勿助,守住丹田和中脉。

③ 旋:周旋。曲:委曲。开阖:一开一闭,或升降。枢:门户的枢纽。辖:车轮的车轴头铁。旋曲以视听,开阖皆合同;为己之枢辖,动静不竭穷:收视返听,把从视觉和听觉可能流散出去的真炁调旋回复,让真炁随着绵绵呼吸开阖动静,一升一降,都从自己神气相合如一的通神之意这个枢纽出入,使得离中的元神统御全身,让坎中的元炁与元神的节奏一致,

这样真炁就会在上中下三丹田升降往来,无穷不息。

④ 营卫:营血与卫气,推动人身气血流动的力量。离气内营卫,坎乃不用聪:把从离目之光涣散的元炁内敛起来而不外露,就可以从内部推动气血的流动,坎耳也就不需要再分辨声音而散发元炁,这样就可以积蓄肾中精气。

⑤ 兑合不以谈,希言顺鸿蒙。三者既关键,缓体处空房:兑为口,开口伤元炁,所以尽量把嘴闭起来,不去跟人交谈。口为脾窍,舌为心窍,但兑还指上口,即人身与天地精神往来的一窍,这个上口要打开,才能真正"顺鸿蒙",就是与天地鸿蒙未开的元炁相沟通。耳目口三者封闭起来当然是修丹的关键,鹊桥随呼吸升降,心志专一,归于真一之炁,身体就彻底放松,好像身处空荡荡的房间里面一样。

⑥ 委志归虚无,无念以为常:心意和志气不再发散而归于真炁充盈、虚空无际的先天道境,进入心意之发,念念皆是通神之意发动,如若无念的常态之境。

⑦ 证难以推移,心专不纵横:修丹之人,遇到任何艰难险阻,更能证明自己心意坚实,专心致志,丝毫不让妄念纵横,不让心猿难控,意马难收。

⑧ 寝寐:睡着。觉寤(悟):灵醒。寝寐神相抱,觉寤候存亡:修丹之人,无论行住坐卧,都要如鸡孵卵,怀抱元神,安宁静定,不让真性昏迷;灵醒时,也要神气内敛,不让元神放荡出去,时时刻刻内观火候的进退存亡。

⑨ 颜色浸以润,骨节益坚强:修丹之人的容貌颜色浸透红润,神采奕奕,骨节更加坚固强健,身体越来越健康。

⑩ 正阳:正气。排却众阴邪,然后立正阳:排除祛净各种阴气邪秽,然后可以确立正阳之气充满全身。

⑪ 淫淫:四溢开来。液液:津液盛满、消融浸润之状。究竟:终究。洞:通达。怫怫:满布。修之不辍休,蒸气云雨行;淫淫若春泽,液液象解冰;从头流达足,究竟复上升;往来洞无极,怫怫被容中:修炼此功,凝神守穴,坚持不懈,河车自转,不放松也不休息,内景可以得到验证:蒸汽升腾好像行云布雨一般,津液淫满四溢之状,好像春水满溪奔腾不止,津液消融浸润之象好像冰河之焕然将释,排山倒海的气势正如精气在周身上下往来的状态,从头顶奔流到脚底,到脚底之后又重新向上升腾,上下往来,

翻腾不休,畅通无阻。津液精气分布于周身四肢,奇经八脉之中,百脉消融,沉醉于无极之乡,周身遍布阳光雨露,意丹之效用达致每一个毛孔,与天地相容,合于天地之中。

⑫ 反者道之验,弱者德之柄:人道用顺,丹道用逆,能够返观内视,逆抱真炁,自有一阳来复之验证,最后可以返老还童;能够坚持清净柔弱的自然本性,致虚守静,万虑放下,百脉皆通,自然得到修丹的要柄和关键。[1] 语出《道德经》第四十章:"反者道之动,弱者道之用",意思是返复循环是道的运动状态,示弱不争是道发挥作用的方式。

⑬ 耘锄宿污秽,细微得调畅:努力耕耘修炼,可以像锄去杂草一般涤荡体内宿疾旧病、污物邪秽,使身体极度细微的经脉和末梢都得到调理通畅。这是以农夫除草来比喻修丹,剪除杂草,禾苗才能茁壮,枝叶才能繁茂,果实才能丰硕。

⑭ 浊者清之路,昏久则昭明:修丹过程当中,修到气住脉停,三丹田炁满精足,恍然如入梦中,好像昏浊不清的状态,此时不可放倒,而要知道这是通往清明的必经之路,只要昏沉既久,就一定会迎来昭朗明亮的大清明之境,到时候圆明洞照,虚彻灵通,纯乾之体修成。

【解】

此章是修丹的基本方法,解释工夫之原理和达到的境界,朱云阳说:"神风静默,山海藏云",这是一念不生、一念不起的极致境界,有如禅宗的入定,要达到深藏若虚之境,就工夫来说,一口气入定,好像蛇能够蛰伏一个冬天,如果能够像玉隐于石中千年不动那就更加理想。这种境界看似极度虚空,"万里无云万里天",但风无处不在,云无处不在山海之间,"千江有水千江月",月遍千江,如无月之境,此谓通神之意的极致境界。

此章解释养性的功法,虽然养性,但命亦在其中。性命双修之道,通于《魏真人自序启后章》"引内养性""配以伏食",后面继续解释"耳目口三

---

[1] 胡孚琛写道:"'反'(逆通任督)应该是修道(积精累气)的效验,而不能'心使气',用意念强行引导,就是用强,丹功用弱不用强,'弱'才是得道(德)的关键把柄。"参胡孚琛:《丹道法诀十二讲》(珍藏修订版),北京:社会科学文献出版社,2018年,第53页。

宝,闭塞勿发通",温养要心专,才能气聚。通于后序孔窍章第三十六"津液腠理,筋骨致坚;众邪辟除,正气长存",证验于内,却阴立阳,当心思定于阳,则心意发动即是阳道,便是扶阳抑阴之正道。此教通于《大学》"静定安虑得"之教。修丹并不需要专门的地方和时间,只要做些意念的调节就可以,一念至于无念之空房境界,就可以自我修炼意丹,关键在于意缘之控制和调适。

"往来洞无极"明确提出"无极",是一种修丹返原的状态,回归太极之前,返归玄牝之门,走回天地大爱之门,母体大生之门。修丹之士意守弱势,反观内视,顺从老子"自然之意"之教,以清净柔弱的本来状态,诸虑皆息,百骸俱理,体内阳气渐渐升腾,阴邪污秽尽除,细微之毫窍皆得调畅,容颜光滑润泽。可见修炼意丹必然要经历视昏如浊的状态,但经历昏恍之境,有助于最终清明昭澈。这是一种入定归于混元太极,时刻接续先天真一之炁的状态,看起来如醉如痴,不省人事,昏昏沉沉,好像死去一般。

丹士时刻凝神聚气,以此为调节丹胎的常道。随顺正常的修炼功法去做,即使遇到任何艰难处境,无数心魔幻象,都要心智安定,毫不动摇。即使睡着的时候,也要与元神相抱合,不让意丹迷乱走失,这是持续长久的温养丹道之法。这样的修丹之法是让阳气发动遍布于全身,而阳意需从玄牝之意时刻获得能量才能持续,这是一种意识境遇当中的阴阳和合之化境。人身存续的状态是太极状态,但在这种化境当中,即意丹态中,人身以"太极"状态返归"无极"状态,使得"太极而无极"成为当下身体与意识合体的基本存续状态。

【意】

修炼意丹之根本在于炼"意",也就是让意念从耳朵眼睛九窍等气息流露之通路收摄返回,以便使意念与外界的通路闭塞而不泄露,不发动流露真意真炁于外。让真意潜入深不可测的炁渊之中,让一元真炁浮游于人身之中。感受到通神之意的规矩制约,无论如何运行都不离开丹田之中心。

真意运转真炁于身之中,旋转委曲,于收视反听之中,与天地之意相融贯,开闭皆合于天地之意。阴阳之意皆从玄牝之门进出,真意不发动为虚意,而是通天之真意。精神集中时,精气神不从耳目外泄。玄牝之门是阳意与阴意交合往来的通路，也是意丹通于天地的关键所在。玄牝之门的动静开合，是意丹通于天地之象，其动静无端，没有穷尽。

修炼意丹要收敛目光，使之内视；收摄耳聪，使之返听；收拾口谈，使之缄默。这样耳目口三者不至把人身真气流荡于外，同时舒缓全身，好像全身通于天地空荡荡的大房子里一样，此刻身体与时空边际的界限已经消融，身体进入忘我的大我之境，人身好比回归于天地空荡荡的大房子，好像把自己的心志都交出去，入乎虚空之中。在这种状态当中，把意能支持的意识和杂念都放下来，进入无念之境。即使醒着的时候，也要时刻观察火候的进退存亡，不使意丹消耗变乱。

意丹初成，阴阳交会，心意通天，肌肤润泽，骨节也得到增强。凝聚天地之真阳而形成丹头，压抑阴邪之气，让正阳之气挺立。修炼意丹是让意念时刻接通先天真一之炁，所以念念不可辍行，这样效验就会显露，好像云蒸霞蔚，气流腾布，而霈雨施下，淫满四溢充足，好像春天的泽水涨盈丰沛一般。津液丰盛像春天冰河将释，涣然而下，好像从头贯通到脚底下一般畅通快乐。气血畅通流到周身百脉之后，又重新回复上升。如此上下往来，好像通达于先天无极之域。浑身百脉皆融通天地，接通先天真一之炁，如此则通神之意融贯天地之意，融入意丹之中。意丹澄明，心身皆通于天地，光明朗显，心意合天，与道往来，念起念灭，皆合于阴阳大化，通天合地。念念之间，皆如天机发动，往来上下四方，随时入定，切换时空，犹如仙人，来去自由。

同类服食章第十六^[1]

世人好小术,不审道深浅①。弃正从邪径,欲速阏不通②。犹盲不任杖,聋者听宫商③。没水捕雉兔,登山索鱼龙④。植麦欲获黍,运规以求方⑤。竭力劳精神,终年无见功⑥。欲知伏食法,事约而不繁⑦。

胡粉投火中,色坏还为铅⑧。冰雪得温汤,解释成太玄⑨。金以砂为主,秉和于水银⑩。变化由其真,终始自相因⑪。

【译】

世俗之士,欲习丹道,不知意本。雕虫奇技,难窥意道。违背正道,而入邪途,欲求速效,反不可得。瞎子拒杖,聋子好乐。沉乎水底,捕雉捉兔;登之山巅,搜鱼寻龙;稼乎小麦,望收黍米;不问意道,用规画方。虽竭心智,背道而驰,终年无果。伏食有方,简而不繁。

铅质入火,烧炼返铅。人身之内,元精元神,经通神意,火候修炼,本始元炁,元本不灭。冰消雪融,仍得温汤,温热虽殊,水质无改。坎水玄武,可以名之。元神祖炁,本诸先天,神意调动,元炁元阳,和精融会。精变气化,皆因本真,真意调和,各自终始。

【注】

① 世人好小术,不审道深浅:世间修道的人多喜欢各种小的方术,不能审察理解大道的深浅。

② 阏(è):厄,阻塞不通,遏止。正:丹法正道。弃正从邪径,欲速阏不通:他们放弃丹道正法的修习,而去随从那些歪理邪说,越是想快,越是

---

[1] 元陈致虚本:傍门无功章第二十三,同类合体章第十二,二土全功章第十一;五代彭晓本:世人好小术章第六十七,胡粉投火中章第三十三,巨胜尚延年章第三十二。

阻遏不通。

③ 任：信任。犹盲不任杖,聋者听宫商：这些修习丹道之人,好像眼盲的人走路不愿意信任依靠拐杖,耳聋的人却偏想听出宫商之音的区别。

④ 没：入。没水捕雉兔,登山索鱼龙：跳入水中却想要捕获野鸡和野兔,登上高山却想要索求鱼虾和蛟龙。

⑤ 植麦欲获黍,运规以求方：种下麦种却想要收获黍米,运用圆规却想要画出方形。

⑥ 竭力劳精神,终年无见功：他们的努力明显南辕北辙,所以即使尽心竭力,劳精费神,终年不休,也不可能见到任何功效。

⑦ 约：简约,要领。欲知伏食法,事约而不繁：其实想要知道还丹伏食之法,这件事本身简约而并不繁难。无论是天元、地元、人元丹法,都以同类相从为简约之法,天元为本,地元为辅,人元为末。[1]

⑧ 胡粉：即铅粉。胡粉投火中,色坏还为铅：把铅粉投到火里面,烧炼之后,白色粉末仍然可以返回黑色原质(铅)。坎中一阳,本自乾来,以真意观之,此阳必有回归乾阳之意,水向下流,但乾阳之力,如火炎上,时刻要向上烧。水中之火,便是阴火,如石油气、沼气之类,不同于太阳和木头点燃的阳火。坎水当中一阳来复的火,是后天阳气,通于先天阳炁,后天之火,燃烧之后,回归先天之炁。

⑨ 解释：溶化。太玄：北方玄武之神,指代北方坎水。冰雪得温汤,解释成太玄：冰雪本来就是水凝结而成的,如果把冰雪放到温热的汤水里面,冰在汤水当中就会慢慢溶解,还是变成水。

⑩ 砂：金砂。金以砂为主,秉和于水银：金本来就来自金砂,金砂可以说是金的主人。古代炼金之时,把金砂、水银同时和入灰池之中,以火锻之,则金浮而水银沉,所以金之生成秉于与之相和在一起的水银。

⑪ 变化由其真,终始自相因：他们的这些变化,都是因为他们本性之真,所以从始至终,都是自己在自相转化,返本还原,形态相因变化而本质

---

[1] 胡孚琛认为："此书(《周易参同契》)"融汇古代房中、行气、服食三家丹法之传,以"日月为易"(日月运行变易之理)的象数易学为框架,以烧炼金丹的"炉火之事"为法象,隐藏了男女合气的人元大丹秘诀。参胡孚琛：《丹道法诀十二讲》(珍藏修订版),北京：社会科学文献出版社,2018年,第1613页。

不失其真性。

【解】

这是唯一一段明确提到外丹修炼的技术和术语的章节,如铅、砂、水银等形态虽然变化,但真性不变,元炁不改。本章通于以类相况章第三十二"以类相况";通于后《大丹赋》"非种难为巧","同类易施工",解释《魏真人自序》"配以伏食"。指出修丹的根本在于意识到元神元精元炁真实不虚,并用意修之。

但是人们通常为肉身的气息所迷惑,以为身体不过是气的运化,不过是物质的转化过程而已,所以对于意识与元精元炁元神之间的关系,基本上都没有直接的体验和理解,于是丹道的深浅与分寸,就变成历来理解丹道最难的问题。可是,另一方面,人都有求生的意志,有强烈的延年益寿、甚至长生不老的欲望,导致历代都有很多人,不惜不知深浅地尝试各种外丹,甚至身死为天下笑。

一般人认定身体不过是外在食物转化的物质,于是努力寻找某种食物来彻底改变身体的物质结构,最好使得体内细胞和气血,永远不会朽坏。因此他们不知道自己其实是在黑暗中摸索,不知这样的理解早就已经违背丹道的正道,在邪径和小道越走越远。以物理主义为基础的生理学等科学研究,期待从身体的物质层面改变结构来达致永生,这与《参同契》的身心观是不同的。

一般人希望通过服食外丹立马羽化成仙,永生不死,恨不得当下马上找到捷径,都是极其希望马上求得速效,结果反而淤塞难通。本章明确说,不明晓丹道修炼的正道而胡乱尝试寻找,就好像守株待兔,所作所为与瞎子不愿使用拐杖,聋子却爱好听音乐,沉到水底去捕捉雉鸡和野兔,登到山顶去搜寻鱼和龙,种下小麦却期望收获黍米,用圆规来画方形一样不可理喻。这样背道而驰的修丹方法,虽然竭尽心智与精神,最后还是终年不见成效。

【意】

常人难以明白意丹是丹道之本,所以人们偏好迷信各种旁门左道和雕虫小技。其实还丹伏食之法本身并不繁难,关键要抓住人身精炁神为根本,即修炼不可离开精炁神的运行和作用。人身本由元精元神而成,并不是纯粹的气血。如果把人身看作纯粹的气血,尤其是把精神活动、意识都看作是气血、脑和神经的相互作用,那么从这种物理主义还原论的观点可以推论出,人只需要改变人身的物理基础,就必然改变身体意识的状态。其实《参同契》对身体的看法与此不同,元精不仅是身体的气血,还有身体气血通于身体之前的先天部分,即先天之炁。元神也来自先天。先天部分不会因为身体物理基础的改变就有所变化,好比铅的材质本来是铅,投入火中烧炼之后,仍可返回铅的原质,并不因为火就有实质性的改变。人身的元精元神经通神之意的火候修炼,其元炁的本始状态并不改变。元炁的本然存在是《参同契》身心观的一大特色,因此元炁的锻炼,即如何运意的火候,是《参同契》身心观的核心。

《参同契》的身心观强调先天元精元炁元神的存在,而修炼就是一个不断在后天境界当中,不仅要意识到,而且努力返归先天精炁神的过程。这种身心观认为,精神力的来源不是纯粹的物理运化,而是和时间、地点、元炁与经络的通畅程度、以及内脏之间关系、心情的起伏、境遇的顺逆、控制意识的力量等多种因素有非常密切的关系。可见,调控身心绝不是仅调整身体的物理基础就足够的。但是,物理主义的身心观以为改变身体的物质基础就可以调适身心状态,其实似是而非,这也是《参同契》的身心观所不认可的。可以这样说,《参同契》对元精元炁元神的承认,既是身心修炼的核心,也是与物理主义身心观之间无法化约的部分,因为物理主义不承认不可见的元精元炁元神的存在。这就好比冰与雪其实都是水变化出来的,冰雪混合物用火来融化之后,可以得到温汤,温汤其实就是水,水从冰雪混合物化成汤,水的本质并未改变,修炼转化的是元精元炁元神在身体当中的状态,但它们的根本质量并未改变。

要想修炼元精元炁元神,就要调动元神祖炁,这就需先天通神之意来调动,使元炁与元阳之精秉和融会。精气无论如何变化,都仍然还是真炁的本质,并不会因为通神之意的修炼就改变真炁的根本。所以调动真意来修炼形质,可以改变身心,调节身形,重返元精元炁元神合一的先天状态,好像月体有光,本自先天日光,通过通神之意的修炼,可以返归太阳光华。

日光与月华为阳,月体和日月之场域为阴,借此喻可以理解为通神之意的境遇创生论(contextual creativity)。心意通神就好比阳气发动,始终维持刚强健动的状态,而且阳意发动,时刻与阴境合一,阴阳平衡,意念通神,就可能调动元炁元神,通达全身和宇宙。这是强调修炼意丹要使得心意之阳意(乾意)与阴意(坤意)密切配合。阳力(阳意)发动,始终以阴力为背景,而阴力流转构成阴力之境。这种心意之阳与宇宙天地之间每时每刻的阴意(力)协同创造的状态,就构成了意丹的境遇创生论。正是在这个意义上,通神之意的境遇创生论就是"通神之意的实化过程(concretizing the cosmic intention)",也是通神之"意的创生论(cosmologically intentional creativity)"。

欲作伏食仙,宜以同类者。植禾当以黍,覆鸡用其卵;以类辅自然,物成易陶冶^①。鱼目岂为珠?蓬蒿不成槚。类同者相从,事乖不成宝。燕雀不生凤,狐兔不乳马;水流不炎上,火动不润下^②。

巨胜尚延年,还丹可入口^③。金性不败朽,故为万物宝。术士伏食之,寿命得长久^④。

金砂入五内,雾散若风雨^⑤。熏蒸达四肢,颜色悦泽好;发白皆变黑,齿落生旧所;老翁复丁壮,耆妪成姹女;改形免世厄,号之曰真人^⑥。

【译】

伏食成仙,真阳元炁,心身真意,同类通用。种植禾苗,必以黍麦,孵化雏鸡,必以鸡蛋,同类事物,转化辅成。真意元阳,先天有意,真炁配合,调动元炁,功于精气,后天之意,化作自然,不着私意,意丹自成。意动非类,调动私意,鱼目混珠,蒿草变树,私意妄发,实化不成。同类事物,自然相从,违背此理,脱离人身,元神不与,难成贵丹。燕子鸟雀,不生凤凰;狐狸兔子,不哺骡马;水性下流,不能炎上;火性炎上,无法下流;顺从自然,本性凝意,背逆自然,勿炼意丹。

意丹修成,如人食之,延年益寿,先天元炁,天意凝丹,服先天意,精神元炁,凝结真丹,永不败朽,万物至宝。养生高士,修道运意,伏食真炁,致修精神,得以长生。

人身之元,精炁通神,合意凝丹,渗透自然,通达六腑,腾云驾雾,乘风驾雨,高妙体验,真情相爱,心意融通。意通丹神,四肢通畅,天地境界,容光焕发,色泽鲜亮,白发转黑,落齿再生,返老还童。老翁复壮,老妪二八,身轻年少,心灵脱尘,逍遥四海,与天同体,日月合明,故称真人。

【注】

① 禾:谷类。黍:黍子。欲作伏食仙,宜以同类者。植禾当以黍,覆鸡用其卵;以类辅自然,物成易陶冶:要想成为长生不老的伏食仙人,应该遵照同类相因这一原理。要想种植禾黍,就应当种下黍苗;要想孵出小鸡,就要用授精后的鸡蛋;只有同类的东西才能辅相事物本来的自然之意,事物生成之后(因其本性不乱所以)也非常容易陶锻冶炼。

② 槚(jiǎ):楸树,高大的树木。乖:背离。鱼目岂为珠? 蓬蒿不成槚。类同者相从,事乖不成宝。燕雀不生凤,狐兔不乳马;水流不炎上,火动不润下:鱼的眼珠子是肉晶,怎么可能变为珍珠? 蓬蒿之草永远也不可能变成参天大树。品类相同的事物彼此相互依从,事物之间彼此乖背就难以生成宝丹。这就好比燕子和麻雀不可能生出凤凰,狐狸和兔子成家不可能乳养骡马;水的本性是向下流动,无法用水向上烧;火的本性是向上烧,不能用火去滋润下方。

③ 巨胜:黑胡麻,滋阴补阳,能润肠胃。巨胜尚延年,还丹可入口:人长久服用巨胜(黑胡麻)尚且可以延年益寿;更何况人身之内修成的真丹,如果入上口伏食,那么它的功效和妙用就更无可怀疑了。婴儿的头顶本有口通于先天元炁,后来封了,有了后天意识,修丹就要回归先天意识,即通神之意,与天地精神相往来。

④ 金性不败朽,故为万物宝:人身还丹的真金之本性永远不会朽坏,所以能够成为万物之中至为宝贵的东西。术士伏食之,寿命得长久:修炼修丹的术士伏食这样的意丹,他们就能延长寿命,得到长生久视的境界。

⑤ 金砂:真丹,金丹。五内:五脏六腑。金砂入五内,雾散若风雨:金丹进入身体之内的五脏六腑之后,犹如云雾散开,好像和风细雨一般,遍及满周身四肢百骸。

⑥ 旧所:旧地,原来牙齿掉落的地方。耆(qí)妪(yù):六十岁以上的老妇人。姹(chà)女:娇艳的少女,处女。世厄:世间灾难。熏蒸达四肢,颜色悦泽好;发白皆变黑,齿落生旧所;老翁复丁壮,耆妪成姹女;改形免世厄,号之曰真人:修得意丹之后,温养不懈,真炁在体内熏蒸流布,达于

四肢百骸，此时人将变得神清气爽，容颜润泽，和悦欢好；变白的头发将逐渐转黑，掉落的牙齿将在掉牙的位置新生出来；整个人将会返老还童，老翁变成壮汉，年老的妇女也将变成娇艳的少女；从此改变自己的外形，避免摆脱世间种种厄运和灾难，逍遥自得，与天同体，所以他们得到称号叫作得道之"真人"。

【解】

本章通于日月含吐章第二十七"以类相求"，"各得其和，俱吐证符"；通于父母滋禀章第三十三"凝精流形，金石不朽"。修丹要以同类的事物来修炼，而这种同类的事物，不是一般后天物理意义上的同类，而是先天日月光华意义上的同类，否则，后天的物质，无论如何化合，也仍然是后天的物质，不可能成为先天的光华。这就是本章强调的，如果想违背事物的自然本性（其实是先天本性）去修炼意丹，那就一定会失败。只是本章所使用的都是日常经验，也就是后天物意义上的比喻，如小燕子和鸟雀生不出凤凰；狐狸和小兔子不可能哺乳骡马；水性下流，不可能炎上；火性炎上不可能下流；但如果把这些比喻都看作先天修丹事物的层次，就完全错误，因为修丹的层次，可以说是努力要归于先天，而力图超越后天。所谓要顺从自然本性凝炼意丹，这里的自然本性是先天意义上的自然本性，也就是先天精气神的自然而然，而如果不是在先天的自然本性，即在先天精气神意义上去化合融汇，那就不可能炼出意丹来。

人都有饮食的经验，知道哪些食材可能有延年益寿的功效，但如果仅仅在后天食物的层次，无论如何饮食，都不可能达到先天精气神的状态。修炼意丹好比服食先天之意（天意）凝结的先天元炁之丹，也就是在先天自然的层面上，看起来超越日常经验，其实完全可以在实现日常经验的层面上让元精与元神凝结的真丹永不败朽，如此方可体会到，元精元炁元神凝聚的意丹是万物之中至为宝贵之物。所以，精通养生术的高士其实都知道如何运用先天的通神之意，来伏食先天的元精元神之真气凝结成的意丹，从而实现在后天自然层面上的延年益寿，甚至长生不老。这种意丹意义上的长生不老，才算实现了先天之意相对于后天之意具有的超越性甚至永恒性。

【意】

要想修炼成意丹，就要以意通神，其实是把意从后天之意，修成先天之意。何以知之？因为后天之意，意念所关注、在乎、接续的是后天之气，就好像意念都是关于具体的物，就被物所转，就不能"物物而不物于物"（《庄子·山木》）。物理主义意义上的意识，可以说只是"物物"意义上的意识，只是与物对待的物，不是真正的意识。因此，《参同契》的身心观要破除物理主义意义上的常俗身心观，或者科学主义意义上的身心观，认为意念需要转换，需要直接接通先天之炁。

本章认为，所谓服食成仙，其实就是在意识层面上，直接接通先天之气息，这样才能用同类的真阳元炁与心身真意来共同发生作用。心意通于先天之元精元炁元神，就好比种植禾苗，必须要种下粮食，而孵鸡必须要用鸡蛋才行，只有同类的事物才能相互转化，相辅相成。这就需要直接把后天意识转化成为先天意识，才有可能接续先天气息。如果意识当中根本意会不到先天意识的存在，那也就不可能意识到先天气息的存在。如果这样，又如何可能转化后天之意，使之与先天之气息发生关联呢？

可见，当我们谈论心身之真意的时候，其实谈论的不是基于身体的意识，不是基于身体的气血、神经活动的意识，而是超越具体物质活动，超越神经生理结构的意识。达尔文的物种起源理论，是科学主义在生物学上的延伸版，认为精神不过是物质进化的产物，可以随着物种进化而不断提升，这其实是把精神和意识当作生理结构的副产品，带有"副现象论"的意味。认为人的感情都基于亲疏远近的关系，这是社会关系决定心理状态的理论，其实似是而非，毕竟人们可能处于同样的社会关系当中，却有完全不一样的身心状态。那种认为人的心理有动物行为模式基础的行为主义，和认为人的心理精神活动如计算机的软件一般，是附属于硬件的功能，也同样似是而非，因为物理主义的还原论把心理和精神活动降低到物质层面，至少是动物的气血层面，不承认灵魂和神魄有超自然的一面。

如果物质层面和动物层面可以看做是自然层面的话，那么《参同契》的身心观，无疑是超自然的，是要求意识超越物质自然、气血自然和机体自然的，也就是说，心意通于神意的自然而然，不是一般自然意义上的自然而然，而是意识到心身之元阳，本来就通于宇宙之真炁的那种自然，可惜,这种自然,由于是超越了后天意义上的自然,就变成先天的自然,而这种先天自然,往往在后天的意义上,被认为是"超自然"。其实,一般的自然,就是后天意义上的自然而然,而通天的自然,才是先天的自然而然。

在后天的自然状态,也就是世俗意义上的自然状态里面,后天之意只可作用于后天精气,对于先天之意的先天状态,其实就像分离隔开一样,基本不能发生作用。后天物理主义意义上的意识,不过是物的衍生品,就是物的一部分,好比大工业生产,使得人物化成为机器的一部分,从而不再具备通于机器产生之前的、创造机器和大工业生产的原初性意识。

虽然人们常说,要不着私意才能自然而然,尤其是《道德经》意义上的通于大道的状态,但其实还是没有达到《参同契》意义上的心意通神而运化作为的状态。所谓意丹自然成就,其实是在先天意义上的自然层面的成就。进入先天意义上的自然状态,才能动用先天之意去调动先天元炁。

如果通神之意调动的不是先天层面意义上的同类真阳元炁,那就好比在后天层面上,用后天之意去调动私意,因为先天层面与后天层面的阻隔,就如想把后天的鱼木炼成先天的珍珠,把后天的蒿草炼成先天的参天大树一样,这样的后天私意,无论如何要超越自身,是不可能被实化成先天的通神之意的。

本章强调只有同类事物之间才会自然相从,其实是强调只有先天层面的意识,才能调动先天层面的元精元炁元神,才能真正地运化精气神而成丹。否则,一般从后天层面运后天意识,想直接修成先天之意丹,这就是想要调动后天不同性质的事物,去炼就先天之丹,可以说完全违背了同类转化的根本原理。后天层面的意识和物理主义意义上的身心状态,与先天层面上的意识和元精元炁元神的状态,根本就不是一个层次上的事物。如果不是在先天元阳元精元神的层面上,就不可能结成宝贵的意丹。

当然,先天的精炁神是与后天身心融贯一体、从来不分开的,所以也可以说不存在超越身心的、超验(超越经验)的先天精炁神,毕竟一切先天的精炁神的运作,都是在后天的身心、也就是五脏六腑和经络运行当中完成的。

先天的心意通天通地,是在阴阳合体的身心上完成修炼过程的,这样的修炼过程,其实是超越儒释道的,不能仅仅认为是道学的特殊功夫,其实儒家的功夫,本质上也是类似的,比如以"诚中之意"的阳性意力主导入世成就的儒家修身境界(《中庸》),用"心天之意"之以先天之心调动后天之境(《传习录》),都不仅作用于身体本身,而且于阴阳合体的后天世俗境界当中修身成德,因为儒家调动的先天之意,要求完全通于后天之运化。在《参同契》当中,后天的自然就是身心状态,在儒家就不仅是身心状态,而且是与身心有关的整个世界。

正是在这个意义上,《参同契》强调调动先天的通神之意来修炼后天人身,凝结成为打通先后天的意丹。因其乃先天元精与元神合凝之丹,所以可以自然渗透无间,通达后天五脏六腑,先后天打通之后,好像能够腾云驾雾一般,达到乘风驾雨般的特殊高妙体验,如跨越时空的真心真情,彻底彼此融通相爱之意丹。此意丹不仅可以带修丹者入"黄中通理"之境,也可以让感通者、相爱者入于此境,因彼此感通跨越时空的意丹,能够于后天的时空当中,一起返归先天的时空状态,直至几世之前,甚至几世之后,都可以合丹而不败。[1]

通神之意融贯先天元精元神之后,凝结的意丹既是某种具体的存在物,也是一种可以转化为心意通天的心身一体的崇高境界。意丹也就成为一种有而无之的恒久存在状态。也就是说,得意丹者,心意自然融贯天地阴阳,并且能够持续涵养之,不泄先天元精元炁元神,长久保持"畅于四肢"的境界。本章强调,悟通意丹之后的心意融通四肢与天地之境界,使人容光焕发,色泽鲜亮,白发转黑,落齿再生,返老还童。老翁变成壮汉,老妪变成少女,不仅身体摆脱了年龄的束缚,心灵也能够摆脱尘世的牵绊,逍遥于四海之内,天地之间,与天地同体,日月合明,故可称为真人。这样的真人无疑是超越了后天时空的人,而返归于先天时空之中,能够以真意融贯天地阴阳,且持续涵养先天元精元炁元神,恒久不败。

---

[1] 柏拉图在《会饮篇》中讨论到人有天生的阴阳,在后天世界里都会努力寻找先天的阴阳,这成为人间以性能量为基础的一切人类意识实化过程的基石。而且此篇提到,人与人最完美的结合是灵魂或精神上的结合,被称为"精神上的受孕",这种结合可以跨越时空,恒久不败,精神力之阴阳和合的力量和永恒性远远超越后天阴阳之气的融合。可见,柏拉图所强调的精神力结合的境界,通于《参同契》从后天修炼入于先天的意丹之境,即通神之意的化境。

背道迷真章第十七[1]

　　世间多学士,高妙负良才;邂逅不遭遇,耗火亡资财①。据按依文说,妄以言为之;端绪无因缘,度量失操持②。捣治羌石胆,云母及矾磁;硫磺烧豫章,泥汞相炼治;鼓铸五石铜,以之为辅枢③。杂性不同类,安肯同体居?千举必万败,欲黠反成痴④。稚年至白首,中道生狐疑⑤。背道守迷路,出正入邪蹊;管窥不广见,难以揆方来⑥。

　　是非历脏法,内视有所思⑦;履斗步罡宿,六甲以日辰⑧;阴道厌九一,浊乱弄元胞⑨;食气鸣肠胃,吐正吸外邪⑩;昼夜不卧寐,晦朔未尝休;身体日疲倦,恍惚状若痴⑪。百脉鼎沸驰,不得清澄居⑫。累土立坛宇,朝暮敬祭祀;鬼物见形象,梦寐感慨之⑬。心欢意喜悦,自谓必延期;遽以夭命死,腐露其形骸⑭。举措辄有违,悖逆失枢机⑮。诸述甚众多,千条有万余;前却违黄老,曲折戾九都⑯。明者省厥旨,旷然知所由⑰。

【译】

　　好学多士,志高慕远,真才实学,惜因无方,空耗火候,白耗资财。依赖文字,随意猜测,肆意妄为,茫无因缘,修炼度量,失其分寸,或烧或炼,捣冶羌石,云母矾石,磁石硫磺,如是之类,杂质丹砂,金石药物,五色诸物,本性相异,离人身性,烧炼外物,冶炼真丹,缘木求鱼,背道飞驰。外在金石,质杂类庞,与人殊异,如何养神?自认聪明,尝试必败,才智超人,弄巧成拙,有识之士,讥为痴愚。年轻始研,发至花白,不见效验,方生疑惑,背弃大道,盲行邪径,管中观天,何论丹道?元阳真气,合理调节,意通天地;其他杂物,加以修炼,愈炼愈迷。

---

[1] 元陈致虚本:同类合体章第十二,明辨邪正章第八;五代彭晓本:世间多学士章第三十四,是非历藏法第二十七,明者省厥旨章第二十八。

金丹之道，非旁可比。历代修丹，旁门左道，内视五脏，存思精光；步星踏斗，采日月光；九浅一深，房中之术，采阴补阳，真气窸迷；忍饥食气，吐正吸邪；常坐不卧，不休何得？左道旁门，皆致疲惫，精神倦怠，恍惚呆傻；乱身百脉，迷糊心神；作法于上，庙宇神堂，朝夕祭拜，而无所成；白日见鬼，尚慨欢欣，希冀延年，反致夭折。技法乘讹，悖乱丹则。条陈万数，皆逆黄老，执迷不悟，俱乖本旨。明白之士，意道丹旨，豁然贯通，金丹旨得。

【注】

① 学士：很有学问之人，指代想学丹道的人。邂逅：偶遇，不期而遇。世间多学士，高妙负良才；邂逅不遭遇，耗火亡资财：世界上有很多有志于学习丹道的人，他们才高思妙，而且确实负有很好的才学，虽然一直努力想不期而遇名师指点真诀，但就是无缘遭逢际遇，所以只是空耗炉火和火候，损失资产财货。

② 文说：书面文字。据按依文说，妄以言为之；端绪无因缘，度量失操持：他们根据按照依从书面文字的说法，私意妄想，以自己理解的言语来付诸实践；他们茫无头绪，无法知道丹法的因缘、始末之理，所以在把握丹法火候度数剂量的时候，总是无法操稳持重。

③ 羌：地名。石胆：胆矾。云母：云母石。矾磁：矾石和磁石。豫章：树名，引申为炭火；一说地名。泥汞：用泥包裹水银，一说含有杂质的丹砂。鼓铸：烧炼，冶炼金石，铸造器物。五石铜：把五色石和入铜里，金石药物。辅：辅助。枢：枢纽，关键，根本。捣治羌石胆，云母及矾磁；硫磺烧豫章，泥汞相炼治；鼓铸五石铜，以之为辅枢。于是他们陷入了外丹的陷阱：他们去玩弄捣冶调治那些羌石胆、云母石，以及矾石和磁石等八石；用炭火去烧硫磺，把泥浆和水银混在一起来烧炼调治；把五色石和入铜里，把这些烧炼外丹的技法当做辅助之方。

④ 黠(xiá)：聪明而狡猾。痴：愚笨。杂性不同类，安肯同体居？千举必万败，欲黠反成痴：这些八石之类的物质本性杂乱，根本不是一类东西，怎么可能愿意混在一个物体之内呢？想要冶炼它们一千次，必然会发生上万次的失败，看起来想变得聪明的想法，却反而被弄成了愚笨之至。

⑤ 狐疑：犹豫不决。稚年至白首，中道生狐疑：用这种方法修丹，从

童稚年幼开始实践,一直到白发苍苍,也不可能侥幸成功;或者修炼到中途,心生怅茫,犹豫不决。

⑥ 揆:揣测。背道守迷路,出正入邪蹊;管窥不广见,难以揆方来:甚至有人背弃大道,坚守迷途,偏出正道,走入邪曲小径;这类修炼者以管窥天,根本不能有宽广的见识,当然难以揆度将来,理解丹道的无穷奥秘。

⑦ 是非:评判,一说"是"指金丹大道。非:不是。历:遍历、遍及。脏:五脏六腑;一说藏:秘密。思:存想。是非历脏法,内视有所思:评判一下历来的各种观想五脏的秘密修炼方法,首先是专门强调闭目内观五脏六腑,并存想其精光的雕虫小技。这也是一种导引术、吐纳术,用意识来导引内气运动,神气下照来观想心肝脾肺肾五脏状态的法术。

⑧ 履:步、踏。斗:北斗。罡:魁罡。宿:星宿。六甲:十天干与十二地支依次相配,成六十组干支,阳干(甲、丙、戊、庚、壬)配阳支(子、寅、辰、午、申、戌),阴干(乙、丁、己、辛、癸)配阴支(丑、卯、巳、未、酉、亥),其中以"甲"起头的有六组,即甲子、甲寅、甲辰、甲午、甲申、甲戌,故称六甲。履斗步罡宿,六甲以日辰:或者行禹步而履罡、踏斗,以采星宿之气;按日辰(六甲日六甲辰)祭祀六甲之神、服六甲之符,以吞日月之光。禹步:道士在祷神仪礼中常用的一种步法动作,传为夏禹所创,故称"禹步",因其步法依北斗七星排列的位置而行步转折,宛如踏在罡星斗宿之上,又称"步罡踏斗"。

⑨ 阴道:女阴。厌:满足。元胞:婴儿胞衣、胎盘。阴道厌九一,浊乱弄元胞:或者对境接气、行房中之术,满足于九浅一深之技法,以之为采阴补阳之火候;或者秽浊迷乱地服食胎胞之衣,以此为养生大法。一说御女采战不讲九(金)一(水),精气流泄,导致元胞浊乱,以致无法炼精化气。

⑩ 食气:吞服外气。正:身内正气。外邪:身外邪气。食气鸣肠胃,吐正吸外邪:或者忍耐饥饿,吞食外气,害得肠胃空鸣的技法,其实很可能吐出身内正气,吸入身外邪气,事与愿违。这是指吐纳采气的方术。

⑪ 昼夜不卧寐,晦朔未尝休;身体日疲倦,恍惚状若痴:或者白天黑夜都不卧床睡觉,就是月末月初也都不停止休息;身体一天天疲劳倦怠,精神恍惚,好像痴呆的傻子一般。这是指战胜睡魔的修习方法。

⑫ 百脉鼎沸驰,不得清澄居:或者把全身百脉之气弄到鼎沸外驰的地步,没有一时一刻让自己得到清净之心,无法澄明思虑,安稳其居。

⑬ 累土立坛宇,朝暮敬祭祀;鬼物见(xiàn)形象,梦寐感慨之:或者堆累土石,建立祭坛庙宇,早晨晚上都去敬拜祭祀;以为能够见到灵鬼神物的形象,做梦遇鬼,感慨欢欣,以为得道。

⑭ 期:寿命。遽:于是,就。心欢意喜悦,自谓必延期;遽以夭命死,腐露其形骸:修炼旁门左道到这个地步,还心里欢快,满意欢喜,开心无限,自己以为肯定可以延年益寿;然而很快就中道夭亡,尸体腐烂,形骸朽坏。

⑮ 举措辄有违,悖逆失枢机:他们的行为举措动辄有违丹道之理,与正法相悖逆行,当然失去丹道的枢机和核心,也就是偏离了丹道的中心思想。

⑯ 前却:进退,向前和后退。戾:罪愆、罪过、乖张。九都:道教的幽冥九都之府,是下地狱的路,越走越暗;一说九真之法,九教丹经。诸述甚众多,千条有万余;前却违黄老,曲折戾九都:各种传述的旁门左道实在是非常之多,成千上万,不可胜计;他们的举措乖谬,进退之方从根本上违背黄帝和老子清静无为的教导,曲折而难通大道,如果执迷不悟,他们获罪于天,势所必然。

⑰ 厥(jué):其,他的;乃,才。明者省厥旨,旷然知所由:修炼丹道的明白人自然能够反省考察此书的意丹大旨,就能豁然贯通,旷然洞明丹道的根本,彻悉修道的因由。

【解】

修丹的秘密都在文字之外,可是因为丹道通天,历代注释都不明言,所以看起来聪明才智之士,却可能常常倒在寻章摘句之间。他们过分依赖文字的记载,看不懂不求甚解,反而去随意猜测,甚至肆意妄为,以至茫无头绪,也就失去了度量真实材质,以其修炼成真丹的因缘。迷于文字相的修丹者,往往捣冶羌石胆、云母及矾石、磁石、硫磺之类,或烧炼含有杂质的丹砂,以及五色金石药物等等,可是这些事物的本性,彼此就相去甚远,离人身性命的本性和精气神的状态,那就愈加遥远了,所以历代希望通过烧炼外物、服食外丹的修炼方法,基本上都不可作为冶炼真丹的途径,应该说是与金丹大道背道而驰。

本章强调黄老之道,修丹必以无为为本的根本宗旨,和一切丹法都不能离开同类的感通和相互作用。所以此章通于以类相况章第三十二"好者亿人，讫不谐遇，希有能成；广求名药，与道乖殊"；"不得其理，难以妄言"；也通于后序孔窍章第三十六"传世迷惑，竟无见闻"。如果不得修丹的真理，就容易被各种旁门左道之术所吸引，此章列举如下：一、内视五脏，存思其精之光；二、步星踏斗之术，以期采日月之光华；三、九浅一深的房中之术，以期采阴补阳，迷乱真气与真情；四、服食胎胞之衣，以为养生大法，徒添秽浊；五、忍饥食气之术，结果把身中正气吐出，吸入身外邪气；六、常坐不卧，不眠不休，精神倦怠，恍惚呆傻，百脉紊乱，无法清澄心神；七、修坛立庙，早晚祭拜，白日见鬼，疯疯癫癫。这些历代传下来的旁门左道，都要否定。

修丹的核心在于修炼精气神，如果为了修炼精气神，而驰神外求，最后伤身而不自知，简直荒唐可笑。可是世间就有很多才高好学之士，他们可能志慕高远，而且是确有真才实学之人，可惜因为无缘得到名师正传，结果空耗火候，白耗资财。伯阳祖师写下这样的话，说明汉代之前，就已经有很多人修炼外丹但不得丹道，他已经明确表示反对了，但是隋唐一代，还是很多人修炼外丹，而且以外丹注释《参同契》也为数不少，可惜随着外丹不能真正挽救人的精神和生命，宋元之后，才以内丹为主。

【意】

修丹之术，无非内外。求之于外，不可得丹。本来不难，可是迷者自迷，难以醒悟。外在的金石杂质，性质庞杂，无论修炼得多么精致细密，与人身的元精元神性质情状完全不同，怎么可能滋养元精与元神？即使今天滋养身体的各种药物层出不穷，其实选用还是要慎之又慎。历代外丹修炼，可以说无论尝试多少遍，都已证明必然失败，很多自认为聪明才智超出他人之上的人，甚至人间帝王，由于迷恋外丹，弄巧成拙，为天下笑，讥为愚痴。

可是长生不老是人类永恒的理想，很多人从年轻的时候就开始执迷其中，一直钻研到头发花白，虽然中途因为看不到效验而产生疑惑，但对于自己已经背弃大道，并无感觉，所以就一直偏离正道，甚至坚持走邪径，就好比井中之蛙，为见识所限，加悟性有限，反而坚持井中观天，可以说执迷不悟，不愿意离开自己的意念所见识的世界，切不可跟这样的曲士和糊涂之人讨论修炼意丹的大道。

修炼意丹的大道是用通神之意对元阳真炁的合理调节至于意通天地之境方可，用其他杂物加以修炼，一定弄巧成拙，越炼越迷糊。明白修炼意丹大道本旨之士，自然能够豁然贯通丹道的金丹本旨，领悟到这些追求以外物修丹的技法，都乖讹悖逆修炼意丹最根本的原则，也就都违背黄老清净无为之旨，如果对之执迷不悟，就完全违背先辈所传修炼意丹本旨。

导引术和观想术的问题在于，过分强调闭目内视，存想心肝脾肺肾五脏之精光，这需要依赖意识的作用，而只要有意识具体的分别作用，那就仍然没有得道。修丹得道的状态，应该是意识通神，而几乎不再有意运用意识的状态。修炼意丹需要明确反对服食外丹的有效性，而伏食内丹才有合理之处。修炼意丹要修炼身体的药物，要采日月之光华，配合天时以进退。先天一炁既是自发的，也是从天地而来的，修丹如果能够吸收太阳月亮的精华，顺阴阳而动，从逻辑上是增强修丹之能量的。如果采集日月光华，能够打通当下的意识境遇，使之通达天道神境，则能够更早地修成通神之意的境界。只是具体的修丹之法，古已有之，不必过度执著。

三圣制作章第十八[1]

若夫至圣，不过伏羲，始画八卦，效法天地。文王帝之宗，结体演爻辞。夫子庶圣雄，十翼以辅之。三君天所挺，迭兴更御时①。优劣有步骤，功德不相殊。制作有所踵，推度审分铢。有形易忖量，无兆难虑谋。作事令可法，为世定诗书②。素无前识资，因师觉悟之。皓若褰帷帐，瞋目登高台③。

《火记》不虚作，演《易》以明之④。《火记》六百篇，所趣等不殊⑤。文字郑重说，世人不熟思。寻度其源流，幽明本共居。窃为贤者谈，曷敢轻为书？若遂结舌喑，绝道获罪诛。写情著竹帛，又恐泄天符⑥。犹豫增叹息，俯仰缀斯愚⑦。陶冶有法度，未可悉陈敷。略述其纲纪，枝叶见扶疏⑧。

【译】

人中圣雄，伏羲至尊，创画八卦，仿效天地，取法天数。历代帝王，文王为宗，结合卦体，推演卦变，系作爻辞。孔丘夫子，出身平民，成就非凡，终成圣雄，易传十篇，如经羽翼，相辅相成。伏羲文王、孔子三圣，天所挺立，神雄圣才，代代相接，更迭兴起，统领时代。推考古今，炼丹之法，分析步骤，各有优劣，修身济世，功德无差。造参同契，接续前圣，文章推理，校度丹道，极度审慎，毫厘分铢，不可放过。后天形物，容易忖度，此书丹理，无形无兆，先天丹法，极难思谋。写作此书，纯属无奈，作言谋论，转为后天，后世学人，或可效法，传道记述。先天丹诀，歌谣为体，为参同契。余无先知，因遇名师，丹道之秘，指觉点悟。如揭秘帐，似登高台，极目远眺。

---

[1] 元陈致虚本：三圣前识章第十三，龙虎两弦章第九；五代彭晓本：若夫至圣章第三十五，火记不虚作章第二十九，火记六百篇章第三十六。

火记录丹,真实不妄,本自易数,卦爻象理,推演阐明,修丹之道。火记六百,言语虽殊,本旨趋同,文字表意,郑重其事,世人无暇,不及三思,溯源追根。天地之道,幽暗难明,大丹意道,仁人君子,口传心授,岂敢妄刻?闭口不谈,道脉断绝,获罪于天;笔之于帛,所传非贤,泄天露机。犹豫叹息,俯仰之间,所思所得,连贯成篇,丹法微妙,难以言传,无法述尽,敷陈大要,略述纲领,透过枝叶,体验妙境。

【注】

① 结体:指周文王把伏羲先天八卦两两相重为六十四卦,进而结合卦体推演爻位之变化。庶圣雄:平凡中的杰出者。十翼:《易传》十篇,相传为孔子所作,如经文的羽翼一般,相辅而行。其中《彖传》、《象传》、《系辞传》三篇各分上下,加上《文言》、《说卦》、《序卦》、《杂卦》四篇合成十翼。三君:伏羲、文王、孔子。御时:统管时代,驾驭人类社会。若夫至圣,不过伏羲,始画八卦,效法天地。文王帝之宗,结体演爻辞。夫子庶圣雄,十翼以辅之。三君天所挺,迭兴更御时:如果说起那些人中圣雄,没有能够超过伏羲氏的,他创始画出先天八卦,仿效取法天地之数。周文王可以说是历代帝王之宗师,他结合卦体的性质,推演爻的变化[1],从而写下卦爻辞。孔夫子虽然出身平民,但终有圣雄一般的成就,他为《易经》著述《易传》十篇,与经文相辅相成。伏羲、文王、孔子三人都是天所挺立推崇的神圣雄才,他们一代接一代更迭兴起,统领他们的时代。

② 踵:脚后跟,指继承、接续者。铢:计量单位,一两有二十四铢,一斤有三百八十四铢。忖:揣度,细思,考量。兆:征兆、预兆。谋:谋划。法:法则。诗:记载丹诀的古歌。书:指《周易参同契》。优劣有步骤,功德不相殊。制作有所踵,推度审分铢。有形易忖量,无兆难虑谋。作事令可法,为世定诗书:推考古今炼丹之法,其步骤各有优劣,但其修身济世之功德,却彼此差别不大。本书《周易参同契》的造制和写作,也得接续前面几位圣雄对《周易》的创发性贡献,文章的推理、校度丹道之理都极度审慎,至于一分一铢那么细微之处都不放过。写书如果讨论的是有形的后天事

---

[1] 文王基于卦变作卦爻系辞,其所据《文王卦变方圆图》参见温海明:《周易明意:周易哲学新探》,北京:北京大学出版社,2019年,第52页。

物,当然就容易忖度思量,可是此书研究丹道之理,所研讨的是无形无兆的先天丹法,那就极难思虑谋划了。写作此书纯属无奈,因为必须要把先天丹法作言谋论,转为后天事物之后,才能让后世学道之人可以效法,也是为了世间有志于学道之人,我才写定这部以记载(先天意)丹诀的歌谣为主的《周易参同契》。

③ 前识:先见之明,天生智慧。皓:洁白。褰(qiān):撩起;揭起(衣服、帐子等)。嗔(chēn):发怒、生气、怪罪。嗔目:瞪大眼睛。素无前识资,因师觉悟之。皓若褰帷帐,嗔目登高台:我其实也并不具备什么先见之明的资质天才,实乃因遇名师指点而觉悟丹道之秘。一旦开悟就皓然明白好像揭开了秘密的帷帐一般,也好似登上高台可以极目远眺。

④《火记》:相传为上古丹经,阐述丹道火候要秘之书。《火记》不虚作,演易以明之:《火记》这部古传的丹书不是凭空虚作的,而是推演易道来阐明丹道之理。

⑤ 趣:通趋。《火记》六百篇,所趣等不殊:《火记》这部丹书总共有六百篇,所记载的丹道火候之旨趣虽有等差之别,但并不殊异,终归一理。

⑥ 幽明:幽指天道,明指人道。喑(yīn):缄默不言。文字郑重说,世人不熟思。寻度其源流,幽明本共居。窃为贤者谈,曷敢轻为书? 若遂结舌喑,绝道获罪诛。写情著竹帛,又恐泄天符:古代像《火记》这样的丹经文字都是对炼丹之理的郑重说法,可是世间之人却不去深思熟虑。探寻揣度丹道之理,穷源溯流,丹道与幽隐不明的天地之道本来就共同居于宇宙深处。著述丹书就好像把天上的秘密偷盗下来和贤明的人交谈,哪里敢轻易写下书里的只言片语? 如果因此就结舌而不言,可能断绝丹道传承,因此获罪遭到天谴诛杀。如果把实情秉笔尽著于竹帛之上,又担心泄露天机,所传非人而致天谴。

⑦ 犹豫增叹息,俯仰缀斯愚:实在犹豫又叹息啊,时而低头,时而仰面,缀纂此书,权当愚篇。

⑧ 扶疏:枝叶茂盛,高低疏密有致的样子。陶冶有法度,未可悉陈敷。略述其纲纪,枝叶见扶疏:修丹大道熏陶冶炼丹法都是有法度分寸的,我在书里不可能全部铺陈出来,敷布到位;只能简略地叙述其中纲领纪要,希望修丹之人通过书中所提及的枝叶,能够一窥丹道的胜境和全貌。

【解】

仇兆鳌认为本章是徐从事的传文写完之后的序[1]。本书认为,徐从事写的是古《参同契》的经文,又称《龙虎经》,魏伯阳对经文作传,并编辑全书。本章提到《火记》,当理解为徐从事经文当中所记,比魏伯阳作传文的时候再提,要显得更加合理。

《周易》是统领时代之书,其最为了不起的创造,是分出先天八卦和后天八卦,体用一如,显微无间。后天八卦配时令、方位可以解释 64 卦 384 爻,而且卦爻之间,不可须臾离却先天易道,这就是《周易》哲学思想,时时刻刻从后天返先天的微妙玄意之门道。每一代新的易学,要想有所创造,既需要突破后天易学的具体解释框架来形成新的解读,又需要继承和发展先天易道,丝毫不可违背,否则就是无道之易、无道之学,也就不可能开创易学解释的新时代。

伏羲一画开天,把先天易道,用先天八卦的后天图式揭示出来,他的先天八卦,以后天图式接续先天易道,所以成为有史以来人间最高明的圣人,也就是说,伏羲的先天八卦,效法的是天地先天之道,也就是天地自然之意。他运用的虽然是后天意念,但表达的是先天意道,所以伏羲之高明,在《参同契》的解读语脉当中,应该从头至尾贯穿下来。

周文王把伏羲先天八卦挪动位置改成后天八卦,并两两相重,结合成体,而成六十四个六爻卦,观察爻在卦中的变化,进而推演出卦爻之辞。文王后天八卦通于天时、方位、季节,配上天干地支,合于五行生克,能够与农业社会的春生夏长秋收冬藏完美结合,虽然所用皆后天之人伦日用,但念念不离伏羲先天易道。所以,领悟文王后天易学不可须臾离却伏羲所示先天意丹之道。

孔子用十篇《易传》分别对伏羲、文王的体系做了辅助性的解释,其文字也是后天易学之具体化,但字字句句都是先天易道的实化过程,所以理解孔子《十翼》,不可离开伏羲先天易道,而且要在意会后天文句的同时,时时刻刻复活先天易道。

---

[1] [清]仇兆鳌:《古本周易参同契集注》,上海:华东师范大学出版社,2015 年,第 134 页。

　　三位圣人之所以被认为是上天所推崇的,就是因为他们的意念时刻通神,通于先天的活易道。他们之所以能够挺立于世间,不是因为他们发明的后天卦爻符号和文字系统,而是因为他们的卦爻符号与文字系统时时刻刻没有偏离先天易道。因此,他们虽然在不同时代相继兴起,但都能统御其所在的那个时代和后来的社会发展,是因为他们揭示的是超越时空的先天易道,即通神之意,此意永恒不变,所以他们能成为圣人与英雄式的人物。

【意】

　　《周易参同契》修炼意丹的大法本是三圣相传的先天易道。先天易道体现在后天卦爻推演和人事运作之中,时刻没有脱离先天通神之意。一般修丹之人理解和思考都落于后天,毕竟对于有形的事物容易揣忖估量,可是,对于无兆无形的先天易道和意丹,则非常难以思虑营谋。这就是后天物理主义的心灵哲学研究,其实根本不可能理解先天元精元炁元神意义上的精神修炼,所以科学主义的心灵观,其实与中国、印度等古文明传下来的心身观大异其趣。

　　徐从事、魏伯阳为了揭示先天意道(意丹之道)的实存,为了帮助后人领悟修得意丹的大法,不得已写下《周易参同契》经传文,为后人留下一部可以依托文字领悟先天意丹的丹书,以便让后人可以有所依循。问题的关键不在于其中的文字记录,而在于文字背后记录的先天意道,即他们因遇名师指点而觉悟的先天意丹大道,与伏羲、文王、孔子三圣的易道一以贯之,此后他们的心意一直洁白如镜,直接映照出先天之丹。他们以自己从后天修炼反修先天之丹的经验,确认更古时代的《火记》所记录下来的修炼意丹的方法真实不妄,所以在本书中依据《周易》卦爻象与阴阳之理的推演来继续深入阐明修炼意丹的道理。这些阐明其实都是后天文字和卦象意义上的说明,而真正的意丹之道都在先天状态。

　　《周易参同契》设定了这个从后天之道返归先天之丹的言语模式之后,虽然古今修炼意丹之法各有千秋,步骤也有区别,但都必假《周易》卦爻象与数理来发明其说。这是因为只有这套说法,本身从三圣开始,就是后天返归先天的高妙话语系统,后世为了说明如此严密深刻的返归先天的功法,要修炼意丹,就必须跟进继承《周易》之道的表达方式,因为只有在这样的推演审度中,后天返归先天的努力才能表现得极为精审细微。当然,也正是因为这种从后天易学揭示先天之丹极其微妙和富有难度,其表达无论如何精准,理解起来都如天书一般。

在徐从事和魏伯阳的时代,《火记》已经不传,或许只是秘传,不过其言语虽殊,本旨应该与《周易参同契》一致,那就是文字无论如何郑重其事,都是后天传道之工具,真正需要仔细研究和探寻揣测的,是后天文字所蕴藏的先天之道,如果不能把其根源追溯至幽暗不明的天地之道,那就不可能理解卦爻和文字都是用以载道的方便法门。正是因为领略先天意道之难于登天,所以修炼意丹的大道古来都是秘传,此即本章所谓只敢跟仁人君子私下口传心授,不敢轻易行诸文字。

可是作者的吊诡处境与老子"道可道,非常道"一样,如果闭口不谈,则可能道脉不得传承,天道选择了悟道之人,如果悟道之人使天道传承断绝,那就可能获罪于天;可是,如果秉笔直书,把先天意丹之道的绝密都论述出来,又担心所传非贤,以致天机泄露失道,可能会遭受天谴。所以得悟先天易道之人,在表达和不表达的尴尬处境之中,往往犹豫叹息不已。但为了使得先天意丹之道不致断绝,只得勉为其难,在俯仰之间,努力把自己所思所得连贯成篇。毕竟修炼意丹的法度无比微妙,实在难以言传,无论用多少言语都无法叙述详尽。所以作者只能敷陈略述修炼意丹之纲领法要,让人通过学习修炼意丹的后天枝条,尽量观察体验到先天意丹的美妙盛境。这是《周易参同契》作者无限艰难尴尬处境的表达,也是文本之所以诘屈难读,甚至故意以错乱文字的版本行世千年的原因所在。

魏真人《五相类》序[1]

《参同契》者,敷陈梗概,不能纯一,泛滥而说,纤微未备,阔略仿佛①。今更撰录,补塞遗脱,润色幽深,钩援相逮;旨意等齐,所趋不悖②。故复作此,命《五相类》。(则大易之情性尽矣③。)

大易情性,各如其度。黄老用究,较而可御。炉火之事,真有所据。三道由一,俱出径路④。枝茎华叶,果实垂布;正在根株,不失其素;诚心所言,审而不误⑤。

【译】

古本参同,功理功法,梗概陈述,未能详披,精华玄机,全面笼统,介绍纲要,细微曲折,难免不备,粗疏过简,现撰此篇,拾遗补阙。幽玄深奥,修正阐发,提要钩玄,经文之意,贯通上下,等齐意旨,不至悖乱。重补撰述,将其命名,为五相类。周易阴阳,终始情性,五行完备,无所遗漏。

修炼意丹,依托有本,阴阳易理,合乎卦象,不废度数。黄帝老子,修丹有法,掌握大旨。外丹炉火,取用为喻,真凭实据。易老丹道,三道同归,阴阳之道,即其径路。春生草木,抽茎发枝,开花展叶,秋实累累,垂挂枝头,探讨其源,在意之根。诚心实意,肺腑之言,后之读者,审查推敲,可知无误。

---

[1] 元陈致虚本:补塞遗脱章第三十四;五代彭晓本:补塞遗脱章第八十四,大易情性章第八十五,枝茎华叶第八十六。阴本下卷注:"魏公恐学者难悟,故润色于其中,更撰《五相类》以证其易道。《五相类》者,以五行相类也。"萧汉明认为,这是魏伯阳理论水准和思维方式向众生发展的过程。参萧汉明、郭东升:《〈周易参同契〉研究》,上海:上海文化出版社,2001年,第59页。

【注】

① 参：三，指《周易》、黄老、炉火。同：相同、相通。契：相契、相类。《参同契》：魏伯阳此处指古本《参同契》，即徐从事著《龙虎经》。敷：铺开，摆开。陈：叙述。纯一：纯粹、精华、精一、精细。泛滥：河水溢出、漫出四散，此处指泛泛而谈，笼统得说。纤微：细节、细微。阔：粗疏；一本作"阙"，间、缺之意。仿佛：类似，比方。《参同契》者，敷陈梗概，不能纯一，泛滥而说，纤微未备，阔略仿佛：古本《参同契》这部书大概叙述了修丹之道的梗概，不能讨论非常精细的要点，只是泛泛地说了一些，关于修丹的一些细节当然未能全备，只是通过粗略的方式，用比喻的手法把丹道的要旨简单说明了一下。

② 润色：对文字进行修饰。幽深：隐幽深奥的道理。钩援：本义是用来爬城墙的云梯，此处指钩玄提要，使得文义前后关联贯通。今更撰录，补塞遗脱，润色幽深，钩援相逮，旨意等齐，所趋不悖：为了弥补不足，现在就再撰写、记录一些内容，用来弥补、填充之前遗漏和脱落的地方；对隐幽深奥的道理做点文字上的修饰，使得经文的意思能够勾连起来，前后贯通；使得经文的主旨大意能够前后等齐，文字的旨趣也不至于前后悖乱矛盾。

③ 故复作此，命《五相类》，则大易之情性尽矣：所以（我）在之前经文的基础上重新有所创作，把这一篇文字命名为《五相类》，说明此书以五行之理打通《周易》、黄老和炉火（丹道）之学，也算伟大《周易》的实情和本性得到彻底贯彻了吧。

④ 用究：要研究。较：大旨。御：掌握。大易情性，各如其度。黄老用究，较而可御。炉火之事，真有所据。三道由一，俱出径路：伟大《周易》的实情和本性，基于阴阳之道，每卦每爻都对应着天地的度数和分限；黄帝老子研究说明无为之学和自然之意，其大旨仍然可以通过阴阳之道来掌握和驾驭；至于此书探讨的炉火丹道之事，是真实而且完全根据阴阳之道的。大易之道、黄老养性、炉火伏食这三个大道皆本诸一个阴阳之道，都由阴阳之道开显而出。

⑤ 枝茎华叶，果实垂布；正在根株，不失其素；诚心所言，审而不误：春天的时节，花草树木抽茎、发枝、开花、展叶；到秋天的时候果实累累、垂

挂枝头；这正是从植株的本根开始的，而且不会失去其本然天性；这些都是我正心诚意所说的话，修此道者可以深思审察，将会发现我所言非虚。

【解】

本章是伯阳祖师为补缺徐从事著古本《参同契》的不足而作的《五相类》之序言，所以称为《魏真人〈五相类〉序》。在伯阳祖师看来，徐从事著古本《参同契》只简述了修丹的梗概，所以不够纯粹，只是泛泛而谈，没有触及很多细节。古本《参同契》对修炼意丹的功理与功法只做了梗概性的陈述与介绍，而没有直接纯粹详尽地披露修炼意丹的精华与玄机，比较全面笼统地介绍其纲要，而对细微曲折之处没有加以说明。总觉得避免不了一些缺漏和过分简略的地方，现在撰写此篇，力求补足充实遗忘脱落之处，对于过于幽玄深奥的地方也加以修正阐发，提要钩玄，使经文之意上下贯通，意旨前后等齐，旨趣不至于相互悖乱。

伯阳祖师重新做了一些补充撰述，将其命名为"五相类"。如此则《周易》阴阳五行终始之情性则尽皆完备，无所遗漏了。可见，伯阳祖师的意思是，将在自己写的四言《五相类》部分，充分阐发五行生克之理，来详细解释并弥补古《参同契》的不足。《五相类》部分用四言句阐发的五行生克之理，包括天道、地道、人道之理，每部分都各自有其五行生克制化的原理，从四季五星二十八宿的运行，到四方五行与方位的对应关系，再到人身五脏五官五气等的对应，可以说巨细无遗，天衣无缝。他说这些都是出于诚心诚意的肺腑之言，请后来读者仔细推敲审查，可知确实没有一点失误。

【意】

"正在根株，不失其素"有解为修丹之道都从海底根部发出，不失去人身本来（素）那点真一之水。但这样的理解，显然是以后天之水为本。如果认为，修丹之士要明白金丹大道的根基所在，在于肾间动气，在"天癸"产大药之根，这样理解是后天之水本论，而不是先天之意本论。因为壬是天水，形上之水；癸是地水，形下之水，指代生命之力、荷尔蒙、性腺等体液，这都是后天之水。一说"天癸"的位置在两个精囊或两个卵巢之间，时间在亥时至子时之间。"天癸"发动之时，即肾间动气，一阳生，即金液，大药产后，才能留住元神之精气。这类说法指的是后天形下之水，无论如何修炼，也只能是形下层面，不能上升到先天形上层面。

修炼意丹需要依托阴阳易理，合乎易的卦象所配的天然度数，返归先天真一之炁。好像春天时花草树木抽茎发枝，开花展叶，秋天时果实累累，垂挂枝头，而探讨其根源，就在其根株之本，就如三者皆离不开人身的真一之水。黄帝老子修炼意丹之法，掌握了其大旨。修炼意丹亦取外丹之炉火为喻，所以有真凭实据。可见《周易》、黄老和丹道[1]三道都不出阴阳之道，都以阴阳之道为其说法的出发点与进路。"三道"接前"大易""黄老""炉火"三者而来，语脉顺承。此"三道"也是《参同契》"参同"三者的对象和基础，说明作者之"参同"本旨，乃是融汇"大易""黄老""炉火"三者。这里的"三"就是后来要通的三者。

此部分说明全书大旨，是用五行类比来解释经文的意义。《古本》四言部分当是伯阳祖师亲作，以五行生克之理说明三者之通。

---

[1] 任法融认为"三者"是"药物、炉鼎、火候三者"，可备一说。参任法融：《周易参同契释义》，北京：东方出版社，2012 年，第 201 页。

《五相类》

乾坤坎离章第十九 [1]

乾刚坤柔，配合相包①。阳秉阴受，雌雄相须②。偕以造化，精气乃舒③。

坎离冠首，光耀垂敷④。玄冥难测，不可画图⑤。圣人揆度，参序元基⑥。

四者混沌，径入虚无⑦。六十卦周，张布为舆⑧。龙马就驾，明君御时⑨。

和则随从，路平不陂⑩。邪道险阻，倾危国家⑪，可不慎乎?⑤

【译】

乾鼎坤炉，一刚一柔，阴配阳合，相抱化合。阳意发动，阴意领受，雌雄一体，交融互济。阴阳和谐，造云化雨，丹精苏醒，气息调畅。

坎月离日，后天之首，日月合明，光耀乾坤。垂下敷布，幽玄窈冥，难绘象图，加以蠡测。圣人揆量，测度成易，参易之序，通元意基。

乾坤鼎器，坎离药物，火候发动，窈冥混沌，烹煮升腾，入虚化空。余六十卦，火候周流。张火布符，一日两卦，周月往复，如御车舆。乾龙坤马，乘驾有方。心如明君，驾火御时。

水调火和，神随炁从，稳路平驱，不堕邪道。火候失准，妄行邪道，危险定生，阻神塞炁。走火入魔，危身害家。丹道火候，分毫须慎。

【注】

① 乾阳刚坤阴柔，乾首坤腹，乾鼎坤炉，乾坤相交而成坎离，修丹之药物孕产于其中，相互包容，彼此含蕴。

---

[1] 元陈致虚本:阴阳精炁章第十六;五代彭晓本:乾坤刚柔章第四十一。

② 乾阳施播为"秉",坤阴受养为"受","秉受""相须"即阴阳交媾之意,天地阴阳交媾而生万物;丹法阴阳交媾而产药物。

③ 炼丹于乾鼎坤炉之中,行坎离交媾之道,配合阴阳造化消长之理,使得火候恰当,让人身精气与天地之机相合,精气舒畅流布,心意畅达通天而成丹。"偕"一本作"须",上句有"须",改。

④ 坎离喻炼丹之药物,取象于日月交相辉映,药物在人体之内流布,垂下敷布于周身百骸之中,犹如日月光明相继而起,照耀天下四方。人身之元精元炁元神是修丹之基,如日月光辉垂照宇内,内照人身,人身即有阴阳气行,精炁神彻通天地,可见,天人时刻感应,是修丹的物理基础。

⑤ 丹道幽微难见,恍恍惚惚,无形无相,难以测度,无法用图画来描绘。圣人发明和推演八卦,就是为了说明天道运行难以明言的状态。

⑥ 古圣先贤探赜索隐,洞晓阴阳,深达造化,所以能够揆量天地日月运行的度数,确证意丹之实存,而建立意丹之学说,用意参研,通于元神,建立意基;使精气运行,如阴阳往来消息有序,从而建立意丹元初之基石。

⑦ 四者:乾坤坎离。乾坤为鼎器,坎离为药物。混沌:混而为一,为火候发动,药物在鼎器中烹煮烟雾缭绕、杳冥恍惚、混混沌沌之象。虚无:鼎器中空虚能容物的空间状态。

⑧ 六十四卦除去乾坤鼎器、坎离药物,余六十卦皆为火候,配合人体元炁周天运行。炼丹之时,驾驭火候,犹如驾驭车舆,一日用两卦,正好一月用六十卦,正如车轮旋转,周而复始,每月循环。

⑨ 乾为龙,坤为马,取象于卦辞,与《说卦》不相悖。明君:指心意通神的状态,修炼意丹的中途,当时刻制意有方,把控操持意动的分寸,丝毫不乱。

⑩ 和:为水火调和,火候把握正好的状态,意通乎神,则情意相和,和炁随从。陂:一本作"邪",语出泰卦九三"无平不陂(pō),无往不复",意思是没有只平坦而不起伏的,也没有只前往而不复返的。

⑪ 指驾驭火候的分寸如果走上邪道,好比开车走错路,非常危险。国家:指身体,比喻控制不了火候的话,会把身体倾覆,走火入魔。仇兆鳌注:"此句旧在下章之首,细玩文义,当在此章结语。"[1]今从之。

---

[1] [清]仇兆鳌:《古本周易参同契集注》,上海:华东师范大学出版社,2015年,第10页。

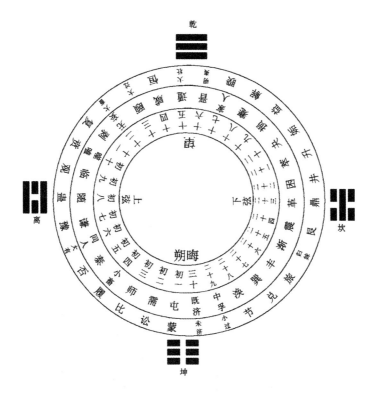

【解】

　　乾坤为易道之门户,修丹之鼎器,坎离为修丹之药物。有了鼎器和药物,就要把握好火候。古来丹书"传药不传火",火候要言传身教。火候把控之几微非常关键。关于解经的术语,朱熹的说法有相当代表性:"坎离、水火、龙虎、铅汞之属,皆是互换其名,实则精、气二者而已。其法以神运精气,结而为丹也。"[1]可见,朱熹强调用神来运化精气,而结成丹药,至于其他各种名称,其实都是精气的代称。

　　人身与宇宙运化的机理相通,宇宙之间,阴阳之气,交互往来,万物万事都在其中生成流转。人身作为一个小宇宙,也好比一个阴阳发动机,意念意会人身阴阳之气的运转,可以理解为阴意与阳意在人身发动,好像天地之间阴气与阳气流动运行。在人身的阴意与阳意交融互动之中,身体

---

[1]〔清〕仇兆鳌:《古本周易参同契集注》,上海:华东师范大学出版社,2015 年,第 9页。

之内,云升雨腾,精气舒畅。丹道之理,借用外丹,实不得已,因为意念悟到先天真一元炁之真实不虚,却只能用外丹术语加以表达,所以药物和火候,都不得不借用外丹术语,也因此内丹之道,成为易道的延展,蕴意丰富,隽永绵长。

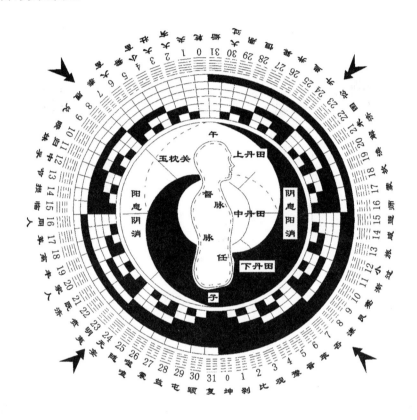

人能够悟得先天真一之炁,就能够"食母"(《道德经》第二十章),体会到天地的母爱之源,如有人间母爱,能够跨越时空,从先天之境给予后天身体与意识之运化以巨大加持,化生出无穷无尽的精神之力,犹如玄牝化生万物。世间一切,皆以意为本,皆来自意识变幻,都是意能转换的形态。如果有真一之炁如母爱之力源源不断地加持,人间意力即通于无限,犹若神助,此便是通于先天之元基。

领悟先天之原始炁机,即可领会伏羲先天八卦图之先天易道,通乎其玄妙窈冥、混沌虚无的先天状态。通于先天真炁的真意,能够驾驭真炁在人身之中运行,统配周天六十卦图,如驾玄车游于天时之际。先天真炁通乎后天境界,就如乾龙坤马,明布天下,驾驭意丹之人,时刻从后天返归先天,如明君统摄天时形势一般,实现水火调和,神通炁顺,能使天地元炁与后天之事物和谐相从。河车运转时,以神领气,一转就是完整的一周天,也就是一个呼吸,吸时从会阴升到百会,呼时从百会降到会阴,就完整经历了周天之中的六阳时与六阴时各个时辰刻度。

【意】

修炼意丹必须要用意念之光,回到先天真炁之境,后天阴阳相抱,调动坎水离火,重回万物生生不息的源生之境。意丹成于阳意生发于阴意之下,并为阴意所领受,如夫妇相合,雌雄一体,从而水火交融既济,转化先天之情(金)为先天之性(木),让意丹回复于先天之意境。意丹之修炼当与天地阴阳气机之造化相融汇配合,意本炼金气与精水,融贯升腾,凝结而成意丹。

"光"是道术修行体系核心概念之一,对于"光"的性质和状态的理解,不仅决定着修行功法门派的区别,甚至决定着修行的成与败。《太乙金华宗旨》的"金花""在秘传含义中包含了'光'"[1],卫礼贤写道:"如果追问这种光教指向何方,那么我们首先会想到波斯,因为在唐代,中国很多地方都有波斯寺院。不过,虽然某些观点与查拉图斯特拉宗教尤其是波斯神秘主义相符,但也存在着非常巨大的差异。"[2]这种把波斯神秘主义宗教当作中国道术"光"的来源的理解有着非常西方化的视角,而没有体会到中国古人对于"光"有着非常深刻的理解,并有相当的文献记载。至少,《道德经》本身就有关于"光"的论述。如通行本《道德经》第四章、第五十六章都有"和其光,同其尘","光"被"和"了,而不仅仅是向外发散的,所以已经有明显的内观倾向存在。第五十二章有"用其光,复归其明,无遗身殃",发光体照向外物为光,但作者强调意识内观,不向外扰物,因而安宁且安全,不给自身带来麻烦和灾祸。这里强调心意有"明"道之光,善加利

---

[1] [瑞士]荣格、[德]卫礼贤著,张卜天译:《金花的秘密》,北京:商务印书馆,2019年,第80页。

[2] [瑞士]荣格、[德]卫礼贤著,张卜天译:《金花的秘密》,北京:商务印书馆,2019年,第80页。

用,返回"道"体清明的状态,是从意识向外迷失走向道体清明的内观与明觉,也就是说,向内才是真"明"。第五十八章有"光而不耀",指明体达道之人,超脱于事物的相对性之外,同于大道,无所滞着,光亮而不刺眼。这些《道德经》中对"光"的理解,都有明显的内观倾向,也就是说,不是顺着光向外发散,而是向内收敛光芒的倾向,这种光芒的倾向,代表道家收敛心意的基本倾向。新道学修丹把意识之光内照,向内为真"明"的哲学倾向,发挥到相当深刻的境界。

卫礼贤在《太乙金华宗旨》译文序言的最后部分,专门解释了后天八卦:

> 震卦代表雷、生发的东西,是从土地深处爆发出来的生命,是一切运动的开始。巽卦代表风、木、柔和的东西,表示实在的力量流入观念形式。正如风可以遍及所有空间,巽也可以渗透一切,创造"现实"。离卦代表太阳、火、明亮的东西,在这种"光的宗教"中起着重要作用。它居于目,形成保护圈,带来重生。坤卦代表地、接受性的东西,是两个初始本原之一,即在地的力量中实现的阴。地作为耕种过的田野接受天的种子并赋予其形体。兑卦代表湖、雾、明朗的东西,是阴的终结状态,因此属于秋天。乾卦代表天、创造的东西、强大的东西、是阳的实现,滋润着神。坎卦代表水、深不可测的东西,与离卦相对,这从卦形上也可以看出来。坎代表厄洛斯,离代表逻各斯。离是日,坎是月,坎离结合就是产生婴儿、新人的那个神秘的魔法过程。艮卦代表山、静立的东西,是禅定的象征,通过使外物保持静止而实现收心内视。因此艮是生死相会之所,在那里完成了"死而转生"(Stirb und Werde)。[1]

他对后天八卦的理解,合于《太乙金华宗旨·天心第一》"回光之功,全用逆法,注想天心。天心居日月中。""回光"就是所谓"光的宗教"的核心,或

---

[1] [瑞士]荣格、[德]卫礼贤著,张卜天译:《金花的秘密》,北京:商务印书馆,2019年,第86—87页。

者说,道术修炼就是如何"回光",即如何导回意念之光的艺术。此"天心"(又名金华、金丹等)即本书所谓"意丹",慧真子注曰:"夫天心者,即大道之根苗也。人能静极,则天心自现。"[1]慧真子对"意"情有独钟,他引《太极图》:"太乙含真炁,精神魂魄意,静极见天心,自然神明至。"这里"意"与天心、神明有近似基础。

人身坎离即肾水心火,实现水火既济,则后天气机之运化,通于先天真炁,如通日往月来,日月之光辉,照耀身心,使得身体之水火运行,通达天地之境,意丹光明盛大至于天地全境。这种意丹之光明通达于天地宇宙的先天状态,无形无相,难以用图画来加以描绘。伏羲画先天八卦就是因为通达天地宇宙之神妙莫测的气机,不得已借用八卦来表达太极生生不息的元炁生机。

人人虽有真夫妻在自身,即人身都有与天地阴阳之气相应的阴阳之力在,意会到就是阴意与阳意。但关于人身的后天意识,如果只是与物对待的意,那就只是物理主义意义上"关于"或者与物有关的意,那样的意就不能通于先天神境,好像阴阳交感之力,如果没有通神之意居间发动,那就无法调动先天之意来转化后天之气。而通达先天之炁的意丹状态,是当下阴阳合体,而且无欲无求的,绝不是采纳物气而成的,那样就把意念之能,落于后天物事的层次了,这就是以意与物对待的邪道,无论如何采纳外气,也不可能真正通达真炁之境。因为物气的叠加,永远不可能超越物气的层次而飞跃进入先天真一之炁的层次。可见意丹之境在于意念时刻通神,即通于先天之真炁。

---

[1] [瑞士]荣格、[德]卫礼贤著,张卜天译:《金花的秘密》,北京:商务印书馆,2019年,第89页。

君臣御政章第二十 [1]

鼎新革故,御政之首①。管括微密,开舒布宝②。要道魁柄,统化纲纽③。

爻象内动,吉凶外起④,五纬错顺,应时感动⑤。四七乖戾,誃离俯仰⑥。

【译】

鼎立新风,革除故旧,御政先务,刻不容缓。密固丹精,不可走失;开心舒意,展布丹宝。水火进退,通神要道,如斗运星,统领运化,如网有纲,犹衣有纽。

意动后天,如爻内动,象变外化,吉凶随之,起见卦外;天时乖离,人情失序,五行相错,五星难顺;五行乱感,五星时乖。二十八宿,乖离错乱;天地失和,人事变乱,意不通神,不成意丹。

【注】

① 鼎卦,革卦。御政:治理天下的政事。首:首要,开始,先行;引申为法则、规律、原理。上阳本作"御政之首,鼎新革故",依韵改。

② 管:管理;括:约束,系结;微:隐微;密:细密,严密。管括微密:炼丹时,用意专一,把鼎炉固锁牢密,抵腭提肛,不让真气流散走失。开:开发;舒:舒畅;布:展布,陈列;宝:丹精宝藏。开舒布宝:君主应该开诚布公自己的善行美意,以期得到大家的拥护而成就政事;丹道则要推心置腹,舒气改颜,顺其自然,使得意丹降于坤腹。

---

[1] 元陈致虚本:君臣御政章第五,除去中间五字部分;五代彭晓本:君臣御政章第十七,文昌统录章第十八,日合五行精章第十九,辰极受正章第二十。

③ 要道：修丹之时，要把控通神之意的关键门道，即丹道通神通身。魁：北斗七星第一至第四星组合为"魁"，犹如勺柄，所以称为斗魁之柄，能够把握斗柄，就能够让北斗顺布，四季平顺。指代掌握丹道的火候，要以如把控北斗之柄那般稳定恒动为指归。心意通神，让通神之意驾驭平常意念之流，即动用意念改变世间阴阳的火候，也如北斗勺柄一般，恒稳安宁。

④《周易》占卜，以爻动判断外部的吉凶。出自《系辞下》："爻象动乎内，吉凶见乎外，功业见乎变，圣人之情见乎辞。"意念之运在内，是否通神在外，通神则吉，不通则凶。

⑤ 五纬：日月为经星，五行为纬星。五行（木、火、土、金、水）对应纬星，因五星而有五行，因命五行而辨五星。无论五星运行是乖错还是顺行，天时气候都会有所感动和反应，并引发地上的灾变。

⑥ 四七：周天二十八宿。乖戾：不合，错乱，差殊。诐(yí)离：分离，改移，失位。俯仰：阴阳失位，上下错乱。龙腾虎踞，雀飞龟仰，各宿距离不等，位置偏离黄道白道，明暗变化等都会使得地上发生灾变。

【解】

修炼意丹犹如执政治国。执政之初都要鼎新革故，好像修炼丹功要先炼己筑基，除去陈疾，不漏元精。君王行事要严密不出，正如修丹要垂帘不视，闭耳不闻，缄口不言，严守精气神三宝。君王施政要开诚布公，慷慨陈情，鼓动人心，正如修丹要降心提肾，使得心肾相交，心神与元精相诱相吸，相交融合。

通神之意发动时用先天之意调动后天之气，需要极度专注谨慎，如紫薇中宫居中不动，如万民之首心顺天时。心正意诚，方能如紫薇统御众星一般统御天下之星，像帝王操控魁斗一般有条不紊。修丹以北极星比喻需要操控的心猿，守住以斗柄比喻肾精的意马，以心神之意控制元精运行周天，力图使火候分毫不乱。

【意】

意丹修炼可成与否，完全取决于通神之意的调适与运行的分寸，犹如天体众星依赖紫薇的意念状态，人间的治乱仰仗君王的起心动念一般。

这种通神之意指的是于后天之意中透出先天之意的状态。所以意丹的锤炼与形成，就要在意念的发动之处，上接天心，如斗柄驾驭广袤星辰，一统星相，有君王御政之意，安宁应物，如若无意。意念与境遇协同的理想境界中，好像没有意念发动于后天之境，因为意念一旦发动于后天之境，则如爻在卦中推移运动，吉凶立即升起，天时人情当即失时失序。

可见，如何于如天流动的意念状态之中，恢复念念不起，而念念接续天机，并在人身上体现出来的通神之意，才是修炼的核心状态。意丹的修炼全凭通神之意的体认、调整与运用。如何在后天变化无常的心意状态中，时时刻刻领略先天之意的高渺状态，是修炼意丹的火候之关键所在。一意通神，意安境宁，如斗柄御众星，神机发动，神迹顺意流布。

文昌统录，诘责台辅，百官有司，各典所部①。原始要终，存亡之绪②。

或君骄佚，亢满违道③；或臣邪佞，行不顺轨④。弦望盈缩，乖变凶咎⑤。

执法刺讥，诘过移主⑥。辰极受正，优游任下⑦。明堂布政，国无害道⑧。

【译】

文昌之星，记录变乱，统领治理，依典赏罚，天官众星，各司其责，恪尽职守，分毫不差。意通天机，阴阳合通，心身和谐，通于天行。

极星天帝，骄傲自满，偏离极辰；偏中高亢，违背丹行。臣子北斗，邪恶奸佞，众星失序，偏离正轨；心意妄作，言行背道，必遭凶灾。晦朔弦望，阴晴圆缺，月相变化，意念出偏。天显异常，大凶之象。

见君之过，谏使之正；以心为君，格心之非，诚意正心，复己真意。诘问谏净，期正君过。真意主宰，及时调适。辰受正位，其他众星，顺轨悠行，真意发动，心回正念。北极居中，人君明堂，施展布政，国土安宁，风调雨顺，无灾无患。火候之要，难乎其难，存乎心君。

【注】

① 文昌：星名，北斗第四星，名为天权，又名文曲星，本是星宫名，古代星相家认为其是主管功名利禄之神；是斗魁（魁星）之上六颗星——上

将、次将、贵相、司命、司中、司禄——的总称。文昌是统辖、总理之星,所以取"统录"之义,"统"突出统领之意;一本作"总录"。台辅:三台四辅,星名。一说文昌帝君是南极星,管智慧和长生禄位,与北斗七星管死正好相对。此处指代修炼意丹的核心在于通神之意。此处指代通神之意能够指挥统领全身心神。百官有司,各典所部:文昌帝君会把星宿变乱的情况记录在案,交由辅弼之官依典赏罚,所以诸星恪尽职守,天道往复不灭。众星各司其职,指代通神之意指挥精气在周身四肢八脉中运行,运行状态合乎天道,如同治国理政,不可稍有差失。不取炼士需要道侣,一个炼功之人需要很多人供应使任,辅佐配合之说。

② 始为时间之始,建元初始从五星连珠、七曜合聚开始,日月五星皆处于零度,若以子月为一年之始,则日月合朔并交冬至的甲子年甲子月甲子日的历元初始。丹道与月相关系更加密切。"原始要终"出自《系辞下》:"《易》之为书也,原始要终,以为质也。六爻相杂,唯其时物也。"意思是《周易》这部书能够推原人天之意发动的本始状态,归纳探究人天之意心物融通的终末状态。换言之,推原万物之起始,悟其生生之因,以期长存于世;探索万物之终末,悟其终结之因,以期不亡于世。所以生存与死亡的根本端点都在于起始与终末之因由。比喻练功修丹一旦开始,火候成败的关键在于意,而意念发动之时,时时刻刻都关乎性命存亡。

③ 骄佚:骄人傲世,盛气凌人。亢满:高亢自满。极星天帝骄傲自满,偏离极辰之位;持意的状态一旦偏离中正之道,走向骄傲高亢的状态,那就违背丹道的运行。

④ 邪佞(nìng):邪曲,谄媚。身为臣子的北斗七星邪恶奸佞,则众星失序,偏离正轨;心意妄作,言行背道,必遭凶灾。

⑤ 弦望盈缩:指月相变化,晦朔弦望,阴晴圆缺。乖变凶咎:指不明月相的变化,则意念掌控全身精气运行容易出偏。月相异常,天显大凶之象。

⑥ 执法刺讥:见君之过,讥谏使之改正;修丹之士以心为君,随时格心之非,诚意正心,复己真意。移:改移、修正;一本作"贻",义通。诘过移主:诘问谏诤,以期修正君王之过。比喻修炼意丹如果意念偏离通神之意,就要尽快调整过来。比如很多修丹之士,过度依赖气脉之修,穴窍之守,自以为有感应,其实偏离大道越来越远。此时需要真意主宰,及时调

适修正过来。

⑦ 辰极：北辰或北极。受正：受其正位。优游任下：任下面的其他众星顺着自己的轨迹悠然而行，非常优哉游哉。真意发动，心神回到正念状态，则空去所执之气脉，所守之穴窍，修如无修，守若无守，有庄子逍遥游的意味。

⑧ 明堂布政：北极星居于中位，如人君处于明堂之上开布国政。国无害道：国土安宁，风调雨顺，没有灾害之忧患。火候之要，难乎其难，存乎心君，慎终如始。

【解】

明堂依照洛书而建，天子居中在明堂中宫之中，可以顺天地巡游九宫的方式布置政事。修丹之士讲精气神合于丹田之中，以周天炼养，打通任督二脉，让十二经脉依天帝巡游九宫的顺序周流全身。南辰是天根，北极是地根；修炼意丹的正道是性命通天之学，以天根为性，地根为命；修丹到了火足候满之时，元神及时归正，此时意念之丹沉稳在中，好像国君南面。当时心肾相交，水火既济，水上润下，火下炎上，水降火升，好像自然常理，这是身内修炼意丹的大道理，道理既不可更改，也并不容易。通神之意主宰全身气血心意，好像国君向南而坐，昭临天下，其身在明堂，其意如北辰天心，能够修到耳聪目明，邪道自然消散，五行之气和谐顺运，天下政通人和，人民安居乐业，全身黄中通理，通天大治。

君王御政需要观察天象，运用八卦占卜，结合星象观测，审视物候来预知吉凶，从而未雨绸缪，效法天道成就治道。丹道意随气动，体内种种感受，犹如八卦之爻动，则吉凶相随，如活子时阳举，气穴旋转、蟾光内照等，意随即有吉凶，当提前预知，犹如报警，当及时纠正错误修炼之方。人的五藏五志：春怒、夏喜、秋悲、冬恐、四季思，顺逆生克，当与天道流转相应，否则元精泄露、流连幻景、采药已老等，就易入于凶境。此意通于经文"立表以为范，占候定吉凶"。修丹之时，要把控通神之意这一关键。意念之运在内，通神于外，通则吉，不通则凶。人身的气血舒张，畅通无阻，身内运意可以驾驭日精和月华。

通神之意通乎人身大穴，气眼所在，统领周身气血运行，如网之有纲，衣之有纽，神气运行，纲举目张。全身微妙管道的统领总纲在于任脉和督

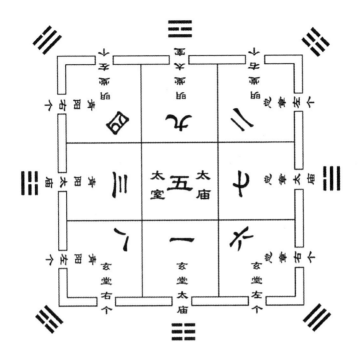

脉,任督二脉打通,则百脉皆通,疾病不生。通神之意可以指挥统领全身心神,如君主发号施令,心念掌控全身气脉穴窍,通达天地之炁的运行。运意通神即是让人心通乎天心,如月华给天地之间阴暗的时刻带来光明。

通神之意的运行要合于天时之化。修行的根基在于修意,即诚意正心,要合乎天时,顺应阴阳,不可以有丝毫偏差。意念出偏,则招致凶咎,心意散乱,就不可能修成意丹,好比升起的阴火又被泽水给浇灭,而之前的工夫,只能前功尽弃。领悟意丹的状态,犹如文昌之星统领治理天宫众星,使之各司其责,让后天之气机与运化的状态阴阳和通,心身和谐而通于天之行。

可以这么说,修炼意丹的首要努力在于心定。临炉的时刻,要非常注意火候的要诀,也就是要以心思意念时刻持守的分寸为核心。意念在中,但不是物理主义意义上的内在于人身之中的意思,不能还原为大脑和神经系统的运行。如果是的话,物理主义意义上大脑的运动就无法通达天时,沟通天地之间的气息。所以意念本身不可以简单还原为物理现象,而是随时随刻沟通心灵与世界的存在,其本身就是通达天地的存在,是跟天时一样的一体性存在。心灵不在任何具体的地方,仅仅存在人与环境互动的情境之中,也就是说,心意是基于公共意义的共同体系统而时刻生发着的存在,所以物理主义的最大问题之一,就是以为通过研究大脑可以穷尽意义系统,其实意念都是"天意",是与天同在的意念,而不是简单的大脑内部的神经活动。

这也是把练功当作百官护持的修炼过程。入室用功,时间往往长达三至五年,需要很多人支援和护持。但这种修炼的意念带有比较强烈的外丹意味,哪怕是修炼体内之丹,也是作为意念对象之丹,而不是意念本身之丹(即意丹)。练功修丹的过程一旦开始,意念就一瞬也不可出偏差。如果修炼者的意念状态不顺自然之意,那么很容易丹心紊乱,而意丹难成。

【意】

修炼通神之意的难处在于,如何于后天的意念发动(实化意念而通于万物之化的过程之中),意会并体现出对于先天之意的领悟和把握(即先天八卦所体现出来的宇宙原初结构与力量)[1]。在意念发动之处,意会先天元炁的力量,体现有而无之,即通神之意有意于无境的状态,如日月之交汇,要在若有若无之间,即阳意的调动当如太阳,也要完全符合先天之意的状态,而阴意的显而未发则如月质之隐而未显的状态。

先天真心灵异通天,用先天意调动后天气息。这种有意于无境的通神之意发动,可以从日月交媾的有意于无境的状态中意会出来,即日月之会那种神妙难言的奇异境界。故意丹之难成主要在于通神之意无序难成。可见意丹之凝结,有如蒙以养正的圣功,要把意念的状态调整到最佳的有而无之的状态,才能有结为意丹的可能。

此处仍然是讲通神之意要调试到如君王治国之意的中正平和、万物自度的状态,是有意于无境的最高境界。这种通神之意可谓清静无为,绵绵若存,似有若无,和顺自然。意在心先,调动心力,通神之意即是意丹的根基,所以调适通神之意的状态,如人身的中枢通达天体与众星的中枢,则心意平和自然,万物自然顺布,意丹自然凝结。

---

[1] 参温海明:《周易明意:周易哲学新探》,北京:北京大学出版社,2019 年,第 675—765 页,"易传明意——卦意总论"。

发号施令章第二十一[1]

发号施令,顺阴阳节①。藏器待时,勿违卦月②。

屯以子申,蒙用寅戌③。余六十卦,各自有日④。聊陈两象,未能究悉⑤。

立意设刑,当仁施德⑥。逆之者凶,顺之者吉⑦。按历法令,至诚专密⑧。谨候日辰,审查消息⑨。

纤芥不正,悔吝为贼⑩。二至改度,乖错委曲。隆冬大暑,盛夏霜雪⑪。二分纵横,不应漏刻;风雨失节,水旱相伐;蝗虫涌沸,群异旁出;天见其怪,山崩地裂。⑫

【译】

意念一动,发号施令,顺承天地,阴阳之化。意丹初成,纯心净念,绝不轻发,非时不动。意念之发,不违勿逆背,十二月卦,时令次序。

纳甲之法,屯下震子,上坎纳申,蒙下坎寅,上艮纳戌,其余六十,均仿二例,分配时令,以明意丹,火候配天。只说屯蒙,余卦自详。

修炼意本,当立意丹,顺从阴阳,大化之机。屯蒙为例,屯为初晨,以阳为德,蒙为阴盛,已近晚昏,以阴为刑。时候不同,火候有别,顺理易修,逆理难成。修炼意丹,顺依时令,心意至诚,专心严密。静候日辰,阴阳气机,消息之化。

通神之意,火候偏邪,一丝一毫,皆生忧悔,引发灾难,当如御贼,防止出偏。若有丝毫,偏邪神意,即如改时,冬至夏至,调时换刻,风雨失调,节

---

[1] 主体为元陈致虚本:君子居室章第十七,除去开头部分:"君子居其室,出其言善,则千里之外应之。谓万乘之主,处九重之室。"五代彭晓本:君子居室章第四十二,聊陈两象章第四十三,二至改度章第四十四,动静有常章第四十五。

错气乱,万物悖谬。隆冬之时,大暑酷热;盛夏之时,降霜飞雪。春分秋分,平分阴阳,如与常时,不相应和,水旱连灾,蝗虫四起,奇形怪物,层出不穷。天现怪象,地裂山崩。

【注】

① 发号施令,顺阴阳节:修炼意丹,意念发动,犹如君王发号施令,必须顺从天道,顺着天地阴阳的节律。心意发动,感应着五脏六腑、四肢八脉。

② "卦月"代表以卦配月,也就是以 64 卦配一月 30 日,朝暮各受一卦,60 卦正好配一个月。修炼意丹要等待一阳初动,顺应阴阳消长的节度,不可违背十二月的进退升降。下句"屯以子申,蒙用寅戌。余六十卦,各自有日"就是解释具体的配法。

③ 屯以子申,蒙用寅戌:用纳甲解释 64 卦与 30 日的配法。屯卦上坎下震,震卦初九爻配地支为子,坎卦六四爻配地支为申。蒙卦上艮下坎,坎卦初六爻配地支为寅,艮卦六四爻配地支为戌。纳甲是《周易参同契》的重要内容,也是汉代对易学推进的重要贡献所在,运用月相的运动,表示卦爻的变化可以配合月亮采纳太阳之光华,从而推月之道以明修炼的道理,说明关联卦爻与月相运动的微妙关系。[1]

④ 除去乾坤坎离的六十卦,始于屯蒙,终于既(济)未(济),阴阳交错,昼夜各配一卦,周而复始。每卦六爻,两卦十二爻,应一日十二辰。

⑤ 两象:屯蒙两卦。还是不能将炼丹火候的微妙玄理阐明清晰。

⑥ 立意设刑:一作"立义设刑",因在西方五行属金配义,阴盛肃杀,当主刑杀伐。当仁施德:因五行东方属木配仁,阳盛长生,当主德生养。修炼意丹,以立"意"为本,心意专注,顺从阴阳的变化,意会先天真炁的运行。早晨配屯卦,草木始生,以阳为德。晚昏配蒙卦,草木收藏,以阴为刑。炼丹时由子至巳,可以进阳火。

⑦ 顺阴阳火候之理就吉祥,反之则凶。

⑧ 修丹过程要按照历法之令,诚心而为,谨慎严密地行动。

---

[1] 此处仇兆鳌不用纳甲配法,似不如采用纳甲更有道理。参仇兆鳌:《古本周易参同契集注》,上海:华东师范大学出版社,2015 年,第 15 页。

⑨ 谨候日辰,审查消息:严谨守候岁时与日辰的阴阳消息之机。[1]董德宁注:"盖一日有十二辰,而一辰有八刻。息为阳生,自子至巳;消为阴生,自午至亥也。谓岁时气节之数,则以日辰为主;而阴阳二气之运,则以消息为机。故当谨候而审察之也。"

⑩ 纤芥:细微。悔吝:懊悔,羞愧。贼:残害,或曰防贼。严防火候有丝毫差误,如严防小偷一般。

⑪ 二至:冬至和夏至。改度:冬至阳生超过节度,出现暑热,所谓"隆冬大暑";夏至阴生超过节度,出现霜雪,所谓"盛夏霜雪";这当然是阴阳乖错,寒暑委曲。

⑫ 二分:春分和秋分。纵横:春分位东,秋分位西,东西为纬,为横;南北为经、为纵。不应漏刻:漏是古代滴水计时的工具,一说沙漏;刻指时间。古人将一昼夜分为一百二十漏刻。风雨失节:风不调雨不顺,失去节度。水旱相伐:水过为水灾,火过为旱灾。蝗虫涌沸,群异旁出:火盛伤于旱,则瘟疫流行,蝗虫四起;奇形怪状的异物遍地逞凶。天见其怪,山崩地裂:水盛伤于涝,天地之间怪异之物层出不穷;灾祸交相发作,导致山崩地裂。这是比喻修丹之人,意念不能通神可能出现的危险境地。

【解】

修丹如治国,要遵循天道运行的规律,按照天时来运转周天火候,不可差失。君王不可以离开天时来统治国家,修丹不可以离开身体气息与天时配合的状态来修炼。修丹要养精、蓄气、存神以待时机,即一阳来复之时。

爻辰是以易卦阴阳六爻与子丑寅卯等十二辰乃至黄道十二次、二十八宿、十二律等相配,以显示一日十二时的节律。如乾坤两卦十二爻阴阳爻结合十二地支交错排列,代表一天十二时辰,并对应十二月。

---

[1] 萧汉明、郭东升认为,这是用爻辰法,即以地支配八卦之法,确定每日当值两卦各爻的当值时辰。清代朱元育《参同契阐幽》、董德宁《周易参同契正义》始明"屯以子申,蒙用寅戌"的真义。参萧汉明、郭东升:《〈周易参同契〉研究》,上海:上海文化出版社,2001年,第51页。

十二辰	子	丑	寅	卯	辰	巳	午	未	申	酉	戌	亥
卦爻	初九	六四	九二	六五	九三	上六	九四	初六	九五	六二	上九	六三
十二月	11	12	1	2	3	4	5	6	7	8	9	10
十二次	玄枵	星纪	析木	大火	寿星	鹑尾	鹑火	鹑首	实沈	大梁	降娄	娵訾
十二律	黄钟	大吕	太簇	夹钟	姑洗	仲吕	蕤宾	林钟	夷则	南吕	无射	应钟

乾爻左行　　　　坤爻右行

九月——戌　　　　四月——巳

七月——申　　　　二月——卯

五月——午　　　十二月——丑

三月——辰　　　　十月——亥

正月——寅　　　　八月——酉

十一月——子　　　六月——未

乾坤爻辰图参(参林忠军:《象数易学发展史》(一)齐鲁书社,1994年,第152页)

十二爻辰图(参上书,第155页)

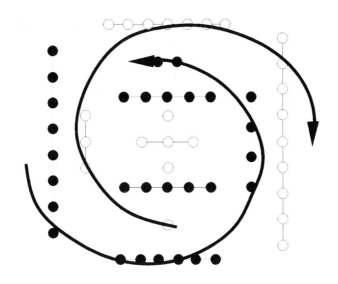

天道左旋地道右迁图

意念一动，如发号施令，完全顺承天地阴阳之化。意丹初成就要纯心净念，绝不轻举妄动，非合适的时机意念不发动，也就是说，意念发动，不可违背十二月卦（十二消息卦，对应一年十二个月）的次序。十二消息卦配天地阴阳大化，也配人身十二经脉，阴阳双向、左右对立的机能运动，需要通神之意才能领会人身十二经脉的运行。

【意】

意为根本，修炼意丹就是立通神之意，通于先天阴阳大化之机。所谓六十卦的配法都是后天具体的操作，比如以屯蒙为例，屯为初生为早晨，以阳为德，而蒙为阴盛，为晚昏，以阴为刑。在后天修丹过程中，不同时候要用不同火候，顺理则易修成，逆理则难成功，不过，通神之意不能为后天火候和卦象所拘束，要从中领悟先天真一之炁的气象。

为了通于先天真一之炁，修炼意丹在后天用功过程中，要顺依时令，心至意诚，专心严密。极其严谨地静候日辰之气机，小心观察阴阳消息之化，体会人身十二经脉的运行状态。因为后天火候只要有一丝一毫的偏邪，都可能影响对先天真炁之机的领会，而领会先天真炁之机，就是意念通神的真意。

孝子用心,感动皇极①。近出己口,远流殊域②。或以招祸,或以致福,或兴太平,或造兵革③。四者之来,由乎胸臆④。

动静有常,奉其绳墨⑤。四时顺宜,与炁相得⑥。刚柔断矣,不相涉入⑦。五行守界,不妄盈缩⑧。易行周流,屈伸反覆⑨。

【译】

修丹谨慎,要如孝子,孝顺天地,恭敬虔诚。通神专注,不受物扰,感通天地,扭转乾坤。神意之修,如人言语,从口发出,及至近处,异国他乡,皆受感应,或招祸患,或接福气。心意之发,犹如主政,或创太平,或兴兵戎,甲戈争斗,继起不休。修行通意,动静合天,合时之常,遵时守则。身体气息,天道阴阳,流动合拍。通意身用,顺应节令,合于四时。

丹火文武,刚柔有分,不可混同。采药归炉,武火猛炼,意丹初成,文火温养,时候有差,火候有别,不可混淆。修炼神意,模仿五行,土意居中,应于四方。调动精神,魂魄运化,彼此之间,由土消长,意控调试,无有越界,随意盈消。修炼意丹,日月经天,周流天地,调运阴阳,任督二脉,上下周流,日月运行,黄道之间,昼往夜来,屈伸反覆。

【注】

① 孝子用心:如孝子一般专心致志,运用心意,屏息众缘,致虚守静。感动皇极:皇极指代天地之神,主宰运化天地的大道。

②《系辞上》:"言行,君子之枢机。枢机之发,荣辱之主也。言行,君子之所以动天地也,可不慎乎!"心意之发,能够感天动地,影响千里之外的事件。

③ 心意发动,可以招来祸患,也可以招来福气,既可以导致太平,也可以导致征战,所以心意的持守需要慎之又慎。

④ 祸患、福气、太平、征战这四种完全不同的结果,都来自于心胸之间对于意念的把握和控制是否真诚至极,是否守正到位。

⑤ 心意的动静有其常道,好像木匠遵循直木的准绳和工具。

⑥ 四时:人身之中的子午卯酉,对应冬夏春秋。顺宜:调停火候的工夫恰到好处,子进阳火,午退阴符,卯酉沐浴,顺应四时节令,从而使得春温、夏暑、秋凉、冬寒。与炁相得:于阴阳二气的运行中,领悟先天真炁之

气机,并与之相适应。

⑦ 刚柔:阳刚,喻武火;阴柔,喻文火。采药归炉时,用武火猛炼;内丹将成时,用文火温养。断:彼此分判。不相涉入:当文则文,当武则武,不可互相交换,可见用意之功夫,要非常明确。

⑧ 五行守界:金木水火土五行,各自守好自己的边界。不妄盈缩:彼此之间不妄行侵略逾越对方的边界。

⑨ 易行:日月之行。周流:日月运行于天地之间,周流不息。屈伸反覆:阴阳二气之消长循环,在人身言任督二脉上升下降,犹如日月运行于黄道,昼夜往来,循环往复,永不停止。

【解】

意丹养生,当顺应四时,人体随着时令,会有温热凉寒的变化,所以修炼的火候,要法天时而动。对天时刻度的把握需要非常精审,对人身火候的把控也要极其微妙;因为如果意念不能顺应天时而动,则乖逆丛生。可见,心意发动是把控火候的关键。临炉代表修炼意丹的努力正式开始,起火炼药,必须顺从阴阳节度。修炼过程中要意念专一,闭兑防泄,养精蓄气存神,才能炼精气神。

修炼意丹是意念发动,于后天天地和人身的阴阳二气运行之中,领悟先天之真炁运行的气机,并时时刻刻与之相适应,此即通神状态,所以意念发动要极度小心谨慎,要像孝子孝顺天地父母那样恭敬虔诚。通神之意如此专注,不受外物的纷扰,才能感通天地,扭转乾坤。通神之意的修行好像人之言语,从口中发出时在近处,在遥远的异国他乡都能够感应到,或者招来祸患,或者接引福气。

修炼意丹之时,意念从后天返归先天,使周身的精气神与天地真一元炁相感相应,融通合一,对于身体之内的后天阴阳要非常敏感,才能合理掌控火候,把握进火和退符的时机。文火与武火不同,犹如刚柔有分,不可混同。在采药归炉之时,要用武火猛炼,在意丹初成之后,要用文火温养,所以火候在不同时候使用,其实都是为了领会后天火候中间的先天炁机。否则,只是在后天的层次运用火候,就不可能真正领悟先天真炁。

土意在中,通于四季,也约束四季,主导精气神各有边界,而不外溢。人在修炼通神之意的过程之中,可以模仿五行之化,正如土意居中,应于四方。这是用先天真炁之机来调动后天精神魂魄的运化,而修成意丹,后天阴阳变动和精气神彼此之间的消长,都由能够从后天通于先天的土意来控制调试,使得精气神的运作不会越界,而能够随意盈满消缩。修炼意丹,从后天通于先天之境,则周身气息,如日月经天,周流天地之间,周身运意调动阴阳之气,在任督二脉上下周流,如同日月运行于黄道之间,昼夜往来,屈伸反覆,不眠不休。这都不能单纯看作是后天气息的运化,而要看作是先天真炁之机在后天的调动,使之和谐圆融。

【意】

心意把控人身与天地阴阳之运化。心意发动于内,则吉凶显现于外。炼丹开始,灾祸、福气、和平、纷争的来到和招引,都来自于对通神之意控制与调试的分寸之把握。换言之,炼丹修炼开始之后,一切吉凶变化都来自于炼士持意的状态,或者说,修炼意丹的关键在于意念之发合乎天地阴阳之化,契合于阴阳之变,此即《中庸》所谓"诚",或者儒家之"孝",根本上都是意念的持守状态,是如何从后天形而下的气运当中,领悟先天形而上的炁机。[1]

汉字的"魂"从"云"从"鬼",或可解为"云中之鬼",有着飘忽无定、难以捉摸的意味。卫礼贤这样翻译"魂"与"魄":

> 身体是被两种心灵结构的相互作用激活的:其一是魂,因为属阳,我把它译成"阿尼姆斯"(Animus);其二是魄,因为属阴,我把它译成"阿尼玛"(Anima)。这两个概念都来源于对死亡过程的观察,所以他们都含有一个"鬼"字,意为死去的人。魄被认为尤其与身体过程有关,人死后,魄沉入地下慢慢朽坏。而魂则是较高级的灵魂,人死后,魂升到空中,先是活动一段时间,然后消散在天空之中,或者说是流回了生命之源。……无论如何,魂

---

[1] 鞠曦从存在论开始,打通认识的主客界限,融贯形而下和形而上,提出"形而中学"。参彭卿:《论鞠曦哲学的"形而中"与"被存在"》,见孙铁骑、彭卿主编:《鞠曦思想研究》,线装书局,第143—154页。

是明亮的阳性灵魂,魄则是阴暗的阴性灵魂。[1]

同样,荣格说自己多年之前使用"阿尼玛"就与中国人对"魄"的定义非常相似。荣格用阴性与阳性的内在力量来表达人性之中的意识能量,这是对人性不同力量的表征,他写道:

> 卫礼贤在其翻译中庸"罗各斯"来表示"性"这个中国概念,"性"也可以译成 Wesen[本质]或 schöpferischens Bewusstsein[创造性的意识]。人死后魂成了"神",在哲学上"神"与"性"很接近。[2]

意识是具有创造性的,是活生生的、流动的、有力量和有能量的。意识存在的本体性状态,与"性"和"神"相通。中国哲学的逻辑性不在文字和概念之间,而在意群所涵摄的象征指涉的起伏流转之间,因为过分强调概念文字的逻辑一致性,会背离中国人从天道下贯的感通性指涉,概念的逻辑连贯性不能直接表达原初的道、性与意等之间的内在融贯性。这种道性指涉的一贯性,首先来自从《周易》到《周易参同契》之间天道文化密码体系的一贯性,除了直觉领悟的悟性可以直达之外,没有其他方式(包括逻辑性的思维方式)可以直达本体性的存在,那种无意识的状态,可以说是"意如无意"的"无意之意"的状态。这种无意识状态内涵丰富,丝毫没有神秘感,但它是用逻辑一贯性的思维方式所无法把握的:"东方之所以能够拒斥这些幻觉,是因为东方很久以前就已经提取了它们的精髓,并将其

---

[1] [瑞士]荣格、[德]卫礼贤著,张卜天译:《金花的秘密》,北京:商务印书馆,2019年,第84页。卫礼贤的译法荣格认为是合理的,因为魂代表一种更高的"气灵"(Hauchseele),属于阳性本原,因此是男性的。人死后,魂上升为"神",即"不断伸展和自我显示的精神"或神。卫礼贤把"魄"译成了"阿尼玛"(Anima),"魄"字由"白"和"鬼"组成,亦即"白鬼",是一种较低的阴间"体灵"(Korperseele),属于阴性本原,因此是女性的。参[瑞士]荣格、[德]卫礼贤著,张卜天译:《金花的秘密》,北京:商务印书馆,2019年,第46页。

[2] [瑞士]荣格、[德]卫礼贤著,张卜天译:《金花的秘密》,北京:商务印书馆,2019年,第47页。

凝结成深邃的智慧。"[1]东方人感通天地的那种源初性的意识状态,从来不是神秘性的幻觉,而是真正深邃的哲学智慧。

与东方古老哲学智慧的领悟方式不同,西方心灵哲学对意念的讨论,基本上把意念当作一种现象,不仅仅是心理现象,甚至是生理现象、物理现象。这样的看法有利于对意念现象进行精细描述,但缺乏儒释道哲学当中,理解意念发动控制力的维度,以及意念状态本身就具有人生修养的意味。也就是说,西方心灵哲学很少理解到,人对于意念的反省、把控和操作,其实对人生发展和选择有着巨大的意义。塞尔就认为,西方哲学通常不把意向性当作自然现象,而是当作一种生物现象。这是一种对象化研究的思路,一般把意向性看作相对于自然世界来说具有超越性的存在。[2]在这个意义上,"意向性"指的是心理现象能够有意识、主动与外物发生关联的特性。心与物的一大区分,就是物不能够与不存在的物发生关联,而心可以与不存在的物(龙、独角兽)等发生关联,并且能够思考时空中不能实存的心灵现象和心灵事件。[3]

心灵哲学家虽然也追问因果性,讨论意识的因果性(intentional causation),但他们对于因果链条的理解不置可否,也不在乎因果之间是否正当?[4]但这种因果正当问题,在新道学修身哲学中,不是单纯当作伦理学问题来理解的,而是心物交关的一体性存在基础之上的根本问题,因为心意发动,直接会改变世界的阴阳。这就好比一个主政者的心意,其意向的正当性,对于他周围的臣子和民众,几乎有着决定命运般的意义,他的意念发动导致的因果链条,或者开创一个太平盛世,或者让兵戎甲戈之斗争延续不休。

---

[1] [瑞士]荣格、[德]卫礼贤著,张卜天译:《金花的秘密》,北京:商务印书馆,2019年,第50页。

[2] John R. Searle, *Intentionality: An Essay in the Philosophy of Mind*, Cambridge University Press, 1983, 112.

[3] 约翰·塞尔在不同著作当中,对意向性(intentionality)的界定比较一致,都指某种精神状态和事件的特质,也就是总是"指向(being directed at)"、"关于(being about)"、"属于(being of)"或"意指(representing)"某种实体或者事件状态。John R. Searle, *Consciousness and Language*, Cambridge University Press, 2002, p. 77.

[4] John R. Searle, *Intentionality: An Essay in the Philosophy of Mind*, Cambridge University Press, 1983, 139.

意念发动作为一个心理事件，不可简单还原为物理事件，更不能因为我们可以给出对于心理事件的描述，就说心理事件都是遵守物理规律的；[1]也不能因为心理事件可能改变物理事件，就把这样的情形，即事件之间的因果性理解为是由于其中有"心理的属性"或"物理的属性"[2]，这样的分析其实陷入分裂的心理和物理二元论而无法自拔，但这样的思维逻辑是基于西方传统形而上学而引出的，所以可谓根深蒂固。对于心理事件本身分阴分阳，物理事件也分阴分阳，而且阴阳时刻变动不居，这样打通先天和后天的易道思维方式，和物理主义思维方式，像是两个平行的思维世界一般。正如维特根斯坦曾说："哲学的困难不是科学的思想困难，而是态度变化的困难。意志的抵制必须克服。"[3]可见，新道学身心哲学与当代心灵哲学关于意识的态度大有区别。

在丹道修行之中，修通神之意，阴阳动静的心理和物理事件，皆合于天时之常，从起心动念到举手投足，都要严谨遵守修炼意丹的法则，使得意识发动和身体气息流动完全与天道阴阳合拍。"通神之意"与詹姆士的"纯粹经验（pure experience）"有较多相似之处。首先，它们都摆脱了心物二元论，詹姆士的彻底经验主义致力于解决心理现象和物理现象二分的状态，但又不可以理解为某种更基本的要素和材料[4]。这种状态接近于庄子"心斋"和"坐忘"的状态，是一种心感物而动之前的无感状态，是对象化的物还没有进入对象化过程之前的源初状态，是"真人"对世界全体和宇宙的经验开始之前的纯粹状态[5]。修丹的阴阳是太极动静流动的阴阳观，人的意识时刻流动，周身的阴阳和天地之间的气息相通，感通后天之气而通于被意识领悟到的先天之炁，虽然时刻变动不居，但时刻感通

---

[1] 参高新民、储昭华主编：《心灵哲学》，北京：商务印书馆，2002 年，第 984 页。

[2] 参高新民、储昭华主编：《心灵哲学》，北京：商务印书馆，2002 年，第 985—986 页。

[3] 维特根斯坦：《哲学（1933）：所谓"大打印稿"86—93 节》，《维特根斯坦全集》，第 12 卷，江怡译，河北教育出版社，2003 年，第 33 页。

[4] 罗素和艾耶尔等人把詹姆士的纯粹经验当中一种超越心和物，但又构成心和物的原始材料，有中立的、一元论素材的意味。参黄启祥：《思想流学说与詹姆士哲学》，广西师范大学出版社，2017 年，第 240—241 页。但这种实体化的理解其实是不合理的。

[5] 冯友兰引用"纯粹经验"来解释庄子心斋和坐忘的状态。参冯友兰：《中国哲学史》（上）庄子一章，又见《三松堂全集》（第二卷），河南人民出版社，2001 年，第 62 页。

不已。人的"意丹"态的意识可以除去物我两分，回到世界向人开显的本源状态，好像世界如其所是、充满生机地向我涌现的状态。那种生生不息的、当下"如是""缘生（Dasein）"的情态，那种即现象即本体的、"不可道"但又不得不"道"的状态。这种"纯粹经验"是哲学研究和思考的对象，不可以理解为宗教中对外在超越之神的、神秘主义意义上的神秘经验。所以通神之意之谓"通神"，就是意识之运用能够顺应配合四时节令，与阴阳之气的运行节奏完美配合，犹如神境一般，但却没有任何神秘主义的意味。

坎离戊己章第二十二[1]

　　言不苟造,论不虚生①。引验见效,校度神明②。推类结字,原理为证③。日月为易,刚柔相当④。

　　坎戊月精,离己日光⑤。土旺四季,罗络始终,青赤白黑,各居一方,皆秉中宫,戊己之功⑥。

　　幽潜沦匿,变化于中⑦,包裹万物,为道纪纲⑧,以无制有,器用者空⑨,故推消息,坎离没亡⑩。

【译】

　　神意之论,绝非无据。依托天地,阴阳四时,非是心虚,空念想象。修意可实,炼神可验。修丹分寸,神明相应。易本变化,日月经天,流转成易。

　　坎月无光,借离真阳,日光月精,为意领会,日月交合,意光丹辉。心身之丹,通神意土,四季作用,火水相合,使其既济,融汇金木,金木相恋,熔铸心身,全凭神意,交汇作功。

　　身心之意,六爻六候,时空系统,和合阴阳。意丹之道,通物之化,合道纲领。心身之丹,有而无之,以丹之无,通乎万有。将丹作器,必无所获。丹道核心,随顺天时,盈虚消长,丹亦无形。坎离无念,用无通有,先天意念,共感天合,阳光阴感,力巨量大,不落后天。契机调动,先天阳气,

---

[1] 元陈致虚本:乾坤设位章第二,去除开头部分"天地设位,而易行乎其中。天地者,乾坤之象也;设位者,列阴阳配合之位也;易谓坎离者,乾坤二用。二用无爻位,周流行六虚,往来既不定,上下亦无常",原此后"幽潜沦匿,变化于中,包裹万物,为道纪纲,以无制有,器用者空,故推消息,坎离没亡"移到本章后面。五代彭晓本:言不苟造章第九,天地设位章第七。

与天往来。神意发动,皆合天道,适时进退,阴阳之力,本身流转,无定时位,不可拘执。

【注】

① 苟造:无端、无故、无据编造。虚生:凭空产生。

② 引验见效:能够指引检验,并且能够看到效果,都有事实、经验、功效作为验证,毫无虚言妄语。校度神明:校是核准;度是计量。根据神明来校对核准,一切意念皆以通神之意为准。

③ 推类:推演五行之类。结字:构造,造字之法。原理:易道的原理。证:验证,符证。

④ 古人造字,合日月而成易。日刚月柔,彼此相当。

⑤ 坎卦代表月亮的精华,卦中一阳属戊。离卦代表太阳,卦中一阴属己。日光和月精交会,阴阳融汇,这就是易。月有质无光,虚言借日中真阳才能发出光辉。八卦纳甲,坎纳戊,戊土为阳,尚未成形之土;离纳己,己土为阴,既已成形之土。

⑥ 土旺四季:五行之中,木旺春季,火旺夏季,金旺秋季,水旺冬季,土无正位,分旺春夏秋冬四季,即土气贯通一年之终始,从而起到联系贯通四季的作用。罗络:联系、贯通、包括、包含。青赤黑白:分别为木火水金对应之色。各居一方:分别居于东、南、北、西各一方位。皆秉中宫,戊己之功:中宫为土,木得土而旺(非土不长),火得土以息(离土不燃),金得土以生(非土不生),水得土以止(无土泛滥),所以说木火金水四者都秉土之功,离开大地万物不得寄生长养。坎戊离己,皆居中央土位,四方四行,皆秉土气。土于人身为脾胃,戊土配脾,己土配胃,为黄色;意守中宫可旺五脏,至于辟谷、服气之境。真意之土通乎神境,真意似有若无,持意通于元炁未发之中,通神之意在有念无念之间。

⑦ 幽:半明半暗,深不可测;潜:深伏,隐藏;沦匿:沉沦下去,隐匿不见。坎离之质为水火,为乾坤二用,进退升降,没有一定之规,随意往来,深伏隐藏,行迹莫测。变化于中:金水相互作用发生变化,水得火升腾,金居水潜匿。

⑧ 包裹万物,为道纪纲:阴阳变化包容一切,元神属阳,元精属阴,二者在人身上下随火候升降运行,始采为药物,终成为意丹。意丹修成,来

土旺四季图

自阴阳化合作用,不离一阴一阳之道。

⑨ 以无制有,器用者空:神无器有,精神是无,精气是有;通神之意为本,即无,能制伏主宰一切精气之有。通神之意能够驾驭、主宰有形的精气。一说离虚坎有,丹道取坎填离,以离之无,制坎之有。器之用在空,如《道德经》十一章:"三十辐共一毂(gǔ),当其无,有车之用。埏(shān)埴以为器,当其无,有器之用。凿户牖(yǒu)以为室,当其无,有室之用。故有之以为利,无之以为用。"意思是三十根辐条聚集在一个轴毂上,正是因为车毂中间空无,才有车轮的作用。揉和陶土做成陶器,正是因为陶器中间空无,才有器皿的作用。房子里凿出门洞和窗户,正是因为房子中间空无,才有居室的作用。

⑩ 消:消亡,消耗,消失,散射;如日出到日落,能量释放的过程。息:息长,休息,重生,培养,归纳,成长;如日落到日出,能量积累的过程。故推消息,坎离没亡:无论是在进阳火时,阳息阴消,火属阳为离;还是退阴符时,阳消阴息,阴属水为坎;药物(坎离)虽然无形,但仍然起作用;看起

来有,但又不是真有,看起来没有,但又不是完全没有,好像后天之气息,修回先天真炁之时,那种微妙难明的状态。一说了解一消一息,空有转换的机理,那么坎离(日月)这种有形的作用,就隐没了;表现在身体修炼上,如果了解了体内真炁在百会穴和会阴穴之间一消一息,那么对于坎离(心肾)水火之间的关系就可以忽略了。表现在心意修炼上,如果了解了阴意与阳意的消息来往可以随时通神接天,那么对于坎离(如月亮接太阳之光,意能转化元炁而来)的关系就好像呼吸之自然,可以无意于此了。

【解】

《易》与天地准,《契》与阴阳准,《易》为体,而《契》为用。"坎戊月精,离己日光"说明,按照八卦纳甲,坎中一阳属戊,戊土为阳;离中一阴属己,己土为阴。干支分阴阳,十天干分为五阳干:甲、丙、戊、庚、壬,和五阴干:乙、丁、己、辛、癸;十二地支分为六阳支:子、寅、辰、午、申、戌,和六阴支:丑、卯、巳、未、酉、亥。甲乙木,丙丁火,庚辛金,壬癸水,戊己土。甲木为阳木,是参天大树,尚未成形,需要阳光照耀温暖才能成长;乙木为阴木,是成形之木。同理,丙火为火之气,火之源,火之能;丁火是有形的火。

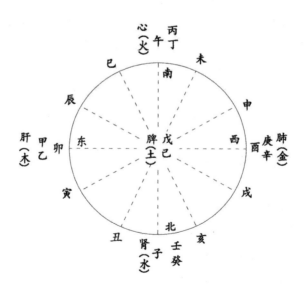

　　易本身就是日月经天流转变化而成,坎月本无光,借离日之真阳放生光辉,所以光辉能够进入意念,是日光合乎月精,并为意所领会。日光与月精之交合,而成光辉之丹。《契》与阴阳准,核心在于心意通神。意丹以融汇阴阳为本,通于人身因阴阳氤氲而生之自然之意。人身元精属阴,元神属阳,阴阳相合而生"魂魄",魂阳为离,在天应日;魄阴为坎,在天应月。日魂月魄相映生明,相互依赖,不可分离。

　　生命能量其实在头顶百会穴和下面会阴穴之间一消一息,一升一降,往来周流,呼吸之间,时刻转化宇宙元炁为意能所用,修炼意丹就是意能通神接天,时刻采纳天地元炁,如呼吸一般自然而然,而不再停留在日月、心肾诸相之上。"幽潜沦匿,变化于中"指的是静坐修丹的状态,收视返听,忘却自我,同于大通,好像先沉潜到阴深不可测度的深渊当中一般,而从中发动生命的能量,于静极之中发动,有通达天地的神意升腾而出。此通神之意能够"包裹万物,为道纪纲"包裹天地之间一切存在物,并且成为天地之道的纲要和根基。

　　时间的浑沌开端可以理解为无人知道时间的起始,正如生命有开始,但那是父母告诉我们的,我们自己并不知道那个开始;而生命有终其实是别人定义的关于我们生命的终点,真正到达生命终点的那一刻是哪一个时刻,其实一般人并不可能确切知道。可以说,生命的始终一般人可谓一无所知,但修炼者可知其死,临死之前就有感知,历史上有很多安详待死的故事和记录。生命是意识之生,是意识在时间中流动帮助我们意识到生;死是生的归宿,但从意存续的宽泛角度来说,可以理解为无意识化或者意识的虚无化,也就是意识状态的终结,虽然身体可能还以植物人的方式继续存续,但意识活动的状态至少已经暂时死亡,虽然将来可能恢复并接续之前的意识,但可以理解为意识的重启和新生。所以可以把"意"本身分有意态和无意态,无意态在时空中的存在有永恒性;有意态使无意态在当下呈现出来(为有意态),即使历史也只能以当下意识的状态延续下去。生命之有是时刻想着虚无的有,生命是于无中生有,于无中立有,有在无中存续、绵延。虚无是时空循环的开端,也是结束,而时空的永恒循环,本来没有开端也没有结束,是生机即生命存续的力量,把生的当下瞬间当作开端,把生所指向的一切可能性作为可能的结束。

【意】

意丹成于心身之间，也可以称为心身之丹，是在通神之意（土）的作用下，将火与水相融会贯通，使之既济，又融汇金与木，使金木相恋，而成心身之丹，这都是凭通神之意交汇作功。神识纷乱，需要制伏。身体与心灵都需要"制"，这样才能转化。"以无制有"即用通神之意之"无"，来制伏身体和心灵的双重"有"问题。修炼身体之"有"乃修命功，转化身体精气之能量，从调适呼吸入手，改善肺液，提振肾气，增强体内精气，接续先天之元炁。修炼心灵之"有"乃修性功，转化心灵神魂之能量，从制伏神识入手，改善肝精，提振心气，增强脑内神气，接续先天之元神。修炼意丹乃修性命全功，转化身体精气与神魂之能量，调适呼吸、制伏神识，改善肺液和肝精，提振肾气和心气，转化为通神之意，接续先天之神意。

可见，意丹理论不是凭空构造，而是依托天地阴阳四时运化，可在实践当中落实而验证。其中修丹的分寸，可以与神明相校正和对应。身心之意与六爻六候等时空系统交感融通，心意时刻可以通达于天地的变化。让心身之丹与道相合，甚至成为万物之化的道的纲领。这种心身之丹，似无若有，通过丹的无，可以置身于万物之有。任何把丹当做器物的意念，最后都会什么也收获不到。丹道的核心在于，通神之意随着天时之道盈虚消长，成就的似乎是无形的心身之丹（心神）。坎离不是用有形的意念，而是以无态通于先天意念的存有，通过共感与天地相合。可见，阴阳光感力量巨大，但理解上不可落入后天，而要用先天的意念契机调动先天阳气，才可能以先天意念与天地往来，因为先天阳气之意可通天地。

修炼意丹乃后天气息运化，返归先天之炁，丹成于一消一息之间，火候可推演而彰显，而坎离药物则归虚而难见。持意即持守通神之意，通乎天地阴阳之气未发之境，类似于《中庸》"喜怒哀乐未发谓之中"的境界，持守真意之土境，意念视有若无，念念发动"发而皆中节谓之和"，达到中和之境，即"致中和，天地位焉，万物育焉"的境界，也如《孟子·尽心下》："可欲之谓善，有诸己之谓信，充实之谓美，充实而有光辉之谓大，大而化之之谓圣，圣而不可知之之谓神"。药物来自先天之炁，采药乃无中生有，有点像孟子所谓"我善养吾浩然之气"（《孟子·公孙丑上》），浩然正气本乎天地元炁，而且采养天地元炁就是无中生有，得而养之，需持有如无的功夫。

晦朔合符章第二十三^[1]

晦朔之间，合符行中^①。混沌鸿蒙，牝牡相从^②。滋液润泽，施化流通^③。天地神明，不可度量^④。利用安身，隐形而藏^⑤。

始于东北，箕斗之乡^⑥。旋而右转，呕轮吐萌^⑦。潜潭见象，发散精光^⑧。昴毕之上，震出为徵^⑨。阳气造端，初九潜龙^⑩。

【译】

每月三十，至下初一，子时初始，日月合璧，人身阴阳，交会当时，采药炼丹，合天会地。一天之中，亥子时交；一年之中，冬至交时。采药先天，阴阳未分，天地浑沌，意与阴阳，相交贯通，达于天地，阳动阴从，阳气阴血，融贯浑沌，意成丹基，阴阳交融，大化流行。意丹采药，阴阳交汇，精气条贯，畅达通天，肌肤精光，滋养润泽，内气外畅，血贯脉通，融乎天地。通神真意，发动先机，神妙玄冥，无法窥度。人身得药，意守意丹，闭塞感官，不与外交，塞其通路，心意内视，持守不失，如鸡孵卵，安身不动，藏之深处，隐而不发。

人身阴阳，相交之后，新轮阳火，发端升进。恰似东北，箕斗所在，艮卦终始，而进阳火，随天右转，新轮伊始，阳意升进。东北艮卦，其为月晦，艮覆为震，斯乃月光，下弦复萌，精光重出。意丹修持，如月华出，接纳日光，遵循，月节，吸收阳光，丹田之内，元精神光，舒展散发。昴毕西宿，月至初三，生明之处。下弦生光，一阳初动，乾卦初九，潜龙有象。

---

[1]元陈致虚本：晦朔合符章第十八；五代彭晓本：晦朔之间第四十六，勖毕之上章第四十七，循据璇玑章第四十八。

【注】

① 晦朔：晦为月底，每月三十；朔为月初，每月初一。合符：日月交会、阴阳合璧，如同符契和合。每月三十日至下月初一半夜之前，是前月之终、后月之始的时间，月亮处于太阳与地球自己的近日点，月亮虽然受太阳之光，但光朝向太阳那一面，地球上的人观察不到月亮之光，此时月亮为太阳所掩。"晦朔之间"在一天来说是亥子交时；在一月来说是三十与初一相交的半夜；在一年来说是十月与十一月冬至时节。天地阴阳交会之时，也是人身的元精和元阳交会之时，所以古代仙人强调要在此时采药修炼。

② 混沌鸿蒙：后天太极（阴阳交合）入于先天无极（天地未分、阴阳未判）之境，即先天元炁充塞宇宙的状态。宇宙的先天状态本来是阴阳不分的元炁或和炁，因为人的心意的参与，后天认识过程中才分阴阳。在修丹者没有心意自觉之前，向内的意识不觉得有人身存在，向外的意识不觉得有宇宙万物的存在，此时内外相冥，与先天真炁同一，万虑俱遗，无形无相，寂然不动，虚极静一，杳杳冥冥，无思无虑，神气融贯，混混沌沌，鸿荒未蒙之状。牝牡相从：在阴阳交混，尚未分离的先天状态之中，阴意与阳意开始彼此相求，此时天机已动，雄阳意图施播，雌阴意图受化，所以有相从交融之象。

③ 滋液润泽，施化流通：人身之内，先天天机发动，阴阳交感，先天元精、元炁、元神融混相合，化为意丹，好像云遮雾罩，冥冥蒸腾，布散升华，流注四肢，畅通表里，调整气血，润泽肌肤。后世阴阳丹法滞于后天形下之气息交通与相关技艺，失却意丹先天大旨。

④ 天地神明，不可度量：人身真火发起之机，玄妙至极，连天地之间的神明，都感到难以度量，何况常人，岂能意会？所以说活子时启动之时的意念是"通神之意"，因为实在是太过神妙，不通于神明，日常的意念是难以体会人身真火发动的状态的。

⑤ 利用安身，隐形而藏：人身药物将产之时，要瞑目端坐，如山石不动，口缄舌气，如冬蛇蛰伏，心神内守，如鸡孵卵，含光默默，神返于内，一呼一吸，悠悠绵绵，意归命蒂，久而久之，杳杳冥冥，如临深渊，神气归根，身心复命，金液凝结。"利用安身"语出《系辞下》："精义入神，以致用也；

利用安身,以崇德也。过此以往,未之或知也;穷神知化,德之盛也。"意思是知道屈伸相感之利,又能利用它来帮助自己随遇而安,就可以提高道德,增进德业了。超过这种境界再向前推求,即使是圣人恐怕都无法知晓了。能够穷极宇宙的神妙,通晓天下的变化,这就是道德盛大的最高境界了。借用此句来比喻人身活子时启动之际,要安静虚无,炼心意而凝结成为意丹,把意念生化出来的后天具形化藏于先天无形的至静境界。

⑥ 东北:后天八卦艮位,《说卦》"艮,东北之卦也;万物之所成终而成始也,故日成言乎艮",东北之位是万物成其终又重新开始的时位。箕斗:二十八宿的两颗星;箕是东方苍龙七宿中的最后一位,斗是北方玄武七宿中的第一位,都位于东北方。始于东北,箕斗之乡:比喻人身阴阳交会之后,阳火启运之初,好比月亮每月先消失在月晦失明的东北方向,阴极之后阳生,经过亥子的晦朔之后,阳气于丑寅重新肇端萌发,一轮新月喷薄而出。

⑦ 呕:吐出殆尽。轮:全月或月之轮廓。吐:微出。萌:萌芽,月轮微明,月光微牙。旋而右转,呕轮吐萌:到黄昏的时候,月相移到西方昂毕之上,这是右转而行,所谓"初三月出庚"。按照汉易纳甲之法,十二地支分阴阳,其中阳支子、寅、辰、午、申、戌顺行,对应太阳东北升起,西边下去,代表天道左旋;阴支丑、亥、酉、未、巳、卯逆行,对应地炁逆转,不仅是地球之气,也代表月亮吸收太阳反射的气息,都与采集的太阳阳力运行方向相反,所以代表地道右旋。丹道才有先天纳甲之法,是为了让身体元炁的运行与太阴即月亮的运行同步。

⑧ 潜:伏。潭:深水。见(xiàn):出现。潜潭见象,发散精光:月亮表明于东北方,好像龙沉潜入深潭海底去了,出现光华隐去的现象,然后再慢慢上升发散出隐藏的精光。修丹之士,进入静定无边的深层海底境界,于阴极静极之境界当中,等待真阳上升,精光散发出来。

⑨ 微:征验。昂(mǎo)毕:西方白虎七宿中的二宿,位于西南。每月初三日前后,日将落之时,月初生明于西南方,昂毕之位,其状如震卦之象。昂毕之上,震出为微:初三前后,黄昏傍晚之时,西南方月相由艮转为震,下弦始萌。正如人身活子时发动,一阳来复之状,要于将动未动之际,尚未发动饱满之时采药。

⑩ 阳(气)造端,初九潜龙:震卦代表阳气重生,阳火再续之象,亦可

以用乾卦初九阳气生发为喻。此时火力微弱,当温养维持,不可马上就用猛火。

【解】

上章论及采药乃无中生有,此章继续上章,讨论采药的天时和状态,看似谈到都是后天天时和后天状态,其实是要从中领略先天之炁的韵味。修丹之士在做功夫的时候,要特别注重一阳发动的时刻,要留意、稳住、把握它,进而增进和培养它。这不是后天意义上的小心和留意,而是体会到先天心物一体的境界,不可以用后天对象化的思路来理解和观察。

虽然阴阳和合的说法在修丹之中无处不在,但运用意念采药的若隐若现的状态需要特别加以留意,其实无论男女都要对于阳气上升有自己的体会,虽然体会可能有所不同,但把握住阳气上升的时机和节奏这一点是相通的。如果能够把握好,人身气息氤氲、阴阳交会之后,要配合对应于天时天象,以初九潜龙为喻,应第一候。初九之阳,乃阳气之显;前面"混沌鸿蒙",乃阳气之隐,此隐显一体,故不分。有些具体功法,如日月双修,子时打坐采药,得阴阳和合之气,虽然有一定的道理,但只可做修丹功法参考。

真正的功法在于心意的修行,也就是心意发动顺天而行。修炼意丹如月采日光,看起来月亮做的是后天功夫,其实被人看到的是后天,月亮本身做的是先天功夫,这就是修丹要从后天返归先天的奥秘所在。人身意丹之能量,无论是能量的大小还是采集的本体状态,不可能超越月光对日光的映照和采集。类似的,人身之意需要找到其所映照的日光,从而超越后天气血进入先天真炁的状态,如"留取丹心照汗青",从而使得后天的人心之意超越当下而彪炳史册,也可以说,其先天意丹达到光耀史册的程度,让精神永不磨灭。多数的新道学修炼者,其意丹只在追求自身后天的长生中,其意念所积聚,不过一生后天之气血耳,而后天的肉身终究还是会朽坏,而其身体之丹也就随之败朽不存。只有意念之丹,入于先天之炁,才时刻面对永恒的日光,而能凝聚如永恒的月华。理解这一点,当意识到身体之内的先天元炁发动,则意丹接续先天元炁,而着眼于永恒,所以意念之发无比有力,可能超越当下的时空。

【意】

人身阴阳之交汇,好像每月三十至下月初一半夜之前日月合璧,修丹应正当此时采药炼丹,这是把身体后天阴阳的交汇,用日月这种先天的交汇来比喻,但其中先天后天的微妙区别,后世注家鲜有留意者。也就是说,日月合璧是先天状态,不因人的意念与之有关与否而改变,但人身的阴阳和合,需要意识的参与才能体会到,但通常能够被体会到的是后天的阴阳相合。而后天的阴阳合汇,无论如何合乎天地阴阳交汇的天地自然之时,甚至把身体的阴阳交流,完全与一天之中亥子交时、一年之中十月与十一月的冬至时节进行完美匹配,但这都不过是后天层面的功夫,而如果于意丹采药之际,不能进入阴阳未分、天地浑沌的先天状态,那么所谓心意与阴阳相交,不过是后天的阴阳之气的暂时相交,而不与先天元炁相合。所以看起来谈的是阳动阴从、阴阳气血融贯的浑沌状态,但真正意丹初成之基,是通于天地阴阳交融的先天真炁之大化流行。此刻元精元炁条贯畅达,后天气血通于先天真炁,这样后天的肌肤皆被先天精炁滋养润泽,先天精炁流通畅达于四肢,让后天肌肤丰美,内外气血畅通,而融贯先天性的天地之气,这种先天后天融贯的状态,才是通神之真意发动之炁机,因其超越后天所以才神妙玄冥,无法窥测度量。

用乾卦六爻的演化,配合月相的阴晴圆缺,来表达修丹之"利用安身",即利用最能够保证延年益寿的方式来安稳自己的身心,而最合理的方式是"隐形而藏",即藏后天之形,而通先天之道,这是不可以用后天气血得药的层次来理解的,要用对应先天天象的天时,如无形之丹的状态来守护意丹,也就是闭塞感官与外界交通的通路,心意内视,持守不失,如鸡卵孵,安身不动,藏之深处,隐而不发。此喻人身先天阴意与阳意相交之后,新一轮阳火发端和开始升进,阳气生生而力量无穷,这对应于先天阳意。意丹的修持如月华接纳日光而转出,需遵循月光的节奏而最大限度地吸收太阳的光华。修丹将光华吸收在丹田之内,让潜伏的元精元神之光舒展散发。这样,运行的虽然是周身后天的气血,体会的是先天真炁之神意。

阳以三立,阴以八通^①。三日震动,八日兑行^②。九二见龙,和平有明^③。

三五德就,乾体乃成^④。九三夕惕,亏折神符^⑤。

盛衰渐革,终还其初^⑥。巽继其统,固际操持^⑦。九四或跃,进退道危^⑧。

艮主进止,不得逾时。二十三日,典守弦期。九五飞龙,天位加喜^⑨。

【译】

阳气之发,初三始生,三为阳数,配阳卦震,纳阳干庚,故以三立;初八生光,八为少阴,配阴卦兑,纳阴干丁。初三之日,阳进三天,震下阳生。初八之时,月相上弦,光至半明,以配兑行。修丹用阳,至时一半,阴阳相和,火候相平。阳火进半,以配九二,见龙为喻,犹若草木,苗生壮长,天下文明。

每月十五,月望之日,日月相望,月光盈满,如乾阳满。丹道九三,夕惕若厉,戒危慎厉,反则过刚,即会亏欠,折火坏候,与天无应。

阳极阴生,阴意来包,裹容藏久,不息阳意,阳力不折,保养持续。阳气充盈,盛极之时,小心调用,阴意来护,保持阳意,不使外泄。卦象用巽,阴生来示,阴意之续,生长护持,调济阳意。不可发泄,反则有败,前功尽弃。修丹关键,九四或跃,以喻危机,定当用阴,进退自如,上下有险,不可不知。

每月二三,月象下弦,一半亏缺,应艮之象,当行则行,时止则止,不可逾时。应于乾五,飞龙在天,意丹圆成。

【注】

① 每月初三黄昏之时,月亮出现于西南庚方,庚为阳干,所以说"阳以三立"。加一候五天,每月初八黄昏之时,月亮出现于南方丁位,丁为阴干,所以说"阴以八通"。初三为阳数,配阳卦震,震纳阳干庚;初八为阴数,配阴卦兑,兑纳阴干丁。

② 三日震动:历三日,震下一阳初动;一说炉中火炎三日,鼎内阳气初布,所以说"三日震动"。八日兑行:历八日,月相于卦象兑,二爻阳气,由下弦渐长,月相为上弦,其光半明半暗,所以说"八日兑行",比喻丹道阳

火用功至半。

③ 九二见龙,和平有明:乾卦九二爻辞"见龙在田,利见大人"象征阳气出于地面上,草木生长,天下文明之象。

④ 三五德就,乾体乃成:三五是十五望日。每月十五,月日相望,月光盈满,用乾象应在九三爻,此时人身阳火已满,所以"德就",纯阳之乾体已成。

⑤ 九三夕惕,亏折神符:九三爻辞"君子终日乾乾,夕惕若厉,无咎。"要持盈守满,昼夜勤勉,警惕,防其亏损。

⑥ 盛衰渐革,终还其初:阳极生阴,人身阳火由此收退,如月华盛极而衰,逐渐亏减,以渐而革,终当返晦,而还于初。

⑦ 巽:巽卦从乾卦变来,阳极下一阴生。巽继其统,固际操持:巽继乾统,一阴始生,修丹之士在此交界之时应凝固自身神意,不可被阴境带走。"际"一本作"济",不取。

⑧ 九四或跃,进退道危:应乾卦九四爻辞"或跃在渊",阳火已经进添至极,需当阴符接之,通过徐运阴符,包裹阳气,达到固济操持、保养其阳的目的。九四爻进退之道都有危机,需要智慧来把握,保持阳境需要极其小心,急流勇退退入阴境也可能积蓄更多能量。

⑨ 艮主进止,不得逾时。二十三日,典守弦期。九五飞龙,天位加喜:逾是越过。典是主管。月至二十三日下弦,光明半亏,半明半暗,如艮卦之象,一阳于二阴之上,阴符进而止于一阳之下。艮卦主止,当止则止。适当沐浴,不可逾越。以乾象应在九五爻辞"飞龙在天,利见大人",光明鼎盛,意丹圆成,自有"加喜"之庆。

【解】

本节以月相的阴阳与乾卦各爻相配,说明药材与火候的关系,以乾卦六爻,说明月相的六种变化,并以乾坤相合来说明晦朔合符。这是以乾卦九二到九五这中间的四爻为喻,说明火候把控的第二、第三、第四、第五阶段。同时用月相的变化来比喻人身火候采纳的功法。人身后天的气息流动,通乎先天月亮之炁的运行。用月相的盈亏来比喻身体中月亮气的运行如下[1]:

---

[1] 参王振山:《〈周易参同契〉解读》,北京:宗教文化出版社,2013年,第108—109页。

月亮气	人身部位	月光	月相之位	阳火阴符
初三	大腿根部	蟾光露出右肩	初生于昴宿之上	宜进阳火
初八	股内和两手鱼际，手阳明和胃管	玉兔之光完全露出	上弦月	兑金得用，金水相通，初八兑行
十六	足太阳经、目眦、风府	蟾少了口鼻之光	月圆，乾体	体内在辰巳，陶道穴和玉枕
二十三	大腿外侧根部	兔光明亮，蟾还剩一点尾部	东南方，应卯时，酉时	泥丸宫，退阴符
三十	人气在关元至阴孔	蟾兔光全无	坤卦	阴符到戌亥

　　星球的气息和能量，因其角度和远近的区别，会对人身体的器官构成不同的影响。远古的人类在长期仰观俯察当中总结出一套身体气息与天地真炁运行相对应的规律。

　　人的生命力从下面发动，下面为子，头顶为午，阳气生发到顶，精神力量就越来越强，睡醒来精神节节上升，到午阳极阴生，再节节下降。阳气从督脉运上顶，再从任脉转下来，即是运转河车，用逆腹式呼吸来完成药物周天运炼。此过程可以运意，也可以顺其自然。

《周易参同契》火候一览表[1]

春(闭)生			夏(呼)长			秋(闭)收			冬(吸)藏		
寅	卯	辰	巳	午	未	申	酉	戌	亥	子	丑
泰	大壮	夬	乾	姤	遯	否	观	剥	坤	复	临
玄枢	脊中	陶道	玉枕	泥丸	明堂	膻中	中脘	神阙	气海	尾闾	命门
肺	大肠	胃	脾	心	小肠	肾	膀胱	心胞	三焦	胆	肝
屯	既济	革	丰	离	旅	鼎	未济	蒙	涣	坎	节
雨水	惊蛰	春分	清明	谷雨	立夏	小满	芒种	夏至	小暑	大暑	立秋	处暑	白露	秋分	寒露	霜降	立冬	小雪	大雪	冬至	小寒	大寒	立春

[1] 王振山：《〈周易参同契〉解读》，北京：宗教文化出版社，2013年，第113页。

春(闭)生		夏(呼)长		秋(闭)收		冬(吸)藏	
艮	震	巽	离	坤	兑	乾	坎
(15)分一刻	(15)分二刻	(15)分三刻	(15)分四刻	(15)分五刻	(15)分六刻	(15)分七刻	(15)分八刻
(1)乾	(2)兑	(3)离	(4)震	(5)巽	(6)坎	(7)艮	(8)坤
脾,肺,背,手	大肠,肝,足,腿	胆,心,胃,股	小肠,目,膻中	膀胱,肾,胃,腹	肺,口腔,气管,心胞	三焦,祖气穴,泥穴,头部	肾,耳,胆,肝,祖气穴

对于阴阳之气的刻度化理解,是一种无奈的比喻状态,因为先天之力的发动,跟夜晚太阳通过月亮来放光明一样,是不需要刻度就本来在那的先天本然,而意会出来的,都已经是后天的了。初三代表阳火进了三天,有震下阳生之象,时当匀缓调药,以促精生。初八代表月相上弦光至半明,以兑象来喻阳火用功至一半之时,是少阴八与少阳七相交合,阴阳相和之象,以九二之龙为喻,相当于草木生长,天下文明之象,此时当神交而精足。每月十五望月当空,月光盈满,相应为乾阳之气盈满之象;此时当夕惕若厉,戒慎警醒之中采药归炉,否则过刚会亏欠,精满自溢则折坏与天符相神应的火候。可见,纯阳之时,要急调阴意来调剂,这都不是后天气血意义上的,而是先天阳意与阴意交流意义上的收敛自如。

后天气血到了阳极阴生之时,要用先天阴意来包裹容藏持久不息的阳意之动,使阳力不折,能保养持续下去。也就是说,在阳气充盈盛极的时候,要小心调用先天阴意来护持先天阳意,使得阳意盛极而能持续,不可使阳气外泄,这是要用阴意之持续生长来护持调剂阳意,此为修丹的关键时刻,用九四或跃来比喻极其到位,也只有应用阴意,才可进退自如,但上下都有危险,不可不知。月象到每月二十三即下弦一半亏缺,此时应艮卦"时止则止"之象,即当止则止,当行则行,此时当停止进阳火,应于乾卦九五爻"飞龙在天",相当于意丹近于圆成之状态。

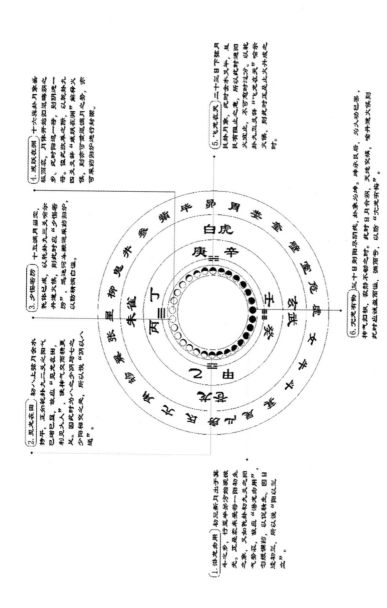

乾卦六爻对应月相与丹道火候图[1]

[1] 此图参考朱炯编著:《图解周易参同契》,陕西师范大学出版社,2008年,第217页,"乾坤爻配月相"图。

【意】

　　丹道多用隐喻(隐语)作为表达方式。比喻作为一种修辞手法,通常是为了说明对象,使之生动形象,更易为人所理解。丹道的隐喻在第一层意义上,也可以理解为一般的比喻,为的是让修丹的人形象了解丹道。可是丹道不是简单的比喻就能够说明清楚的,于是更多的隐喻就被运用到丹道当中。而丹道从一开始就有外丹和内丹的传统,所以很多表述看似外丹,实指内丹,或者说,从内丹之道的角度来看,外丹表述都是隐喻,是为了讲明内丹。

　　当然,从外丹的角度来看,外丹表述其实都有实际指向,而且不是隐性的指向,内丹家把外丹的说法都看成比喻,但外丹家是不可能同意的。不过,应该说内丹家的看法更有道理,毕竟外丹的努力可以说是一连串失败的记录,几乎不可能在科学尚且不够发达的古代,造出真正对人身无害而且延年益寿的丹药,即使今天可能成功,也不是在外丹术描述的简单物理化学变化过程之中就能够实现的。

　　但用之于内丹,这些描述都成了隐喻,而人身从古至今,几乎没有改变,这样内丹的隐喻,就有了层出不穷的隐喻力量。火候因为讲不清楚,不得不借用节气和月相的变化,这其实都是后天可见物象层面的意义,真正的意义,还在这样的隐喻背后。那就是先天的意义,即修丹要修先天真炁的火候,才有意义。否则,都是在后天物质层面的气息上理解打转,是不可能真正修成先天的真丹的。

　　这样一来,新道学就不仅仅是深思之学,还得是体验深思之学,而且这种体验,不是后天气血意义上的体验,而是后天返归先天的意义上的体验。体会阳气上升,不是去观察天地之气阳气的上升,而是体会到阳气上升是由于内在力量的驱动,这内在力量来自天地元炁之力。一阳生活子时,是体会到活泼泼的先天元炁之力量,不是去观察之,观察就落于后天,而是体会到并把先天元炁转化为人身内力,使人身的元炁更加丰沛。"活"是因为它不落于观察和外力而起,不是因果性的后起力量,而是先天源动力,这是关键。

　　六五坤承,结括终始①。韫养众子,世为类母②。上九亢龙,战德

于野③。

　　用九翩翩，为道规矩④。阳数已讫，讫则复起⑤。推情合性，转而相与⑥。循据璇玑，升降上下⑦。周流六爻，难可察睹⑧。故无常位，为易宗祖⑨。

【译】

　　每月三十，月光尽泯，应乎坤象，三爻皆阴，应三十日，阴极阳生，阳终阴始，包藏万有，孕养万类，万物之母。时应乾上，亢龙有悔，坤卦上六，龙战于野。

　　阴极阳生，阳极阴生，二者转化，用九用六，阳气已极，阴阳必化。九为阳火，用九用阳，修丹分寸，控制火候。北斗紫微，璇玑玉衡，绕星运行，天盘循环。人身运用，阴意阳意，天时运转，必相匹配，阳气上升，阴气下降，流转之间，六爻在卦，爻位之中，上下运行，难以觉察。意丹形成，其无定位，爻位变化，易之象征，天地阴阳，变化之本。

【注】

　　① 六五：每月月尾三十日，是月晦之期。月光尽泯，如坤卦纯阴之象。坤象承接，阴极阳生，所以"结括终始"，要像口袋一样封起来，"括囊无咎"，说话行事极其小心。

　　② 緼：孕育，抚育。坤卦取象大地，厚德载物，长养万物，为万物之母，所以能够孕养众子，于阴境之中，一阳来复，生生不息，世世代代为万类之母。

　　③ 上九亢龙：应于乾卦上九爻"亢龙有悔"，也通于坤卦上六"龙战于野，其血玄黄"，暗含先天阴阳本来相通之意。

　　④ 用九翩翩：乾卦用九"见群龙无首，吉"。《象》曰："用九，天德不可为首也。"用九是用阳火，这里是比喻阳火之进不可为首，要谦虚相让。"翩翩"是指阳火遇阴符的状态，轻柔温和，从容不迫，悠游闲适之状，符合天道阳极阴生的规矩，很注意把握其中的分寸，好像一个隐士用世的那种微妙分寸，达到了化境，但丝毫没有执定感，继续随道迁变。"翩翩"出自泰卦六四："翩翩，不富以其邻，不戒以孚。"《象》曰："'翩翩不富'，皆失实也。'不戒以孚'，中心愿也。""翩翩"的意思是轻飘飘地下降，因为六四与六五、

上六都是柔爻,柔爻为虚,都不实,因为六四愿意亲近九三,是从内心深处愿意无所戒备地真诚相处。引申为阳意以阴柔之道与阴意翩翩共舞之象。

⑤ 九为阳数之极,到了老阳就要变阴,阳极阴生,重新开始。

⑥ 推情合性,转而相与:先天神炁不分,后天分阴分阳,即木性金情,木性为魂,藏肝居东;金情为魄,藏肺居西。到阳火至极的状态之后,性情相互转化。

⑦ 璇玑:即"璇机",浑天仪器,古代测天之器具,以象征众星的"璇"布置在"机"上,比拟宇宙天体的运转。语出《后汉书·张衡传》:"妙尽璇机之正。"一说北斗第二星名璇,第三星名玑;或北斗第一至第四星为璇玑。北斗七星围绕北极紫微星运转,每月顺十二辰依次向前移动一位,一年四季、十二月据此得以区分,周天众星依北斗星的法度而运转,阳极生阴,阴极生阳,犹如身内神气从天根下升起,升至月窟,由月窟复降天根,往来伸屈,循环升降。所以邵雍在《观物吟》中说:"乾遇巽时观月窟,地逢雷处看天根;天根月窟闲来往,三十六宫都是春",表达阳火阴符转换,犹如禅位。

⑧ 周流六爻:神气在人身一上一下,升降转移,犹如阴阳之气往来屈伸于一卦六爻之间,刚柔相易。难可察睹:变化不居,无声无臭,难以察觉看清。

⑨《周易》阴阳在六个爻位之间流动变化,升降往来,周流不息,好像阴阳精气在身内流动,从来没有固定的位置,观阴察阳是悟及先天元炁的前提,这就是修炼意丹需要推究和模仿《周易》的根本大道啊。

【解】

本节以乾卦上九爻来比喻火候把控的终极状态。以乾卦用九的状态,来比喻火候可以随机触发,阳气可以随时生发,而进入真炁修炼运行的新周期状态。修炼阳意时刻不可离开坤阴之境,即天地的先天阴力(玄牝之力)[1]。天地如大地父母一般,充满深沉厚重的爱意,这是阳意生发

---

[1] 胡孚琛借助明抄宋本《大道直指金丹秘诀》说明"玄牝之门"在两肾之间动气之处,丹家称作"醉仙窟",两肾间连线为"治命桥"。参胡孚琛:《丹道法诀十二讲》(珍藏修订版),北京:社会科学文献出版社,2018 年,第 781—789 页。

的母体。对应每月三十日,阴极阳生之时,阳终阴始之际,此刻阴境之中包藏万有,有哺育万类的能力,故为万物之母。此时控制运阳意之火候,轻柔翩翩地与阴境起舞,进入深沉持久的沐浴状态,是修炼意丹追求的极致状态。[1]

人身运用阴意与阳意也要跟天时运转相匹配,意丹生成于阴阳交换流转之间,如六爻在卦之爻位之间上下运行,难以觉察目睹。这是比喻意丹形成没有固定的位置和方法,不可偏执,爻位变易是象征天地阴阳变化的根本。北斗星围绕北极紫微星运行,带动整个天盘循环,以及日月星辰与阴阳之气的转化。人身之性如北极星,人身之情如天盘众星。北极星与众星一体,而北极星相当于先天阳意的状态,似动未动,似发不发,而天盘相当于先天阴意,该动就动,该发必发。人身的北极星就是一点真炁虚灵,寂然不动之时,可以称为性,也就是情到静处,复归于性。每当目张神驰,心意外射,性应物而动,情即发生。所以说,性为情之体,情为性之用,性情一体,体用不二。

【意】

性情相即不离,是从先天本来不离的意义上说的,但后天之性与情,虽然彼此感应不分,但性较为稳定,来自先天的成分比较大,而情总是应物而动,受后天时空情境变化的影响比较大。可见,以性为本,容易理解和梳理事情的发展变化,但以情为本,则不容易把握事物的发展变化之全貌,只是从人情事变各个方面,总是不能离开情的角度,可以说"情-生"的生生状态,也是人生存的本来面貌,但"情-生"流转,其实是以"性-生"为前提的。

---

[1] 正如卢国龙写道:"天地具此生生成成之意,则显现出'道'存在其中。'道'虽无形而不可见,但由天地生成之德可知其有实非虚。由此说来,'道'即天地间的一股生成之意,所以是'有情'的。人及万物,皆由'道'或'一'分禀灵性,所以在本元上与道相通。就人而言,其所分禀的灵性即是心,所以,修道与修心从根本上说是即一不二的。……《参同契》作为丹经之祖,宗旨在于演述修丹与天地造化相同的原理,言理言道而不言心性。"参卢国龙:《道教哲学》,北京:华夏出版社,2007 年,第 431 页。胡孚琛认为:"丹家必以修心为本",参胡孚琛:《丹道法诀十二讲》(珍藏修订版),北京:社会科学文献出版社,2018 年,第 791 页。

性本来有"生"的意思,也可以说,是因为"生"才有性,不生就没有性。《中庸》"天命之谓性",来自"天"的,是先天的、稳定的、未发的性,天命即天生,这是从先天原生的角度来说的,不是从后天一物生另一物、母生子那样的意义上来说的,而是从元炁生生,从元炁必生物之性的角度来说的。物生而有性之后,性就成为内在而稳定的,性不是属性,因为属性是从后天主客两分的认识论角度来观察和理解的,但性是先天的意义居多,也就是物之为物的本性,其变与不变,皆在观察者的视角。从物与人为元炁转化之形态的角度来说,元炁从古至今不变,那么物性和人性就有从来不改的成分;但从物与人参与后天气息,随气而感应变化的角度来说,则物与人之性时时刻刻都在感应当中变化。

性为情本,以性为未发,则情为已发;以性为静,则情为动;以性为体,则情为用。丹法火炼金精,运神火来炼金气,皆是后天意义上的意识发动,控制呼吸和气息出入,推演后天之情金,以合于先天之性木,则是从后天返先天的关键所在。从天性的意义上说,人生都是平行的,甚至可以说基本没有交叉的,但从后天情感发动的角度来说,人的情感发动的尺度和分寸差别很大,所以可能有很多重叠和交叉,一般来说,后天情感意义上的交叉并不改变先天本性意义上的平行状态。

生生是第一因,是活的真一元炁的活力,不是继起的,而是因为先天真一元炁持续发动产生的力量,这是一种无始以来的生命元力,也就是先天力量。所以后天关于神火、气金、情感的意识,如何去配合这种先天本性之力量,使之圆融无碍,是丹法的关键所在。

先天生生元力真实不虚,只能意会不能言传,所以隐喻不过是曲笔而已。人身阴阳和合,不是用意而成,即不是用后天发动意义上的意识来指导完成的,而是先天元力的自然流动,和天然引发而成的。这与后天用意去努力在人间成事之方大有区别。其实人世间真正的成事,都应该是继元力而成,这就是所谓性也命也,有此性而有此命。此性可以通于世间万物所具备的先天元炁之力,只是不能在后天气血的意义上去理解和采收。

丹法是先天功夫,而西方哲学主客两分的思维方式,从一开始就是后天功夫,所以后天的功夫可以说是有意识的,而先天的功夫可以说是无意识的。如卫礼贤在《太乙金华宗旨》译本的序言当中写道:"《易经》中的八种基本卦象作为某些内心过程的符号在书中数次出现。"[1]象征的方式是中国从《周易》到《周易参同契》的思维传统的主流,而之所以如此选择,其实有不得已的原因,也就是中国的思维方式偏向荣格所谓"无意识"的、融贯性的、宇宙性的先天层次,而不是西方传统的具体性的、后天"意识"层次,方便用概念和逻辑关系来理解和体现。

---

[1]［瑞士］荣格、［德］卫礼贤著,张卜天译:《金花的秘密》,北京:商务印书馆,2019年,第79页。

卦律终始章第二十四^[1]

朔旦为复，阳气始通。出入无疾，立表微刚^①。黄钟建子，兆乃滋彰。播施柔暖，黎蒸得常^②。

临炉施条，开路正光。光耀渐进，日以益长。丑之大吕，结正低昂^③。

仰以成泰，刚柔并隆。阴阳交接，小往大来。辐辏于寅，运而趋时^④。

渐历大壮，侠列卯门。榆荚堕落，还归本根。刑德相负，昼夜始分^⑤。

夬阴以退，阳升而前。洗濯羽翮，振索宿尘^⑥。

乾健盛明，广被四邻。阳终于巳，中而相干^⑦。

【译】

冬至复卦，一阳初生。一月之中，每逢朔旦，阳气复生，一日之中，阳发子时，一年之中，冬至之日，活子之时，阳意初发，顺应阴力，不可用疾，不可过柔，温火微养，人身体表，阳气升发，阳刚之象。对应子时，所应黄钟，十一斗柄，指于子亥，阳气萌发，繁茂显著，阳意旺升，气施全身，柔化暖和。

大寒临卦，阳意上升。逐渐成势，伸展条畅，抑阴开路，扶阳正光。阳意日长，斗柄向丑，十二建丑，十二律吕。先低后昂，大吕之时，进火之象。

雨水泰卦，阴阳平衡。三阳上升，三阴持衡，刚柔势均，阳意接阴，趋应泰象，小往大来，斗柄指寅，月令正月，十二律簇，运化阳意，势当进火。

---

[1]元陈致虚本：爻变功用章第十九；五代彭晓本：朔旦为复章第四十九，临炉施条章第五十，仰以成泰章第五十一，渐历大壮章第五十二，夬阴以退章第五十三，乾健盛明章第五十四，娠始纪序章第五十五，逐世去位章第五十六，否塞不通章第五十七，观其权量章第五十八，剥烂肢体章第五十九，道穷则反章第六十，玄幽远渺章第六十一。

春分大壮,阳意升进,压过阴意,律应夹钟,配二月卯,万物趋壮。阳气虽盛,阴气仍犯,如彼榆荚,仲春堕落。阳意大盛,当适退火,沐浴休整,阴意阳平,归复本根。刑杀生生,相对平衡。昼夜平分,温养意丹,休沐之时。

谷雨夬卦,阳意升进,进剥阴意,一阴尚存,如鸟洗涤,整理羽翼,抖落污垢。

小满乾卦,阳意状盛,至极应乾,刚健盛明,阳意光明,及于四方,意丹初成,意念四射,金光闪耀,乾阳化盛,斗柄指巳。日过中天,阴必干犯。

【注】

① 复卦代表子月,斗指子方,律应黄钟,节气为冬至。朔:每月的初一日至初三日之半。旦:每日夜半子时之半。复:复卦从坤卦变来,坤卦下生一阳,是阳气刚刚发生,也就是开始通达的状态。比喻身内静极生阳,阳火发动之初始状态,如邵雍说:"一阳初动处,万物未生时。"此时正当闭关清净修道,而修道的核心就是修意,即诚意正心之道。出入无疾:本义是阳气从内生长,出入之间,没有障碍。疾:快。比喻呼吸深细、悠长,因为这是一阳初动之时,阳气尚微,当以意微微照之,不可用力,当温养微阳,不可迅速进火。语出《复卦》:"复,亨。出入无疾,朋来无咎。反复其道,七日来复,利有攸往。"立表微刚:本义是树立的圭表显示的日影是一年当中最短的;在修炼当中是炼此表卫,护此微阳。

② 黄钟建子,兆乃滋彰:农历十一月建子,律应黄钟,此时阳气始生,天地生物之征兆逐渐滋生彰显。钟:通踵和种,"中黄之气,踵踵而生,以种万物"。[1] 播施柔暖,黎蒸得常:人身阳火发动,火气至微,但阳火温柔暖和地播施出来,好像清晨旺盛的生气一般主宰常道。

③ 临炉施条,开路正光:临卦代表丑月,斗指丑方,律应大吕,节气为大寒。修行之人调理身心,因炉火已起,为保炉温,封炉让元阳之炁渐渐条畅,如临卦二阳四阴,阳气上升,抑阴以开路,扶阳以正光。此通于《周易》经传皆有的扶阳抑阴之说。光耀渐进,日以益长:如临卦阳气渐进,日

---

[1] 陆西星注,见[清]仇兆鳌:《古本周易参同契集注》,上海:华东师范大学出版社,2015年,第29页。

影日益加长,精炁神都得日益伸展。丑之大吕,结正低昂:此时斗柄指于丑方,临进二阳火候,应一年月令为十二月丑,十二律为大吕。元阳自下丹田升起,当就下而结丹头;此后,元阳过尾闾升而向上,先低后昂,是进火之象。

④ 仰以成泰,刚柔并隆:泰卦代表寅月,斗指寅方,律应太簇,节气为雨水。临卦二阳,仰上加一阳即成泰卦,三阳开泰,阴阳平衡,刚柔相等。阴阳交接:泰卦阴阳平衡,也是阳长与阴交接的时空状态。小往大来:语出泰卦卦辞"小往大来,吉,亨。""小"指阴,"大"指阳,"小往大来"指的是阴气消退,阳气增进。按照十二消息卦,泰卦象征春日正月,也是冬季结束之后,万物开始复苏的时间,象征修丹者身内阳气增长,阴气逐渐消退的状态。辐辏于寅,运而趋时:泰为三阳之卦,一年月令应于正月,斗柄指于寅方,十二律应太簇,此时正是进火之机,当谨慎趋时而进。

⑤ 渐历大壮,侠列卯门:大壮卦代表卯月,斗指卯方,律应夹钟,节气为春分。大壮卦四阳二阴,时令应于仲春二月,春分节气,昼夜相等,日出于卯时,没于酉时,斗柄指向卯方,十二律应于夹钟;卯木之生门中已含杀气,德中有刑,所以说"侠列卯门"。榆荚堕落,还归本根:榆荚是榆树的果实,俗称"榆钱",形状圆而小,像小铜钱。虽然万物当春而发生,但榆荚此时堕落,因为二月仲春,阳气虽盛,但阳中还是带着阴气,如大壮卦象,阴意将被阳意驱离,榆荚似有先知,感受阴意之犯,此刻先离。修丹之人,知道此刻阳气壮盛,需当沐浴温养,洗心涤虑,勿忘勿助。刑:阴气当令,万物凋零,肃杀之象。德:阳气当令,万物生长之象。相负,昼夜始分。二月春分,昼夜开始平分。人身进阳火到此,阳气虽旺,水火各半,但木中胎金,生中有杀,德中带刑,正乃沐浴之时。

⑥ 夬阴以退:夬卦代表辰月,斗指辰方,律应姑洗,节气为谷雨。夬卦五阳一阴,"夬,决也,刚决柔也。"阳刚逼阴柔退却之象。阳升而前:阳气盛升,勇往直前,决阴无难。洗濯(zhuó):涤荡、清洗之意,影射姑洗。羽:羽毛。翮(hé):鸟翼,羽毛的茎状部分,中空透明。振索:抖落、摆脱;或曰通于整搜,即整理羽毛,搜索污垢。宿尘:旧的污秽尘土。夬卦辰月十二律应于姑洗,此时水里的寒气已经微弱,鸟类入水洗濯羽毛,抖落旧染尘土。

⑦ 乾健盛明:乾卦代表巳月,斗指巳方,律应仲吕,节气为小满。乾

卦六爻皆阳,代表"天行健"之意,盛大光明。广被四邻:光明照耀四方,温热遍及大地。阳终于巳:乾卦对应一年的巳月,一天中的巳时,巳为阳之终。中:乾卦于律应仲吕,"中"借指四月仲吕之律名。干:干犯,侵犯。中而相干:日过中天,阴必干犯。

【解】

此章强调大周天火候的要旨,明确用十二消息卦:

十二消息卦又称十二辟卦,"辟"是君主、主宰之义,据说为西汉孟喜所传。十二消息卦本来就是《周易》内在体系的核心部分,因64卦都是从12消息卦变来的。十二消息卦由乾、坤二卦阴阳爻经"消""息"变化而成:复、临、泰、大壮、夬、乾、姤、遯、否、观、剥、坤。此十二卦配十二月,每卦为一月之主,即"十二辟卦",或十二月卦。配以地支排序,就是:复主十一(子)月,临主十二(丑)月,泰主正(寅)月,大壮主二(卯)月,夬主三(辰)月,乾主四(巳)月,姤主五(午)月,遯主六(未)月,否主七(申)月,观主八(酉)月,剥主九(戌)月,坤主十(亥)月。

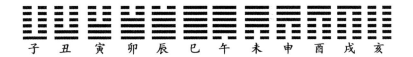

【意】

开头部分是对进阳火的过程的解析。朔为一月之始;旦为一日之始;复代表一阳来复之冬至,为一年之始;对应体内,男在阴囊之间,女在卵巢之间。能量发动,任其顺行,便是"顺为凡",而逆用其生机,不使天生的阳气之生机消耗掉,而是转化其后天阳力,接续真一之炁而成先天阳意,便是"逆为仙"。用于耳目口鼻的意识状态,便是不使视听食息之力耗散,不消耗听力、目力、味力、息力,收敛眼神,如物来观,而非我观物;将外物的精气神与我身心本有的精炁神打通,使得意识能量在天地之间,不断得到增益而不是消耗。这是修炼意丹的"一阳生"之秘所在。

《太乙金华宗旨·逍遥诀第八》提到活子时:"俟其冥冥中,忽然天心一动,此则一阳来复,活子时也。"在那杳杳冥冥的状态之中,忽然如复卦所谓"见天地之心"的"天心"一动,那就是一阳来复,说明活子时出现了。慧真子注说:"斯时以意摄气,使之逆生顺降,如日轮升转相似,故曰:'三更又见日轮赫。'……用意摄取,斯其时也。"[1]慧真子强调"意"对于天心发动那种一阳来复状态的摄取,其实这样的"意",已经不是平常及于外物的、对象化意识状态,而是通于神的、宇宙性的意识状态,所以应该称之为"通神之意"。

修丹功法运气于后天,调节周身阴阳之气,而通神于先天真一之炁。先天之神炁无以言表,只能以十二消息卦对应的物候来比喻。十二消息

---

[1] [瑞士]荣格、[德]卫礼贤著,张卜天译:《金花的秘密》,北京:商务印书馆,2019年,第111页。

卦对应的功夫,虽然都可以做后天阴阳气息交流意义上的功法解读,但真正的奥秘在于要意会其间的先天元炁,感通如神。如活子时借用一月之中的朔旦代表阳气复生,至于一日半夜的子时和一年冬至之日,皆可参用,但拘泥则落于后天形下,不得丹法本旨。阳意初发之时,皆顺应阴力之生,不可用力疾速,但又不可太柔,所以用温火微养,使人身体表有阳气升发之阳刚之象,旺盛的生生之气开始播施于全身,使得全身柔化暖和。

《周易》经传有扶阳抑阴之倾向,当后天阳意上升,渐渐成势之时,周身逐渐伸展条畅。当阳意上升至阴阳平衡成泰之状,此时刚柔势均力敌,阳意与阴意交接,并趋于暂时的平衡,但趋势是"小往大来",所以此时仍是运化阳意,是继续依照时势进火之机。当阳意升进至大壮时期,已经压过阴意,此时万物趋于壮盛,但阴气仍然能够干犯事物,说明阳气大盛之时,当适当停火沐浴,让阴意与阳意皆归复本根。此时刑杀与生生之德相对平衡,昼夜平分,故当沐浴,是温养意丹之时。阳意继续升进至夬卦之状,此时阴意已被退却将尽,这时阳意继续进发逼退阴意。阳意状盛至极,应乾卦刚健盛明之象,说明阳意之光明与热力能够广被四方,相当于意丹初成,意念四射如金光闪耀,当乾阳化盛之时,斗柄指向巳方。此时阳意至于极盛,而与此同时,阴意升起干犯于阳,阴意开始升起用事。

这是修丹至于先天之境时,先天真一元炁的阴阳交往转化状态。如果只是从后天的阴阳之气来理解,就时刻不能离开节气和月相的变化,好像人身不过是人的意识理解的天地物象的物质性延伸物一般,这样人身的修炼,就成为与意识到的物质同样的物质性层次的阴阳之气的转化,这样的修炼永远都是后天的努力,无论如何与天时相配,都不可能回复到先天的元炁真意境界,因为没有通神之意,也就永远修不成意丹。

姤始纪序,履霜最先。井底寒泉,午为蕤宾。宾服于阴,阴为主人①。
遁世去位,收敛其精。怀德俟时,栖迟昧冥②。
否塞不通,萌者不生。阴伸阳屈,没阳姓名③。
观其权量,察仲秋情。任畜微稚,老枯复荣。荠麦芽蘖,因冒以生④。
剥烂肢体,消灭其形。化气既竭,亡失至神⑤。

【译】

夏至姤卦，阳意盛极，阴意继生，兴作侵阳，阳刚意退。如坤初六，履霜坚冰，五月炎热，深井水寒，阴气已生。姤卦之应，盛夏午月，斗柄指午，草木茂盛，已为宾客，因阴作主，一阴用事，五阳为宾。

大暑遯卦，阴意继长，阳意渐消。精收于鼎，如人怀德，息生应变，修养品德，等待时机，推迟谨慎，姿态冥昧，无知示人。

处暑否卦，阴意继生，至否闭塞，阴阳不交，气息不通，草木凋零，阴意伸长，阳意委屈。运用阴意，保固意丹。

秋分观卦，昼夜持平，阴长至观，权衡称量，阴阳比例，察如仲秋，可以妊娠，蓄养酉金，养微启稚，木气复苏，枯木老树，蓄生养机，可复荣华。秋阴虽杀，杀中带生，生机内敛，受秋气发，荠麦萌芽。

霜降剥卦，阴意继长，剥阳几尽，木残叶落，肢剥体烂，其形不再，生机弱化，阳意衰竭，枯朽败落，阳意之功，退却消亡。

【注】

① 姤始纪序，履霜最先：姤卦代表午月，斗指午方，律应蕤（ruí）宾，节气为夏至。姤卦一阴生，这是主动运阴符以维持阳极之意。为了把阳意保任持久，就要主动运阴符，既已阳极，就要用阴养之，以阴养阳，使得阳始终不至于亢极。履霜：语出坤卦初六爻辞："履霜，坚冰至。"《象》曰："'履霜、坚冰'，阴始凝也，驯致其道，至'坚冰'也。"卦辞的意思是脚上踩到了霜，说明凝结成坚冰的严寒时节就要来到。《象传》说："脚上踩到了霜，凝结成坚冰的严寒时节就要来到"，是因为初六为阴爻，霜的出现说明阴气已经开始凝结，顺着这个趋势发展下去，阴气凝聚成为坚冰的严寒时节就会自然来到。这是以坤的初六来比拟姤卦的初六，都是阴气初生，但力量无穷，先兆非常明显，所以要看得长远，早做预防。井底寒泉，午为蕤宾：姤卦卦象五阳下有一阴，象征五月炎热之时，深井之水已有寒气，阴气已生，所以是"井底寒泉"。姤卦在十二律中应蕤宾，以一日言之，为午时；以一月言之，为十六日至十八日半；以一岁言之，则为斗建午之月，所以说"午为蕤宾"。蕤是草木茂盛的样子；宾是宾客。以茂盛的草木为宾客，是因为阴气此时已经开始作主人了。宾服于阴，阴为主人：姤卦一阴五阳，

阴气上升,以阴为主。以茂盛的草木代表的阳气,此时已经要宾服于阴气之升,并以阴气为主人;说明一阴用事,为主人,则五阳为宾。

② 避世去位,收敛其精:避卦代表未月,斗指未方,律应林钟,节气为大暑。避卦二阴浸长,阴气渐盛,阳气渐衰,此时当避隐离世,勿恋世间名利地位,才能凝神于气穴,专心修炼内丹,含藏精神,把精气收敛在鼎内。一说"遁去世位",以汉易纳甲世应之说解释"世"为进阳火,避卦退阳火则为"遁去世位"[1],虽然有理,但不符合上下文引用十二消息卦时都用其卦德本义,故不取。怀德俟时,栖迟昧冥:收敛精气犹如有德的君子藏器于身,待时而动。栖迟:"栖"是鸟停在树上;"栖迟"是鸟游息或栖止;"栖"字木旁,寓律应林钟。昧冥:幽暗、昏暗,指不易为人察觉的处所,也指姿态昏昧窈冥。"昧"右体寓未字,寓意六月斗建未。

③ 否塞不通,萌者不生:否卦代表申月,斗指申方,律应夷则,节气为处暑。否卦三阴三阳,阴阳相等。语出否卦象辞"'否之匪人,不利君子贞,大往小来',则是天地不交而万物不通也",否卦象征天地不交、闭塞不同的时节,当时草木黄落,撒下的种子即使有萌发的芽孢也不再生长。阴伸阳屈,没阳姓名:否卦阴长阳消的趋势已经非常明显,三阴肃杀,阴气伸展,旺盛进逼;阳气屈就,退藏收敛,阴气几乎把阳气逼到隐姓埋名的地步。

④ 观其权量,察仲秋情:观卦代表酉月,斗指酉方,律应南吕,节气为秋分。观卦为四阴二阳,万物至此妊娠结子,观看农作物颗粒饱满的状态,权其轻重,量其多少,可以观察出仲秋时节的情实状态,借以预测明年一年的收成。任畜:能够养育。微稚:幼小的嫩芽。老枯复荣:老枯之木将有机会恢复繁荣茂盛的状态。荠(jì)麦芽蘗(niè):荠、麦秋生夏死,每逢仲秋八月,得杀中生气,发出新芽,重出土分蘗。一说荠为荸荠(bí qí),冬生而仲夏死;浅水性宿根草本,在匍匐根状茎的顶端生块茎,常于七月底八月初移植新苗,冬至(12月底)至小寒(1月上旬)成熟。因冒以生:遍地而生。"冒"是覆地之义。

⑤ 剥烂肢体,消灭其形:剥卦代表戌月,斗指戌方,律应无射,节气为霜降。剥卦五阴一阳,阴盛阳衰,消灭其形。化气既竭:阳气消缩将尽。

---

[1] 参章伟文译注:《周易参同契》,北京:中华书局,2014年,第221页。

对应于枝头的果实熟烂而坠地,形体消灭。亡失:影射无射,剥卦时应九月,斗柄指于戌方,律应无射。亡失至神:成就造化的阳气衰微尽竭,对应于修丹时神火将尽的状态。

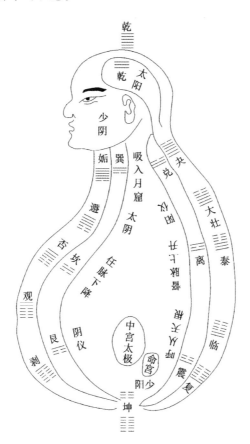

【解】

修炼意丹功夫的展开,要把意念对于人身和天地之关联关系,通过十二辟卦来延伸开来。比如人身可用十二消息卦对应人体穴位。六阳时指督脉六个穴窍:尾闾穴、命门穴、玄枢穴、脊中穴、陶道穴、玉枕穴;督脉起自胞中,下出会阴,终于上齿龈交,总督人体诸阳脉。六阴时指任脉六个穴窍:百会穴、明堂穴、膻中穴、中脘穴、神阙穴、气海穴;任脉起于胞中,下出会阴,终于唇下承浆穴,总督人体诸阴脉,丹法运行周天时,任脉逆行。了解气息在经脉之间的运行,就可以增益生气的力量,而减弱浊气的积累和对身体的损耗。

通常来说,本书译和注部分以后天解说为主,解和意部分则多涉及先天真一元炁境界。尤其是这节,看起来都在说后天节气物候变化,与人身阴阳之气的运行相互配合,但是认真体会,说的都是通于先天真一元炁的境界,单纯在后天物气的境界上理解用功,是修不成丹的。用"阴意"和"阳意"就是为了说明先天境界,与后天"阴气""阳气"的境界不同。

【意】

阳意盛极之后,阴意初生,虽然微弱,但阳意要退却的趋势已经开始。后天气息消长过程当中,当"履霜坚冰"之时,要能够体味坚冰开始凝聚,而且来势渐猛之感;人身鼎火旺盛之时,要体会到身中其实已伏有阴凉寒冽泉水般的阴气,而体会后天阴气来袭,其实需要先天阴意方可。姤卦应盛夏五月,此时阳气虽盛,但要善于体会和运用上升中的阴气,体会到阴意也当顺势而长,才能逐渐使得意丹熟成。此节用阴长之卦来说明当如何运用先天阴意来应对后天阴气的生长变化。

阴气继续生长如临卦,此时当运阴意收精于鼎,如人怀德,以待时机。当临卦象征的时刻来临,应该息生应变,到能够修养品德的地方等待时机,谨慎待时,以冥昧不知的姿态示人。阴气继续生长,至于否卦闭塞不通的状态,此时阴阳不交,气息不通,草木凋零,不再萌发。如此时刻,阳气被迫委屈收敛,此时当运用先天阴意来收敛保固意丹。

阴气继续生长至观卦状态,此时权衡称量阴阳的比例,可以察知仲秋之季的情形,当蓄养酉金所胎养的微稚木气,则枯老的树木经妊娠蓄养,可能恢复生机和荣华,犹如荞麦受秋气而萌发新芽。可见秋阴虽然肃杀,但杀中带生,可谓生机内敛。当阴气继续生长至剥卦那种剥阳几尽的状态,对应于自然界草木枝残叶落,肢体剥烂,其形不再,阳气的生化之机已经衰竭,万物枯朽败落。当此时刻,修炼意丹的神意之功也当退却消亡。

道穷则反,归乎坤元。恒顺地理,承天布宣①。玄幽远渺,隔阂相连。应度育种,阴阳之元②。寥廓恍惚,莫知其端。先迷失轨,后为主君③。

无平不陂,道之自然。变易更盛,消息相因④。终坤复始,如循连环。帝王承御,千载常存⑤。

【译】

小雪坤卦,阴意继生,全阴用事。万物退藏,归根复命。修意丹者,收敛阳意,全用阴意,身心寂然,不动返本,天宣阳气,地承性生。玄妙幽深,至远极渺,看似阻隔,实则连通。万物种子,感应节度,发芽生长,阴阳和合,先天真一,元炁所化。真一元炁,寥远旷廓,恍恍惚惚,不知其始。初始迷惑,不知轨辙,后悟先天,真炁主君。

乾坤终始,连环无端。天地之间,事来物往。天下平路,必与坡接,阴与阳意,交互进退,起伏转换,本自天然,阴阳变化,盛衰交替,天道如此。阴意阳意,此消彼长,阳息阴消。阳气终坤,重新起复,修炼意丹,运用阴阳,本意如此,阳火阴符,循环消长,互为其根。帝王承顺,可治天下,千载长存,越时不败。

【注】

① 道穷则反,归乎坤元:坤卦代表亥月,斗指亥方,律应应钟,节气为小雪。乾阳道穷尽,必然返回坤体,反通“返”。恒顺地理,承天布宣:乾阳坤阴,天阳地阴,天发阳气,地阴顺承。地之所以能够承载长养万物,是因为相承天所宣布的阳气;天布宣阳气,也要地之阴气辅助才能成就万物。

② 玄幽:天高地深。远渺:阴阳二气,玄妙幽深,至远极渺。隔阂相连:阴阳二气看似阻隔不通,其实彼此相应连通。应度:影射应钟,配十月。育种:万物种子发育。指的是随着阳气增长,万物种子感应不同节气时度而发芽生长。阴阳之元:看起来似乎是阳气在使万物生长,其实是阴阳和合之气,而且不是后天之气,而是先天真一元炁所化。

③ 寥廓恍惚,莫知其端:先天的真一元炁无限寥远旷廓,恍恍惚惚,无法知道其产生的端点。一说以鼎为天,入定归虚,通天合道,无限博大。一说阴阳之气的交感,氤氲化成的状态。先迷失轨,后为主君:语出坤卦卦辞“君子有攸往,先迷,后得主。”君子有所前往,如果抢先居首就会迷失方向,如果随后顺从,就会得到有乾阳之意的主人。修丹开始是迷糊状态,久之,阴极而阳生,静极而机发,从而找到阳意发动之主君。

④ 无平不陂,道之自然:语出泰卦九三:"无平不陂,无往不复。"意思是平坦之路必有起伏,只要前往必得复返。这是道运行的自然状态。变易更盛,消息相因:阴阳变易,更迭盛衰,阴消阳息,阳消阴息,彼此相因为用。

⑤ 终坤始复,如循连环:万物循环,如十二消息卦到了最终的坤卦状态,就会重新开始,进入复卦状态,好像遵循着某种阴阳消长的连环状态一般。帝王承御,千载常存:修丹之人意会大道,好比帝王依托此大道来治理天下,国泰民安,千年不败,同理,意丹之修,穿越时空,千秋万代,永恒存续。

【解】

这一部分用十二消息卦讲进阳火、退阴符的周期运行规律,下一部分讲元炁运行的机理,之后讲阴阳和合、乾坤氤氲的状态。心意可以瞬间贯通宇宙,沟通的力量无穷。阴意继续生长到坤卦象征的全阴用事的状态,此时万物皆归根复命。修意丹者也收敛阳意,全用阴意,身心寂然不动,重返先天性命之本。意丹修炼与涵养,全在顺承天道与地理之神妙,全赖阴阳进退之意屈伸往来之候,且与大自然的阴阳进退之机完全协调一致,阴意与阳意水火交融而布化流行,宣化万物。阴阳之力于身内运动要合于天地时机,阳意与阴意密切谐和配合。

正因为意丹之修持要进入先天境界,所以才如天玄地幽,渺不可及。先天阴意与阳意能够打破天地与时空的阴阳阻隔,而彼此感应联通,产生的意丹有巨大的感应之力,合于天地阴阳大化之法度,这是从后天阴阳之气的修炼,培育出先天意丹的种子。人身的那点先天元炁,在天地无穷无尽的阴意阳意之间,感觉是何等的寂寥、廓大、恍惚不明啊,没有人能够明白先天真一元炁的端点在何方,而且意丹刚开始产生的时候,更是很难找到合适的方向,所以会像坤卦比喻的母马,先迷失方向,之后再找到生长的正轨,即其后才能够找到合适的意丹修持之道。

意丹的修成与天地之间的事物一样,要通过阴意与阳意的交互进退方可成丹。起伏不平本来就是天地自然之理,甚至阴意与阳意的变化,盛衰交替都是非常正常的事。因为真一元炁的领悟,需要通过阴意与阳意此消彼长,阴息阳消,阳息阴消来理解。先天真一之炁,本来无所谓消长循环,但修炼意丹运用的阴阳之意只能如此理解,阳火与阴符循环消长,互为其根。修成意丹,通神之意承顺天地阴意与阳意消长,通于先天真一之炁而使意丹千载长存,超越时空而不朽败。

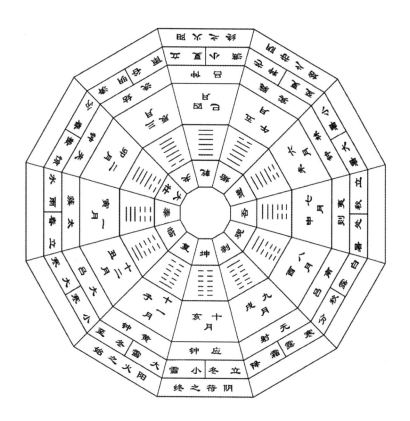

【意】

修炼意丹的秘密在于意识对于能量进出、消息过程的主动把控。无意识修丹的人,一生便是能量自然消耗的过程,阳气耗尽,也就走到生命终途;有意修丹之士,能够延缓能量自然消耗的过程,甚至不让阳气消耗,而增强阳力,使得机体的损耗过程发生逆转。这就是老子"复归于婴儿"(《道德经·第二十八章》)之教,努力让肉身恢复到如婴儿一般,而更为重要的是,让意识恢复到如婴儿一般元气充沛的、充满先天真一之炁的境界。

意合天机，阳气升起要合于阴力（天地母性之力）。修炼意丹是明意之通天，而通天之机括，首在十二辟卦，此乃打通时间的秘密，了解年月日时看似人造，其实每个刻度都通于日月星之运行，都有通天神意在其间。十二辟卦可以配年月日时，也可以配身体气息、心灵状态。明了元炁和意识能量的消长过程，就能把握增进身体和意识能量的秘密，即活子时的由来。而活子时的说法，本身就来自十二辟卦周天元炁发动的时刻——子时。

丹道把意丹通神，因为人生的气血不久就会朽败，只有通达天地神炁的意识状态，可以与永恒不朽的大道共存。古人认为人身神妙的生命力即是创造生命的力量，即性力，是一切创造的根源。而性力发动，在人身来自一阳之生，如果能够转化这种性力，就可能延续生命之力，使之绵延长久。固然，对生命力来源的理解不难，但古往今来，转化性力的努力前赴后继，力图永生可谓是肉身难以达成的目标。其实，真正的永恒不在身上气血凝聚的丹，而在意识之丹，即意识通于宇宙大化之丹。

如果能够转化生命力的阳意，不断使之温养、成熟，趋于大盛，如金花之萌发、盛开、结果，则意丹将成，表示人的意识之存续，能够跨越时空，通往宇宙创造之力的深处。而这种意识力量的根本，来自对性力的升华、转化和凝聚。性力发动的瞬间，当然是通乎元神的，而守住这种元神，不使之消散，从而不断超越于阴阳之外，才能一直通乎先天真一之炁。

《周易明意》文王卦变方圆图用于修丹，左边进阳火，右边退阴符，与基于十二消息卦生六十四卦的卦爻辞精准对应。

《文王卦变方圆图》即六十四卦卦爻辞如何基于十二辟卦而得之图，通于丹道一阳生于纯阴海底，周天火候修炼过后，回复纯阴海底，待一阳再生的流转过程。修丹之人，把打开的下窍重新封闭，从海底开始，炼精化气，炼气化神，直到上窍打开，犹如密宗的开顶。人身之炁运行始于亥子，通于天道阴阳，周而复始。人身运行通神之意，不可私自用意，而当顺应周身气机而运意，顺应天地阴阳而发用，而入于先天真一之炁的境界。

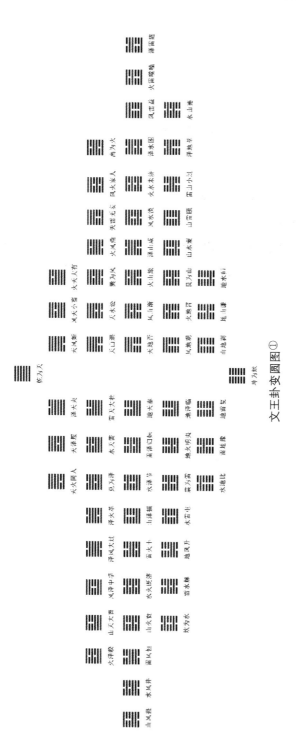

文王卦变圆图①

① 参温海明：《周易明意：周易哲学新探》，北京：北京大学出版社，2019 年，第 52 页。

性命根宗章第二十五^[1]

　　将欲养性，延命却期；审思后末，当虑其先^①。人所禀躯，体本一无。
元精云布，因气托初^②。

　　阴阳为度，魂魄所居。阳神日魂，阴神月魄。魂之与魄，互为室宅^③。

　　性主处内，立置鄞鄂。情主营外，筑垣城郭。城郭完全，人物乃安^④。

【译】

　　意欲修真，养己本性，延长命数，推却逝期；深思细推，欲求长生，当先
思虑，延命之本。人身躯体，未有生性，本来无形，太极元炁，本归无极。
人体元精，本同云雾，流布天地，依托元炁，父母相合，元精感炁，居留成
形，胚胎有质。性命起始，元神发动，修命当期。

　　魂魄有分，各居其方，各安其位。通神之意，调试分度。修炼意丹，运
用阴意，配坎居北，阴神月魄；所运阳意，配离居南，阳神日魄。阴阳之意，
交融转化，日月经天，魂魄交互，运化施用，不可分离，互为宅室，互进
互退。

　　性在身内，真炁所化，安于窍内，来去不失，元炁凝聚，成为人身，本性
不变，收藏鼎中，为人之根，命运主宰。性落情出，情随物迁，喜怒哀乐，构
筑城池，阳阴意出，两气流变，元炁消散。制情胜欲，情与物离，修城筑防，
安情保性，神意宁静，意安丹成。

【注】

　　① 却期：期限到了还继续推迟，如支票到期之后，继续延期不兑现，

---

[1] 元陈致虚本：养性立命章第二十；五代彭晓本：将欲养性章第六十二，阴阳为度章
　　第六十三，类如鸡子章第六十四。

比喻人的死期已到,但继续延期生存下去而不会死去。将欲养性,延命却期:如果想要修养本性,延长寿命,推却死期。审思后末,当虑其先:认真思考既然想要延年益寿的后来结果,那就应当考虑立志修炼在先才能是合理的原因。

② 无:无极之真。人所禀躯,体本一无:人所禀受的躯体,在未生之前,本来一无所有,因为元精元炁看不见,听不到,摸不着,好像虚无一般。人生来就在虚无之中,虚无是人生之在世意识永恒的背景,也成为意识本身之"有"的缘起之"无"境。元精云布,因炁托初:生成人体的元精,如同云雾一样流布在天地之间,与元炁互为依托,让无形无相的元精元炁居留下来,形成人身最初的胚胎和形质。父母身躯后天之气相合是人身元精的来源,但也要结合他们共同感应的先天元炁,才成为人身初始的元炁之源。有了元精和元炁的交合,人身才能有元神出来,这就是人心本性,也就是"性";元精元炁聚合的形体就有"命"。修丹是要从后天理解先天过程,从而激发利用先天能量,达到养生的目的。

③ 魂:从云从鬼,死后如云消散为魂,附于有生气的身体为魂,即心理状态。魄:从白从鬼,白代表阳气,是有阳气,有气血实质者为魄,气魄即身体生气之精力。阴阳为度,魂魄所居:元精属阴,元气属阳,阴阳各有行度,彼此交接,氤氲化成,魂魄互藏,定居其中,百骸生成,性魂命魄随之而附。阳神日魂,阴神月魄:魂为阳神,太阳之神魂,在卦为离,在天为日,五行属火。魄为阴神,月亮之精魄,在卦为坎,在天为月,五行属水。[1]魂之与魄,互为室宅:魂和魄如日月之光,互为体用,阴阳互根,不可分离。魂无魄无法运化,魄无魂不能施用,彼此互为依赖,好像各自都是对方的室宅。后天生命分阳魂阴魄,阳魂轻清,使头脑清净,眼睛明亮有神,心神相连,与肝液有关,肝属木生离(眼睛、神识)之火。阴魄浊重,维持身体的健康和气息,魄与身体的气息有关,属西方金精,肺金之气生肾水。

④ 性:先天本性,即元神。情:人的七情六欲,即后天识神。本性元神是深沉的潜意识,在内层主观人身生理机能和意识运转,摄情修性可使命蒂更加坚固旺盛。情指人后天的感情和欲念,喜、怒、忧、思、悲、恐、惊

---

[1] 医术讲魄在肺中,睡着的时候,呼吸不断,如果心肾相交,就不会做梦,如果心肾不交,魂出魄外,就是灵魂出窍,出阴神,就会做梦、梦游、得离魂症等。

为七情,视、听、嗅、味、触、意为六欲。鄞(yín):垠,界限;鄞鄂:堤防,城墙。性主处内,立置鄞鄂:魂是性,魄是命。性处于孔窍宫廷之内,时常清净,为人之主宰,通过感官通道指挥人身之中精气神心的运作。情主营外,筑垣城郭:人身在世间活动,情欲时刻流行,人用情欲表达对世间事物的亲近和疏远,同情和防范,求取和满足,一方面拓宽着自己的存在感和生存空间,一方面也巩固着自己的生存境遇,这都是自己的情感和欲望营造出来的空间,这个空间正是人的情欲构筑的城郭。情欲建立了人生存于世的城池,因其时常感物而动,也同时作为人身本性的护卫,保护人身之中精气神心能够有序运作。但情欲受物的牵引而相感,如天下之风过大泽,容易波澜壮阔,流浪无方,致使妄念纷飞,冲击先天本性和智慧,使人显得愚顽不灵,这就遮蔽和障碍了清净明白的本性之自然彰显,所以应当制伏情感和神识产生的业力,不使心念奔逐浪迹,难以收摄。城郭完全,人物乃安:只有制伏情欲,使得情欲构筑的城郭牢固难破,才无外患之虑,无内变之忧,情欲城郭之内的人身本性和命基才能安定稳固。

【解】

上一章用十二消息卦讲进阳火、退阴符的周期运行规律,这章讲元气运行的机理,紧接着讲阴阳和合、乾坤氤氲的状态。本章多个名称"养性立命""性命归元""性命根宗"等,都不离性命,可见本章以性命为中心,强调性命合一。性命是神气的根本,神是性的显现,气是命的显现。修丹就是将性命返本归元,先修命功,立命才能养性。只有修成意丹的人,才能改变之前命定的寿数,而继续延期生存下去,也就是能够把控自己的生死和命运。

而把握自己生死的钥匙在于明心见性,即意会知道本性,领悟到大道的根源本来就在自己的本性之中,自己的命是本性在世间的延伸和展开,人生命运不过是本性的变化和绵延,所以道、性、命本来一体。人的本性通于真一元炁,人身元炁是人存身于世所具有的生命的能量,从宇宙深处、无始之时来。

人身之气有先天元炁、呼吸之气、五谷之气。后面二者都是后天之气,可是其运行不应该影响先天元炁,否则元精离开,元神不驻,身心分离而性命不存。可见,先天元炁为后天呼吸和五谷之气的主人,我们运化后天气息就是要涵养守护先天元炁这个主人,使之掌控身体,保障健康,好像养护身体这个从无始以来带来的蓄电池一样,需要时刻充电,使之能量饱满,养益身心。

明了自己的本性之后,就可以炼精化气,炼气化神,炼神还虚,甚至看破虚空,不着元炁虚无之境,才能真正见性,而继续修命功。修炼的机理来自对生命来源之元炁的体认,反思而明本性,知道生命来自先天之炁,从而打通天道与性命,时刻让此意通于神境。一说先天元气蕴藏于上丹田的窍穴之中。观心炼意,使意识通神。[1]

修丹之本在于时刻将当下意识化为通于人身之元精和元神的宇宙意识,体会到这种宇宙意识中还有先天元炁的气息。用太阳之光热力来比喻精气神:神如光,精如热,气如力;正如热力皆光所化,精气皆神所化。神之光为万化之源,也是身体之源,意识之源,所以意识通神,本无一物,此意境是修炼的目标。[2]

元精元炁元神三位一体,其中元神即是大道本体,是通神之意的本体,也是元炁和元精之本,通于天地,化为万物之本性,也是明心见性的本性。元神如君,安于宫室深处,但通于天地宇宙。元炁是天地生物的本源;元精是修炼丹道的实体。胡孚琛写道:

> 道学的"三生万物"说和佛教的"三身说"(法身、报身、化身)及基督教的"三身说"(圣父、圣灵、圣子)不谋而合,信息相当于佛陀的"法身"或基督教的"圣父",能量相当于佛陀的"报身"或基督教的"圣灵",物质相当于佛陀的"化身"或基督教的"圣子",

---

[1] 参王振山:《〈周易参同契〉解读》,北京:宗教文化出版社,2013年,第130页。

[2] 王振山认为,修丹即修精水(基)、神火(用)、意土(体)。精水是先天真一之炁;神火是光;意土是脑中宫的天心真意。人之身体即意土,包含魂魄。魄为识的具体化存在,魂是藏神之所。魂属阳,来自天地之间轻清之真炁,在白天安止在目,使人能看,所谓神魂颠倒,是眼神之魂,能够摄人心魄。夜晚睡眠当中安止在肝,使人做梦,神游无极,可以刹那间上天入地下海,无所不至,意识之意,可谓处于阴意状态,本来通神;但醒来之后受魄的制约,浑然不明,就只能修炼阳意,期如梦里一般通神。魄属阴,来自天地之间的沉浊之气,附于具体的性体之上。参王振山:《〈周易参同契〉解读》,北京:宗教文化出版社,2013年,第131—132页。

> 道学的宇宙观既是"阴阳互补"的,又是"一分为三,合三为一"
> 的。老子的道学认为宇宙和人体都是信息、能量、物质三者因缘
> 和合的关系实在,前者是大宇宙,后者是小宇宙,其本原都
> 是道。[1]

胡孚琛的道学解说无疑受到佛教的影响,并认为与基督教的相关说法可以打通,这种三位一体之说,可以帮助理解心灵内观、反观内视的丹道之学,与佛学和基督教等宗教性内观和修行有相通之处,运用到中医和身体的调节上,就要理解今生阴阳大感应为身体调整的关键所在。念生命之幸运,而修命以成性,但不可执著于长生之念。性本清净,但性体流动,必然实化,所以可以说性体恒动,情为性动之表象。修丹在于制情复性,而最大的复性是复天地先天之本性,回归天地日月的精华,以真一元炁时刻滋养身心,以治疗未病,这比治疗已病更为重要。诚如《黄帝内经》所言:"圣人不治已病治未病,不治已乱治未乱"(《四气调神大论篇第二》),通于现代医学预防为主的精神。

【意】

人的精神魂魄意在先天为一体,后天则各居一方,修丹就是要从后天的分离状态,返归先天精炁神的融贯状态,即所谓修养人的本真之性,以延长生存于世的命数,推却离开人世的日期,要想得到这样的结果,就要首先思考人身未生之前的先天状态才行。人所秉受真性而有躯体,但这躯体本来就从无形无象的元精元炁流布而来,人身未形之前与天地之间弥散流布的元炁精气本无区别,是借助于父母合气的流行变化,而导致精气阴阳和合,加上父母一起与元炁的感应,而生出我们的初生之本性。

人身有后天的魂与魄,各居其方,各安其位,但修丹是运化后天魂魄返归先天,所以需要调动调试通神之意的分度。阴气与阳气在天地之间流转形成度数,阴意与阳意在人身之间的流转形成意丹修炼的度数。意之元精属阴,元炁属阳,而阴意与阳意各有分度。修炼意丹所运阴意配坎

[1] 胡孚琛:《道学通论》(2018 年修订版,上下编),北京:社会科学文献出版社,2018年,上编第 346 页。

居北,属阴神月魄;所运阳意配离居南,属阳神日魂。阴意与阳意之交融转化,犹如日月经天,又如魂魄相互运化施用,不可分离,互为宅室,互进共退。

人性为人身通于宇宙的真阳元炁所化,安于窍内,来去不失,由元炁凝聚成为人身本性的不变部分,收藏在鼎器之中,为人之存在的根据、命运的主宰。但性一旦落于情气之动,就被情所牵,先天阳意与阴意带动后天阳气与阴气流转变化,而让真性之元精元炁流散出去。所以要坚固情与外物感通的通路,好像修筑城防工事一般,使之坚固安全。只有感官通路坚实稳固之后,人身通神之意才能安全地时刻通于先天真一之炁,意丹修炼才能初见成效。在意丹初成之时,通过运用意(土)来修炼先天之情(金)以返回先天之性(木),情本后天(金),当修回先天未发之性(木)的本然状态,通过运转先天阴意之坎(水),阳意之离(火),使阴阳之意合而成先天意丹,通乎先天精炁神而长存不失。

爰斯之时,情合乾坤①。乾动而直,炁布精流;坤静而翕,为道舍庐②。刚施而退,柔化以滋③。九还七返,八归六居④。

男白女赤,金火相拘⑤。则水定火,五行之初。上善若水,清而无瑕。道之形象,真一难图⑥。变而分布,各自独居⑦。

类如鸡子,白黑相符,纵广一寸,以为始初。四肢五脏,筋骨乃俱。弥历十月,脱出其胞。骨弱可卷,肉滑若饴。⑧

【译】

情安性保,神宁意静,当斯之时,意合天情。乾阳之意,性情皆动,其性刚直,导炁流布,精炁流播。坤阴之意,性情内敛,其性敛藏,导气收敛,意丹凝聚。阴意阳意,交融结合。阳意刚动,阴意柔静,含纳收敛,凝成意丹。意丹初成,阴阳交意,修炼火候。阳刚之意,施于意丹,试试退却,阴意柔顺,合化滋养。河图五行,九金七火,八木六水。天一生水,水为根本,返归天水,元精真阳,性命之本,后天反先。先天之水,宇宙之一,太极之一,合洛之一。

意丹初成,元神精炁,交接而成,状如鸡子。阴阳实交,白黑混合。初成圣胎,微小有感,渐至一寸,真意调动,阴阳之气,进火退符,修炼温养,圣胎渐长,四肢五脏,筋骨渐育。十月怀胎,出下丹田,升于乾顶,再造乾坤。精浸五脏,气润六腑,肌润肤泽,四肢柔软,筋骨舒畅,外表细滑,犹如饴糖,返生如婴。

【注】

① 爰斯之时,情合乾坤:爰:于是。由于意丹修炼的时空状态,相当于虚心静气,神气相依,心目内视,精满气足,神旺意明,性情合于天地乾坤,此时能够明意通神。

② 舍庐:村内房屋为舍,野外房屋为庐。乾动而直,炁布精流;坤静而翕,为道舍庐:乾阳之力发动直正通天,在精液广布的同时通于先天真一之炁;坤阴之力闭藏敛合,能够凝聚精液,成为温养意丹的房舍,即丹田。语出《系辞上》"夫乾,其静也专,其动也直,是以大生焉。夫坤,其静也翕(xī),其动也辟,是以广生焉。"意思是乾阳之力在静待之时专纯收摄,而它的兴动之态又直正通天,因此能大兴旺发之生气。坤阴之力在静守之时闭藏敛合,而它的兴动之态又开放舒展,因此能广扩含藏之生气。

③ 刚施而退,柔化以滋:乾坤合力时后天通乎先天,乾阳之刚力(气)施播于地,而后仍返归于先天真一之炁;坤阴之柔力(精)变化于天,而后还滋润于地。天地互相施与,阴阳相须,阳极自退,阴生自滋,阴阳循环,变化成真。

④ 九还七返,八归六居:依照河图数,九金七火,八木六水,分别配后天八卦——九兑七离,八震六坎,分居西南东北。从数理上说,此句讲的是河图阳数动、阴数静之后变出洛书,从先天转为后天,形成阴阳相错相合的格局,萌发生命的种子。一说此句喻修行人如何从后天返归先天。九喻西方白虎金德正气,即"情",情欲不萌为"九还";七喻南方朱雀火德正气,即"神",神不外驰即"七返";八喻东方青龙木德正气,即"性",性静而安则"八归";六喻北方玄武水德正气,即"炁",炁居坎位不漏泄,则"六居"。一说"九还"是从上还下,金生数四,成数九,居西方,配申,真炁从子至申为九还。"七返"是从下返上,七为少阳,从寅至申,逆上,为七返。"九还"是从尾闾上命门,经过玄枢、夹脊、陶道、玉枕、泥丸、明堂,到膻中九个穴窍;"七返"是从玄枢往下返到命门,经过尾闾、气海、神阙、中脘到

膻中七个穴窍。[1]一说天一生水,地六成之,意为天一是宇宙万化的开始,如旋转的元炁之团,如云化为液体,凝结为地,东西南北上下六方,化生万物,一六得七,万物再返先天,为"七返";地二生火,天七成之,意为地二能够生火,如地中有热能,生阴阳化五行,而成天七,二七得九,还归地母,所以"九还"。天一生水滋补南方脑部,所谓"还精补脑"。天三生木,地八成之,意为木在东,属肝,东方之魂;修丹即是还魂,恢复修炼原初元神之魂。可见,"七返"指的是从后天识神(七火)返归先天元神(三木),地四生金,天九成之,意为西方之魄为金精(元精、元炁)。可见,"九还"指的是真铅运炼而成的元炁(九金)还归先天元神(三木),即元炁与元神合一。[2]

⑤ 拘:限,限制,《说文》:止也。男白女赤,金火相拘:按河图数,二七相加为九,九居西方,色白,为阳为男;一六相加为七,七居南方,色赤,为阴为女。男女皆从后天来说,后天肺金之气和心火之神居膈肌以上,以南方之神火炼西方之肺金,金得火克,方能成器,后天神气增强,所以"金火相拘"。一说男精白属金;女胞之血赤属火,金火之气相拘,即相聚集合。

⑥ 则水定火,五行之初:修丹取坎填离,要以水为准则,来确定火候。坎之真炁为丹药之源,按河图数,天一生水,丹药之本都在五行之初,即人身之水,肾气之液(不仅是肾部),包括津液等"自家水",写作"𦥑水",读作"药",这是修炼身丹之本。

⑦ 上善若水:语出《道德经》第八章"上善若水。水善利万物而不争,处众人之所恶,故几于道"。意思是最高的善像水一样。水善于滋润万物却不与万物相争,停留在大家都厌恶的卑下之处,所以水最像"道"。清而无瑕:道体的本性清澈无瑕。道之形象,真一难图:按河图数,大道是天一之源,杳杳冥冥,混混沌沌,如太极未分之前,难以测度,无法图画。先天

[1] 参王振山:《〈周易参同契〉解读》,北京:宗教文化出版社,2013年,第133页。

[2] 张伯端《金丹四百字·序》写道:"七返九还,金源大丹者,七乃火数,九乃金数。以火炼金,返本还元,谓之金丹也。以身心分上下两弦,以神气别冬夏二至,以形神契坎离二卦。以东魂之木,西魄之金,南神之火,北精之水,中意之土,是为攒簇五行。"见孔令宏:《宋明道教思想研究》,北京:宗教文化出版社,2002年,第101页。

一炁，从虚无当中来，通神之意，也是从元神而来，幽眇难明。津液等"自家水"并非上善，并非道本身，更不是真一元炁本身，先天真一元炁当是天一之水，这样的先天之水才是上善之水。此"天一"乃混元太极真一之炁（道），若水形而无形无象，所以"道"的形象，连"真一"的说法也无法把它勾勒出来。

⑧ 变而分布，各自独居：真一之炁无分无别，但变化无常，意会而分，广布四方。一变生水居北，二化生火居南，三变生木居东，四化生金居西，五变生土居中。一说大道变化无穷，分别各方，沿任督二脉，乃至十二正经，奇（jī，奇数）经八脉，游布全身。

⑨ 类如鸡子，白黑相符：圣胎的形态跟天地的形态类似，天之清气外裹好像鸡蛋清，地上黄土居中如蛋黄；圣胎也是如此，元神与精炁交接之后，混混沌沌，形成好像鸡蛋一样，黑白混合的圣胎。[1]

⑩ 纵广一寸，以为始初：圣胎刚刚形成的时候，大约一寸见方大小。

⑪ 四肢五脏，筋骨乃俱：圣胎慢慢经过温养和烹炼，像婴儿一样渐渐长出四肢五脏，而且长出筋络骨节。

⑫ 弥历十月，脱出其胞：好像十月怀胎一般，经过十月功满，内丹成形，脱去其胞，可以从坤腹之下丹田跃然而出，升而至于乾鼎之上丹田，从此重安鼎炉，再造乾坤。

⑬ 骨弱可卷，肉滑若饴：金丹筋骨柔软到可以卷曲的程度，骨肉软滑好像甘甜美食一般。饴：饴糖，麦芽糖，面粉，比喻细腻舒滑。他本作"铅"，从朱子改。

【解】

这一部分讲阴阳和合、乾坤氤氲的状态，接着元气运行的机理来展开。人身来源于天地，需要男女阴阳和合；肉身的胚胎、丹药产于自身，需要阴阳和合，产生真一之水，这是丹道之基石，也是真炁的胚胎。

意丹产于人身通于天地之境，意念之生，通乎天地，而意丹长存不朽。

---

[1] 胡孚琛写道："所谓圣胎，亦称婴儿，实际上非有形有质之物，而是对神炁凝结的比喻。"参胡孚琛：《道学通论》（2018 年修订版，上下编），北京：社会科学文献出版社，2018 年，下编第 592 页。

意丹的胚胎生于阳意受阴意的指引,时刻具备穿透宇宙和历史的魄力,被日常、一般的意念所包围、遮掩,好像一点灵明的通神之意被氤氲鸿蒙的太虚化境包围。修丹是一个自明先天真炁的过程。意识到坤意涵养乾意,方有天地之大力运转,而得人身,来世一遭,本乎先天真一之炁,明于此,则于人身和人生的阴阳进退之机,都归结为心念的显隐消长之机,时刻可以通与天地先天之真炁。

"男白"指坎水中之金,色白,喻真炁,"女赤"指离中之火,色赤,喻元神。以南方之火炼北方水中之金,由火克金之后方能成器,故"金火相拘",因取坎填离而返先天之乾坤,故称"则水定火",而回复"五行之初",即天一生水。

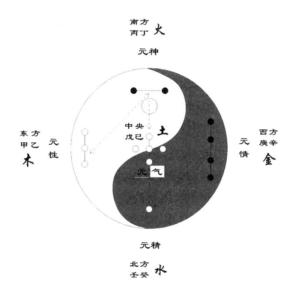

按照河图与五行之数,九为金,七为火,八为木,六为水。天一生水,水为根本,最后都要返归于天一之水,属人身的元精真阳,性命之本所居之地,故修炼意丹,最后都要返于天一之水(后天反于先天)。一切皆从天水之一、宇宙之一、太极之一而生,合于洛书之一。河图五行数为后天数,但可以借用来参悟先天之数。可见修炼意丹是回到先天元炁于身体肾元之内,使之发动通天,到达阴阳合体的状态。

修丹之时,乾阳之意性情皆动,其性刚直,主导气息流布,精气流播。

坤阴之意,性情内敛,其性敛藏。主导气息收敛,意丹凝聚。阴意与阳意的交融结合而生意丹,好像是阳意之刚动为阴意之柔静所含纳收敛,从而形成意丹。

【意】

意丹初成之后,要在人身通神之意之阴意与阳意的火候不断修炼。阳刚之意施于意丹,到一定时候阳意会退却,用阴意之柔顺来合化滋养意丹。意丹初成,即元神与精炁交接而成,形状如鸡蛋。阴阳实交,其色白黑混合。此意丹初成之圣胎,开始微小有感,渐至一寸之大小,随着真意调动阴阳之气进火退符,修炼温养,圣胎逐渐成长,如胎儿之成长,可以感受到四肢五脏,筋骨逐渐发育。经历十月怀胎,而由下丹田跃出升于乾顶上丹田,可以再造乾坤,继续修丹。此时修行之人,精气浸润于五脏六腑,肌肤润泽,四肢筋骨柔软舒畅,外表细滑如铅粉一般,完全如初生婴儿之状。

修炼意丹要模仿水的状态,也要调动水作为万物之本的能量。水能克火,火能克金,只要真意土能够调用好火候,则可以返先天之情金为先天之性木,最后回收于先天之水,真阳元炁,炼成意丹,则可通天地、贯古今、彻人我。荣格注意到东西方对于"珍宝"(Kleinod)这一核心概念的处理方式很不一样,他写道:

> 西方强调人的成长,甚至是基督的人格和历史性,而东方则说"不生不灭,无去无来"。基督徒按照西方的观念让自己服从于一个高等的神性人格,期待获得他的恩典;而东方人却认为,解脱全凭自己所下的"功夫"。整个道都从个体中生长出来。效仿基督永远都有一种缺陷:我们崇拜的是一个作为神圣典范的人,他体现了最高的意义,然后出于纯粹的模仿,我们忘记了实现我们自身最高的意义。

荣格对于模仿基督的神圣性,诉诸历史性存在和人格感召,这种模仿与东方哲学当中顺自身内在的"道"而发展成就全然不同。从哲学的意义上说,修炼从来不离开人自己的身体,也不诉诸于任何外在的人形存在物,至于民间的神仙信仰,应该说更多是为了救度百姓、帮助民众理解的方便法门,以实现人身在世间可能的最大价值与存在意义。

　　绝对完美、超越生死的意丹,不可能是人形的存在,而只能是道意——对道的意会,这是从绵延的意义上说的,而意丹是从对先天真一之炁当下证成的状态来说的。这种彻底融贯人我古今的状态,似如混沌,如太极未分之窈冥虚灵之状,而真丹之"壹",存于先天后天将分未分之际,成于太极将判未判之间,存于意丹将动未动之际,阴阳未分,先天未化之机,此真气意丹流遍分布于周身之内,通达宇宙阴阳消长之机括,化为五行之气,在人身之内时空和外时空都有能量彰显出来,五气内外各自分明。这是因为意丹通于先后天之阴阳,实在存在而且与阴阳之意相互转化。

养己守母章第二十六^[1]

上德无为，不以察求；下德为之，其用不休①。

内以养己，安静虚无②。原本隐明，内照形躯③。闭塞其兑，筑固灵株④。三光陆沉，温养子珠⑤，视之不见，近而易求⑥。

【译】

炼神至境，意发无境，似有若无，意若无为，不求得丹，清净自然，精气顺行，纯任天然，意念发动，合于天机。炼神下境，精神固守，孜孜不倦，勤修不懈，意上念下，操持有为，虽多努力，实难成功。

元神调动，静意固志，无境之中，意不做作。心身归净，安静虚无，心念不妄，天意如无。先天正意，调动元炁，有若无意，未发之境，虚灵窈冥，性命之源。感官空窍，意念不出，元炁元精，神凝不散，神意发动，精气流泻，不可随心，凝神固守。意念起灭，意能消长，意与物化，无意无识，流散能调，延缓能散，延迟人归。日月星光，摄身有能，温养神意，孵化意丹，意会未发，近在眼前，不难求得。意识能量，与世交接，不可流散，逆转意能，吸纳天能，一念天堂，一念地狱，放下妄幻，意能不散，平衡通神。

【注】

① 上德：心意通神之修士；心意通于先天元炁的人，不需要修为自然合于神境。下德：指努力通神的修士。上德无为，不以察求；下德为之，其

---

[1] 元陈致虚本：明两知窍章第七开头，和炼己立基章第六开头，加明两知窍章第七部分，还有明辨邪正章第八后部；五代彭晓本：上德无为章第二十二，辰极受正章第二十，旁有垣阙章第二十六，知白守黑章第二十三，金为水母章第二十四，采之类白章第二十五，旁有垣阙章第二十六，明者省厥旨章第二十八。

用不休:修炼意丹有得之人,心意时刻通神,功深力久,知道无为是最高明的功法,不会用任何具体的考察方式去贪求意丹,一切清净自然,精气顺行,心意通神,如若无意。初修之士因为意念尚未通神,所以不够精纯,精气不顺,心神旷荡,难以平复,所以需要有意控制,努力有为,力图精神固守,孜孜不倦,勤修不懈。语出《道德经》第三十八章:"上德无为而无以为;[下德为之而有以为。]"意思是"上德"之人崇尚大道之德(得),无所作为,而且无心无意作为。["下德"之人有所作为,而且是有心有意作为。]

② 内以养己,安静虚无:修炼意丹达到通神境界,身不妄动,心无邪念,万缘俱灭,六根清净,七情不生,达到安宁静谧、虚空无限的境界。内以养己就是炼心,即炼元神。离体色赤,离中一阴为坤土,色黄,此土即人体元神,火生土,火色赤,所以元神又称"姹女"。

③ 原本隐明,内照形躯:推原元精之本,至于虚无杳冥之境,心神收敛,隐神而明;回光内照,调摄身形躯体,收视返听于身形之内,神气敛藏于百骸之中。

④ 闭塞其兑,筑固灵株:修炼意丹,要封闭眼耳鼻口等孔窍,元神静固,不外散发,有利于筑保稳固的生化之基。灵株:生化的根本,具体指的是肾脏,也就是精炁上不泄,下不漏,就不会走失。语出《道德经》第五十六章:"塞其兑,闭其门;挫其锐,解其纷;和其光,同其尘,是谓玄同。"意为悟知大道的人塞住欲念通达世间的孔穴,闭起欲念的门径,消磨自身的锋芒,化解欲念的纷扰,含敛自己的光耀,混同世上的尘俗。他就达到了与大道"玄同"的境界。

⑤ 三光:日月星;一说指三丹田;一说人身的心、肾和众窍。陆沉:日月星之光向下照于大地,生养万物;一说六腑。把三丹田的真炁灌溉到六腑当中。三光陆沉:指意以土沉水,使真性之光下照海底。温养子珠:如鸡孵卵,温柔保养元精圣胎。人身众窍内敛,心肾自然相交,元阳之气潜入坤腹丹田之中,内外相应,心息相依[1],真炁充实,津液滋生,得火温养,意丹凝结。

---

[1] 胡孚琛认为,"心息相依"是内丹学入手法门的要诀。参胡孚琛:《道学通论》(2018年修订版,上下编),北京:社会科学文献出版社,2018年,下编第538页。

⑥ 视之不见，近而易求：灵株与子珠都是意丹之名，视之不见，无形无相，但致虚守静，内视丹田，须臾不离，则近在我身，容易求得。

【解】

此章之前，说的是通神之意所要实现的最高状态和境界。从此章开始，说的是修炼通神之意的具体功夫。首先要心身皆归于安静虚无的清净状态，心念不妄动，如天意生出，则通神之意如发动于无意之中。先天虚气正意用以调动元炁，在有若无意的意念未发之境，去体会通神之意调动的虚灵窈冥之气，为性命之源。胡孚琛写道：

> 内丹学的身体观将人体看作是形、气、意的三重结构，气是形和神的中介，因之从炼气入手，等于炼了形也炼了神。丹家入手法门讲究以假修真，从后天转入先天。后天是气就是呼吸，后天的识神就是意念，以意念调整呼吸，将注意力集中到呼吸上，以"心息相依"为要诀，逐渐由后天呼吸转变为先天元神显现时的胎息，便是内丹的入手法门。[1]

可见，胡孚琛认为修丹开始就要用意念调整呼吸，逐渐将后天呼吸调整到胎息状态，将人身后天之气，与先天真一之炁接通。

修丹的第一要义，是抓住中脉、中经、脾土之中意，以明黄中之理[2]。语出《坤·六五·文言》"君子黄中通理，正位居体，美在其中，而畅于四支，发于事业，美之至也。"这是儒家从意念发动向外成就事功的不离中心意念的角度来讲的，其实修丹也是要从心意之中来求。丹道对"黄中"的说法有"黄庭"、"黄道"、"中黄"、"神室"、"中宫"、"玄窍"等，常被视为丹道核心机密，所谓"玄关"亦或"虚无一窍"，其实此章所言，就是无为，合于《道德经》之教，那就是不能刻意有为；所有故意追求长生不老的，都是私

---

[1] 胡孚琛：《道学通论》（2018 年修订版，上下编），北京：社会科学文献出版社，2018年，下编第 538 页。

[2] 胡孚琛指出，古代丹家习之已久的不传之秘就是关于修中脉、黄道、黄中、冲脉之术。参胡孚琛：《道学通论》（2018 年修订版，上下编），北京：社会科学文献出版社，2018 年，下编第 546 页。

意作祟,不可能成功。修炼意丹不能让意念从感官的孔窍中流出,让元炁元精元神凝聚而不散发,一旦神与意发动,则精气流泻出去。所以不可起心动念,不可随心通物,而要凝神固守,不让神意发出,否则精气外泄,积累之功随即失去。

养己温养本性,就是培养元炁,培养人生元气与天地之炁相通的部分,等待采药的时机发动而采药。这种采药的瞬间,都是人身自然发动的功能,不是刻意求得来的。这是从当下意念的起灭对于意能的消长来说明的,至于意能的物化过程,如果没有意识的参与,就直接流散,不能有所收摄,这就是意识对于意能的调控,延迟意能的流散过程,延缓从有生气的人到没有生气的鬼的过程。具体的过程包括:先调整呼吸,使吸气和呼气相对平衡,使得心情平静,进而控制意念,使之"抱一""守中",无为而无不为。得道修丹之人能够全真体道,无为清净,自然而然化精成气,化气成神,化神还虚,不知不觉当中修成意丹,此谓修丹顿法。

相比之下,修丹的渐法相当于低等境界,在意念上多下有为之功,执著努力,从未休止,却难以有成。元神调动要静意固志,修炼通神之意于无境之中,毫不做作,无意为之。这种通神之意的修行与涵养,可以先从调试自己的身体的基础开始。如果身体之基础不好,心意非常容易出偏,无法发用有意于无境的正道之中。

【意】

修炼通神之意的最高境界,是完全让意念发动于无境之中,似有若无,好似无为,也根本不于任何可见的迹象当中搜求此工夫。因为纯任天然,意念之发已然合于天机。《太乙金华宗旨·元神识神第二》说:"精气则随天地而败坏矣。然有元神在,即无极也,生天生地,皆由此矣。学能但能守护元神,则超生在阴阳之外,不在三界之中,此惟见性方可,所谓本来面目也。"[1]这是对意丹超越阴阳变化,三界之外的期待。好像日月星之光的能量,都收摄于人身之中,让这种能量来温养通神之意隐而未发的力量,好像小鸡待孵一般。这种孵化意丹的状态,并不是可以看得见的,

---

[1] [瑞士]荣格、[德]卫礼贤著,张卜天译:《金花的秘密》,北京:商务印书馆,2019年,第90页。

而是看不见摸不着的,只可意会于通神之意隐而未发的状态之中,但因为就在意念当下之中,所以是近在眼前,不难求得的。《太乙金华宗旨·元神识神第二》还说:

> 凡人投胎时,元神居方寸,而识神则居下心。下面血肉心,形如大桃,有肺以覆翼之,肝佐之,大小肠承之,假如一日不食,心上便大不自在,至闻惊而跳,闻怒而闷,见死亡则悲,见美色则眩,头上天心何尝微微些动也。问天心不能动乎? 方寸中之真意,如何能动。到动时便不妙,然亦最妙,凡人死时方动,此为不妙;最妙者,光已凝结为法身,渐渐灵通欲动矣,此千古不传之秘也。

此中"真意"即"通神之意",运意回光,这就是千古不传的修炼功法的秘密道门。修炼是要逆转意能的流散过程,让意识能量在与世交接的过程当中,不但不耗散内在的能量,而且吸纳天地之间的能量进入意识的平衡态,不让平衡态打破,而是持稳和提升这种平衡态,所以这就是修炼通神之意念状态的极度艰难之处。意念一念天堂,一念地狱,如果为外在的幻象所吸引,为欲望所驱使,就会流散意能,如果能够时刻稳住并且通神,就可能提升平衡态。

旁有垣阙,状似蓬壶①。环匝关闭,四通踟蹰②。守御密固,阏绝奸邪③。曲阁相通,以戒不虞④。

【译】

泥丸宫内,意丹凝结,脑壳垣墙,官窍门阙。意丹有态,海上仙山,奇幻莫名。意丹初成,通道封合,孔窍关闭,收视反听,根深蒂固,元炁不失,真气周流,意念调动,真炁炼丹。泥丸之官,层层防御,密固不出。排除干扰,固守精神,念念不离,不为邪诱。七窍曲连,戒备意外。

【注】

① 蓬壶:仙山蓬莱、方壶、瀛洲之形状,或如酒壶之形状;一说心脏像

个莲蓬或者酒壶。旁有垣阙(yuán què)，状似蓬壶：大脑外壳坚硬如垣墙，上有五官七窍，如同门阙。其法象犹若海上仙山，景致奇幻。《内经图》可谓对其的模拟形容。

② 踟蹰：迟疑不进，往来徘徊不定之貌，喻元气从容运转，来回自如之状。环匝关闭，四通踟蹰：收视反听，深根固蒂，塞兑闭门，但真炁内运，四通八达，行动缓和，从容逡巡。

③ 阏：堵塞，阻止。守御密固，阏(è)绝奸邪：精神内守，抵御外邪，严密坚固，把奸邪意念都堵塞遏制。

④ 曲阁相通，以戒不虞：七窍相通，曲折相连，必须防微杜渐，戒备超出意料的意外情况发生，也就是心念不可以丝毫出偏。

【解】

意丹凝结于鼎器(泥丸宫)内，上丹田又称昆仑顶，是督脉上升的最高处，是高层修炼安置圣胎之处。"环匝关闭，四通踟蹰"形容意之本体通于无穷世界，修丹要闭意，不起心动念，"守御密固，阏绝奸邪"尤其不可以有任何偏邪之念，这是以意制伏念头。

《内经图》把丹道的过程、阶段、要素、要点都标注出来，是具体而实用的丹道修炼图。

用意制伏念头，就是要在火炼金精的时候，守住火候的分寸，需要非常小心，不可走神，让意时刻通神。人身七窍曲排相连，丹成之时，要以通神之意时刻反省主导，此岸戒备心意之气流散的意外产生。通向先天真炁之境只有一条路，由静入定，定而生慧，慧而悟道，儒释道三家殊途同归。

【意】

意丹在泥丸宫内凝结而成，边上有大脑的外壳，如垣墙一般，而且五官七窍如门阙一般。意丹的状态好像海上仙山奇幻莫名的状态。意丹初成，通往周身神经的通道和孔窍都关闭了，收视返听，根深蒂固，元炁不失。先天之通神之意通往先天真炁之境，能够调动先天真炁的运行，帮助真炁在周身周流通达，从而可以不断通过意念来调动先天元阳真炁以修炼意丹。《内经图》上有"白头老子眉垂地"，指的是周天运转时，要闭目垂

内经图

帘。但当意丹初成,入于泥丸宫内之后,就要严密地加以防护,层层防御,密固不出。排除各种干扰,精神固守,念念不离,而不为外邪所诱而出。

知白守黑,神明自来;白者金精,黑者水基①。

水者道枢,其数名一②。阴阳之始,玄含黄芽③。五金之主,北方河车④。故铅外黑,内怀金华,被褐怀玉,外为狂夫⑤。

金为水母,母隐子胎,水为金子,子藏母胞⑥。真人至妙,若有若无。仿佛大渊,乍沉乍浮⑦。进退分布,各守境隅⑧。

【译】

新月震来,人体生精,坎阳发动,先天乾金,元精生发,金色为白。晦朔凝神,归于无极,候一阳生,守紧命门,神气相合,坎体色黑。知白金质,守黑水意,通神之意,自然发动,气息平顺,生成凝水,先后天合。白金之中,体真金精,黑水之中,体真水意。白金之精,体黑水动,如意通神。

水流之意,即神意心,天一生水,万物之始,心意通天。通神之意,调动元炁,阴阳交汇,元炁孕育,充沛身内,主宰五精。人身之中,周天运行,有若太一,驾驶北斗,游转天河任督运行。调动元炁,铅黑里白,金中藏水,粗犷不羁,精深纯粹,意调身元,真阳之力,难于意会。

元炁初动,炁神交接,金为水母,金含水胎;水中自有,母之胞衣。元炁美妙,似有如无,渊中浮沉,捉摸无定。先天元阳,真一之炁,流动散化,精神魂魄,安守境遇,丹贯全身,通达宇宙。

【注】

① 知白守黑,神明自来;白者金精,黑者水基:"白"指金,坎水中藏的一阳爻为乾金,色白;此金即人体元精,因土生金,土色黄,所以元精也称"黄芽"。"知白"指的是初三新月初现,震来受符,人体生精,坎中阳爻发动,即人身元精,先天乾金发动,金色白。黑:坎水为黑色,指三十晦月和初一朔月时,凝神入气穴,归于太极达于无极,静候一阳初生;也因命门神气相合之处为坎体,守黑即守坎体。知水(黑)中有金(白),守其水(黑)则金(白)自来,犹如"金生丽水",守黑水则白金自现,神凝气定则神明自来。白色是西方金色,是真金的精华,所以说"白者金精";黑色是北方水色,是

真水的根基,所以说"黑者水基"。语出《道德经》第二十八章:"知其白,守其黑,为天下式。"意思是知道光明的一面而甘居黑暗,就可以作为天下的法式。丹道晦朔为黑,震来受符为白。

② 水者道枢,其数名一:水是道的枢机,是生命之源,是修炼真丹的根本;天一生水,万物之始,所以水是道的枢机。守天一之坎体,待一阳来复,候元气(精)初生。

③ 阴阳之始,玄含黄芽:水是丹道阴阳和合的开始,水色玄黑,玄妙莫测,包涵着乾金黄芽;土色黄,土生金,所以乾金为黄芽。

④ 五金之主,北方河车:金能生水,水中藏金,水底蕴藏真金(精),所以水为金精之主。坎位含有金银铜铁锡五金之首的乾金,又代表河车运行的起始之点——北方为坎,在日为亥子交会之时,在月是朔旦之际,在年是冬至之节。在人身修炼为下丹田,下丹田一点真阳之炁运行任督二脉循环一周,叫"周天",也叫"河车道",如北辰或太乙之神巡游天河而轮转。北方是"天一生水"之地,是天河之水开始的地方,也就是"水基"之地。

⑤ 故铅外黑,内怀金华;被(pī)褐怀玉,外为狂夫:铅的外表因氧化而变黑,里面银白,或因铅跟水银合炼而能够散发金光,所以内藏金华于其中;丹道以铅喻坎,真铅即坎中一阳白金。犹如悟得意丹的圣人,外面穿着粗烂破旧的衣服,潜藏修行,怀中藏着精金美玉,可是外表看起来跟一个狂妄的野人一般。语出《道德经》第七十章:"知我者希,则我者贵。是以圣人被褐而怀玉。"意思是能理解我的人很稀少,能取法于我的人就更难能可贵了。因此圣人不得不穿着粗布衣服,外同尘俗;怀里揣着美玉,内守其真。比喻圣人得道之后隐藏其才能,不求为人所知。《悟真篇》有"郎君披素练",指西方金白色素,本源为金,"郎君"即真铅,比喻元精;又有"女子著青衣","女子"比喻真汞(火),来自元神(木),东方木青,以"青衣"喻其本源为木。

⑥ 水由金生,所以"金为水母"。乾金本先天之气,金生水后,金母反隐形于水子之中,好像目前藏在子女的胎胞之中,所以"母隐子胎"。水为金之子,推原水子之所从来,则源于金母,所以说"子藏母胞"。坎水为元精,坎中金水即元炁元精相交,后天兑金可生助先天元精,兑金为口为舌,所以为人呼吸之气。

⑦ 真人：水中之金，即先天元炁，所以真人即元神或元阳，或称先天真一之炁。真人至妙，若有若无。仿佛大渊，乍沉乍浮：真炁极致微妙，似有若无，视其为有，创生万物，但本体空无难见；视其为无，无形无相，但功用随缘生物；真炁像龙，潜于无限广阔的深渊，在其中一会升腾一会沉潜，显隐无定，沉浮翻滚，玄妙非常。修炼的关键在把握先天元神、元精发动的关键时机，所以《悟真篇》有"见之不可用，用之不可见"，指"未发之中"的境界，还没有在后天实化出来。

⑧ 进退分布，各守境隅：元阳先天真一之炁，通天则至无而能化生万有，至虚而能含藏万实，反身则退而化为阴阳五行之气，转成精神魂魄意，各守其境，各居一方。就人身修丹内景而言，先天元炁与元精分布周身，或进或退，守规中矩，分毫不乱。

【解】

求药延命的根本在于金水之作用，其中有神明（通神之意）。修丹用水，水是天地阴阳的开始，也指人身真炁凝聚和流动的状态。所以"水"不是一般的水，而是真炁之水；而"金"其实是真炁之金。"金为水母"，水从金生，是指真炁之水来自于真炁之金，是金的内在能量的转化，所以真炁之水含带着真炁之金的内在能量。自然界"金生丽水"是因为金矿都在雨水丰沛之地，也是白水美丽地貌所在。水在身上代表津液和能够滋润身体的液体。

知白金之实质，而守黑水流动之意，让通神之意于流动无形之体上升起，气息自然平顺，而能让通神之意自然发动，化水为先后天结合之意，从而生成凝结意丹。修炼通神之意者，于白金之中体会真金之精，于黑水之中体会真水之意。这就是于白金之质（精）上体会如黑水一般流动的通神之意。这种水之流动的意，就是修炼通神之意的核心，这也就是为什么"天一生水"，意如水一般，且一意可以作为万物之始的关键所在，此一意即心意通天的心天之意。

【意】

真人境界是心物一体之境。《周易参同契》的旨趣之一是不可把身体看作外在鼎炉那样的对象，以为通过所谓物理和科学的方式来修炼，那样就被外丹的比喻给误导了。《周易参同契》虽然借用了外丹的比喻,但说的都是内丹修炼的道理和功法,而整个境界都是心物一元的,修行意念和身体和天地之气息的互动都是心物不分的。至于修丹的极致境界,即"真人"境界,更不可以理解为一种超越和外在的理想境界,好像神仙居住在仙界一般。之所以不可以这样理解,是因为修丹达到理想境界之士应该时刻不离世俗生活,"真人"道成德就都在常行日用当中,通神之意境界的完成也是时刻在日常当中做功夫的。

通神之意调动元炁于阴阳交汇之所,让元炁之生气生长孕育,并且成为身内五精的主宰。通神之意调动人生元炁,在人身之中周天运行,则有若北斗驾驶太一之神,巡游天河,并随天河而轮转,即通神之意调动元炁,在任督二脉之中运行。通神之意调动的元炁如铅之黑,如水配黑色,但此元炁是毫不起眼的外表包裹的金华之水。可见,通神之意调动的真炁,看起来粗犷不羁,毫无纹饰,骨子里精深纯粹,有着黄金和圣人一般的纯粹质地,也因此一般人的意念太难调动人身的元炁。因为元炁狂放不羁,外表毫不起眼,也就难以意会其中自有真阳之力。

外表如铅之元炁初动,即元炁最初与通神之意相交接而能够调动之时,好比金是水的母亲,所以金中自然含有水的胚胎,水中自然含有母的胞衣。刚刚被通神之意调动的元炁是非常美妙的,好像有又好像无的样子,又好像沉在深渊之中,一会儿起来,一会儿下去,让通神之意捉摸不定。这种由通神之意调动的先天元阳真一之气,看似难以意会,但流动散开之后,则化为精神魂魄之不同境遇,安宁自守,让意丹贯穿于全身,通达宇宙。

采之类白,造之则朱[①]。炼之表卫,白里贞居[②]。方圆径寸,混而相拘[③]。先天地生,巍巍尊高[④]。

可以无思,难以愁劳[⑤]。神炁满室,莫之能留[⑥]。守之者昌,失之者亡[⑦]。动静休息,常与人俱[⑧]。

【译】

先天元阳,真一之炁,始如白金,加以真火,温意养炼神意红火,意丹修成。先天元阳,真炁白金,泥丸宫内,温火锻养。外红里白,白金为里,居于正位。意炁成丹,大小方圆,一寸左右。先天之意,真一之炁,相混凝结,心意通天,圆满之境;人身最高,昆仑之巅;意丹尊贵,崇高至极。

意丹修炼,不思如道,不着私意,无忧无劳,元神充盈,心虑无驻。养护意丹,如同无养,阴阳和合,元神贯天,意超丹越,融与天地。意丹初成,固守不失,元神安和,充沛自养,倘运私意,意丹消亡。温意养丹,意静心动,人休身息,融贯不离。

【注】

① 采之类白,造之则朱:修丹之人,于静定之中,虚室生白,先天一炁乾金之光,犹如金花(白色)绽放;采药凝结,金丹外红内白,进而运心神文火(朱红之色)温养哺育,使得丹基坚实。

② 贞:安,正;一说《周易》以内卦为贞,外卦为悔,故有内里之意。炼之表卫,白里贞居:修炼意丹期间,要深思固守,加强外围保护,不让真炁从表面离散,心意精密专注,让精神表面的卫气得以强固,这是"炼为表卫"。神火在炉中温养丹药,精炁化为白色金花之丹,安处凝结在鼎中,所以是"白里贞居"。此时修丹之人已经脱胎换骨,修成"白"色的纯阳之体。

③ 方圆径寸:这是对泥丸宫的模拟和形容;一说形容心脏方寸之地。混而相拘:泥丸宫是人身万神汇集之地,与人身的五脏六腑、奇经八脉、百骸九窍混合相应。一说心念发动之前,阴阳混合,相拘成一体。一说下丹田光团方圆一寸,如金字塔般的小器皿,但有混同阴阳之力、吸收天地元炁的神奇功用,但因与下句不合,故不取。

④ 先天地生,巍巍尊高:泥丸宫内含有元阳真一之炁,生于天地之先,为天地之根本,玄妙幽眇,与天地神炁相通,人身之意念和心思念虑,都依此境而生。因泥丸宫(头脑)在人身最高之处,所以又称为"昆仑顶峰",因其尊贵紧要,所以说"巍巍尊高"。语出《道德经》第二十五章:"有物混成,先天地生。寂兮寥兮,独立而不改,周行而不殆,可以为天地母。吾不知其名,字之曰:道,强为之名曰:大。"意思是有一个浑然一体、圆满成就的东西,在天地出现之前就已经存在了。寂静无声啊,空虚无形啊,它独立长存而永不改变,周遍运行而不倦息,可以把它当成是产生天地万物的母体。我不知道它的名字,把它称为"道",再勉强地把它命名为"大"。

⑤ 可以无思，难以愁劳：修丹之道，可以无思无为，存神养炁；不可以忧愁劳苦，否则神散炁去，功败垂成。此刻意念不可偏邪，不可离开无思无虑的通神之意之意境。

⑥ 神炁满室，莫之能留：当修至神炁充满，虚室生白之境时，要知道谁也不可能把神炁永远留住不散。功法上指的是神炁充满之后，不可能阻止阳神（意丹）从顶门出去。

⑦ 守之者昌，失之者亡：能够守护神炁，温养持护，则元炁昌盛充沛，否则，一念发动，则神炁随之消亡。从功法上说，是能够守住意丹就神炁昌盛，如果失去意丹，阳神也就随之消亡。

⑧ 动静休息，常与人俱：神炁的一动一静，一休一息，都要时刻不与人分离，此刻人意通神，不可须臾失神。意丹修成，身外有身，通神之意时刻不再离开人的起心动念，与人呼吸相随，动静不离。失神则离开通神之意，意丹法象立即随之消失。换言之，通神之意就是意丹法象。

【解】

这段文字是意丹修成的法象，而法象其实是性力转化的神妙过程。精神力的创造与转化，根源都是性力，也就是先天元炁的培养和转化。性能力来自先天元炁，由后天的肾元之气发动，而丹炁和性能力一样，起源于肾气，是肾气（水）的转化。元炁来源于天，在创造转化的过程当中，回归于天，那么意丹的境遇就在时空当中，凝聚下来。如果元炁的凝聚只是为了一己延长生命的私意，那么意丹的境界就很小，延长生命的私意基本都不可能达成。其实，原因就是法象不够庄严，法象的境界不够广大。

意丹真正生成在大脑（泥丸宫、鼎器），而不是身体的其他部分。金是真炁之金，水是真炁之水，所以金水相生，彼此调和，而能够成就丹胎。由通神之意会并调动的先天元阳真一之气，一开始好像是白色之金，再加以真火温养锻造之后，可以被炼成红色，即火候用上而加火成红，也就是锻造锤炼元炁的过程如炼铁一样，加热使之看起来像红色一般。这是通神之意或心神之火的颜色。意丹修炼，先是用通神之意采先天元阳真炁如白金，用温火锻养，在泥丸宫（脑）锻之有温度，内里如红色，而外表则如白色，好像鸡蛋的状态。

虚室生白，金华（花）绽放，都是大脑心灵意识的变幻。入静之后，万念俱灰,虽然没有意念发动,但不能没有意念的生机,否则就没有阳春气象,而一片死寂。要在生机暗动,意识隐而未显的状态当中,神意未明,却见大明,好像一片光明散开,上下天光,阳力以白茫茫的境域展开,此中看不见自己的身体,只是虚空无垠,而内外通明的圣境,此谓"虚室生白"之境。这种宇宙之光,其实是"意"的一种变幻状态,是感应到的"真意",也是于心神发动的意识之前的"未发"状态,或者说是"先天"状态。修炼阳神有成,就是意丹凝结的过程。

【意】

通神之意与先天元炁在泥丸宫所结成的意丹,是先天之意与先天真一元炁混合而生,是先天地之生而得。此心意通天之圆满之境。可见意丹之在人身最高的位置,如若居于山巅之感,尊贵而崇高。识神是人的思想意识,相当于后天的智慧和分别心,即一般意义上所谓聪明才智。当识神用事,则元神退位于后,如意识之境域而不显。元神通于天地之炁,乃生命力原初性的神意,是无对象的意,或是意识未分的状态。落实到具体的意识分析,元神可以通过人的潜意识(弗洛伊德),或者文化无意识(荣格)表现出来,并不知不觉地影响意识。

我们意识的变化,即识神所化之一切,看起来是真的,其实多是假象,基于假象建立的自我,可以说是假我,而一般人多执著于这个假我不可自拔,不知道假我其实是由意识假象不断堆积起来的;其实我们都被无意识的元神所牵引、限定,在那个意识状态背后,主导我们意识倾向与当下境遇的,其实才是真实的我,即由元神引导的真我,或者是通神之意构成的真意之我。

极而言之,后天精气神所构筑的肉身及与肉身所幻化的一切,即西方心灵哲学基于物理主义的解释所归结的结论,看起来都是具体的、物质的,其实都是假象[1];而看不见的元精、元炁和元神所构筑的通神之意的世界,才是真我的本来面目。在修丹之士看来,人生不过是一个借假修真

---

[1] 西方心灵哲学物理主义可以追溯到心理学作为一门实验科学从哲学里分出来的时期。如柏格森曾说:"意识所觉到的恰恰是神经力的流出",参亨利·柏格森,吴士栋译:《时间与自由意志》,北京:商务印书馆,2011年,第24页。

的历程,即借助假的肉身幻化的假我的意识状态,来修通神之意的真我,并努力凝炼意丹的修炼过程。

修丹的过程是神炁通过阴(真炁之水)阳(真炁之金)运化,而通达神意之似有若无、高妙难言的境界。守住这种精神意识的极致状态,其实就是通神之意的根本,也是结成意丹的开始。意念之丹来自一种高能量级别的意识状态,并需要有足够的意识能量,用通达天地的意识境遇去维持它。性意识的高潮只能维持一时,体验过后并不长久;但意念力的高潮,可以持续通达天地,美妙非常,从而形成意丹持续行于时空的状态,甚至可以超越当下生命的有限存在。

当进入意丹温养固守的阶段,一动一静,一休一息,都与人的通神之意融为一体,而因意通神,才有超越当下身心之可能。这种维持意丹的过程,不必过分运思,而当运丹如行道,不着一点私意,不用一点忧愁劳苦之心,因为意丹本元神之炁充盈,靠主观心思意念是不可使之驻留的。所以养护意丹如同没有养护一样,使阴阳和合,元神融贯天地而使意丹从泥丸宫超越出去,与天地万物融为一体,而此过程之中,阴阳和合,不着一丝一毫的私意。可见温养意丹,就是温养意丹通神的状态。

意丹形成之后,要努力固守不失,通过元神温养,使得阴阳和合,悠远绵长。保持元神安宁平和,元炁充沛自养。但任何运用私意于元神的努力,反而会使意丹雾散雪崩。这是一个从无意识(先天元炁),到意识(当下气血运行,人作为机体,好像动物性的存在),到意丹(气血运行,通于天地之化而成丹)的过程。这有点类似弗洛伊德的"超我",修丹其实也是通过转化性力而实现超我。所以修丹不需对性力刻意压抑,而是顺其自然,使性力合乎周天火候运行而转化到意识的超然境遇当中。

西方现当代心灵哲学研究意识与脑的关系,但主流是物理主义,不讲功法,不讨论控制意识的功夫,西方心灵哲学基本上都只有对意识发生机制的复杂反思和论证,但最后或者把意识消解为物理过程,或者陷入笛卡尔开始的心灵和物质两分的二元论,无法给意识以适当的位置。所以现当代西方心灵哲学和意识哲学研究其实并没有解决意识的问题。所以我同意杨立华的看法"在今天这样物理主义盛行的时代,以心灵为物质结构的功能是主流的看法。但这种看法至少无法得到真正意义上的哲学的证明"，他认为，"心灵与身体自己的相互作用是显见的"[1]。这种相互作用是以《周易参同契》为根基的中国古代身心哲学的基本前提。

　　勤而行之，夙夜不休①。伏食三载，轻举远游②。跨火不焦，入水不濡③。能存能亡，长乐无忧④。道成德就，潜伏俟时⑤。太乙乃召，移居中洲⑥。功满上升，膺篆受图⑦。

【译】

　　专心致志，意丹凝结，勤修不息，昼夜不懈。意丹初成，温养三年，将身化炁，炼身如无，身受意调，无身之意，遨游有境，身体轻盈，如若无物，轻易纵横，遨游宇内。丹炼化境，不受物扰，水火之灾，不伤分毫。修炼至此，意通天人，宇宙之间，意丹化气，散于虚空，神意瞬间，使之聚形，还复为丹，收敛自如。意丹同天，隐显不测，天地万物，往来自在，意丹修成，心旷神怡，和乐自然，道成德就。境界虽成，潜伏于众，积累阴德，开度众生，功德圆满，太乙元君，召唤接引，十洲三岛，受天灵图，意丹圆成。

【注】

　　① 夙：早。既然知晓修炼意丹的大道，就要从早到晚勤修不息，不可稍有懈怠。

　　② 伏食三载，轻举远游：意丹之药产生之后，烹炼护养三年，可以神怡气爽，身轻体便，轻举飞升，随时远游，去往四海八方，逍遥自在。能够远游的先是意念，之后是身体，当身体逍遥游世，便已达致仙界。

　　③ 濡：沾湿。意丹修成之后，法身不灭，入火不会被焚焦，入水不会被沾湿。

　　④ 能存能亡，长乐无忧：修成意丹之法身聚则成形，散则成炁，隐显莫测，往来自在，长久豫乐，没有忧愁。

　　⑤ 道成德就，潜伏俟时：道成德就之后，不可独善其身，要潜遁世间，潜修密行，暗施阴德，待时成仙。

---

[1] 杨立华：《一本与生生：理一元论纲要》，北京：生活·读书·新知三联书店，2018年，第182—183页。

⑥ 太乙乃召,移居中洲:主管修炼的神仙祖师太乙元君,将会召见(修真之士),从此(修道之人)可以移居"中洲"等仙境。中洲:神仙居住之地,十洲三岛,是太乙元君所居之地。一说不是真有太乙之神来召唤,而是必然可以得到最终效验,身中太乙(太一元炁)通于先天真一之炁,内在意识状态提升到新的境界,从而祛病延年。

⑦ 功满上升,膺箓受图:修炼意丹者功德圆满,上朝天界,接受神仙的灵图秘文。膺:接受。图:灵图,一说道门图箓。一说修成之后方可镂名于金简之上,膺受道门图箓,从而获得升为上仙的条件。一说不是真的飞升入仙籍,而是身轻体健,返老还童,寿命延伸(神),身体回归先(仙)天,此境界功成即可见证。

【解】

本节用仙境召唤的期盼来指引修丹之士,目标是长生不老,永居仙界。即使已到神仙境界,还要潜伏于众生之间,积累阴德,开度众生。从这个意义上说,意丹其实就是意识修炼的境界,因为转化了一般的意思,而可能引导人的精神走向永生,好像等到修行功德圆满之时,主管修炼的神仙祖师太乙元君会召唤接引到其所住地十洲三岛遨游,功满之后可能接受天界灵图,说明此时意丹成就为天界接受承认。荣格写道:

> 对我们来说,对灵性东方的愈发熟识仅仅象征性地表达了一个事实,即我们正在开始与我们内心之中仍然陌生的东西发生联系。……
>
> 古德云:"世人舍本逐末"。这句话针对的是那些不知道神秘力量的真正源泉何在的人。东方的精神产生于黄土地,我们的精神也只能产生于并且应该产生于我们自己的土地。[1]

东西方的哲学和文化都有其自己的土地,中国尚中,中央为土,为黄色,这是中国文化生生不息的源泉所在。一切文化都是在特定的空间和地理条

---

[1] [瑞士]荣格、[德]卫礼贤著,张卜天译:《金花的秘密》,北京:商务印书馆,2019年,第56页。

件下展开和发展的,不存在超越时空的文化。东西方的玄学往往自命为超越一切现实条件的文化存在,其实是不可能的。荣格继续写道:

> 玄学把握不了任何东西,但心理学却可以。因此,我会剥去事物的玄学外衣,使之成为心理学的对象。……
> ……如果他们说的是心理学,那么我们不仅能够理解他们,而且能极大地从中受益,因为这样一来,所谓的"玄学"就是可经验的了。[1]

荣格认为东方的玄学是完全可以理解的,只是应该剥去那层神秘的外衣,从心理学的角度理性地加以理解。如果能用他的文化心理学来理解东方致力于长生不老的神秘文化,其实一切都是人类经验当中自然而然发生的,没有太多无法理解的、必须要贴上神秘主义标签的内容。其实,"玄"本身可以理解为心灵经验的玄妙状态,而心理经验,从根本上和源头上说,从来都是玄妙难测的。人心之难测,超越世间任何现象,所以人类意识才如此波云诡谲,无法测度。我们所能把握的,不过是"心灵情结",或者"我们所意识到的一切都是相(Bild),相就是心灵"[2]如此对于意识的把握,非常接近易学对于"象"和佛学对于"相"的本体性理解,没有现象,我们无从了解意识,而意识从来都只是表现为现象,并不单独表现为其他。这就好比"一阴一阳谓之道",除了阴与阳的现象之外,不存在别的道。这也是中国传统易学、道家和佛学所强调的内在性形而上学,即现象之外没有本体,正如波与水的关系,不存在离开波以纯粹本质来存在的水。

【意】

修炼意丹犹如转化性力。意丹是一种超时空的存在,不可能受时空

---

[1] [瑞士]荣格、[德]卫礼贤著,张卜天译:《金花的秘密》,北京:商务印书馆,2019年,第56—57页。

[2] [瑞士]荣格、[德]卫礼贤著,张卜天译:《金花的秘密》,北京:商务印书馆,2019年,第57页。

的拘束。虽然产生于脑的功能,但不是纯粹的脑的运动[1]。意丹似乎不离开脑,但意丹修成之后,就肯定离开脑而独立存在。这就好像作品出版了,认真的读者能够回复到作者当年创作的过程之中,体验到那种意识的能量和其中蕴藏的生气,可见,意识的能量凝聚在文字之中,其实是不会消散的。文字是意识能量的载体,意丹是意识能量的凝聚态,犹如性力的转化,由于接续了先天真一之炁,所以能够超越当下转化的境界和涵养的力度,而具有超时空永恒存续的特性。

在《周易参同契》当中,"意丹"扮演着至关重要的角色,当然,它可以有各种各样的名字和概念,荣格借用基督教的不死灵魂来理解"金刚体":

> "金刚体"的概念就是这样一种玄学论断。"金刚体"是在"金华"或"寸田"中产生出来的不能毁灭的气息身体。……我们从使徒保罗的自白中已经知晓了这种转变,保罗说:"现在活着的不再是我,乃是基督在我里面活着。""基督"作为"人子"的象征是一种类似的心灵体验:一种人形的更高的精神存在不可见地诞生于个体中,这个气息身体(pneumatischer Leib)将为我们提供未来的居所,如保罗所说,就像穿在身上的衣服("你们受洗

---

[1] 心灵哲学研究中的物理主义把意识还原为脑的机能,这是基于人不过是物质性的躯体这样的物理主义判断,这样就引发了对于生命的理解,是否可以把生命还原为纯粹的物理性质;以及心灵、知觉、情感、思维、目的等是否可以还原为物理-化学现象等问题。D. M. 阿姆斯特朗指出,心理学家和神经生理学家多认为,要理解人的中枢神经系统,只需要理解其物理过程,而不需要假设存在其他东西,那样的书,心灵不过就是大脑而已,人也不过只是仅有物理性质的物质对象。当然,大部分哲学家拒绝这样的心灵观,可是物理主义的心灵哲学家,强调没有理由去否定人不过就是一个物质对象,也没有什么哲学和逻辑的理由能否定心与脑的等同论。参 D. M. 阿姆斯特朗:《心理与物理的偶然等同论》,高新民、储昭华主编:《心灵哲学》,北京:商务印书馆,2002 年,第 11—12 页。这与中国传统认为,人有元神(生命的本来部分)、大自然赋予的生命部分、父母精卵结合产生的生命部分这三个部分构成很不一样。参无名氏述:《内证观察笔记:真图本中医解剖学纲目》,广西师范大学出版社,2009 年,第 31 页。西方心灵哲学家讨论的基本只是精气层面,而与神无关。可以说,西方心灵哲学,是无神的哲学,这个神,不是人格神,而是哲学意义上的神妙。西方心灵哲学研究存在相当顽固的物理主义、科学主义倾向,这使得东西方关于心灵和意识问题的深层对话变得难乎其难。

归入基督的,都是披戴基督了")。当然,用理智的概念言说方式去表达对于个体的生命和幸福来说极为重要的微妙感受总是很棘手。在某种意义上,这是一种"取而代之"(Ersetztsein)的感觉,但并不包含"废除"(Abgesetztsein)之意。此时生命的引导者仿佛托付给了一个无形的中心。尼采的隐喻"在充满爱的强制中自由"(frei im liebevollsten Muss)用到这里很贴切。宗教语言中有大量的比喻性表达可以描述这种自由的依赖性,描述对平静的服从的感受。[1]

与人形的基督不同,"金刚体"或"意丹"虽然被冠以"婴儿""圣胎"等人形的名字,但都是用胚胎意义上的人形,而不是如基督那般的成人身体来比喻,只是为了表达有如胎儿孕育一般的感觉,却无胎儿一般的真实存在,所以荣格称之为"气息身体",这是比较准确的。荣格承认要用逻辑语言来表达这种永生性的存在难于登天,所以只能从宗教体验的角度,来理解那种证成和领受的感悟,好像自己的身体与精神都被"意丹"取而代之,从而活出永恒意丹的当下版本,让当下的意识境遇都是永恒意丹的随缘呈现。

意丹凝结是心意专注而转化心灵意识状态的长久过程,需要勤修苦炼,昼夜不懈。意丹初成之后,要长期烹炼护养,到达能够让通神之意将身化无的境界,即炼身如无,类似于庄子"庖丁解牛"化刀为刃的境界,此刻身受意的调动,能够以无身之意遨游有身之境,好像身体轻盈无物,足以轻易纵横遨游于宇宙之内的化境,达到"坐忘"之境。如此一来,世界就是意丹的缘起,这和《华严经》"一即一切"相通。这种神圣的新生本质上其实就是意念转换的一个机括,一种当下转瞬即逝的、"寂然不动感而遂通"的意念转换状态。

意丹修炼至此,通神之意与天人宇宙之意完全融会贯通,不可分离,意念之发,不是后天之发,而是通于先天之发,所以完全可以任意调动于宇宙之间,让意丹化为气散于虚空之中,但通神之意又瞬间使之凝聚成

---

[1] [瑞士]荣格、[德]卫礼贤著,张卜天译:《金花的秘密》,北京:商务印书馆,2019年,第58—59页。

形,还复为丹,收敛自如。荣格说:"在保罗式的基督象征中,东西方的最高宗教体验相遇了。背负苦难的英雄基督,盛开于玉城紫府的金花——多么强烈的对比!"[1]但与保罗领受基督的灵不同,追求金花(意丹)在心灵意识当中作主的状态不是简单的信仰状态,更不是犹太教意义上的教条主义,而是寻找体认性地顺服。此时意丹已经炼入化境,能够不受外物的干扰,即使是水火之灾,也不能减伤意丹分毫(精神能够遨游于世界之中)。意丹似乎是意识的对象,但领悟之后,又成为主体活着的动因,每时每刻都活出仙人的意识。此谓"当下成仙",与禅宗"立地成佛"一脉贯通。可见,意丹可以修炼至与天同体的化境之中,隐显不测,能够与天地万物往来自在,近似庄子的神仙境界,精神能够往来天地之中,心旷神怡,和乐自然,此即道成德就之化境。

---

[1] [瑞士]荣格、[德]卫礼贤著,张卜天译:《金花的秘密》,北京:商务印书馆,2019年,第59页。

日月含吐章第二十七^[1]

坎男为月,离女为日;日以施德,月以舒光;月受日化,体不亏伤①。阳失其契,阴侵其明;晦朔薄蚀,掩冒相倾;阳消其形,阴凌灾生②。

男女相须,含吐以滋;雌雄错杂,以类相求③。

金化为水,水性周章;火化为土,水不得行④。

男动外施,女静内藏;溢度过节,为女所拘;魄以钤魂,不得淫奢⑤。不寒不暑,进退合时;各得其和,俱吐证符⑥。

【译】

乾父坤母,生子六卦,坎为中男,在天为月,离为中女,在天为日。阳意如日,缘物而生,阳动主光,播施万物;阴意如月,静待日光,转而反射,月体受日,而生光明,二者有本,尝无亏害。日月经天,日往月来,推移成岁,偶失节度,太阳失光,为月遮掩,农历初一,晦朔之间。月亮侵蚀,太阳光明,农历十五,月望之时,月晦无光,阳意被剥。日月地转,遮掩覆盖,日蚀月蚀,剥阳蚀气,阴气侵凌,灾害乃生。

阴阳互感,彼此相需,同气相求,相濡以沫,雌雄交错,以类交求,生生化用。

先天金炁,化为后天,情欲精水,水性淫流,收心摄神,神火化土,土乃真意,克精制水,精水不溢。

男子刚健,阳意动施,女子柔顺,阴意静藏。男女交媾,贪恋过度,男为女绊,阳意失度,为阴侵凌,而灾害生。稳女静性,节阳制意。修炼意丹,炼精化炁,以水化金,以钤外神,飞魂如火,先天清明,本性不溢,如木

[1]元陈致虚本:男女相须章第二十七;五代彭晓本:坎男为月章第七十四,金化为水章第七十五。

不流,后天放荡,情金欲水。真意之土,能制神火,不使飞扬。静姝之女,化解阳意,不使火飞,不任情溢,不欲水流。阴对阳意,合理节制,不过寒热,进退有度,合于四时,阴阳互动,各得其和,乃通天神。

【注】

① 坎男为月,离女为日;日以施德,月以舒光;月受日化,体不亏伤:坎卦为中男,在天为月;离卦为中女,在天为日;太阳放射光明,施播阴德,月亮吸纳并反射太阳之光,舒化光华。月亮接受太阳之光才能放出光明,但本身没有什么亏损伤害。

② 契:合,相合、相投,引申为凭借。薄蚀:侵蚀,剥蚀。掩:遮盖,掩蔽。冒:覆盖。凌:侵犯。日月交替运行,有时会发生太阳和月亮相互剥蚀的情形。农历初一的晦朔之间发生日食,月亮阴影剥蚀了太阳之光,因月影的遮掩覆盖,太阳之形渐渐消缩,阴气凌驾于阳气之上,灾难就产生了。

③ 男女相须,含吐以滋;雌雄错杂,以类相求:人身阴阳互为依存,彼此需要,交感含吐,互为滋养,雌雄交错,互感相交,以类相求,结为丹胎。

④ 金化为水,水性周章;火化为土,水不得行:金能化为水,水的本性周流四方;火可以化为土,土能克水,水被土克之后,就不能到处行动,泛滥成灾。

⑤ 铃:钳住,锁制,管束。男动外施,女静内藏;溢度过节,为女所拘;魄以铃(qián)魂,不得淫奢:男性刚健好动,主于从外播施;女性柔顺安静,主于向内敛藏。如果男性刚健外施失去了节度,那是因为被女性所拘困。金魄能够钳制木魂,使得木魂无法淫荡奢侈。

⑥ 不寒不暑,进退合时;各得其和,俱吐证符:修丹时,火候要寒热相当,不过寒也不过热,进阳火和退阴符要合乎时令;这样精、炁、神、意各有阴阳,各自得到融合,达到调和之境,都能够显现出效验。

【解】

上章谈意丹如性力,本章谈性力与阴阳。性力来自于阴阳和合的元炁,但元炁在身内运行,则分阴阳,分金水,即阴意和阳意,如男女彼此相爱,阳意要回归阴意,阴意要追随阳意。修丹无处不阴阳,也可谓无处无性力,即本性之力,相当于性能量,而修丹在这个角度上,就是性能量的转化状态。修丹的核心,是如何转化和绵延性能量,是让这种性能量的转化状态转瞬即逝,还是努力使之意蕴绵长?显而易见,历代修丹之术都不取转瞬即逝的状态,而要追求意蕴绵长的状态。

按照乾坤父母生六子卦的机理,坎为中男,在天为月,离为中女,在天为日。阳意如日,缘物而生,如阳光主动播施于万物之中;阴意如月,静待日光转而反射之,所以月体受日光而生光明,但他们二者之本身并没有什么亏损伤害。阴意与阳意的互动,如日月之经天,虽然日往月来,推移成岁,但也有失其节度的时候,比如太阳失去相合与凭借,光辉被月亮遮掩,当然只能发生在农历初一,也就是晦朔之间。月亮也可能侵蚀太阳的光明,当然只能发生于农历十五,也就是月望之时。平时的晦朔之间,月亮都无光华,也是阳意被剥蚀的状态。每当太阳、月亮、地球三者之间发生遮掩覆盖的日蚀与月蚀现象的时候,阳气之形就被剥蚀消解,阴气就会侵凌而灾害发生。

【意】

本章讲阴阳交合之法,阴意与阳意沟通和合之方。阳如日,阴如月,日施月播,月转化日的能量;阴阳交合,当顺其自然,不宜夹杂过度私意,使得阳魂为阴魄所拘执。也就是说,阴阳和合要适度,并且合乎天时。把周身五行之气息,与天地的五行气息配合好,转化身体的能量分别的阴阳,顺便转化与身体相关联的天地之间的阴阳状态,建立身体气息与宇宙气息沟通的通畅模式。

阴意与阳意相互交感,互为根基,彼此相需,同气相求,相濡以沫,互相滋养,雌雄交错,五行以类相交,以类相求,才有生生之化的妙用。先天之金炁化为后天情欲之精水,水性淫荡,放任四流,所以需要把散发的心神(火)收摄为真正有节制的通神之意(土),这样真意之土可以克制精水之火,不使精水四散流溢出来。

男子之刚健阳意主动外施,而女子之柔顺阳意主静内藏。如果男女交媾而贪恋过度,则男为女所羁绊,就是阳意失其法度,为阴侵凌而灾害生。所以要用稳静之女性来节制阳意的施为。同理,修炼意丹时,要炼精(水)化炁(金)以钳制外向飞扬的神魂(火),如此则先天清明的本性(木)

不会流溢为后天放荡的情欲(金生丽水),这是真意之土能够化约飞扬神火的结果,也是静姝之女能够化解阳意的飞扬(火)和情欲的四溢(水)的结果。

阴意对阳意的合理节制不会过寒也不会过热,进退有度而且合于四时的节度,让阴意与阳意的互动各得其和谐而通人天之意的状态。后天男女之意的沟通和互动,通乎先天阴阳之意,其意通于《太乙金华宗旨·坎离交媾章第十一》:

> 凡漏泄精神,动而交物者,皆离也。凡收转神识,静而中涵者,皆坎也。七窍之外走者为离,七窍之内返者为坎。一阴主于逐色随声,一阳主于返闻收见。坎离即阴阳,阴阳即性命,性命即身心,身心即神气。一自敛息,精神不为境缘流转,即是真交。而沉默跌坐时,又无论矣。

精神接触外物而流散,则泄露神气,以离卦象征;当精神内敛,神气静定,涵养守中,则以坎卦象征。七窍是人的神气与世界交接的通道,当神气外散,则以离卦表征,当神气内收,则以坎卦表征。离卦中间的阴爻借以象征神气的外散,也就是人通过感官追逐五颜六色和奇声怪调;坎卦中间的阳爻借以象征神气的收藏,让所闻所见的气息收回涵养本心。总的来说,坎代收,离代发,这两卦借以象征气息的阴阳流转;而人的性命,其实就在一呼一吸之间,也就是在人身的气息与天地阴阳的收放之间,这样对性命的理解就是对当下身与心的关系和状况的理解,而人的身与心的状态,其实无非就是神气在七窍之间的进出而已。所以,学道的人追求"通神之意"的意念境界,从一开始练习就学习如何收敛气息,使自己的精神不再随外部环境的变化弛逐,流散流转。一旦开始学习神气的内敛,就已经开始练习坎离相交,如果能够沉默安静下来打坐,那就可能还会有所提升了。

流珠金华章第二十八^[1]

太阳流珠,常欲去人;卒得金华,转而相因;化为白液,凝而至坚^①。
金华先唱,有顷之间;阳乃往和,情性自然。解化为水,马齿阑干^②。
迫促时阴,拘蓄禁门;慈母育养,孝子报恩;严父施令,教敕子孙^③。

【译】

　　离火阳意,其似真汞,状如流珠,其性轻浮,飞扬散离。阳意外冲,受外物牵。坎水阴意,含有金华,真丹如铅。沉于丹田,如没水中。沉静真铅,制服真汞,轻火飞扬,阴意制阳,阴阳之意,合于丹田,归入气海。元精元神,和合归丹,自然融化,炼为白液,烹炼凝固,坚实意丹。

　　意丹初结,顷刻之间,精华凝固,解化为水。阴意阳意,性情相得,互相推动,涵养自然。意丹初成,坚白如玉,马齿参差。

　　阳意初动,感应阴意,阴阳和合,丹药封藏,归于丹田。文火温养,慈母育子。阳意初发,水气擒汞,制服神识,诸般杂念,并行火候,经督脉上,头顶昆仑,又复丹田,坤母之舍。合与真汞,交接成丹,孝子报恩。通神之意,发号施令,严调力控,意丹初成,杂念不乱,真丹正种,得烹以炼。

【注】

　　① 太阳流珠,常欲去人;卒得金华,转而相因;化为白液,凝而至坚:离火(太阳)当中含藏飞扬的流珠(真汞),喻人心意神识常常容易被外物牵引而离人飞去。一旦得到金华(坎水真铅),因其性沉浊,就能转换制伏其性轻清的真汞,化为白色液体(人身的玉液琼浆),归于丹田气穴之后,就能够凝结而成坚实的内丹。真汞同时也是护持真阳之炁不失的清净真

[1]元陈致虚本:流珠金华章第二十四前面部分;五代彭晓本:太阳流珠章第六十八。

意。真汞(离)是阴性能量,来自元神(木);真铅(坎)是阳性能量,能把真汞化阴为阳,取坎填离,从而炼成纯阳之神(阳神)。

②金华先唱,有顷之间;阳乃往和,情性自然[1]。解化为水,马齿阑干:金华比喻一阳初动的丹头,丹头初结只是在顷刻之间,阳意就向着阴意而唱和,这本来就是符合阴阳交融的自然情形和性质的。金华之阳化解为水,(凝结成丹之后)好像纵横交错、参差错落、坚硬洁白的马齿之象。

③迫促:紧迫急促,抓紧之意。拘蓄:拘存蓄止,蓄聚。禁门:封闭的鼎器,一说丹田、中宫黄庭穴。慈母:坤母土釜。孝子:真种。严父:武火。教敕:严格管教。一阳初动,进了阳火之后,要非常紧迫急促地及时继之以阴符,把丹药拘存蓄止在封闭的鼎器之中。具体的功法包括凝神屏息,闭塞五官,提肛缩阴,将药物采入坤炉中封藏,好像逼迫催促进入到阴极的时刻,如晦朔之时一般。之后,耐心用文火温养,药物温暖蒸腾,由坤向乾鼎升化。阴阳化合而成丹,如乾坤生六子,顺火候往来,好像孝子报父母之恩。当此之际,可以继续用武火烹炼,好像严父发出命令,严格管教子孙一般。四象归土章第三十有:"肝青为父,肺白为母,肾黑为子,心赤为女"。可见,丹法以肝木为严父,心火为姹女,肺金为慈母,肾水为孝子,脾土为宗祖。"慈母育养"是肺金生肾水,肺金为肾水之慈母,肺金与肾水一家;"孝子报恩"是肾水生肝木,报严父(肝木)之恩;坎为坤母得乾父之中阳而来,为中男;震为坤母得乾父之长阳而来,为长男,中男视长兄如父,故中男肾水虽然为肺金所养育,但一直以孝子之心伺奉长兄肝木如严父。"严父施令,教敕子孙"指的是肝木生心火,离宫心火烧炼坎中真金。修丹坎水离火相交,离火姹女为震木严父之女,坎水孝子为兑金慈母之子。坎水克制心火,使得姹女不飞驰,孝子不泄败,而归于宗祖脾土真意,脾土生先天真一之炁为金。可见,修丹火炼金精,水火既济,并非只有水火二物,而是五行和合,木火一家,金水一家,修丹入鼎,其实受五行之气的滋养而成意丹,而意丹修成,即有意能,可以转化成为五行之气,滋润周身奇经八脉,使得先天真一之炁贯通全身,复还乾阳之体。

---

[1]此句与后句"解化为水,马齿阑干"调换。

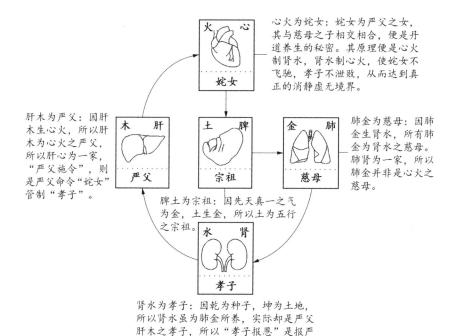

心火为姹女：姹女为严父之女，其与慈母之子相交相合，便是丹道养生的秘密。其原理便是心火制肾水，肾水制心火，使姹女不飞驰，孝子不泄败，从而达到真正的消静虚无境界。

肝木为严父：因肝木生心火，所以肝木为心火之严父，所以肝心为一家，"严父施令"，则是严父命令"姹女"管制"孝子"。

肺金为慈母：因肺金生肾水，所有肺金为肾水之慈母。肺肾为一家，所以肺金并非是心火之慈母。

脾土为宗祖：因先天真一之气为金，土生金，所以土为五行之宗祖。

肾水为孝子：因乾为种子，坤为土地，所以肾水虽为肺金所养，实际却是严父肝木之孝子，所以"孝子报恩"是报严父之恩——肾水生肝木。

丹道五行辈分关系图[1]

【解】

上一章讲"魄以钤魂"，本章就讲阴阳和合凝结而成意丹的分寸，如何伏食的方法和功夫。修丹功夫的核心，在于收摄散失流溢的元神之神光，如果神光控制不住，凝聚不了，人心分散，意识散乱，人就在耗散精气的过程当中沉沦下去。

意念纷杂，凝神为上，所以要做玉液还丹的功夫。先修命功，滋养身体，祛病延年，尽量延长后天的生命，才能更好地制伏收拾自己分散的神识产生的念头。七情六欲之"情"应该为性所拘，也就是为知觉、见闻、灵慧之知所观照、约束、控制。用修丹的语言来说，乾卦代表太阳之光热力，是太阳本来具有的真性，寂然不动，感而遂通。如果感应到坤阴，那么坤

---

[1] 此图参考朱炯编著：《图解周易参同契》，西安：陕西师范大学出版社，2008年，第249页。

阴的阴力就进入乾阳,此时乾被坤中一阴感动而交,即入后天,成为离卦,居南方属火,此时乾化为离,阳力被阴力感染和干扰,就会迷失先天的本性,化为可见的后天之情,此后天之情来自东方震木。

通常把意与肉体的心联系起来理解,似乎有相似之处,但功能不同。世界作为意与物交接的场域,看起来与心物场域大同小异,但意的发动之域与心的发动之域,还是千差万别。在本书里,"意"不可单从"已发"角度来理解,而要更多从"未发"本体意义上来理解。从"意"之本体发动为"念"之现象的角度,可以把"念"理解为"今心",指当下心中的心灵活动,当下呈现的心理事物或事件,是心中有内容、有表征,如刘宗周认为"念"是心的"动气"或"余气"产生的:"余气也者,动气也,动而远乎天,故念起念灭,为厥心病,还是意病。"[1]这样一来,"念"是心气动而生,但本书认为,"意"比"念"更有本体意味。

分散的神识来自于感物而动的情感状态,人生下来就感通事物,产生喜怒哀乐各种情感,因为有了自我,就要跟所缘对待对抗,以期寻找和确认自我的边界。产生各种情感的基础是性,本来安静的性,会通于所缘之境而化为情,所以性就是能够知觉、感知的基础。当情受物与境而扰动,就像风把水波荡漾起来,连带会把水底的性也泛滥起来,这是一般人心意之情随境而动、导致性与物迁的状态。修丹的人,意念升起之处,不与物动,不随事迁,因感而动的情之波涛,在意念发动的瞬间就平静下去,此谓心意对境而不动情,本性更是风浪不起,在安宁当中,凝神静气,直至气住脉停的境界。

《易·乾·象》"乾道变化,各正性命",乾天的创生之道,变化出来,天地万物的本性和命运都得其正。人身阳气先长后衰,因为性为情迁,生命的元炁就不断流散消失。十多岁之后,纯阳之体不能继续,就要修炼方能回去,要重新找回坎离交媾的状态,让性来制情,使得情不流散,性安宁静默,这样才能降龙伏虎,使得流散的情绪、情感、情思等都"解化为水",重回先天真炁之水,渐而形成"马齿阑干",这是真炁之金。修丹的最上乘法,其实就是此二金水融汇,神凝气住,一阳来复,化为真炁之水,从而凝聚成丹。坎水和离火是表相,其体是乾坤,水是津液、精液、血液、荷尔蒙

[1] 刘宗周:《语录》,载黄宗羲《明儒学案》(下),北京:中华书局,2018年,第1525页。

等,火是身体的热能、暖流、性力等,修炼后天的真阳和真阴,从而返回先天。

最后强调坎离相交,阴阳化合,这跟火候和本性的亲疏有很大关系。"拘蓄禁门"有三种含义:一是闭住两阴窍;二是意念死守下丹田;三是闭上任脉,开启督脉。[1] 这些说法都比较具体,只是具体的封禁之法,其实根子还是在于飞扬的心念需要被拘执、凝蓄、控制在一定范围之内,不使之无序消散。好像大地的水分被太阳晒了之后,要蒸腾上去,再凝结为雨降下来;我们的身体也是如此,阳气发动之后,身体的玉液就被熏蒸起来,全身如烧水沸腾一般,在顶部凝聚为液体[2];心灵意识的凝聚也是这样,发散的意识好像被蒸腾的沸水,需要铅金来冷却,虚室生白,使之化为万丈白光,上下天光,通天贯地。可见,元炁元精元神之间流转变化的功夫,到最后可以归结为凝神的工夫,好像男女有情相悦,四目相接,心神都为对方的气息所拘蓄,恒久凝聚成为意丹,久久不会消散。意丹有金刚不坏之身,有跨越时空之性,有千年无伤之情。

【意】

离火阳意如真汞一般,状如流珠,为严父之女,故为姹女,其性轻浮,总是飞扬离人而去。因为阳意总是冲向外物,受外物的牵引。坎水阴意之中含有金华,真丹如铅。修丹要以火炼金,使得坎中真铅返还先天真炁之乾金。坎水阴意沉于丹田之内,如没水中,修丹以肾水孝子克制心火姹女,用沉静之真铅制服轻浮易飞扬的真汞(火),是用阴意制服阳意,让阴阳之意融合于丹田气海之中。

当阴阳之意将元精元神和合归于丹田气海之中后,自然融化成为白色的液体,进而经过烹炼而凝固成为坚实的意丹。意丹初结之时,阳意凝结成为先天之炁。只在顷刻之间,而精华也在凝固之时迅速解化为水。因阴意与阳意性情相得,互相推动意丹涵养成长,自然而然,如顺自然之意,归于宗祖意土。意土为先天真炁之母,故为五行宗祖。意土生真炁,则意丹初成,状如洁白似玉的美石,又受阴意与阳意的真火烹炼,如马齿

---

[1] 王振山:《〈周易参同契〉解读》,北京:宗教文化出版社,2013年,第141页。
[2] 佛家说"醍醐灌顶",指头顶清凉,降下甘露,有类似之处。

上下交互推动,此火炼金精,意丹日生日成。

　　阴意克制阳意而修丹之分解功夫如下:当阳意从先天真一之炁而初动之时,就要抓紧感应阴意,把阴阳和合之意丹初药封藏于丹田之中。此时肺金生肾水,小心用文火温养丹药,好像慈母抚育孩子一样。阳意初发之时,肾水孝子制伏姹女,报严父生养之恩,真一水气擒得飞扬真汞,制服神识诸般杂念,并行周天火候,经督脉飞上头顶昆仑,又回复丹田坤母之舍,与真汞交接成丹,此为"孝子报恩"。此时通神之意当发号施令,严格调控意丹初成的意念,不使杂念混乱意丹之烹炼,从而使真正的意丹种子得以烹炼出来。

三五至精章第二十九[1]

　　五行错王,相据以生;火性销金,金伐木荣①。三五与一,天地至精;可以口诀,难以书传②。

　　子当右转,午乃东旋;卯酉界隔,主客二名③。

　　龙呼于虎,虎吸龙精;两相饮食,俱相贪便;遂相衔咽,咀嚼相吞④。

　　荧惑守西,太白经天;杀气所临,何有不倾⑤? 狸犬守鼠,鸟雀畏鹯;各得其功,何敢有声⑥?

【译】

　　五行相生,万物生长,五行反克,生化妙用,火能克金,金经火炼,方能成器。金能克木,木为金削,才能成材。坎水生一,阳意精气;离火神识,阴意为二;合水与火,坎离为三;东方木三,共南火五,合戊己土,土数中五。木火土合,化成意丹,由一而凝。天地阴阳,和合精华,至精之物。修炼方法,繁杂多变,常需名师,指点心传,难赖书本,记录流传。

　　四象日月,不停旋转,本来方位,主人居家;移到他位,即为客人。卯酉中天,青龙过中,西方做客;白虎过酉,东方为客,互为主客。

　　青龙白虎,周天追逐,互相吞噬,永无发生。青龙呼气,白虎吸精,一呼一吸,互为根柢,相与饮食,依赖对方,圆成自身。阴阳感通,热恋双方,相濡以沫,血浓于水,相互咀嚼,吞咽对方。

　　火星西行,入彼金乡,现于西夜,火克金凶;应乎丹道,离火炼金,偶有不慎,火燥丹漏。太白金星,清晨启明,金克木凶。对应丹道,坎中真铅,制克离汞,肾水克心,克过则凶,克当则吉。火候不当,火冷丹散。以金克

---

[1] 元陈致虚本:流珠金华章第二十四前半部分;五代彭晓本:太阳流珠章第六十八,子当右转章第六十九

木,金气肃杀,所临之处,砂中木汞,自然倾倒;以水克火,理亦同然,克法炼丹,易克过重,至于失败,自当慎之。猫捉老鼠,鹞抓鸟雀,各自有功,制伏对方,动物食链,物物相克,克敌之际,不敢发声。修炼之时,即使性克,亦同死关,凝神慎守。此境静寂,通天无声,至静无言。修丹念动,克关生死,于无声处,静守克化,丹成有望。

【注】

① 错王:根据"火性销金,金伐木荣",是相错而旺,火旺克金,金旺克木。五行错王,相据以生;火性销金,金伐木荣:五行相错而旺,相邻而生,火性旺克金,金经火炼之后才能成器;金旺克木,木被金削之后方可成材。

② 三五与一,天地至精;可以口诀,难以书传:按河图数,东三南二合成五;北一西四也成五;中央一个五,都是天地之间阴阳之气的精华,是至精之物;三个五归为中央真一之炁,真一元炁是天地最为精微的存在。《悟真篇》有"三五一都三个字,古今明者实然稀。东三南二因成五,北一西方四共之。戊己自居生数五,三家相见结婴儿。"木火一家归为离,金水一家归为坎,坎离归为真一之炁。修炼之方虽然易简,但只可以口口相传,难以通过书本传授。[1]

③ 子当右转,午乃东旋;卯酉界隔,主客二名:古人将天空中的二十八宿分为四象——东方青龙七宿,南方朱雀七宿,西方白虎七宿,北方玄武七宿。四象与日月一样,不停旋转,当它们在自己本来方位的时候,它们好像主人居住在自己家里;当他们移到不是自己本来位置的时候,就等于到其他位置去当客人。卯酉为南北界隔,分为主客。按照地支十二辰排序,由北而东而南而西,春生夏长秋收冬藏。子向右旋转,子水寄其体于酉(西)金,金水合处;午向东旋转,因为离火藏锋于卯(东)木,木火一体。子水为酉金所生,水之用事由酉金做主,而卯木为客。一说卯酉为中天界线,青龙过了中天,等于来到西方做客;白虎过了酉界,就等于来到东方做客,它们各自都有主人和客人两个名字。

---

[1] 胡孚琛写道:"《悟真篇》是注解《参同契》的。……凡是和此二书抵触的丹书都是错的,这是历代丹家称此二书为丹经之祖的原因。"参胡孚琛:《道学通论》(2018年修订版,上下编),北京:社会科学文献出版社,2018年,下编第564页。

④ 龙呼于虎:青龙星座沿着天体黄白道自东向西运动,似乎在追逐白虎。虎吸龙精:白虎星座沿着天体黄白道自西向东运动,似乎在追逐青龙。两相饮食,俱相贪便;递相衔咽,咀嚼相吞:青龙与白虎遵循黄白道周天运转,好像彼此要把对方吃掉一般,其实它们谁也不可能追上对方,只能不停地顺时针运转。运用于周身火候,则青龙吐气,白虎吸精,呼根于吸,吸根于呼,两者互为根柢,相与饮食,俱相贪恋,互为吞吐,彼此衔咽,交相咀嚼,通气结丹。

⑤ 荧惑:火星,喻真汞(火)。荧惑守西:火星西行,进入金乡,出现于西方夜空,火克金之天象,为凶象;对应丹道离火炼坎金,需要控制火候,稍有不慎,火燥丹漏。太白经天:太白:金星,喻真铅(水)。日月之外最亮之星,与太阳同升同落。早于太阳出现于地平线时,为启明星;晚于太阳出现时,被阳光遮掩不显,但至夕阳西下时,则出现于西方天幕,为长庚星。阳光昏暗的白昼,也可能看到此星。此三种情况,都属于"太白经天"。此处指清晨出现的启明星,有金克木之天象,也是凶象。对应丹道坎中真铅制克离中木汞,肾水克制心火,克过则凶,克当则吉。炼丹之时,需要控制好火候,否则火冷丹散。杀气所临,何有不倾:金星昼见,而过于午,金来伐木。以金克木,金有肃杀之气,所临之处,砂中木汞哪有不会倾倒制伏之理? 以水克火也是如此,用相克之法炼丹,易相克过重而至于失败,故当慎之又慎。

⑥ 狸犬:猫。鹯(zhān):一种猛禽。狸犬守鼠,鸟雀畏鹯;各得其功,何敢有声:猫捉老鼠,鹯抓鸟雀,各自都有其功力制伏对方,犹如动物食链,一物降一物,但在克敌制胜之前,只有不动任何声色,才能真正制伏对方,比喻修炼之时,即使真性可克,也如时刻要面对生死之关,凝神静守,极度小心。这种静寂无声之境,通于天地五行相克而无声的本相,正因为天地自然之间,五行制克时刻交关生死,所以彼此刑冲克化,无声无息,至静无言。修炼意丹,念动生克,关乎生死,于无声处,静守克化,方能成丹。

【解】

五行生克制化之理,可以从"错王"即相继而旺来理解:五行之间,此旺则彼衰,水旺之后则木旺,木旺之后则火旺,火旺之后则土旺,土旺之后则金旺,金旺之后水再旺,被生者旺,所生者衰。五行配四季,有旺相休囚之说。

季 五行 状	旺	相	休	囚	死
春	木	火	水	金	土
夏	火	土	木	水	金
秋	金	水	土	火	木
冬	水	木	金	土	火
四季土用	土	金	火	木	水

　　五行错旺与相生的关系可以用于五脏相生相克。五脏之间,既要"相据以生",又要相克,互相制约以免某个脏器过旺或者过衰,五脏要保持平衡和谐,彼此相生相克才好。

五行月令状态	五阳干				五阴干			
	甲	丙戊	庚	壬	乙	丁己	辛	癸
长生	亥	寅	巳	申	午	酉	子	卯
沐浴	子	卯	午	酉	巳	申	亥	寅
冠带	丑	辰	未	戌	辰	未	戌	丑
临官	寅	巳	申	亥	卯	午	酉	子
帝旺	卯	午	酉	子	寅	巳	申	亥
衰	辰	未	戌	丑	丑	辰	未	戌
病	巳	申	亥	寅	子	卯	午	酉
死	午	酉	子	卯	亥	寅	巳	申
墓	未	戌	丑	辰	戌	丑	辰	未
绝	申	亥	寅	巳	酉	子	卯	午
胎	酉	子	卯	午	申	亥	寅	巳
养	戌	丑	辰	未	未	戌	丑	辰

　　从相克有助于相生的角度来说,"火性销金"可以理解为离宫元神之

火烧炼坎宫元精之真金,即以神凝精;"金伐木荣"可以理解为坎宫元精之真金克离宫元神之木汞,即以水制火,以精制神。

"三五与一,天地至精"源于河图之数理。"子当右转,午乃东旋;卯酉界隔,主客二名"河图配十二天干地支而得:

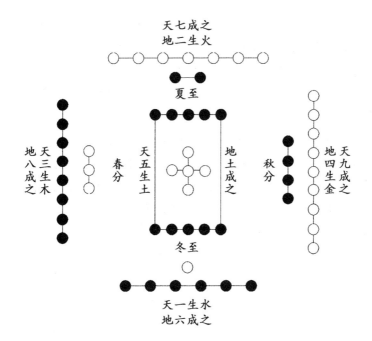

"子当右转,午乃东旋"说明丹道逆用五行生克之理,以回先天之炁。天道之间,青龙白虎追逐互转;人身之中,丹气在任督二脉循环往复。坎中之铅沿督脉上升,即青龙居东为主;若沿任脉降至丹田,则青龙居西为客。离中之汞沿任脉自口降至丹田,即白虎居西方为主;若沿督脉上升,则白虎居东为客。丹道的火候,进火退符,即呼吸好比降龙伏虎,也好像阴阳感通的热恋双方相濡以沫,血浓于水,彼此相互咀嚼吞咽对方的状态。元精龙德,隐显莫测,难以擒制,为阴为坎;元神虎性,刚强猛烈,不易降伏,为阳为离;龙呼气于虎,虎吸精于龙,吞吐相接,龙马归顺,一往一来。进阳火时,除去卯时沐浴,在五阳时,即子丑寅辰巳时,以吸气为主,即意守丹田,吸气重而长,呼气自然而短;退阴符时,除去酉时沐浴,在五阴时,即午未申戌亥时,以呼气为主,即意守丹田,呼气重而长,吸气自然而短。青龙配肝木,白虎配肺金,肝藏魂,肺藏魄,所以"魂之于魄,互为室宅"。青龙喻呼气,白虎喻吸精,一呼一吸,两者互为根柢,相与饮食,都需要依赖对方才能完成自身。

【意】

万物顺五行相生之序生长,但其实在五行反克之中起主要的生化妙用,例如火能克金,但金经火炼方能成器。金能克木,但木为金削之后方能成材。以阳意神识之火照入炁穴方能炼金精化炁,此即"火性销金"。以精炁(阳意)制伏杂乱之神识(阴意),方能呈现出莹洁的本来真性,此即"金伐木荣"。

金炁腾而飞上以擒住神,从而实现神与精气相抱。阳意之神制服阴意之炁,而成阳胎,有如狸猫捕鼠。阳意之火锻炼阴意之药而成丹,有如猛禽制服鸟雀。各自都被对方的神力和威势所迫使,顺应五行相制的机理,也是出于各自情性之自然,所以都不敢发出声音。

意丹修炼的过程当中,会有龙吟虎啸的状态,龙代表血,代表飞扬的妄念和神识,虎代表气的冲动,和欲望的升腾,所以要降龙伏虎。要用真意收摄元精元神,使之内敛不散,清净安宁,意丹放光。可见,要制伏妄念和神识的飘散、升腾、乱窜,需要来自真意的修持,所谓"以意克念",至于无念之境。

子水当是西金右转而得,午火是东方卯木东旋而得。卯木与西金是南北也是阴意(阴符),与阳意(阳火)的分界隔离所在,也是元精元神分出主客二位的界限所在。坎水为阳意精气(生数为一),离火为神识(阴意为二),合坎离即水火为三,与东方木数为三,共南方火数为五,合中央戊己土,土数五。木火土相合而成意丹,由一而凝。此意丹即为天地阴阳和合的精华,为天地至精之物。但其中修炼意丹的方法,非常繁杂多变,需要名师指点心传,而难以依赖书本的记录。

修炼意丹,心意当时刻通天,但也时刻在生死之交。四季之中,春少阳,夏太阳;秋少阴,冬太阴。太阳真炁午时从督脉上升,脑前下降,过心藏,入肾藏,心肾交通。太阳真炁,入太阳二经,一是足太阳膀胱经的膀胱区域,一是手太阳小肠经区域;脾经和肺经为太阴经,脾藏纳月的太阴真炁。这是修丹之时,天体星气入于五藏,星气发动,则五藏之气随之而动,进阳火时,如果元神之火过盛,则容易火燥丹漏,好像火星出现在西方夜空,强火克过弱金;退阴符时,如果元神火微将灭,则无法炼化意丹,容易火冷丹散,好像金星白天出现,此刻天空必然昏暗无光,是强金侮日之象。心意时刻接天,参天火候,注意进退,把控克化杀伐之力,时刻使之不可过强。

四象归土章第三十^[1]

　　丹砂木精,得金乃并;金水合处,木火为侣;四者混沌,列为龙虎;龙阳数奇,虎阴数偶^①。

　　肝青为父,肺白为母,肾黑为子,心赤为女^②。脾黄为祖,子五行始;三物一家,都归戊己^③。

【译】

　　丹砂火汞,喻人心神,飞扬难伏,为木所生,故为木精。欲降心神,调动神意,先天之炁,后天之精,阳化阴合,投汞于铅,使汞不飞,得金乃并。先天炁金,后天精水,水含炁金,炼转为炁,金水合处。先天性木,生化后天,心意神火,收摄清静,先天本性,修返炼回,木为火侣。炼精化炁,修命之功,炼神还虚,修性之功,四者混沌。意丹之生,成之付验,阴意阳意,良性互动,坎水精炁,离火之神,脾土真意,精炁神合,而成意丹。中正和明,通于天道。炁金精水,合并称虎,神火性木,合并称龙,列为龙虎,龙性阳东,木生数三,故为奇数;酉金数四;虎性属阴,故配偶数。

　　五行之木,东配肝青;阳生震位,木为火父,肝为女父,肝心一家。肺金水母,肺肾一家;肝木肺金,结为夫妇,龙虎交媾,心火肾水,坎离交媾,水火既济。脾土色黄,生金性水,为水之主;脾土真意,生先天炁,化后天水,炼后天神,返先天性,为金木主,水北配子,五行之始,午南配火,子午为始;木火相合,元神归木,金水相合,元精归金;土为真意,三物归中,故为一家,戊己坤土,炼成意丹。

---

　　[1]元陈致虚本:四者混沌章第二十八;五代彭晓本:丹砂木精章第七十六。

【注】

① 丹砂木精,得金乃并;金水合处,木火为侣;四者混沌,列为龙虎;龙阳数奇,虎阴数偶:丹砂属火,火由木生,为木之精华;火克金,金被火炼才成丹砂,所以得到金才能炼成。金生水,水中藏金,金与水一家;木生火,火中含木,木与火一家;金木水火混为一体之后,金水合并称虎,木火合并称龙;龙性阳,阳数在八卦爻象中为奇数;虎性阴,阴数在八卦爻象中为偶数。

② 肝青为父,肺白为母,肾黑为子,心赤为女:天有五行,配人五脏,此以五行配六亲理论谈丹道原理。"肝青为父""心赤为女"是肝木为心女之父,肝与心一家;"肺白为母""肾黑为子"是肺金为肾水之母,肺与肾一家;肝木肺金结为夫妇,即龙虎交媾,心火与肾水结为夫妇,则坎离交媾,水火既济。一说肝属木色青,木为火之父;肺属金色白,金为水之母;肾属水色黑,水(坎为中男)为金之子;心属火色赤,火(离为中女)为木之女。

③ 脾黄为祖,子五行始;三物一家,都归戊己:脾为意土,为宗祖,因为土生金,先天真一之炁为金,五行之气本乎先天真一之炁,故以脾土为五行之宗祖,修丹是修五行相生相克之平衡之意丹,而归于先天真一之通神之意,此即后天之太极修回先天之无极。脾属土色黄,为水火之祖;按照先天五行相生之序,天一生水,而后木火土金相生相克,是子为五行之始;金水、木火加戊己之土,三物合成一家,才能混沌结丹。按照后天五行相生之理,金生肾水,阴中之阳,是曰戊土;木生心火,阳中之阴,是曰己土。金木二者都从土生,所以都归戊己之土,戊土为通神之真意,己土为后天心神和意识转化的意念。

【解】

丹道以人身五行合于天道四季、五行、二十八宿的运行,天道四象精准运行,人身之眼耳鼻舌为气息出入之门道,能够用意精准控制,则可以使肝肾心肺之气聚于脾,身意为真意所调控,如此方能健康长寿。眼不外视则魂气在肝,耳不听闻则精气在肾,舌不动尝则神气在心,鼻不嗅闻则魄气在肺,非是五官毫无感觉,而是五官之动如如不动,气息不外泄而内敛,五官接于外境,而不让真气从身体流泄出去。

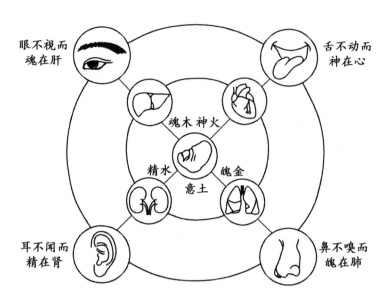

五官五脏合五行图[1]

【意】

丹砂为神火为汞,比喻人之心神飞扬难以降伏,为木所生,故为木之精英。欲降伏心神,要调动通神之意,让心神与先天之炁和后天之精阴阳化合,好比投汞于铅中,铅使汞不飞,此谓"得金乃并"。先天之炁(金)可化后天之精(水)之后含先天之炁(金),也可化炼转化为先天之炁,故"金水合处"。清静的先天本性(木)可生化为后天散发的心意神识(火),后天散发的心意神识里面也包含收摄着清静的先天本性,故可经修炼而返回,此"木火为侣"。修炼意丹之功就是炼精(水)化炁(金),炼神(火)还虚性(木),前为修命之功,后为修性之功,所以"四者混沌"。

意丹生成之付验在于阴意与阳意处于良性互动之中,坎水精炁与离火之神,通过脾土真意(通神之意)的努力,使精炁神融合而成意丹。中正和明,通于天道自然之意。

---

[1] 此图参考朱炯编著:《图解周易参同契》,西安:陕西师范大学出版社,2008 年,第271 页,"四象和合养生法"图。

阴阳反覆章第三十一[1]

刚柔迭兴，更历分布；龙西虎东，建纬卯酉。刑德并会，相见欢喜①。刑主伏杀，德主生起。二月榆落，魁临于卯；八月麦生，天罡据酉②。子南午北，互为纲纪；一九之数，终而复始③。含元虚危，播精于子④。

【译】

天地之间，刚柔交替，日月往来，阴消阳长，四时节度，次第轮替，青龙木东，白虎金西，东龙西虎，交互感通，虎西龙东，性命双修，性中有命，命中有性，融通卯酉，北方精水，克南神火，水火既济，刑德相汇，皆大欢喜。

刑主伏杀，精炁神抱，沉归海底，秋气肃杀，收敛万物，德主升起，运精炁神，上于泥丸、昆仑南溟，春气条畅，万物生发。二月木旺，榆荚落地，北斗之罡，至于黄昏，河魁平旦，临于卯位。重秋八月，北斗之魁，天罡黄昏，临于西酉，杀中有生，八月荞麦，不辍生长。

子水至南，子移午位，水入火中。午火到北，午移鼠位，火入水中，子午互纲。图书真数，一始九终，循环往复，终而复始，人生精炁，与神融抱，任督二脉，贯上中下，丹田会阴，海底尾闾，头顶百会，泥丸昆仑，周天运转，会合不休。意丹初成，含元阳炁，合天阴阳，感通天人。元阳之炁，萌生子月，配廿八宿，北方玄武，七宿虚危，寂然不动。北方子位，日月合璧，一阳初生，阳生子时，播精于子，感应恍惚，太极剖判，真精生时。

【注】

① 刚柔迭兴，更历分布；龙西虎东，建纬卯酉；刑德并会，相见欢喜：阳刚阴柔交替兴发，日往月来，寒来暑往，阴阳刚柔分布于四面八方。青

[1] 元陈致虚本：卯酉刑德章第二十九；五代彭晓本：刚柔迭兴章第七十七。

龙属木居东在卯方,白虎属金居西在酉方,东西为纬,南北为经。西方白虎阴升主杀称刑,东方青龙阳生主生称德。刑德相见,互为利用,相辅相成,所以"相见欢喜"。

② 魁:魁是北斗斗勺,包括天璇到天权四颗星,所临者凶。罡是斗柄前三星,包括玉衡、开阳、摇光三颗星,所指者吉。刑主伏杀,德主生起。二月榆落,魁临于卯;八月麦生,天罡据酉:西方白虎主伏杀称刑,东方青龙主生起称德。正如仲春二月,北斗之罡于黄昏之时临于东方卯位,其魁则于平旦之时临于卯位,罡主生而魁主杀,生中有杀,故二月之时,万物初生,但榆荚坠落。仲秋八月,金气正旺,草木凋零,但是此时荞麦正在生长,因为北斗之魁于平旦之时临于西方酉位,其罡于黄昏之时临于西方酉位,杀中有生,故"八月麦生"。

③ 子南午北,互为纲纪;一九之数,终而复始:子在北,午在南。当子午反复,北之阴水返居于南,南之阳火转居于北,则是阴中含阳,阳中含阴,刑中有德,德中带刑,生起和伏杀互为纲常法纪。按照洛书,北一南九,北子南午,一到九,九返一,终而复始,不断循环。

④ 含元虚危,播精于子:天上日月交汇,正是万物产生之时。元阳之气萌生在十一月建子,北方玄武七宿,其虚、危正值子位;同理,人身真水与真火交汇,正是任督二脉交接之处,药物产生之时。可见,元炁生发于虚危之际,北方子位为日月合璧之地,一阳初生之方,阳炁在子时而生,所以说"播精于子"。

【解】

修丹时人身的阴阳二气顺从天道的阴阳二气的运行,临炉交媾,趁时采药都要顺应天时而发动。

天地之间阴阳转化,刚柔交替更新,日月往来,阴阳二气消长显现为一年四季、十二月二十四节气的变更,故青龙本木居东为东方,白虎本金居西为西方,炼丹者让东龙西虎互相交互感通,成为虎西龙东,性命双修,性中有命,命中有性,融通卯酉。以北方精水克南方神火,水火有既济之力,故刑德相汇,阴阳和合而欢喜。

天道运行,总是刑中有德,德中有刑,生死一体,生死相克相依。刑主伏杀,如精炁神相抱,沉归海底,如秋气肃杀,收敛万物,德主升起,如用通

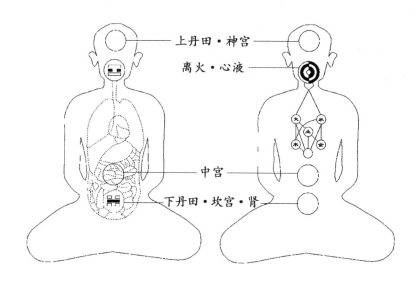

神之意搬运精炁神,上于泥丸、昆仑至于南溟,如春气条畅,万物生发。具体来说,二月木气正旺,榆荚落地,因为北斗之罡黄昏时临于东方卯位,而河魁则于平旦之时临于卯位。重秋八月,北斗之魁临于西方酉位,天罡于黄昏之时临于西方酉位,杀中有生,如八月荞麦还在生长。修丹要效法天道,刑德并用,以性情来比喻,则龙为性,虎为情,情欲使人迷失本性,为刑;心之本性可以使得生命之力旺盛,为德。情欲可以促进精气生发,本性又可以约束和抑制情欲生发,这就是刑中有德,德中有刑,刑德并用,才是修丹正途。

【意】

意丹修成之时,取坎填离,子水到南,这是子移午位,乃水入火中。午火到北,是午移鼠子位,是火入水中,子与午互为天地之总纲,颠倒交媾而成丹。洛书之数从一到九,一为始,九为终,从一到九循环往复,终而复始,对应于天道之斗转星移,四季轮回,相当于人身之精炁与神相融相抱,沿任督二脉贯通于上中下三丹田,在会阴之海底、尾闾与头顶百会之泥丸、昆仑间周天运转,终而复始。

意丹初成,含着元阳之炁,化合天地阴阳,感通天地人。天地之间的元阳之炁萌生于十一月子月,配二十八宿北方玄武七宿之虚危,所以"含

元虚危",对应身心寂然不动,太极将判未判之时,以通神之意接续先天真
一之炁。北方子位为日月合璧之地,一阳初生之方,阳气于子时而生,故
"播精于子",对应人身感应恍惚,无极已出,太极已判,真精已生之时,即
先天通神之意实化为后天之意之时。

以类相况章第三十二[1]

　　不得其理,难以妄言①。竭殚家产,妻子饥贫②;自古及今,好者亿人;讫不谐遇,希有能成③;广求名药,与道乖殊④。

　　如审遭逢,睹其端绪;以类相况,揆物终始⑤。

【译】

　　修丹之理,常人难悟,岂敢臆测,妄言谈论? 耗竭资财,妻子饥饿,儿女贫穷。从古至今,丹士无算,难遇明师,不通真诀,迷于歧途,悖于真道。

　　修丹之士,审慎明察,遭遇机缘,睹察丹法,端倪头绪,药当同类,通于五行,生克合理,揆度修丹,阴阳消息,始机终成,可辨正道。

【注】

　　① 不得其理,难以妄言:如果不晓得阴阳相和修炼意丹的道理,就很难用虚妄的话来随意臆测。修丹之理通于易理,不懂易理,丹道一定不得其门而入。

　　② 竭殚家产,妻子饥贫:穷尽所有家产,连带拖累妻子儿女受到饥寒贫困。

　　③ 自古及今,好者亿人;讫不谐遇,希有能成:从古到今,爱好修丹之道的人数以亿计,基本最后都难以善遇明师,只有极少数能够修炼成功。

　　④ 广求名药,与道乖殊:很多人满世界寻找名贵药材,怪名仙药,其实完全背离修丹的正道。

　　⑤ 如审遭逢,睹其端绪;以类相况,揆物终始:修丹者如果审慎明察其所遭遇到的金丹修炼之法,认真观察丹法的端倪和头绪,看看丹法是否

[1]元陈致虚本:流珠金华章第二十四后半部分;五代彭晓本:不得其理章第七十。

讲究同类相应,合乎五行生克制化之理,揆度修丹之法对采药下手之始、药物修炼之终末的相关说法,就能够知道这种修丹之法是不是正道。

【解】

修丹之法,以天元丹法为根,以地元丹法为辅,以人元丹法为末。三种丹法都有其道理,也都以《周易》的哲学道理为根据。可以说,天元丹法采天之元炁,地元丹法采地理真炁,人元丹法通于人意真炁,不可落于后天物质之气,否则枉费心力,空耗资财。正是从反对修丹是采后天物质生气的角度,此章明确反对服食外丹的说法,因为所有外丹在乎的都是外气,把自己人身的先天精炁神抹煞了,只看作有后天精气神、与外物的物质之气相对等的臭皮囊,据此思路发展的修丹功法都是外道。

作者的意思非常清楚,虽然后代以外丹注释《周易参同契》代不乏人,也留下很多古代研究物理、化学、科技等资料,代表了古代自然科学和科技发明的水平,但其实《周易参同契》从一开始就应该是修炼内丹之书。这里的"以类相况"是先天层面上的同类相互比合修炼,是人身的先天精炁神与天地之间永恒不灭的先天同类精炁神之间的感应和互通。"揆物终始"是希望丹士明白同类药物之间还有主客之道,当然是以天地真炁为主,以人身之精炁神为客,以通神之意去通达天地精炁之神妙莫测而成就意丹。否则,以自己物质性的身体之气为主,千采万炼,还是物气而已,无论穷尽多少财货,采集多少物气,也不可能对先天真炁有一丝一毫的增进。

【意】

常人无法领悟修炼意丹的道理,最根本的原因在于修丹的先天层面,是任何物质性的后天思维所永远无法企及的。所以千言万语,还是讲不清道不明,以为丹或是外丹,或是内丹,反正得是个实实在在的物体,能够吃得着,咽的下,不然就无法明白丹为何物? 如果说意丹非物,就完全无法理解。

伯阳祖师索性说意丹如物,但字里行间又提醒后人,一旦执定为物,则悖谬大道太远了。正因为如此难懂,长生不老的欲望又何等强烈,所以古今丹士才不惜臆测妄言,甘冒无限巨大的风险也要来谈论它们。为了修丹,不惜耗竭家中资财,让妻子与儿女陷于饥饿贫穷之中。伯阳祖师早在距今将近两千年前的汉代就说,从古至今,这样把丹作低端理解的修丹之士数以亿计,后来如此理解的更加难以计数。

只要从物质之气的角度来理解丹,修丹就步入南辕北辙的错误轨道,无论如何努力,也不可能再善遇明师,即使传授给他真诀,他的悟性如此低下,就绝对不可能通晓丹道,毕竟在低悟性的基础上努力的所有修丹之法,都与大道乖离违背。可见,作者基本上否定了修丹之法中的渐修之道,丹法中对外接气,经年累月对外采气的努力,不过把自身降低到与物质之气对待的层面来修,那么即使耗尽心神、万千折腾,到头来也必然毫无所得。

伯阳祖师不断强调,五行生克制化之理是丹法的核心。这也是伯阳祖师用五行来解释修丹功法的真正理论贡献所在。如果修炼意丹之士能够审慎明察其遭遇的修丹之机缘与功法,睹察丹法的端倪和头绪,能够把炼丹所需的药物分门别类地搭配其五行生克之理,且能揆度修炼意丹之阴阳消息之终始过程,应该还有成功希望。绝大多数修丹之士不可能认真反思修丹的机缘与功法,对于丹法的来由和道理并不真正明白,所以要认识到修炼意丹需要超越一般物质之丹,从后天意识飞跃到先天意识,那几乎是完全不可能的。

父母滋禀章第三十三[1]

　　五行相克,更为父母;母含滋液,父主禀与①。凝精流形,金石不朽②。审专不泄,得为成道③。

　　立竿见影,呼谷传响;岂不灵哉,天地至象④!若以野葛一寸,巴豆一两,入喉辄僵,不得俯仰;当此之时,周文揲蓍,孔子占象,扁鹊操针,巫咸扣鼓,安能令苏,复起驰走⑤?

【译】

　　五行相生,间隔相克,相邻之行,互为父母,母行主含,滋养之功,父行主导,禀赋生理。阴阳相合,而成意丹,凝成精华,流动赋形,一如金石,不曾朽坏。意丹修成,精诚省察,专心致志,不泄真炁,修得正果,成就至道。

　　意已成丹,立杆见影,山鼓谷呼,响应若灵。修证意丹,天地之最,精妙神奇,法象无对!野葛一寸,巴豆一两,人若吞服,僵死扑倒,不复俯仰。文王揲蓍,孔子占象,扁鹊操针,巫咸击鼓,无以救之,如何复苏,飞驰而走?

【注】

　　① 五行相克,更为父母;母含滋液,父主禀与:五行相克(木克土,土克水,水克火,火克金,金克木),但某些时候,所克者得所生者之生,而不被克,就更加显现出父母之生义(如金克木,木得水之生,水得金生,金反而更有木的父母意味);母地父天,天施地受,母亲含着滋养之液,父亲主导禀赋施与。这是强调相克当中彼此相生,所谓死中有生,害里藏恩。

　　② 凝精流形,金石不朽:丹道之理同然。精炁凝聚,圣胎生产,犹如

金石,长生不朽。

② 审专不泄,得为成道:守护精炁,专心精诚,神炁不泄,根蒂不露,就能够修成丹道。

④ 修丹之法,效果立竿见影,好像在山谷中呼喊,马上就能够听到回声响起。岂不灵哉,天地至象:修证意丹所见证的丹道是非常灵妙至极的,是天地之间最精妙神奇的大道,宇宙之间根本没有任何法象可以与之相提并论!

⑤ 野葛:有毒的植物。巴豆:有毒中草药。如果让人服下野葛一寸、巴豆一两,一入喉咙就会僵硬扑倒,连低俯高仰都不可得。在这个时候,即使周文王为他揲蓍占卜,孔子为他占象断吉凶,扁鹊来为他操针急救,巫咸来为他击鼓祈福,又怎么能够让他苏醒,使得他重新站起来,行走如常呢?

【解】

仇兆鳌认为本章"以五行逆克而配父母"。丹道正用五行逆克之理而结丹,如木克土,生木的是水(生神),土能克水,所以水的仇神是土,木能够克制生神(水)的仇神(土),所以本身可以更加根深叶茂。换言之,木克土,土克水,水生木,木能够克制水的仇神,保护生养自己的父母(水),就等于让自己得到滋养。可见,土中有水,水能够生养树木,帮助树木成长,但树木也可以克土,让土不去伤害滋养自己的父母,就能够保证自己(元神)根旺枝茂。这就是在克制的过程当中,等于在修炼自己的元神,从而帮助意丹得以顺利结成。又如金克木,金生水,在某些时候,木过分贪恋和享受水的滋养(水生木),反而不被金所克,而似乎得金之养(金生水生木),所以丹道之木魂、木神、木性,都欢迎金魄、金精、金情之克,反而可以结丹而得到长生。

意丹的根本作用在于对治死亡,甚至迫使死亡永不降临。在历史的和可观的维度上,长生不老基本被证明是幻想和奢望,历代修炼之人的形体多已不存,但他们修炼的精髓——精神性的意丹却得以永垂不朽,激励后人继续努力。可见,意丹才是不朽的丹药,即意念和精神凝成的丹,超越古今为延续肉体生命而炼制的所有有形丹药。肉体作为通往死亡和虚无的列车,古往今来人们都想使之停下,但都无一例外以失败告终。因此,修炼意念的丹(意丹)才是合理的药方和理性的选项。历史证明,只有意念之丹才能真正超越速朽的肉身而长存于世,不仅在中国的传统当中是这样,放在其他文化和宗教传统当中,肉身不朽也基本只存在于神话传说之中,而精神不朽才能永恒不败。

凝炼意丹的丹法很多,从古至今比较长存的其实是文字记录,说明文字载体可能超越时空阻隔而永存于世。但文字存世的理由,并不是文字本身,而是文能载道,即文字有能力承载超越时空的永恒大道,也就是说,只有有道的意丹才可能超越肉身的有限性。有限肉身无法通往永生,只能依赖后世人们的记忆使之存续,比如陵墓和祭祀,如果能够代代相传,那就延续了肉身在时空中的记忆。肉身作为有的一种形式,本身无法回复到虚无之境,只有借助意识与意念,才可以接续虚无之境。天人之际的张力,本质上是意识的有境与无境之间的张力,也是肉体的存有与虚无,即一般意义上的生与死之间的张力。其实,生机因为朝向必亡的肉体,反而使得这种在生与死之间的张力显得死亡是终极的胜利者,好像西西弗斯的悲剧一般。《周易参同契》的要点就在于演绎肉体生与死之间的可能张力,以使之如何永远存续为根本问题。可惜的是,千百年来,修丹之士过分追求肉体的长生,无论是服食外丹还是伏食内丹,都不可能真正超越死亡,所以也就没有真正化解生死之间的天然张力。

【意】

生与死之间的张力的真正存在,在于意念的有而无之,与肉体的有性可以形成张力,而且意念的有而无之,可以因为结成意丹而永恒存在,从而超越肉身的有限性。传统修丹可能是为了延续肉身的有限性而刻意在气血层面努力,但修炼意丹,本身就超越了肉身的有限性,直接通达永生的状态。当意念能够接续先天的通神之意,就可以理解五行生克本先天之炁的生克制化,不是后天现象界的生克制化,也就是说,不是表面的生克制化,而是生克制化当中本身具有非常奇妙的先天神力。木火土金水比相生间相克,彼此互为相邻之行的父母(地支天干皆有阴有阳),其中母行主含滋养之功,父行主导禀赋与生成之妙理,能够阴阳合成意丹,凝成精华,流动赋形,可以如金石一般不会朽坏,靠的是先天真一之炁的原始神力。

修炼意丹有成之士,精诚省察专心致志,使意丹不泄于外气外力,最终可以修得正果,成就果道。意丹修成之后,效果立竿见影,好像在山谷中鼓呼即可听见声音的回响,非常灵验。意丹修证而成可谓天地间最为精妙神奇的法象。这里先天的"道"施展延伸在万物之中,有明显的道家哲学意味。有如卫礼贤在《太乙金华宗旨》的序言里这样总结儒释道三家的"命"观:

> 儒家认为命是人必须顺应和服从的天定法则;道家把命看成自然的一部丰富多彩的戏剧,它无法逃脱道的法则,但它本身是一种纯粹的偶然;而中国佛教则把命看成业(Karma)在虚幻的世界中产生的作用。[1]

卫礼贤对三家"命"的这种分别多少受到《太乙金华宗旨·逍遥诀第八》的影响:

> 诀中之诀,始终离不得,所谓"洗心涤虑为沐浴"也。圣学以"知止"始,以"止至善"终,始乎无极,归乎无极。佛以无住而生心,为一大藏教旨。吾道以"致虚"二字,完性命全功。总之三教不过一句,为出死入生之神丹。"神丹"为何?曰,一切处无心而已。吾道最秘者"沐浴",如此一部全功,不过"心空"二字,足以了之。今一言指破,省却数十年参访矣。[2]

这里把最为重要的诀窍(诀中之诀)理解为始终不离"洗心涤虑",也就是"沐浴"。三教在这点上归一。儒家精髓是从《大学》所讲"知止"开始,到"止于至善"归终;开始于无极,归结于无极;佛学精髓以《金刚经》"无所住

---

[1]［瑞士］荣格、［德］卫礼贤著,张卜天译:《金花的秘密》,北京:商务印书馆,2019年,第83—84页。

[2]［瑞士］荣格、［德］卫礼贤著,张卜天译:《金花的秘密》,北京:商务印书馆,2019年,第109—110页。

而生其心"为一大藏教旨;道学则以老子《道德经》"致虚极"完成性命全功[1]。丹道是对治死亡的出世之法,所以要反后天相生之道而行相克之法,意念专一,元精不泄,慎守不失。

　　总之,儒释道三教都用一句意思相近的话作为出死护生的神丹,即"一切处无心",道家功法中最奥秘的就是"沐浴",而整个功法都可以用"心空"两字来概括。正是在这个意义上,也可以说,通神之意即是无意之意,也就是空有之意。[2]

---

[1] 胡孚琛在《道学通论》当中,重新定义了道学的概念,他说:"在本书中,我们将道学的概念定义为以老子的道的学说为理论支柱的整个文化系统,其中包括道家的哲学文化、道教的宗教文化,还有丹道的生命科学文化。"参胡孚琛:《道学通论》(2018 年修订版,上下编),北京:社会科学文献出版社,2018 年,上编第 7 页。
[2] 空有之意,又称无意之意,是《坛经明意》一书的中心思想。参温海明:《坛经明意》,北京:宗教文化出版社,2021 年。

姹女黄芽章第三十四[1]

　　河上姹女，灵而最神①。得火则飞，不见埃尘②。鬼隐龙匿，莫知所存③。将欲制之，黄芽为根④。

　　物无阴阳，违天背元；牝鸡自卵，其雏不全。夫何故乎？配合未连，三五不交，刚柔离分⑤。

　　施化之精，天地自然；火动炎上，水流润下，非有师导，使其然也；资始统正，不可复改⑥。

　　观夫雌雄，交媾之时，刚柔相结，而不可解，得其节符，非有工巧，以制御之⑦。

　　男生而伏，女偃其躯，禀乎胞胎，受炁元初。非徒生时，著而见之，及其死也，亦复效之；此非父母，教令其然，本在交媾，定置始先⑧。

【译】

　　先天元意，元神属木，性极灵妙，神化至极，后天情神，识火所动，遇缘即生，触景生情，触境动神，流汞见火，飞腾似无，杳无踪迹，鬼隐冥中，龙匿深渊，无人知向。制服流汞，运用真铅，坎水之阳，黄芽意土，黄白乾金。

　　天地万物，不离阳阴，无逆天道。牝鸡孵卵，离公无雏，孤阴独阳，水火与土，三五不交。人身神意，阴意阴柔，阳意阳刚，分离不交，背离元本，捐生弃道。

　　阳施阴化，精气交媾，自然之道；火动炎上，水流润下，非有师教，其性如此；万物禀道，天地之始，正道难改。

　　雌雄交媾，阳意主导，阴意顺受，阴阳欢交，刚柔相融，难舍难分，顺天

---

[1]元陈致虚本：姹女黄芽章第二十六；五代彭晓本：河上姹女章第七十二，物元阴阳章第七十三。

应地,自然本善,法于天则,非有能工,制驭其后。

男伏而生,女生而仰,胎胞禀受,先天气息。生死同然,死效生姿。自然意现,决无教化,阴阳意交,先天本意,定制如此,男伏女仰,姿态自然,虽显后天,先天如意。

【注】

① 姹女:心火为离卦,中间之真阴之气。河上姹女:人身之识神。灵而最神:其性灵妙,最为神化。

② 人心的识神极其灵妙,得到火(后天情欲)的发动,就立即发生变化,随缘而生,流转不息,不见踪迹。真阳之炁化为情欲,而情欲发动之际,即仙凡立判之几,顺则生人,逆则修仙,可见,修丹之大道其实在意实化为念的每一个瞬间。

③ 变化过程好像鬼隐藏起来,好像龙藏匿起来,没有人知道它躲到哪里去。

④ 将欲制之,黄芽为根:想要将变幻莫测的识神制伏,就需要肾间所动之气,即黄芽,乃坎中真金,是乾坤交媾之时,乾之精金入于坤体而成。因此,坎中阴爻为坤体,为黄土,来自真意之土。坎中阳爻为坤土所生之金芽,所以把坎之水金称为黄芽;因坎中阳爻来自乾金,为白,所以也叫黄白。

⑤ 万物如果没有阴阳,就违反天理,背弃本元。母鸡不见公鸡,自己孵卵是孵不出小鸡的。这是什么原因呢? 因为孤阴不长,独阳不生,丹道也是如此,阴阳不相配合,水火土三五不交,那么人身的阳刚阴柔自然分离。

⑥ 阳施阴化,精气交媾,这是天地化生万物的自然之道;火发动就炎向上方,水流动就滋润下方,不是有老师指引教导让它们这样,而是万物禀从天地之道开始就是这样走正道的,不可能改变。

⑦ 观察那些雌性和雄性交媾的时候,阳刚和阴柔相互交接,难解难分,这是阴阳之间得到他们本然的节奏和符应,不是能工巧匠可以控制和驾驭的。

⑧ 这种阴阳相应的自然情形,好比男性出生的时候姿势是伏卧着的,女性出生的时候姿势是僵仰着的;这种情况是因为胞胎受炁一开始的

阴阳之气就决定了的,不仅仅在活着的时候能够显著地闻见这样的情形,就是到男女死的时候,还是可以验证这样的姿势的。这完全不是父母后天教导命令使之如此的,而是在父母精血交媾之时,就把天地先天之炁的信息当作天然本能遗传下来,先于后天就定下了男伏女仰的情形,好像生命的密码一般,永远不随后天气血的运化而改变。

【解】

元神之灵即性之灵妙处,而性力如水灵动,难以把握捉取,如果把握了性力,就可以转化为实化意念的创造力,意识能量就可以增强,而不是减弱。因为意识能量与性力一样,时时刻刻需要阴阳之力交互指引,互相成就。

人身的阴阳之气,受气秉之时阴阳之气的影响,如男女的特性,一生不可能改变,所以修丹要领会先天元炁的状态,顺其自然而修炼。男性有男的性力,女性有女的性力,性力的发用,都要在阴阳之力的交互过程当中才能展现出来,这是性力的本然状态。阴阳互求,彼此成就。可见,结成意丹的阴阳之交,有其自然之理,非人所能改变,但修行如何领悟先天真一之炁,则可于阴阳感应交往流动的过程当中悟得。

【意】

修丹以金水克制神火,以坎中乾金之黄芽克服离火姹女,使之相合为一。姹女为阳,黄芽为阴,相互吸引,相交互合。人生之先天元意元神(木),性极灵妙,神化至极,后天情神识(火)有所动,则元意遇缘即生,灵动而触景生情,触境动神,犹如流汞见火飞腾,似无尘埃,杳无踪迹,如鬼隐于冥中,龙匿于深渊,没人知道他们准确的去向。要制服如流汞一般神妙莫测的元意元神,必须用真铅坎水之炁为根本来制服。如果人的元精亏损,就难以克制元神之火,表现为心火妄动,妄想妄说,心神不宁。

修丹真正的作用是以真意(土)化合水火。天地万物如果离开阳意与阴意,则违逆天道,背离元本的生化之道,好像母鸡离开公鸡自己孵蛋,是不可能孵化出小鸡的,这是什么缘故呢?这是因为孤阴与孤阳如果不能相互配合,就是水火土三五不相交,人身通神之意的阴意(阴柔)与阳意(阳刚)分离,则丹药成。

天地万物秉于天地自然之意与乾阳之意(力)和坤阴之意(力)而化成,必由乾元阳意统率其性命之正道,这是万物之所以然的自然之意,是不可能改变的。阳意施为,阴意化成,阴意与阳意相交,如精气交媾,化生万物,此即天地自然无为之意自然展现,就好像火性动则炎上,水性柔则流下,都不是师父有意引导而致的,而是其自然之意使其自然而然如此这般的。

观察雌雄交媾之时,阳意主导施精,阴意顺乘受化,阴意与阳意水乳交融,刚柔融汇,而无法分离,这里面完全是顺应天地自然之善的节奏和自然法则,根本不是什么能工巧匠在背后控制和驾驭的。这种自然之意的展现就好比男子出生的时候是伏卧的,而女子出生的时候是偃仰着的,这都是秉受胎胞受先天自然之意的气息所决定的。这样的现象不单是人生下来的时候能够看出来,在死去的时候,也呈现同样的姿势,好像重复模仿自己出生时的姿势一样。

这种超脱一般人意识掌控的自然之意的展现,有天然而人力无法更改的意味,说明人的天然本性肯定存在无法由父母教化和后天教育转化的部分,而天性的流露,其实是在人生旅程的每时每刻当中的,也就是说,人生时时刻刻带着在阴意与阳意交媾之初而从先天元炁中带来的自然之意,而且从生到死都如此定制着男伏女仰的自然姿态,这种天然本性可以在人生旅程当中随时随地展示出来,这就是人性当中深沉难测,而又实实在在的先天自然之意。这种先天自然之意时时刻刻与先天自然之炁共存,来自于宇宙深处,暂时寄托在人身之上,作为意识的底层,不为整个人生的意识所知觉和体察,好像"藏识(阿赖耶识)"中深藏的种子一般,即使因缘实化,意识境域展开,意识本身仍然毫无觉知,这在《参同契》里就是永远不变的先天元炁。修炼就是要觉知这种先天自然之意,也就是先天元炁的时刻临在。

牝牡相须章第三十五^[1]

关关雎鸠,在河之洲;窈窕淑女,君子好逑^①。雄不独处,雌不孤居;玄武龟蛇,蟠虬相扶;以明牝牡,意当相须^②。

假使二女共室,颜色甚姝,苏秦通言,张仪合媒,发辩利舌,奋舒美辞,推心调谐,合为夫妻,弊发腐齿,终不相知^③。

若药物非种,名类不同;分刻参差,失其纲纪,虽黄帝临炉,太乙执火,八公捣炼,淮南调合,立宇崇坛,玉为阶陛,麟脯凤腊,把籍长跪,祷祝神祇,请哀诸鬼,沐浴斋戒,冀有所望^④;亦犹和胶补釜,以硇涂疮,去冷加冰,除热用汤,飞龟舞蛇,愈见乖张^⑤。

【译】

雌雄水鸟,河中沙洲,欢悦鸣和,淑雅女子,君子相与,结为夫妻。天地之间,雌雄互求,彼此融合。雄不独处,雌不孤居,四象神兽,玄武龟蛇,盘曲相依,阴阳雌雄,牝牡之类,无可自存,意本相和。

两女同居,貌比天仙,苏秦张仪,通信说媒,能言善辩,唇枪舌利,铺陈丽辞,尽心竭虑,调理和谐,结为夫妇。头发斑白,牙齿朽脱,真炁不交,终无子嗣。

丹道之理,药物之间,阴阳不合,名类不同,分刻之差,情性不合,失其纲纪,弗得要领。黄帝重生,亲临监督,太乙真人,亲掌火候,八公之责,捣碎烹炼,淮南亲为,调理药物,坛场殿宇,玉石作阶,麒麟凤凰,肉铺腊味,祭祀礼品,手托祝辞,跪地长久,礼拜不休,哀求神祇,企盼鬼神,心表虔诚,沐浴斋戒,希炼功成。却似泥胶,填补破锅;大热之毒,涂抹疮口;除去严寒,却用冰块;为降炎热,却加滚汤;乌兔腾飞,爬蛇飞舞,背谬反常,难

---

[1]元陈致虚本:君子好逑章第三十;五代彭晓本:关关雎鸠章第七十八。

进分毫。

【注】

① 关关雎鸠(jū jiū)，在河之洲；窈窕(yǎo tiǎo)淑女，君子好逑(qiú)：雌雄水鸟在河中沙洲上相亲相爱地欢悦鸣和，贤淑美妙的女子啊，是君子梦寐以求的。

② 雄不独处，雌不孤居；玄武龟蛇，蟠(pán)虬(qiú)相扶；以明牝牡，意当相须：雄性无法单独存在，雌性不能孤单居住，北方玄武当中的龟蛇同体，盘绕相依，说明阴阳雌雄之间的意向，本来就是彼此吸引应和的。龟为阴户，蛇为阳根，龟蛇同体即乾坤相交，故修丹必托阴意阳意相合之力。

③ 假使让两个女孩同居一室，即使她们都很美丽，让苏秦、张仪来给她们传递媒妁之言，以他们两个的能言善辩，巧舌如簧，用尽美丽辞藻来唤醒她们，让她们彼此心意相合，调节和谐，匹配为夫妻，相亲相爱，即使让她们一起到头发斑白，牙齿腐朽脱落，也不可能真正相知，更不可能生儿育女。

④ 把籍：托着祈祷的祝辞。八公：淮南王刘安礼遇的八位隐士宾客。本句意为：这就好像药物之间不是同一个种，它们的名称种类各不相同，即使只有一分一刻的差异，都会导致药物失去性情相合的分寸、纲常，那么即使黄帝亲自临炉监督，太乙仙公亲自烧火，刘安手下最优秀的八位人才负责捣碎烹炼，淮南王刘安亲自负责调和丹药，再为修丹建筑庙宇，修筑高台，用白玉做台阶，供上麒麟和凤凰的肉做成的肉脯美脂作为祭品，手托祝辞长跪在地，祈祷天神地祇，而且沐浴身形，斋戒禁食，希望修丹能够有所成功。

⑤ 亦犹和胶补釜，以硇(náo)涂疮，去冷加冰，除热用汤，飞龟舞蛇，愈见乖张：即使如此努力的结果，也跟用混合融化的胶水去补锅底，使用有毒、主积聚的卤水来擦拭涂抹疮口，为了保暖除却寒冷，却加冰块；解除炎热，却加沸汤一般。这几乎就是让乌龟上下腾飞，让蛇翩翩起舞，简直就是乖异情理，嚣张妄为，到了极度离谱的地步。

【解】

　　修丹必求阴阳相合之道，天之阴阳，地之阴阳与人之阴阳，构成阴阳丹法的三重境界，但根本之理，本诸同类阴阳感应之理。正如《关雎》描绘雌雄水鸟在河中沙洲欢悦鸣和，君子争相与淑雅美丽的女子结为夫妻一般，天地之间，雌雄相互追求，彼此融合。雄性不能独处，而雌性无法独居，即使四象神兽中的玄武之龟与蛇，也是盘曲相依，这就要说明阴阳雌雄牝牡之类，都是无法独立自存，而只有相需相和。

　　性力的调动，要通过爱情来表现，如鸟求偶一般，人的爱情，与动物的雌雄相合，本乎自然，所以性力的发用和转化，不能违背大自然的规律。雌性不能独处而生产，意丹之阴阳之力，不可能独处而能够修丹。意识力量的阴阳匹配，非常重要，彼此之间不能互补的力量搅合在一起，不可能结出意丹。

　　丹道的道理其实就是后天返于先天，而且不达先天真一之炁，努力就是白费功夫。本章继续用相反的例子加以强调说明，如果药物之间阴阳不合，名分与种类不同，哪怕只有一分一刻的差别，都可能导致药物失去情性相合的尺度与纲纪，炼丹也就自然不得要领。这里看起来说外丹，其实比喻内丹，后天说的还是隐喻，说如果非要以炼出外丹来作为努力的方向，那么无论谁都没有办法。举例说了很多，比如即使黄帝重生，亲自临炉，太乙真人亲掌火候，刘安亲自调药，手下八位人才负责捣药烹炼，都是一等一的高人，也无济于事。如果求之苍天神祇，也只能徒呼奈何，为了炼丹，修筑的坛场殿宇再美轮美奂，玉石为阶，以麒麟凤凰的肉做成肉铺腊味去献祭，手托祝祷之辞长久跪地礼拜，祈祷天地神祇，乃至哀求鬼神怜悯，也不可能有什么奇迹发生。因为用功的方向错了，那么所有的努力就成为南辕北辙，那么即使为了表示虔诚而沐浴斋戒，那也跟用泥胶去填补破锅，用大热之毒主治积聚的硇来涂抹疮口，用冰块除却严寒，用滚水驱除炎热一样，完全是毫无希望的事情，希望之渺茫好比让乌兔腾飞，让爬蛇飞舞，可见，用外丹法去炼内丹，可以说实在太过背谬反常，不可理喻。运用这样形象的描述，就是要强调过度追求后天之丹的努力，想要得到先天的意丹，那可以说都是枉然，毫无用处。

【意】

阴阳和合之道也是先天通神之意相通之道,见诸后天气血交媾,感应气动,其实真正的交合在气动之先,本有相通的先天真一之炁才能有效感通。所以《周易参同契》举出负面的例子来说明真炁不通,后天的努力纯粹徒劳无功。

此章说如果让两个女孩同居一室,就算她们都貌美若天仙,即使让战国时期著名的纵横家苏秦与张仪去通信说媒,他们是何等的能言善辩,唇枪舌利,尽力铺陈各种华丽的辞藻,尽心竭虑地想把她们调理和谐,即便她们可以合为夫妇,但即使到了头发斑白,牙齿腐朽脱落的时候,也无法让她们彼此真正相知,生儿育女。因为阴阳不交,阴气即使互感互通,也是后天的努力,不能通达先天的感通,因与先天之炁无涉,也就不可能真正感通。这就是说,如果不能沟通先天真一之炁,所有后天的努力,都是无用功。

这其实已经把修丹的根本秘诀尽泄于此,也就是说,炼丹不通先天之真炁,不通达通神之意,意丹绝无可能,丹功难以成就。因为后天的所有努力,无论看起来如何合乎常道,其实本质上都是背离常道的,那么努力越多,反而悖道越远,毫无收获。这是非常严厉而且郑重的告诫,要求后世修丹者不可沉迷人道的阴阳丹法,也不可执著外丹服食药物,追求长生不老的丹药,因为这些在后天气血层面上的努力,基本上都是南辕北辙,不可能达到意丹的圆成境界。换言之,可行的丹法只能是天元丹法,而且不是后天丹法,只能是先天丹法,也就是通神之意的丹法,通于先天真一之炁的丹法。

后序孔窍章第三十六[1]

惟昔圣贤,怀玄抱真;伏炼九鼎,化迹隐沦;含精养神,通德三光;津液
腠理,筋骨致坚;众邪辟除,正气常存;积累长久,变形而仙①。

忧悯后生,好道之伦;随傍风采,指画古文;著为图集,开示后昆;露见
枝条,隐藏本根;托号诸名,覆谬众文②。学者得之,韫椟终身;子继父业,
孙踵祖先;传世迷惑,竟无见闻③。

遂使宦者不仕,农夫失耘,商人弃货,志士家贫④。吾甚伤之!定录
此文,字约易思,事省不繁。披列其条,核实可观,分两有数,因而相循。
故为乱辞,孔窍其门,智者审思,用意参焉⑤。

【译】

前圣先贤,心地纯真,玄思妙意,报负求真;持志去伪,勤于修持,九转
意丹,韬光养晦,隐居深藏;养精炁神,日月星光,德以通之;津液充盈,筋
骨强坚,淫邪之气,辟除干净,正气存身;积精累炁,日久天长,凡躯变化,
成神为仙。

往圣前贤,忧虑怜悯,后世修道,误入旁门,追随前辈,依其所传,古代
文字,载诸文书,画成图籍,发明其理,开示于后。隐隐披露,细枝末节,丹
道根本,隐匿文间,不肯明言,药物火候,假名易号,蓄意倒颠,悖阐谬述。
后学之士,偶得书籍,难于理解,束之高阁,终生不通。子孙三代,前赴后
继,世迷代悯,白费心力,不得与闻。

奇书如此,惑众不浅。做官之人,舍位弃职;农夫不耕,荒田废地,商
人弃财,抛货去物;志于丹道,倾家荡产,家贫如洗。我心悲伤,决意著书,
文精字炼,稍易思考;功简法明,剔除繁难;披露罗列,意丹数度,真实足

---

[1] 元陈致虚本:圣贤伏炼章第三十一;五代彭晓本:惟昔圣贤章第七十九。

观,火候度数,药物剂量,数理分明,后学因循,可成正果。故书意写,混言乱辞,修丹门径,孔窍窥ński。高明之士,自审钻研,明辨慎行,专心致志,参研根本,炼意通神,得丹大法。

【注】

①九鼎:九转丹成,将药物入鼎烹炼九次,喻经久不懈,勤于修持。一说还丹,因九为西方金之成数。古传黄帝炼九鼎神丹法而成道。外丹有《黄帝九鼎神丹经》(《道藏》洞神部);清修丹法有九鼎炼心法(《性命圭旨》);阴阳丹法解为用女鼎九次。此句意为:过去的圣人贤德,他们心怀丹道玄妙之理,抱着修求真丹之心,长期不懈,练就九转还丹,湮化行迹,沉隐沦匿;舒含精丹,养足神炁,通畅到达日月星三光的境界;津液能够充盈到达五脏六腑,筋骨越来越强健;各种阴邪之气都辟开除尽,正气常存于身,如此积累时间长久之后,就可以变化凡形,成为仙人。

②伦:同类。后昆:后代。这句意为:圣人贤德担忧怜悯后世修丹之人,都跟他们一样是专心修道的同类;于是随顺依傍前贤的风貌文采,依其所传的古代文献来指点图解它们;著作成为图书典籍,用来开示启发后学之人;可是在这个过程当中,他们显露的不过是一些枝节条末,隐匿敛藏起原本的根源;并假托名号还有各种名称,颠覆谬改众多的文辞。

③韫:包含,蕴藏。椟:匣子。踵:脚后跟,跟随之意。学者得之,韫(yùn)椟终身;子继父业,孙踵祖先;传[1]世迷惑,竟无见闻:后学之人得到这些图书典籍,因为茫无头绪,就终生束之高阁,存于书匣之中,儿子从父亲那里继承,孙子从儿子那里继承下去,传了几世都还是迷茫惑乱的,究竟没有什么真正的见识和闻悟。

④因为不解其中真法,于是导致做官的放弃官职,农夫荒废田地不再耕种,商人放弃财货,有志于修丹者因此倾家荡产,家贫如洗。

⑤乱辞:谬乱、错乱之辞,表示故意使得语词混乱,因为不敢成篇尽泄丹道之理。一说总括全篇要旨之文,即总结性的概括。此句意为:看到这些现象,我非常伤心!所以决定著录此书,字词尽量简约,易于思考理解,使得修丹之事尽量省略简单而不繁杂困难,披露罗列修丹的条目,内

---

[1]仇兆鳌古本改成"举",为了接后句,但此句接前句通。仍接前句。

核真实,可以看得清楚明白,火候分寸,药物剂量有数不乱,后学容易因循修炼。因此故意写了这些混乱的言辞,在通往修丹宝殿的大门上故意留下几个孔窍,让有智慧的人精审地思考,运用通神之意(的钥匙)就可以(开门)参透啊。

【解】

"故为乱辞,孔窍其门,智者审思,用意参焉"不仅是全章的核心,更是全书的核心,如何理解,历代有不同意见,但从后面要求读者"用意参焉"可知,是要用"意"去参同,去密契本根的大意。因根本丹法不可能尽泄于文字之间,所以可以反推,"故为乱辞,孔窍其门"是作者有意为之,等着"智者"自己开悟而得。因此历代注释,多有此解,也相当合理。如朱熹注:"今著此书,省约易晓,仍恐漏泄,故多谬乱之辞,而孔窍其门也。"映字号无名氏注:"托号诸石,其义颇深,隐而难明,故后学终无所见,不得其门而入。"俞琰注:"以一句口诀散布于三篇之内,所以错乱其辞,孔窍其门者,不敢成片漏泄也。"朱元育注:"古圣立心广大,不肯作自了汉,既已自度,必思度人,不得已而著书而言。……但恐泄露天机,秘母言子,露其枝条,藏其本根。……是谓'托号诸石,复谬众文',正欲使后之学者反复研究,得意而忘象耳。"刘一明注:"其义深奥,仅露枝条,至于本根,恐泄天机,不敢直吐,故隐藏耳。隐藏者,非不言也,乃隐于言语之外,寓意之中耳。"[1]可见,古来很多注家认为,《周易参同契》的作者伯阳祖师著述的时候,虽然故意错乱其文辞,但留下了进入丹道的门径。可以说,他既作了总结,提炼了全书的要旨,又打乱了最初写好的篇章结构,甚至使得文句窜乱,不让后人轻易破解。

如此一来,《周易参同契》的文本就真正成为一桩历史公案,因为可能作者写的时候,就故意不写明白,甚至故意打乱章节编排,不让后人轻易看得明白。悟性高者,于字里行间自然能够悟透文外之意,而无法言传于他人。

这当然也给后代重新编排文本留下了合理性。这与根据出土文献改

---

[1] 各注参见孟乃昌、孟庆轩辑编:《万古丹经王〈周易参同契〉三十四家注释集萃》,北京:华夏出版社,1993 年,第 324—329 页。

变《易经》《道德经》等传世通行本的研究工作并不相同,因为没有证据表明《易经》和《道德经》的作者故意留下章节混乱、文字不明的版本,而《周易参同契》的作者却担心过分泄露天机,所以在写作过程当中,或者完成之后,就故意打乱章节,留下一些难懂的隐语,让后世去破解。今天这个章节混乱的谜底,经过历代的争论,只能算告一段落。而真正的真相,已经消失在历史的尘埃当中了,甚至可能伯阳祖师还没有离世的时候就把原版毁掉了。

本书基于《古本周易参同契》,立足于当代人研究五言四言之争的最新成果,定五言句为徐从事古《参同契》经文,四言句为伯阳祖师《五相类》传文,并认为伯阳祖师写了三篇总论的文字,分别放在全书的开头、中间和结尾,等于编纂全书,使之完备。有意思的是,他很可能又亲手打乱了自己编写好的五言句为经、四言句为传的版本,再使之流传出去,所以后人看到的本子,都是四言五言夹杂的本子。两千年的《周易参同契》原文之争,至此可以告一段落了,所以此书定名为《〈新古本周易参同契〉明意》。

【意】

本章说明,伯阳祖师为了避免后人误入歧途,而不得已写了这部书,目的是说明修丹的核心,功法的关键。提到"定录此文",可以说明此四字文可能是伯阳祖师亲作。伯阳祖师从根本上反对不务正业,专门修丹,认为修丹跟正常工作没有冲突,因为他说,修丹成功的神仙,其实并不脱离正常的人间生活,换言之,他们看起来还是与一般人差不多,而且继续在人间度化他人。

可见,本章回忆的前圣先贤,他们纯真地心怀修炼意丹的玄思妙意,报负求真去伪之志,经久不懈,勤于修持九转意丹。真正修丹有成,反而韬光养晦,隐居深藏,继续涵养精炁神,使其精炁神与日月星三光,时时刻刻直接融贯打通,精神气血津液充盈,筋骨强坚,各种淫邪之气辟除干净,正气常存于身,如此积精累炁,长久之后,就可以变化凡躯,成为神仙。但这种神仙,其实是在世神仙,也就是修炼意丹有成的、心意时刻通神、接续先天真一之炁的神仙。

伯阳祖师教导世人,神仙不在来世,只在此世之间,此生之中。可是如此简单的道理，众多追求长生不老的修丹之士，总是不愿意面对和承认。所以往圣前贤忧虑怜悯后世修丹学道之人，担心他们误入旁门左道，于是追随他们前辈的风格，依其所传下来的古文记录写成文字，画成图籍，以发明其理，开示于后来的诸生。在这过程之中，他们只是隐隐披露一些丹道的细枝末节，至于丹道的根本核心要旨，还是隐匿于文字之间，不肯明言。

由于在伯阳祖师之前，就有很多丹经，把药物火候假名易号，有些地方甚至故意颠倒悖谬地阐述。后学之士得到这些图书典籍，因无法理解，只得束之高阁，终生无法读通。不仅如此，有些子孙三代前赴后继，不断研习，还是世代迷惘，白费心力，不得与闻。这样的丹经奇书，其实惑众不浅。导致世间一些做官之人，放弃官职，退出仕途；农夫不事耕种，荒废田地，商人放弃求财，弃置货物；有些有志于修炼意丹者，因此倾家荡产，家贫如洗。这些都是违背修丹本于当世，本乎今生的根本真理的。

伯阳祖师看到这样的情况，心情非常悲伤，所以决心著录此书，在古本《参同契》的基础上，续写《五相类》，用精炼的文字，深邃的思考，去阐明简明的功法，使之不再繁难。在此书当中，伯阳祖师披露罗列修炼意丹的分寸和节奏，层次分明，核心突出，清楚直观，对意丹涉及的火候度数、药物剂量、数理等分辨明确，使后学者能够因循此法而修成正果。伯阳祖师如此写作，可谓用心良苦，也因其文字凝炼出意丹，接续了修丹的根本，即宇宙之间的先天真一之炁，所以此书得以跨越时空，延续千万年而不朽败。

伯阳祖师说，他到最后再作一些总结性的概括，将修炼意丹的法门、孔窍，再次提纲挈领，以期学者可以窥到丹道的门径。他说得非常坦诚，强调本书写下的，不过是些混乱的言辞，连词序都是淆乱的，故意在修行意丹的门道方面，留下很多孔窍给后人。他相信，有智慧的高明修丹之士，自然会精审钻研，明辨审行，专心致志地深入思考、参研悟出修炼意丹的根本大法。所以他虽然打乱了文章结构，使得四五言交杂，看起来条理不明，但内涵深邃，悟通意丹大道者，仍然能够前后融贯，毫无障碍。

大丹赋[1]

法象莫大乎天地兮,玄沟数万里①。河鼓临星纪兮,人民皆惊骇②。晷(guǐ)影妄前却兮,九年被凶咎③。皇上览视之兮,王者退自改④。

关键有低昂兮,周天遂奔走⑤。江河无枯竭兮,水流注于海⑥。天地之雌雄兮,徘徊子与午⑦。寅申阴阳祖兮,出入复终始⑧。循斗而招摇兮,执衡定元纪⑨。

升熬于甑山兮,炎火张设下。白虎导唱前兮,苍龙和于后⑩。朱雀翱翔戏兮,飞扬色五彩;遭遇罗网施兮,压之不得举;嗷嗷声甚悲兮,婴儿之慕母;颠倒就汤镬兮,摧折伤毛羽⑫。

漏刻未过半兮,鱼鳞狴鼍起。五色象炫耀兮,变化无常主。濔濔鼎沸驰兮,暴涌不休止。接连重叠累兮,犬牙相错距。形似仲冬冰兮,琲玕吐钟乳。崔嵬而杂厕兮,交积相支拄⑪。

【译】

法象之极,莫过天地。银河万里,河鼓之星,临于星纪,黄道宫丑,星宿错乱,天下人民,惊骇不安,火候错乱,纲纪失轨,人身药物,受惊而乱,走失离散。日影运行,进退失度,天行失常,定生大灾,如尧在位,九年水患。修丹火候,失却法度,功败垂成。帝尧失察,退而改过。通神之意,土来调和,铅汞金水,重定火候,再制金水,改过归正,失调阴阳,更新理顺。

---

[1] 元陈致虚本:法象成功章第三十二;五代彭晓本:法象天地章第八十,升熬于甑山章第八十一,阴阳得其配章第八十二,先白后黄章第八十三。明《正统道藏》太玄部映字号收原题长生阴真人注《周易参同契》三卷,其序言:"淳于叔通,补续其类,取象三才,乃为三卷……托《易》象焉。"按照这种说法,淳于叔通法天地人三才补续其类,托《易》象,于是成《参同契》三卷。

天体南北,两极高低,运转轴心,关键所在。天梯运转,合于常道,周天自转。人身真气,如水气行,于江海间,循环往复,江河之水,倾泻不息,归向大海,大海之水,返回江河。人身循环,机理顺畅,如河海水,循环往复。

天地之间,阴阳二气,徘徊循环,子午之间,南午之火,长生寅木,北子之水,长生申金,寅申为祖,万物之门。子午寅申,中天北斗,七星斗柄,斡旋运行,玉衡测定。人身一阳,当其萌动,先天阳炁,下丹温烹,武火发动,驾动河车,运转周天,自尾闾穴,运入泥丸,当是之时,气下丹田,金炉火炽,头上玉鼎,沸汤相煎,金液白虎,铅与木液,苍液之汞,虎啸龙吟。

人身神火,心识飞扬,南方神鸟,朱雀翻飞,性喜飞翔,向外发散,如心识动,接于外境,变幻无常,色彩缤纷。精水元炁,招援吸引,北方坎水,制伏南雀,如遭罗网,笼罩围困,嗷嗷悲号,声若婴儿,哭喊其母,悲惋凄凌。人身心神,雀被精收,不得外散,朱雀神鸟,投于沸水,羽毛伤残,无从张开。

阳意初发,真炁尾间,运转河车,坎之真精,循背夹脊,脑后玉枕,上升腾跃。心神意识,幻化纷乱,五彩缤纷,神识相随,外境而迁,心意散乱,无有宗主。精炁之水,制伏既已,为水所制,炁定神宁。头顶昆仑,神炁交媾,药物沸腾,万马奔驰,海浪汹涌。蒸腾不断,重重升华,鼎盖之上,凝固累积,犬牙交错,形似钟乳,严冬悬崖,悬吊冰柱,乳洞顶上,错落钟乳,魏巍耸起,高低有致,土石之山,交织累聚,相与支持。

【注】

① 玄沟:银河、天河。法象莫大乎天地兮,玄沟数万里:宇宙间最大的法象没有超过天和地的啊! 玄远幽深的天河如沟堑一般分隔星空,可是相隔数万里之遥的星星之间,星斗与大地上的万物之间,还是可以随时感应的啊!

② 河鼓:三颗位于银河边上的星星,主兵事,在二十八宿的斗、牛之间;星纪:处黄道十二宫丑位,位于北斗旁边。河鼓临星纪兮,人民皆惊骇:河鼓三星临近北斗,则天下兵兴,必有战事,所以人民都惊吓害怕。

③ 晷(guǐ)影:日影,此处为炼丹之火候。妄:差错。前却:进退。晷影妄前却兮,九年被凶咎:如果观测到的日影的进退变化失去常规度数,

那就可能出现帝尧那时传说的长达九年的洪水之灾啊!

④ 皇上览视之分,王者退自改:相传帝尧命鲧治理洪灾,九年了都没有阻止洪水泛滥,帝尧深知用人失当,退而自改其过。

⑤ 关:要塞之门。键:插门的木棍子为"楗",此为门轴与门框固定的金属器件;修丹指南北两极最为关键,可以促进百脉归元。关键有低昂分,周天遂奔走:修炼金液大丹之时,要取法天地之运行,把元炁封闭在鼎炉之内,上下关闭,进水退火,元炁正常运行的关键状态有低有高,符合阴阳二气升降往来之理,按照周天自然运行。

⑥ 江河无枯竭分,水流注于海:周身元炁运行,如江河之水都不会枯竭啊,水奔流入大海当中。"海"可喻丹田炁海,为周身元炁汇聚之地。

⑦ 徘徊:太阳在中天时,古人称"停午",有徘徊之意。天地之雌雄分,徘徊子与午:人身真炁运行,如天地之间的阴阳二气啊,在子和午之间徘徊来往。阳气起于子,配地雷复卦;阴气起于子,配天风姤卦。

⑧ 寅申阴阳祖分,出入复终始:斗柄指寅,天下皆春;斗柄指申,天下皆秋,所以寅申可以说是阴阳二气之祖,代表阴阳二气出出入入,终而复始的循环过程。

⑨ 招摇:北斗的斗柄,即北斗第五到第七星。衡:北斗第五星,斗柄起源于此星。元纪:周天,指北斗是众星的原点和纲纪。循斗而招摇分,执衡定元纪:遵循北斗七星的斗柄就可以运转众星,执持斗杓之玉衡就可以定周天运行的轨道和天文历法的纲纪。

⑩ 熬:先天阳气,从下丹田发生,培养积聚日久,犹如煎熬一般;一说炼丹之鼎器。甑(zèng)山:古代的一种炊具,犹如今天的蒸锅,喻修丹之鼎炉。炎火:熊熊大火。苍液:苍龙,青龙,属木居东。升熬于甑山分,炎火张设下。白虎导唱前分,苍龙和于后:一阳发动之后,温养烹熬阳气,使之升入鼎炉之中啊,靠的是炎炎炙热的炉火张开架设于下方。西方白虎之肺气在前面引导歌唱啊,东方青龙之肝气相和紧跟在后方。

⑪ 朱雀:南方火神,代表飘飞的心识与妄念。罗网:捕鸟的大网,此处指北方玄武之神。举:飞翔。啾啾:哀嚎,喊叫。汤:沸水。镬:大锅。汤镬:装有沸水的大锅,一说为一种刑具。朱雀翱翔戏分,飞扬色五彩;遭遇罗网施分,压之不得举;啾啾声甚悲分,婴儿之慕母;颠倒就汤镬分,摧折伤毛羽:南方朱雀之神代表人的心识,喜欢翱翔嬉戏啊,腾飞飘扬起来,

显得颜色五彩斑斓,但是这其中有很多是心识变幻出来的妄念啊;当朱雀飞扬,遭遇北方玄武之神代表的罗网施用于身的时候啊,就把飘飞的心识妄念都压住了,飞也飞不起来了;哀嚎喊叫声音非常悲戚啊,好像婴儿哭喊着要找妈妈;可是没有办法啊,实在飞不起来,那就只能颠倒过来,被迫没入装着滚烫沸水的大锅里啊,身体被摧毁,羽毛被折伤啊。

⑫ 漏刻:漏壶,古代计时器具。狎:玩弄,一说亲近。鬣(liè):某些兽类(如马、狮子等)颈上的长毛;一说为一种兽。狎鬣:如某些动物颈部背后的长毛或长鳍那样密集杂陈,重叠相接。潏(yù):水涌出的样子,指沸水翻滚、升腾的状态。璘玕:指琅玕,也指阑干,纵横交叉、参差错落的样子。钟乳:溶洞当中悬在洞顶犹如冰锥的物体。崔嵬(cuī wéi):有石头的土山,或形容高大、耸峻。杂厕:厕即杂,指长短参差、错落有致的状态。支柱:支撑。漏刻未过半分,鱼鳞狎鬣起。五色象炫耀兮,变化无常主。潏潏鼎沸驰兮,暴涌不休止。接连重叠累兮,犬牙相错距。形似仲冬冰兮,璘玕吐钟乳。崔嵬而杂厕兮,交积相支拄:猛火熏蒸还没到半个漏刻时间长短啊,丹药翻滚沸腾好像鱼的鳞片在水中荡漾开来,好像马和狮子颈背上的长毛在风中飘扬一般层层叠叠地展开;带起色彩斑斓之象,真是炫目耀眼啊,变幻转化眼花缭乱,根本没有一定之规。好像沸水翻滚升腾导致鼎盖顶开,暴沸驰散开来啊,实在是爆发奔涌无休无止啊。精气升腾接续相连,层层叠叠,一层层累聚起来啊,好像犬牙交错的样子。凝聚的精炁形状好像仲冬的冰雪啊,参差错落的样子好像溶洞顶上喷吐出钟乳石的形状;显得多么高大耸峻,错落有致啊,得精炁交融累聚,交相支持才能形成啊。

【解】

修丹是火炼金精,进阳火,以元神之火运元精于昆仑顶。人身如天地,头为天,腹为地;心为天,肾为地;肝阳肺阴,古人认为,心肾相隔八寸四分,犹如天地之间的距离。火能克金,金见火大骇,如人民见到战争。鼎内金水,被武火猛炼,金融化为水,水被蒸发,发生干旱,也就是意念太过。金居西,为九数。

戊己土意,戊为阳意主动,己为阴意主静。阴阳和谐,得以正念巡视,犹如皇上,能够静定地管理火候、金水。如果真意不能通神,运用意念太过,就容易让害气奔流,人身阴阳失调,则天地阴阳失序。

【意】

世间最大的法象没有大过天和地的。天上数万光年的银河把天分开,河鼓星加临于星纪(黄道十二宫之丑位)的位置上的时候,星宿错乱,天下人民都惊骇不安,如果火候失去纲纪正轨,人身药物就会因受惊而走失离散。如果日影的进退失度,表明天行失常,天下大灾,如尧在位有九年水灾大祸。修炼意丹如果火候进退失节,不当前进而妄意前进,不当退却而妄意退却,则铅汞等金水失去其法度,致使功败垂成。这就好像帝尧后来认识到任人有误,退而自改其过。这就需要通神之意(土)出来调和铅汞金水,重定火候,让真意土来重制金水,改过归正,从而使失调的阴意与阳意重新理顺。

天体有南北两极,一高一低,是运转的轴心关键所在。如果天体运转合于常道,则害气自然消退。人身真炁运行,如水汽在江河与大海之间循环往复,江河之水倾泻不息地归向大海,但大海的水会返回江河,人身真炁循环的机理顺畅了,则犹如水在江河与大海之间循环往复一般。

天地之间阴阳二气,徘徊循环在子与午之间,午火长生于寅木,子水长生于申金,所以寅申为阴阳之祖,万物出入之门。无论子午寅申,全被中天北斗七星之斗柄斡旋,其中的运行规律,可以通过玉衡来测定。

人身一阳萌动之时,将先天阳炁在下丹温养烹熬,之后武火发动,驾动河车运转周天,自尾间穴将其运入泥丸头顶,当是之时下丹田如金炉火炽,头顶玉鼎如沸汤相煎,金液白虎(铅)与木液苍液(汞)如同虎啸龙吟一般。

人身神火心识如南方神鸟朱雀一般,性喜飞翔不定,向外发散,心识接于外境,变幻无常,色彩缤纷,但一旦用通神之意,含精(水)元炁(金)以招援吸引之,就如用北方坎水制伏南方飞扬的朱雀,使之如遭遇到罗网一样,笼罩围困,压住之后再也飞扬不起,发出嗷嗷悲号,声若婴儿哭喊自己的母亲一般凄冽。人身心神之朱雀被精炁收摄,不得外散,如同朱雀神鸟被扔进了沸水之中,羽毛伤残无法张开。

阳意初发之后,真炁至尾间间即将运转河车,坎之真精将循后背之夹脊、脑后之玉枕而上升。心神幻化纷乱如五彩缤纷的世界,神识(意识)随外境而迁变,心意散乱而无主,但得精炁之水制伏之后,意念之发则为水所制,炁定而神宁。神与炁在头顶昆仑泥丸交媾,药物沸腾,有万马奔驰,海浪汹涌澎湃之象。神、意、炁的丹药不断蒸腾,经过锻炼升华,在鼎盖上重重凝固累积,状如犬牙交错,形似杂陈的钟乳,既如严冬时悬崖上吊的冰柱,又似溶洞顶上纵横错落的钟乳石,还像巍巍耸起、高低有致、交织累聚的土石山。

阴阳得其配兮,淡泊而相守①。青龙处房六兮,春华震东卯②;白虎在昂七兮,秋芒兑西酉③;朱雀在张二兮,正阳离南午④。三者俱来朝兮,家属为亲侣⑤。本之但二物兮,末乃为三五。三五并危一兮,都集归一所⑥。

治之如上科兮,日数亦取甫⑦。先白而后黄兮,赤黑达表里⑧。名曰第一鼎兮,食如大黍米⑨。

【译】

精炁与神,阴阳交感,清净其意,真意绵绵,药物阴阳,自得配合,东方七宿,二月春风,黄昏居东,时为春天,百花盛开,东方震卦,在辰为卯;西方七宿,正中为昂,现于酉金,代表秋季,草木禾本,成熟之际,卦为兑西,在辰为酉;南方七宿,张为第五,二是度数,在时为夏,属于正阳,卦为离南,在辰为午。青龙白虎,朱雀三家,朝贡北极,中天玄武,亲朋密友,相睦和合。丹药之基,先天一炁,水火二物,木火金水,加中意土,合为五行,四象五行,合为三五,金四水一,木三火二,中央土五,三五归一,共为一体。

丹药陶冶,如斯科条,至于时日,炼丹火候,取法律历,所纪日数。意丹初成,先为白色,经人温养,使成黄色,逐渐烹炼,转为红色。神识火赤,坎水精黑,取坎填离。意丹初成,丹药入鼎,大小同黍,含育伏食。

【注】

① 淡泊:自然平静。阴阳得其配兮,淡泊而相守:人身阴阳相配之后,就要淡薄平静地与意丹相守。

② 华:花。青龙处房六兮,春华震东卯:东方七宿之房宿在黄昏之后出现在东方的时候,正是二月春分时节啊,其时属仲春,白花开花吐秀,配震卦,居东方,于辰为卯月。

③ 芒:光射及锋、刺;此处指果实。白虎在昂七分,秋芒兑西酉:西方七宿之昂宿在黄昏之后出现在西方的时候,正是八月秋分时节啊,其时属仲秋,植物成熟结果,配兑卦,居西方,于辰为酉月。

④ 张二:张宿。正阳:阳火极盛的状态。朱雀在张二分,正阳离南午:南方七宿之张宿在黄昏之后出现在南方的时候,正是五月夏至时节啊,其时属仲夏,阳火极盛,万物兴荣,配离卦,居南方,于辰为午月。

⑤ 三者:青龙、白虎、朱雀。来朝:三者皆来朝于北极玄武之宫。三者俱来朝分,家属为亲侣:青龙、白虎、朱雀三者都来朝于北极玄武之宫,好像本家亲戚朋友一样结成亲密伴侣。

⑥ 二物:阴阳,水火。三五:按河图数,金四水一,木三火二,中央戊己土五,合为三五。青龙、朱雀、白虎最初始于冬至子时北方玄武的危宿,龙雀虎三者本水火二物,归于中宫戊己土,而返归先天真一之炁,此即"三五归一"之还丹原理。一所:指回归先天真一之炁。一作"二所",指修丹的鼎器。本之但二物,末乃为三五。三五并危一分,都集归一所:修丹的根本只不过是阴阳、水火二物而已,到后来化为木火水金四象,加上一个土就成为五行。五行其实都可以并归到先天一炁当中啊,也都可以集合归于鼎器之内的先天真一元炁。

⑦ 科:科条、科式、法式、规制。上科:前面所提及的修丹法度。取:资取、效法。甫:起始。治之如上科分,日数亦取甫:应该要按照之前所列举的方法和科条来温养修炼啊,修丹所用的时日、火候也要取法于前面所说律历所纪之日数啊。

⑧ 赤黑:离(神)火色赤,能烹坎(精)色黑,所以说"赤黑"。表:丹头初结。里:丹之成熟。先白而后黄分,赤黑达表里:先天真炁来自坎中之阳,即肾间动气,而坎阳取自乾(白,金)天之阳,内丹初凝之时是白色的,通过温养之后,丹药升于头顶,落于中宫黄庭,再归入坤腹土釜之中,就会逐渐变成黄色的黄芽啊!从丹头初结,到炼丹成熟,整个修炼过程不能离开神识离火(红)对精水(黑)的修炼,取坎填离,得药温养。

⑨ 名曰第一鼎分,食如大黍米:这是入鼎烧制的第一个过程,称"一转",又称"第一鼎",丹的大小好像一颗黍米一样。一说眼前出现一个小米粒大的亮点,像颗明星在眼前不消失,每日守住,就叫"日食一粒"。此亮点是后天五谷之气精炼转化而成的灵光。

【解】

此段与上段的修丹状态不同,上段是武火,此段是文火,丹成之后,需要淡泊相守,心无妄念地从事温养功夫,不可因种种幻景着相生心。此谓"三五归一",于坎离二用,是取坎填离;于真气融汇,是木火金三气,归于先天真一之炁;而先天炁于东南西三方之真炁,归于北方之真炁。分论如下:坎水一,离火二,相加为三,中宫戊己真意土为五。三家归一意,返还至先天真一之炁。东木三,南火二,相加为五;西金四,北水一,相加为五,中宫戊己真意土为五,此三个五归一,返还先天真一之炁。二十八宿中房六、张二、昴七,相加得十五,三家归一即东西南归于北方虚危水一,然后集归于黄庭中央之土,再返还先天真一之炁。[1]

大自然之中的木、金、火三气,直接影响到人身的气息,如果要运作通神之意,可以采取自然之气的精华,而成为精气神三者,即是魂魄二气,性命二气。可见,性命相合就是三五之道,因为是三种气聚在一起修成意丹,所以又叫"三花聚顶"。而这"三花聚顶",又是人身上五种脏器的五行之气交互运化的结果,阴阳之气归于丹田之后,从尾闾上奔,直接透入上丹田,在眼前出现金色光芒,全身万脉归守于丹田,阴阳之气化为纯阳之光,所以又叫"五气朝元"。[2]

【意】

欲使精炁与神阴阳交感,修丹者当清净其意,真意绵绵,使药物阴阳自得配合。青龙东方七宿,在二月春风时节黄昏时出现在天空的东方,时

---

[1]《〈太上老君说常清静经〉之教外别传》对"意"的注释先说"此是真意,无心而自运,非妄意也。"之后注道:"三五归一,全是此意。意者,真土也,意之止处便是土,此土无而能生,故曰真土;此意止于坎,则为戊土;止于离,则为己土;止于中宫,则为中央戊己土。药从此生,是名黄芽。先正云'神驭气,气留形,不须杂术自长生,丹头只是先天气,炼化黄芽成玉英'。"见胡孚琛:《丹道法诀十二讲》(珍藏修订版),北京:社会科学文献出版社,2018年,第2219页。

[2]张伯端《金丹四百字·序》写道:"以眼不视而魂在肝,耳不闻而精在肾,舌不声而神在心,鼻不香而魄在肺,四肢不动而意在脾,故名曰五气朝元。以精化为气,以气化为神,以神化为虚,故名曰三花聚顶。"见孔令宏:《宋明道教思想研究》,北京:宗教文化出版社,2002年,第9页。

为春天百花盛开,配东方震卦,在辰为卯;白虎西方七宿,至正中为昂,出现在合适的位置,代表秋季,草木科与禾本科,植物成熟之际,在卦为兑,在西方,在辰为酉;朱雀指南方七宿,张是第五位,二是张的度数,在时为夏,属于正阳,在卦为离,在南方,在辰为午。

青龙、白虎、朱雀三家都要朝贡北极中天之上的玄武,三者之间的关系就像家里亲戚朋友一样是亲切的伴侣。作为丹药之基的先天一炁,本来只有水火二物,但到后来可以化为木火金水四象。加上中意土为五行,四象五行,合为"三五"(金四水一,木三火二,中央五),三五同归一室,共为一体。

丹药冶炼之法,可以按照上文所提及的炼丹方法条文去修炼,至于炼丹所用的时日即火候,也取法于前面律历所纪之日数。意丹初成之后,先是白色,经过温养而成黄色,再逐渐烹炼而成红色。神识之火色赤,与坎水之精色黑相结合。意丹初成,离不开神(赤)与炁、精(黑)相互作用。这时将意丹入鼎烧制,丹的大小如同黍米,送归意丹含育"伏食"。

自然之所为兮,非有邪伪道①。山泽气相蒸兮,兴云而为雨;泥竭遂成尘兮,火灭化为土②。若蘖染为黄兮,似蓝成绿祖;皮革煮成胶兮,麹蘖化为酒;同类易施工兮,非种难为巧③。

惟斯之妙术兮,审谛不诳语;传于亿世后兮,昭然自可考;焕若星经汉兮,昺如水宗海④。思之务令熟兮,反复视上下;千周灿彬彬兮,万遍将可睹;神明或告人兮,心灵乍自悟;探端索其绪兮,必得其门户;天道无适莫兮,常传与贤者⑤。

【译】

修炼意丹,因顺自然,不凭邪术,伪道生成,譬如山泽,气受光照,上蒸为云,化而成雨,降于泥上,泥本重物,其水竭尽,化成轻尘;火性炎上,既而尽灭,化为灰土。神识之火,精炁所摄,纷陈不兴,真意元神,得以澄明。丹道求同,以类化物,如用黄蘖,染出黄色;靛染绿绳,蓝为绿祖;皮革煎煮,自成胶状;酒母酵母,酿成佳酒。同类事物,相互转化,容易施功,不是同种,徒费功夫,机巧难成。

参同所载,炼丹法术,字字精审,句句谛当,本无狂言,更无妄语,流传万世,昭然可考。意丹妙理,焕然晓畅,星汉经河,显明昭著;清澈顺理,万水朝宗,汇于大海。学道之人,熟读深思,反复贯通;读书千遍,道理光明,适宜恰当,读书万遍,丹道之秘,如在眼前;神明下启,心渊灵海,顿然开悟,妙理自明,振于无竟;探讨丹理,追索其由,深入门户;通贯天道,本无亲疏,通神之意,传贤付明。

【注】

① 自然之所为兮,非有邪伪道:意丹的产生和修炼,都是顺应自然而成,是不可能通过邪道或作假来修成的。

② 山泽气相蒸兮,兴云而为雨;泥竭遂成尘兮,火灭化为土:大山和湖泽的气息相互熏蒸啊,可以兴发云气,在天上成为云彩,云彩遇冷变成雨降落下来;地面上到处都是泥土,到了晴天,泥土的水分被蒸发竭尽之后就成了灰尘啊,好像火烧灭了之后,就化为灰烬之土。

③ 檗(bò):黄柏木,可供药用,可做染料。绿祖:染绿丝绳用蓝靛。麴(qū)糵(niè):酒曲。若檗染为黄兮,似蓝成绿组;皮革煮成胶兮,麴糵化为酒;同类易施工兮,非种难为巧:就像用檗来染黄一样啊,可以用蓝靛来染绿丝绳;把皮革煮成胶啊,就像用酒曲做酵母来酿酒;同类事物才容易发生作用啊,不是同种的东西那就很难做巧事啊。

④ 审:审慎。谛:仔细,细密。诳:欺骗。昭然:很明显。焕:光明,光亮。汉:河汉,即银河。冔:明亮,光明,清澈。惟斯之妙术兮,审谛不诳语;传于亿世后兮,昭然自可考;焕若星经汉兮,冔如水宗海:就是这修丹法术实在太过神妙啊,字字审慎,句句谛当,没有任何欺诳的言语;可以流传到万代亿世之后啊,还会昭然明白经得起考验;丹道光明灿烂啊,好像星星经过天上银河;清澈顺理啊,好像万水朝宗,汇入大海。

⑤ 千周:读书千遍之意。彬彬:适宜,适当。乍:突然。端:事物的开始。绪:丝线的头,借指事物的开端。适(dí)莫:偏心,用情的亲属厚薄。思之务令熟兮,反复视上下;千周灿彬彬兮,万遍将可睹;神明或告人兮,心灵乍自悟;探端索其绪兮,必得其门户;天道无适莫兮,常传与贤者:学道的人们哪,请你们好好思考一下,这部书必须要熟读啊,反反复复把经文前后的义理贯通起来;读书千遍,就可以发现其中的道理光明灿烂,非常适宜而且恰当,读书万遍啊,将会发现丹道之秘密如在眼前;这就好

像有神明下来告诉自己一般,心灵深处突然之间就自己开悟了;通过探讨丹道之理的开端去追索其所由来啊,就一定能够深入丹道的门户;因为进入丹道的大路通于天道,天道本无亲疏远近,总是把通神之意传付给与贤明良善的人。

【解】

水能够渗入土中,火灭了之后化为灰烬之土,花草树木要从土里生长出来,金石都掩藏在泥土之中。可见土的德行太普遍、太伟大了。所以炼丹以土为库,为真意、为胎、为神室。这是讲丹道顺自然而成。同时,炼丹要以同类物为原料,如用黄色的檗染出的东西还是黄色,用蓝靛染绿丝绳,皮革煎煮之后自然成为胶状,用酒母作为酵母酿酒。这些同类事物之间可以相互转化,而且容易施功有成,如果不是同类之种,想要修丹其实就是白费功夫,即使费尽机巧,也不可能成功。

正是在这个意义上,修炼意丹要完全因顺自然之意自然生成,而不是靠邪术伪道就可以成就的,这就好像山泽之气在阳光的照耀下,上蒸为云,云又化成雨降下来,泥本沉重之物,但其中的水竭尽之后,就化成轻扬的灰尘;火性炎上,但火灭之后就化为灰烬为土。相当于神识之火被精炁所涵摄,不再纷乱杂陈,而真意元神得以澄明。此为通神之意可以使神虚而明,相当于精炁为神火所烹炼,把重浊的精气化而飞升如窗尘飞浮上升而凝聚。

【意】

通神之意顺自然之意而运意。书读百遍其义自见,丹道之理,隐微幽深,如果不是千百遍反复探究,根本不可能有所突破,运用《赋》这样的文体,也是为了帮助人们领悟言外之意,而不是要去理解文字本身。

大丹之修,千途万道,一意而已,意丹为正。如果不能得意丹之正,却去折腾身气,使之离开通神之意引领,偏离元炁的运化,千参万悟都是虚空,最后毁身灭道,不得先天元炁的滋养,离炁无意,炁去意灭,不但身体之气毁灭殆尽,连人间世之意也湮灭无迹,则意与身灭,和无数动物植物存如不存一般境界,彻底违背修丹正途。

此章说明,《周易参同契》所载修炼意丹的功法和妙术,其实字字精审,句句谛当,没有丝毫狂言妄语,传之于亿万后世,此法仍昭然可考。可以说丹法具有永恒性,那么古往今来无数修丹的人,所追求的一定是一个共同的永不移易的目标——意丹。这种永恒性就是在修炼意丹的妙理当中,其实犹如星星在天河中移动那般显明昭著,既焕然晓畅,又明白易晓,也如百川之水归于大海一般清晰澄澈。用如此永恒的意象激励修丹之人,告诉有志于修丹的读者,对于《周易参同契》这部书一定要反复熟读深思,把经文上下左右义理贯穿起来。如果能够熟读千遍,那么其理就将条畅清楚,光明灿烂,这样理解才算适宜到位;如果能够熟读万遍,那么其中的通神之意就会自然显于眼前,好像有神明来启示一般,感到心灵似乎忽然开悟,体会到妙理自明般的震撼效果。修丹的实践不可以离开丹经的指引,在理论加实践反复参验的过程当中,通过探索意丹之理的首尾与端绪,有心修炼意丹者终将获得进入的门径,天道不会偏心,总是把最深刻最重要的妙理传给贤明善良的人。伯阳祖师一方面强调丹法极其难懂,一方面又鼓励大家要相信功夫不负有心人,通神之意会降临到心意时刻准备好通神的修丹之士那里。

鼎器歌[1]

　　圆三五,径一分,口四八,两寸唇,长尺二,厚薄匀①。腹齐三,坐垂温。阴在上,阳下奔②。

　　首尾武,中间文。始七十,终三旬;二百六,善调匀③。阴火白,黄芽铅。两七聚,辅翼人④。

　　赡理脑,定升玄;子处中,得安存⑤。来去游,不出门。渐成大,性情纯⑥。却归一,还本原。善爱敬,如君臣。至一周,甚辛勤。密防护,莫迷昏⑦。途路远,复幽玄。若达此,会乾坤⑧。

　　刀圭沾,净魄魂。得长生,居仙村⑨。乐道者,寻其根。审五行,定铢分。谛思之,不须论。深藏守,莫传文⑩。御白鹤,驾龙鳞,游太虚,谒仙君,录天图,号真人⑪。

【译】

　　人身鼎器,头圆在上,鼎配乾天,河图五行,生成之数,北一南二,相加为三,土居中宫,生数为五,此圆三五。东三南二,北一西四,生数之和,皆为五数;木火一家,金水一家,土自成家,三个五数。鼎器直径,三分有一,口为方形,四象四时,八方八节。鼎与鼎座,分为二层,如同人口,分上下唇,任督二脉,吻合相接。长一尺二,即十二寸,配十二月,及十二辰;配十二辟,十二律吕,进火六阳,从子至午,退符六阴,从午到亥,调停六阳,六阴火候,配合均匀。修炼意丹,以眼对鼻,以鼻对脐,三者使齐,调整身体,平正不倚。两目微闭,眼帘下垂,收视返听,肾水上升,心火下降,一意独守,温养药物,居下丹田,元精之水,元神之火,相合而凝,形成意丹。子午易位,阴阳颠倒,水火既济,铅汞互拘,神不发散,精炁不泄,以阴在上,而

---

[1] 元陈致虚本:鼎器妙用章第三十三;五代彭晓本:附录。

阳下奔。

修炼火候，首尾火武，中间火文。大药产后，未熟之际，武火七十，此度为量，时念不起，意念不散，勿忘勿助，内守中宫，又称沐浴。行经完毕，二百六十，继用武火，只三十度，内丹圣胎，结成真丹，临炉之时，慎用火候，轻重缓急，掌握平衡，调和均匀。离中真汞，后天识神，阳意之中，清净元神，阴意阴火，又谓白雪。坎中真铅，后天之精，为其根基，先天元精，元炁黄芽。东方苍龙，西方白虎，各七相聚，共同扶助，抚育圣胎，通天化境。

大药初生，坤腹下丹，及其烹炼，升至乾鼎，还精补脑，圣胎法身，脱胎将出，命功已成，继修性功。中宫黄庭，安心存养，不敢轻纵，圣胎渐大，性情愈醇。阴阳和合，三家四象，五行之外，缘分俱消，小心爱护，圣胎勤养，待之如君，不可使昏，呵护神明，常清常静。身内精炁，与神相合，头顶昆仑，海底会阴，运转其间，路途艰辛，微妙玄远，杳冥恍惚，神精炁抱，幽深玄妙，化意成境。达此境界，颠倒阴阳，合身乾坤，通达天地，化机无限，意丹修成。

一点真丹，威力无穷，阴魄冥降，阳魂消伏，魄静魂安，气清神凝，命固性定。长生久视，位列仙班。意丹之士，喜好修炼，当寻道基，先天一炁，觅其本根，真研五行，生克之机，顺则生人，逆则成丹，审察法度，不可不细。修炼意丹，理下细思，不可易论，深隐守藏，不要妄传，非道之人，不可轻慢，天机轻泄。超脱俗累，或乘白鹤，或驾青龙，遨游太虚，拜谒真神，受天诏图，与天地参，共同往来，号为真人。

【注】

① 圆三五：修炼内丹，取人身为鼎器之象，头圆，在人为鼎，在上象天，配乾卦象。按河图数，北一水加南二火为三，土居中央，生数为五，所以是"圆三五"。又东三木与南二火合为五，北一水与西四金又合为五，加中央土五，又是"三五"。水火土生数相加为"三五"，木火、金水加土三家还是"三五"，所以是"圆三五"。"径一分"指的是直径为三分之一周长；一作"寸一分"，指厚度一寸一分，用来比拟药物、火候的法度。外丹鼎为圆形，周长十五寸，直径为五寸。"口四八"是指鼎座四角对应四个方位，代表四象，应四时八方、八卦、八节。外丹鼎下之炉为方形，周长为八寸，每边长二寸。"两寸唇"指鼎与鼎座的接口分上下两唇，如人身阴阳二脉，督

升任降。"长尺二"是说火候进火退符对应十二个月,分三百六十度,配十二辰和十二乐律。"厚薄匀"是说内丹调停火候,配合均匀,阳升阴降,阴阳二气来往不急不迫,平衡均匀。

② 齐:端,齐备。三:上中下三层,对应人上中下三丹田,也有鼎炉、药物、火候三者之意。垂:两目微闭,向下垂示。腹齐三:外丹指鼎炉腹下置三足。内丹以泥丸宫为鼎,下腹部下丹田为炉,鼎炉之内,精气神三药齐备。坐垂温:外丹指以火为鼎预热;内丹指修丹开始,先要让首、腹与脐下丹田三个部位端直,两目微闭,向下垂示,以眼对鼻、鼻对心,收视返听,万缘放下。此时,肾水上升,心火下降,一意独守,温养药物于下丹田之中。阴在上,阳下奔:离在上,但离中真水总要下流归于戊土;坎在下,但坎中真火总要炎上至于己土,所以需要中间真意之土居中调停。可见要修内丹,需要子午易位,阴阳颠倒,水火既济,要阴气向上而阳气下奔。

③ 首尾武,中间文。始七十,终三旬;二百六,善调匀:药物始生未熟之际,可用猛火煅之,待药熟之后,再用慢火沐浴温养,温养到结尾时,再用猛火烧之,所以说"首尾武,中间文"。七十加三十加二百六十正好是三百六十,对应一年周天之数。大药产后未熟之际,可用武火七十度为量,此刻念不起,意不散,勿忘勿助,内守中宫,称为"沐浴";过了两百六十度之后,再用武火三十度,火候的把握要善于调节均匀。

④ 阴火白,黄芽铅。两七聚,辅翼人:离火当中有真汞,是后天识神中所现的清净元神,所以叫"阴火",离火来自乾金,是白中有黑之象,所以说"阴火白"。坎中真铅,是后天之精的根基,即先天的元精元炁,所以叫"黄芽",坎水是从坤土当中生出来的,有铅中产金之象,所以说"黄芽铅"。七是午火的成数,离中流珠,就称为阴火,坎中黄芽,就称为阳火。两火相会,共同含育,好像神室当中,真人似乎有羽翼相辅助的样子,所以说"辅翼人"。

⑤ 赡(shàn):充足,丰富。理:修治。脑:头顶泥丸宫。玄:神妙莫测。子:法身。中:中宫黄庭。赡理脑,定升玄;子处中,得安存:圣胎结丹后,法身渐长。内丹产生在坤腹下丹田,烹炼后由下向上至乾鼎上丹田,还精补脑,以意引目内观顶门,久之意丹生成,所以说"赡理脑";丹药边升边结,意丹即将脱胎出窍,一窍开则百窍开,大关通则百关通,所以"定升玄";"子处中,得安存"是说指意丹刚刚脱胎,需要安处于中宫黄庭;得到

安全的守护和存养。

⑥ 来去游,不出门。渐成大,性情纯:修行之人,收视返听,让意丹在鼎器当中荡游,不敢轻纵远离。渐渐养成长大,气住脉停,真炁不泄,所以法身温养之后,性情纯正。

⑦ 却归一,还本原。善爱敬,如君臣。至一周,甚辛勤。密防护,莫迷昏:真丹之炁来自天地元炁,意丹修成,与天地元炁一体同源,修丹过程,反太极生两仪四象八卦的顺生万物之道,而通过抱元守一,复归天地元炁之中,即归于先天太极之"一",也就是回到先天元炁的本原状态,所以说"却归一,还本原"。丹胎需要小心呵护,善于用爱护和敬意去温养,好像君爱与臣敬相应。还丹之功,要一周年才能完成,期间都要昼夜辛勤,严密防护,不可以迷失昏怠。

⑧ 途路远,复幽玄。若达此,会乾坤:丹道的修炼之路漫长而悠远,丹道的要旨幽深玄奥。如果能够悟达这一点,就能够通乎天地,领会乾坤。

⑨ 刀圭:刀头,比喻量小。刀圭沾,净魄魂。得长生,居仙村:修得的真丹灵妙无穷,威力巨大,仅仅刀头上方沾到的一点点,就可以魄净魂安;就足以得到长生久视之道,迁居到神仙居住的村子里去。

⑩ 乐道者,寻其根。审五行,定铢分。谛思之,不须论。深藏守,莫传文:乐于追索修丹之道的人,必须立志追寻丹道的根源。要审慎领会五行生克制化之道,要把握好修丹的火候,衡量火候的轻重缓急的度数。要深刻地思考丹道的功理功法,不可以高谈阔论。只能深藏于书匣之中,密守于己心之内,努力勤修,不要随意传授修丹文字和要诀,以免泄露天机。

⑪ 御白鹤,驾龙鳞,游太虚,谒仙君,录天图,号真人:修丹有成,功德圆满,此时境界,超凡脱俗,脱胎换骨,犹如驾御白色的仙鹤,乘驾飞龙,游于太虚清净之境,拜谒得道之仙君;从此膺箓受图,而有真人之号。

【解】

以人身为鼎器,头圆在上为鼎,配乾天,以河图五行之生成数来说,北一与南二相加为三,土居中宫其生数为五,此为圆三五。又东三南二北一西四之生数之和皆为五,象征木火一家,金水一家,土自成一家为五,共三个五数。鼎器的直径是周长的三分之一。鼎口为方形,象征四象四时,八

卦八方八节。鼎与鼎座分二层,如同人之口分上下二唇,如任督二脉之吻
合相接。尺二即十二寸,配十二月十二辰,配易十二辟卦,历之十二律吕,
取进火六阳(子至巳)退符六阴(午到亥),调停六阳六阴之火候,使之配合
均匀。

大药初生,在坤腹下丹田,及其烹炼,需上升至乾鼎,即头顶之上丹
田,此即还精补脑,当大药在脑中充足丰富之后,即圣胎中法身将要脱胎
而出之时,命功已成,可修性功了。此时法身处于中宫黄庭,必须使之安
心存养,不敢轻纵远离,圣胎渐大之时,性情愈加醇厚。

意丹修成之后,阴阳和合,三家四象五行之外缘分别俱消,要小心地
爱护初成的意丹圣胎,辛勤温养,严密防护,不可使之昏迷,让神明常清常
静。身内精炁与神相合,运转于头顶昆仑与海底会阴之间,其路途艰辛而
玄远,修行人于杳冥恍惚之时,神之精炁相抱,达到非常幽深玄妙的化意,
即意丹初成之境。如果能够达到这个境界,就可以颠倒阴阳,和合自身乾
坤,通达天地之化机,意丹修成。

【意】

修炼意丹之时,调停火候,呼吸均匀,不可起念,心意收摄,不能发散,
否则火气走弱生寒,无力温养意丹。以眼对鼻,以鼻对脐,三者使齐,则身
体平正不倚。两目微闭,眼帘下垂,收视返听,此时肾水上升,心火自然下
降,一意独守,温养药物于下丹田之中,元精之水与元神之火相合而凝,形
成意丹,并使子午易位,阴阳颠倒,水火既济,使铅汞互相拘制,神不散而
精不泄,所以阴在上,阳下奔。修炼的火候是首尾用武火,中间用文火。
大药产后未熟之际,用武火七十度为量,此时念不起,意不散,勿忘勿助,
内守中宫,又称"沐浴"。经二百六十度完毕后,再用武火三十度,内丹之
圣胎会结成真丹,临炉时要慎用火候,使轻重缓急得宜,掌握平衡,调和均
匀。离中真汞即后天识神(阳意)中的清净元神,谓阴火,又谓白雪;坎中
真铅是真阳之炁,也是后天之精的根基,先天元精元炁,谓"黄芽"。修炼
当以意念之力,让真汞(静定之神)为真铅(真阳之炁)牢牢吸引,达到以铅
制汞的境界,实现东方苍龙七宿与西方白虎七宿相聚,如龙衔珠,如鸡孵
卵,共同扶助抚育圣胎——心意通天之境。

这里涉及结意丹之圣胎的过程,关于圣胎如何结的过程性和阶段性

研究,在历史传统当中,往往当作神秘的天机,从不轻易泄露出来。比如,卫礼贤在《太乙金华宗旨》的序言当中说:"关于通过'回光'来获得内在的新生以及产生圣胎的功法,本书只描述了最初几个阶段"[1],卫礼贤虽然怀疑关于后面阶段的文本"已经遗失",但从一开始就没有流传出来也未必就不可能。这种圣胎作为修丹的最高阶段,只能以隐喻的形式提及,而不能清楚地加以描述。对于证成的意丹之超越言语名相,荣格有很深的理解,他说:

> 虽然我只满足于心理上可以体验的东西,拒斥玄学,但任何一个明眼人都会看到,这并不意味着我摆出怀疑论或不可知论的姿态反对信仰,反对相信更高层次的力量;我想说的意思差不多就是康德在把"自在之物"称为一个"纯粹否定的边界概念"(legiglich nagativen Grenzbegriff)时所说的意思。每一条关于超验的说法都应当回避,因为它必定只是尚未意识到自身限度的人类精神的可笑僭越。因此,但上帝或道被称为灵魂的一种冲动或状态时,我们所说的仅仅是某种可知的东西,而绝非不可知的东西,对于后者,我们什么也确定不了。[2]

意丹当然是可知的,不是不可知的、超验存在物。而康德意义上的"自在之物",虽然是超验的,但其实也不可能脱离意识而存在,因为它必然是意识的对象,虽然"自在之物"从来不可能直接成为经验的对象。其实,《参同契》还是说了很多,而后世的注家,也用自己的语言,描述相关的体会,其实很多说法也很到位。同样,我们今天也可以描述意丹修成之后的状态。

意丹修成之后,时刻接通先天真一之炁,意通大道,一点真丹即通于一点真炁,而有无穷威力,可使阴魄冥降,阳魂消伏,魄静魂安,气清神定,

---

[1]［瑞士］荣格、［德］卫礼贤著,张卜天译:《金花的秘密》,北京:商务印书馆,2019年,第78—79页。

[2]［瑞士］荣格、［德］卫礼贤著,张卜天译:《金花的秘密》,北京:商务印书馆,2019年,第61页。

命固性定。然后可以长生久视，位列仙班。得仙道之人，身在世俗后天之中，心意时刻接先天之炁机，自然时时刻刻追寻接通丹道之基，与先天一炁之本根相即不离，意念发动之间，即转化五行生克之机，顺则生人，逆则成丹，其法度运用之妙存乎一心，时时刻刻，心中有数，细加审察，数至术定，性至命定，意至神定。如此仙道时刻实化于当下时机之中的人，时刻涵养深思意丹之理，不会轻易谈论，更不会轻易传给他人，因为仙道至深至密，需要深深隐藏守护，绝不妄自传文于非道之人，导致轻慢泄露天机。悟得天机，混同尘俗，勤学苦练，待意丹修成之后，就可以彻底超脱尘俗之累，或乘白鹤，或驾青龙，遨游太虚之境，拜谒真神，受天诏之图，与天地共同往来，故可有真人之号。

　　其实意丹修成之仙人，就是实化了人的意识对永恒之追求，使之显化，表现为领悟先天真一元炁的意丹状态。在意丹状态中，人身当下就是永恒，混同尘俗即是仙境。构成人身体的质料的气，经历意丹状态，可以时刻通于先天真一元炁。这样，虽然后天之气会随着身体聚散，但先天真一元炁本身是永恒的，尤其经过意丹的凝聚和修炼之后，就可以通神而恒定。精是使得身体生生不息的力量，是意识与肉体动能的来源；神是意识通达永恒的可能性。精气神这三者，都是在后天暂时的聚合当中，含藏着先天的永恒之机。在某种意义上，通于元神的先天真一之元精元炁，都不会随着肉体的消亡而消亡，因此，意丹是先天真一之炁的丹，只要人的意识当下意识到真一之炁，其实就在永恒地面对精炁神这三者。在意念发动之中，就把人身与意识的修炼，时时刻刻带入一个后天返回先天的过程，让当下后天发动中的生命，时刻融入和回归于先于天地的精炁之元神。

魏真人自叙启后章^[1]

会稽鄙夫，幽谷朽生；挟怀朴素，不乐权荣；栖迟僻陋，忽略利名；执守恬淡，希时安宁；晏然闲居，乃撰斯文。①

歌叙大易，三圣遗言；察其旨趣，一统共论；务在顺理，宣耀精神；神化流通，四海和平；表以为历，万世可循；序以御政，行之不繁。②

引内养性，黄老自然；含德之厚，归根返元；近在我心，不离己身；抱一毋舍，可以长存。③

配以伏食，雄雌设陈；挺除武都，八石弃捐；审用成物，世俗所珍。④

罗列三条，枝茎相连；同出异名，皆由一门；非徒累句，谐偶斯文；殆有其真，砾硌可观；使予敷伪，却被赘愆；命参同契，微览其端；辞寡意大，后嗣宜尊。⑤

委时去害，依托丘山，循游寥廓，与鬼为邻；沦寂无声，化形而仙，百世一下，遨游人间；敷陈羽翮（hé），东西南倾，汤遭阨际，水旱隔并；柯叶萎黄，失其华荣，各相乘负，安稳长生。⑥

【译】

会稽边地，粗鄙凡夫，深山幽谷，无用朽木；天性怀素，抱朴不争，无意权势，不喜荣华；栖身乡间，偏僻简陋，不追利禄，不逐功名；安守恬淡，享安受适，希时望世，安宁乐静；闲居之余，参同易意，合成此文，名《参同契》。

诗题歌材，借易用道，伏羲文王，孔子三圣，引其言辞，考旨察意，融贯

---

[1]　元陈致虚本：自叙启后章第三十五；五代彭晓本：会稽鄙夫章第八十八。此段文字可以说明，魏伯阳原文当以四字部分为合理内容，他本人或后人故意混淆，不使易读，当在情理之中。

会通，综论其道。丹道核心，所在意丹，阴阳之理，调和理顺，宣发精气，光耀心神。通神之意，随天顺地，阴阳不测，神机流转，心意通神，四海融和，天下太平。修炼妙理，依之推衍，配合历法，精准无差，百世不改，万年依循。意丹通神，此法简易，统御国政，行简不繁。

丹道之法，引而向内，修身养性，合于黄老，顺天应地，清净自然。深厚涵养，厚德载物，存性成成，保精惜炁，凝聚意丹，归于命根，返通元炁。意丹修成，尽在心间，意动之瞬，永不离身，只在其体，怀抱意丹，不舍长存。

伏食意丹，功法妙理，不离雌雄，阴阳之意，交汇融合。武都雄黄，八石之类，与性不同，与命不类，当弃不用。小心审视，考察使用，世人所珍，外丹之类，于身无益，反受其害。

青龙之木，白虎之金，朱雀之火，三条如树，枝条根茎，都从根生，名称相异，同出一门。写作此书，绝不砌藻，音韵和谐，形成对仗，实因大道，蕴藏文中，至真至深，石中宝藏，焕然呈世。丝敷毫衍，丽辞包虚，华藻藏伪，愿担罪责。作文成章，称参同契，意丹之端，此中微倪，文辞虽寡，蕴藏神意，通神之意，深沉博大，后世有志，当遵奉行。

修炼意丹，不为时用，全身自修，远离祸害。委身丘陵，山地之间，无拘无束，悠游虚无，无影无踪，我本魏姓，本是常人，与仙结邻，心意通天，虚寂无声，脱尽阴质，形化为仙。百代之后，百一下白，白边有人，知是伯字。意丹修成，如身添翼，羽化飞仙，自由逍遥，遨翔天地。天倾西北，地陷东南。汤旱七年，无水为易，尧洪九州，厄际为阝，阝易相负，阳字是也。柯失华荣，去木成可，乘者加也，两可乘哥；负者欠也，哥傍加欠，即为歌字。魏伯阳歌，歌叙韵文。天灾人祸，成败盛衰，仙人安稳，不受惊扰，沧海桑田，意丹不易。修成意丹，仙人护持，岁月变迁，性命永固，万世不朽。

【注】

① 会稽：伯阳祖师出生之地，按《神仙传》："魏伯阳，号云牙子，上虞人。"挟怀：怀抱某种情感。挟：用胳膊夹抱。栖迟：栖息迟缓，从容悠游。恬淡：安静。晏然：安乐，安逸，闲适。此句意为：我本是会稽那个边远地区一介粗鄙之人，好像深山幽谷中走出的朽木一样，于世无用，天性怀素抱朴，不喜欢权势与荣华富贵，甘愿栖身优游于偏僻简陋的乡间，不追逐

利禄与功名,乐于享受恬淡安适的生活,希望时世和世事安乐宁静。在安乐闲居之余,我撰写了这部《周易参同契》。

② 歌:有韵之文。共论:融会贯通的综合论述;一本作"共伦",同旨,义近。宣耀:宣发,光耀,抒发,展示。内心气息的流通与天地四海之气贯通之感。历法制定出来,可以用万世之久。治理政务首先要依据历法,人事遵奉天时而动。此句意为:用诗歌的题材,简叙《周易》的大道,引用伏羲、文王、孔子三圣作易留下的言辞,考察其宗旨与志趣,融会贯通而综论修炼意丹之大道。修炼意丹的核心在于和顺天地阴阳之理,宣发光耀自己的精气和心神。让自己的通神之意随天地之间阴阳不测之神机流转变通,从而体会到自己的心意与天下四海一般融和太平。将这种修炼意丹的妙理表达出来,依之推衍,配合历法,精准无差,可历万世而不改,人们在千万年之后依然可以遵循此法。用这种修炼意丹的方法来统御国政,行持起来,简易而不繁琐。通神之意不是一般的心思意念,是通达天下所有意缘,并能定意缘于万千物化之境的神妙境界,所以能够通达天下四海,融通万缘,感应定神,进而安定天下,实意致于太平之化境。通神之意不仅仅可以修身养性,而且可以治国安邦,只是能够了悟此境界者历代不多。

③ 引内养性:说明作者认为,黄帝、老子之学的核心是内丹学,不是外丹学。含德之厚:出自《道德经》五十五章:"含德之厚,比于赤子"。"归根"出自《道德经》第十六章:"夫物芸芸,各复归其根。归根曰静,静曰复命。"抱一:抱元阳真一,一说抱道,一说合一(合于道),但意都指阳魂与阴魄合而为一,即精神与身体合而为一。古人认为,人有三魂七魄,神魂(阳气之聚)与体魄(阴气之集)构成活的机体,元阳之"一"(神魂)不能离开身体(体魄),而是否归一不离(道)则依赖于意念的调控,即意会道的力量和尺度。[1] 出自《道德经》第十章:"载营魄抱一,能无离乎?"这些都是内丹修炼功夫,不是外丹学。

④ 伏食:"伏食"为内丹说法,不取"服食"外丹的说法。一说为服气,食气。仇兆鳌注:"欲行伏食之法,先修定于离宫,方求铅于水府,须内外

---

[1] 参温海明:《道德经明意》,北京:中国社会科学出版社,2019年,第102页。

相配焉。'伏食'者,食其时而食其母也"[1],后有"注中'食时'本《阴符经》,'食母'本《道德经》"。语出《道德经》第二十章:"众人皆有以,而我独顽且鄙。我独异于人,而贵食母。"雄雌设陈:一阴一阳谓之道。挺除:排除。武都:古地名,近甘肃省,盛产雄黄。八石弃捐:抛弃摒除八石。这是明确说明不要去运用矿石等来进行外丹修炼,而要采用内丹方式来修炼。审用成物:仔细审查运用现成的东西,尤其是那些世俗的人所珍惜的外丹,其实都是跟人身气息不相通,而且无情之物,这些外丹对人的身体不但无益,反而害处不少。这明确说明,《周易参同契》是修炼内丹的功法和著作。

⑤ 三条:有很多说法,比较合理的是《参同契》所述——大易(之道)、黄老(养性)、炉火(伏食)三个大道汇通为一,所以说它们枝茎相连,因为道理完全贯通,同出一门。此道理是修养内丹的道理,炼的是人身上的精、气、神三者,如青龙(木)、白虎(金)、朱雀(火)。一说为鼎器、药物、火候三条,本诸一身,不在身外求丹。一说为水、火、意三味药,对应精、神、意三者;精为精水,先天真一之炁,为炼丹之基;神为神火,日月之光,为炼丹之用;意土是天谷中宫的天心,为炼丹之体。但从后面"同出异名,皆由一门"来看,可以理解为古《参同契》《五相类》和《大丹赋》《鼎器歌》虽然都是从大易(之道)、黄老(养性)、炉火(伏食)三个大道出来,但名称不同,而根本上其实都是一个门类,也就是修炼内丹的祖门出来的。《周易参同契》的道理契合贯通大易、黄老、炉火三者,但以易道为本,所以命名为《周易参同契》。这里的《周易参同契》是伯阳祖师综合古《参同契》(徐从事著古文《龙虎经》)、自己的《五相类》和他人的《大丹赋》《鼎器歌》的合称。非徒累句,谐偶斯文:不是为了单纯累叠文辞,使得音声和谐,对仗工整。砾硌(lì luò):砾是小碎石头;硌是山上大石,指明白显露。殆有其真,砾硌可观:意为确实内涵真理,可以为人理解。敷伪:敷衍伪饰,指用夸张的言辞掩盖荒谬的说法。赘愆(qiān):为多余的话承担罪责。端:金丹大道的端绪。意大:此"明意"之所由作也,《周易参同契》之"意(通神之意)"很大,所以需要使之明白起来。辞寡意大,后嗣宜尊:不仅仅是意思深远广

---

[1][清]仇兆鳌:《古本周易参同契集注》,上海:华东师范大学出版社,2015年,第3页。

大,而且是因为全书讨论的就是"意丹",金丹大道本于意,所以以意为本来研究内丹,才是修丹的妙明真道。

⑥ 依古注,此句隐寓作者姓名"魏伯阳造"或"魏伯阳歌"。俞琰注云:"此乃魏伯阳三字隐语也。委与鬼相乘负,魏字也;百之一下为白,白与人相乘负,伯字也;汤遭旱无水为易,厄之厄际为阝(fú),阝与易相乘负,阳字也。魏公用意,可谓密矣!"这句隐语说明,四言句为魏伯阳自著的可能性很大。最后一字,从颜之推到朱元育,诸家均解为"造"字,但不切,清人陶素耜《周易参同契脉望》认为是"歌"字:"'柯失华荣',去木成'可',乘者加也,两'可'相乘为'哥';负者欠也,'哥'傍加'欠'为'歌',有韵之文曰歌,所谓'歌叙大易'也。"仇兆鳌本认可[1]。"沦寂无声,化形而仙"一本作"化形而仙,沦寂无声";"阨际"一本作"厄际",因依托"阳"字,故从"阨"。"各相乘负,安稳长生"一本作"吉人相乘负,安稳可长生"。

【解】

本章说明著书的大意,指出《周易》为《周易参同契》之本根。《周易参同契》之养性和伏食之学根源于黄老之学。古今只有一道,没有二门。道即是修行之门径,打开修行的门,进入修行之道。[2]

写作此书,绝不是要仅仅堆砌辞藻,使音韵和谐,形成对仗,实在是因为文中蕴藏着至真至深的大道,好像石中宝石,可以焕然为世人观察得之。假使作者敢有丝毫敷衍,以期用华丽的辞藻包藏虚伪的道理,就愿意为这种无用的文辞承担罪责。作者引人向道的恳切之心溢于言表,后世不仅仅为其言语之真诚所动,更是确认其中文以载道,有大道存焉,所以《周易参同契》才能成为"万古丹经王"。

用隐语寄托自己的姓名,同时也传递了修丹之人洞察世事之后对世人的劝告。人委身于某个时代,都是不得已的,但要摒弃世俗之害,就要有不惜寄托山林的志趣,宁可享受山水之乐,哪怕当世俗眼中的山鬼,在

---

[1] [清]仇兆鳌:《古本周易参同契集注》,上海:华东师范大学出版社,2015年,第4—5页。

[2] 关于道与门的关系,参温海明:《道德经明意》,北京:中国社会科学出版社,2019年。

天地之间遨游。忘却自己形体和躯壳的劳顿,体验心身一体的健康带来如神仙般的逍遥自在,沉浸在清净与虚无之中,领悟生命的极致之乐,意念通神,通于先天真一之炁,和于天意,青春永驻,长生不老。

领悟通神之意的境界,自然念念有出世之姿态,好像仙人如鸟儿一般自由自在地在不同的时空之间穿行,就会发现人间像当年共工氏与颛顼争帝而怒触不周山,导致天倾西北地陷东南的历史,不断轮回上演,帝王争权如闹剧,百姓遭难若鱼肉,即使贤明如商汤,尚且有七年的旱灾;公正如尧帝,也有九年的水灾,更不用说昏君当政的时期,百姓之苦可谓罄竹难书了。如此艰辛贫乏的人生之中,明智的人早就看透人生苦短如草木一秋,荣华富贵转瞬即逝,要想解脱生死,就要领悟阴阳的奥妙,如此才能时刻接续先天真一之炁,享受生机的乐趣。只有在通神之意,也就是人意接通天意的神境之中,才能安安稳稳地趋吉避凶,吉上加吉,利上加利,以先天之意改换后天之意的时空变幻之力,从而进入意丹的长生久视之境界。

【意】

修炼意丹的大道非《周易》之文辞无以承载。意丹之境界在于和顺天地,协理阴阳,得通神之意,时刻实化此意,即是光耀精神于天地之间。按这些丹道之法引而向内,用于修身养性,符合黄帝老子所阐发的顺应天地清净自然的大旨。可以深厚地涵养自己的德性,保精惜炁,使意丹归于生命的本根,返回天地的元炁。所以意丹的修成,尽在心意发动的瞬间,永远不会离开自己的身体,人的意念一动,就是生气发动,就是天地自然之气的当下运行,可以说,意动就是气动。气有先天之炁和后天之气,通常的意气都是后天之气,但修炼意丹,就是要掌握调整把控后天之意气的机括,尽量回复到先天之炁当中去。先天之炁不体现于一呼一吸上,所以有胎息一说,即婴儿在娘胎里的呼吸,不是与大自然气息的交换,而是与先天气息的交换,所以胎息的功夫,能够帮助人们回复先天之炁的状态。当然,先天之时,确实没有呼吸之气,但也没有意识发动,所以又有要回复无思无为的无意识根本状态中去的功法。但无论如何无思无虑,人毕竟生活在环境当中,随时随刻可能会感而遂通,这就好像一阳初动,不能让意识被外物带跑,而要把外物的动,修成内在意识能量(意能)增强的过程。

只要怀抱意丹，绝不舍弃，就可以长生久视，性命永固。意丹其实是通神之意修成之正果，"怀抱意丹"也就是时刻保持通神之意的意念生生之化境，同时配以合理的伏食意丹之功法妙理，最终都不离雌雄阴阳之意的交汇融合。小心审视考察使用那些炼成的世间人所珍视的外丹之类（因为他们对人身无益，反而有害）。丹经中所涉及的青龙（木）白虎（金）朱雀（火）三条，它们之间如同一棵树一样，枝条与根茎相连，都从根部生发出来，名称不同但出于一门，只是异其名称而已。

卫礼贤在《太乙金华宗旨》的译本序言当中写道：

> 从外部来看，人就其身体显现而言也在万物之中，人的所有部分也是一个小天地。因此，根据儒家学说，人的内在本性来源于天，或如道家所说，是道的一种显现形势。在现象上，人显示为诸多个体，每一个个体之中都蕴藏着核心的"一"作为生命本原。但是在出生之前，在受孕的那一瞬间，它立即分成了性和命这两极。"性"这个字由"心"和"生"所组成。中国人认为，心是情感意识之所在，对五官从外界获得的印象的情感反应会把心唤醒。当没有任何情感被表达出来，或者说处于一种超验的超意识状态的时候，作为基底（Substrat）保留下来的东西就是性。[1]

人的身体小宇宙作为大宇宙的一部分，来自天地也归于天地；身体作为"个体"的定义与"性"密切相关，也就是"个性"，其中包含着大全、大道和宇宙整体的信息。人生而有性，性的流行就是命。人如何知道自己的"性"？其实这是一个反思以验证自我之真实存在的过程，也就是通过"心"的观照外物，而确证内在之性是外物之前提的过程，心投射于外，又唤醒内在的部分与外在对应，这就是所谓"唤醒"，而作为能够被"唤醒"的基础，就是"性"，也可以说是人之谓人的基础性存在状态和结构，也是人与天地阴阳之化和精神往来，逍遥自在的基础。

---

[1]［瑞士］荣格、［德］卫礼贤著，张卜天译：《金花的秘密》，北京：商务印书馆，2019年，第83页。

　　文章写成,作者将其称之为《参同契》,于此中稍微透露了一点修炼意丹的端倪,文辞虽寡,但其所蕴藏的(通神之意)意义深沉博大,后世有志于修炼意丹者,应当遵循奉行。修炼意丹之士当知全身远害之道,应当要不为时用,远离各种祸害。寄托自己于丘陵山地之间,无拘无束地悠游于虚无之境,与来无影去无踪的仙人和山鬼结邻相伴。心意通天而虚寂无声,脱尽阴质而形化为仙。百代之后还可遨游人间。意丹修成之士,如身上长出翅膀,羽化飞仙,自由自在地遨翔于天地之间。即使天倾西北,地缺东南,也可一览无余。汤有七年旱灾,尧有九年洪灾,世有天灾人祸,成败盛衰,唯仙人安稳不受惊扰,沧海桑田,意丹不变。任由草木荣枯,岁月变迁,因得仙人互相护持,所以修成意丹者可以安安稳稳地保持长生久视、万世不朽之境。

参考文献

《周易参同契》古今注本：

1. ［清］仇兆鳌:《古本周易参同契集注》,上海:华东师范大学出版社,2015 年。

2. ［清］朱元育(朱云阳):《周易参同契阐幽》,北京:华夏出版社,2010 年。

3. 孟乃昌、孟庆轩辑编:《万古丹经王〈周易参同契〉三十四家注释集萃》,北京:华夏出版社,1993 年。

4. 任法融:《周易参同契释义》,北京:东方出版社,2012 年。

5. 章伟文译注:《周易参同契》,北京:中华书局,2014 年。

6. 潘雨廷、孟乃昌:《周易参同契考证》,中国道教协会编。

7. 南怀瑾:《我说参同契》,北京:东方出版社,2010 年。

8. 潘启明:《周易参同契解读》,北京:光明日报出版社,2004 年。

9. 王振山:《〈周易参同契〉解读》,北京:宗教文化出版社,2013 年。

10. 萧汉明、郭东升:《〈周易参同契〉研究》,上海:上海文化出版社,2001 年。

11. 陈全林:《周易参同契注译,悟真篇注译》,北京:中国社会科学出版社,2004 年。

12. 朱炯编著:《图解周易参同契》,西安:陕西师范大学出版社,2008 年。

13. 路永照:《论〈周易参同契〉的文本系统》,《周易研究》,2011 年第 3 期。

14. 马宗军:《周易参同契研究》,济南:齐鲁书社,2013 年。

15. 吴树平整理:《周易参同契考异　周易参同契发挥　周易参同契分章注》,天津:天津古籍出版社,1988 年。

16. 《周易参同契集释》,中央编译出版社,2015 年。

当代研究文献：

17. 胡孚琛：《丹道法诀十二讲》（珍藏修订版），北京：社会科学文献出版社，2018 年。

18. 胡孚琛：《道学通论》（上下编，2018 年修订版），北京：社会科学文献出版社，2018 年。

19. 卢国龙：《道教哲学》，北京：华夏出版社，2007 年。

20. 张广保：《唐宋内丹道教》，上海：上海文化出版社，2001 年。

21. 郑开：《道家政治哲学发微》，北京：北京大学出版社，2019 年。

22. 杨立华：《匿名的拼接——内丹观念下道教长生技术的开展》，北京：北京大学出版社，2002 年。

23. 葛兆光：《道教与中国文化》，上海：上海人民出版社，1987 年。

24. 葛兆光：《屈服史及其他：六朝隋唐道教的思想史研究》，北京：生活·读书·新知三联书店，2003 年。

25. 詹石窗：《易学与道教符号揭秘》，北京：中国书店出版社，2001 年。

26. 詹石窗：《道教哲学的定义、特点与地位作用简论》，《道家文化研究》（第二十一辑），北京：生活·读书·新知三联书店，2006 年。

27. 赖贤宗：《道家诠释学》，北京：北京大学出版社，2010 年。

28. 玉昆子编著：《道家内丹修炼秘笈》，北京：华夏出版社，2007 年。

29. 孙铁骑：《内道外儒：鞠曦思想述要》，北京：中国经济出版社，2014 年。

30. 孙铁骑、彭卿主编：《鞠曦思想研究》，北京：线装书局，2018 年。

31. 无名氏述：《内证观察笔记：真图本中医解剖学纲目》，桂林：广西师范大学出版社，2009 年。

32. ［澳］柳存仁：《道教史探源》，北京：北京大学出版社，2000 年。

33. 陈国符：《道藏源流考》，北京：中华书局，1962（或 1989）年。

34. 王明：《道家与道教思想研究》，北京：中国社会科学出版社，1984（或 1987）年。

35. ［法］施舟人：《中国文化基因库》，北京：北京大学出版社，2002 年。

36. 卿希泰主编：《道教与中国传统文化》，福州：福建人民出版社，1990 年。

37. 卿希泰：《中国道教思想史纲》，成都：四川人民出版社，1980 年。

38. 孟乃昌：《〈周易参同契〉考辩》，上海：上海古籍出版社，1993 年。

39. 吕纪立著:《人天之道——〈周易参同契〉注释阐微》,华中科技大学出版社,2018 年。

40. 荣志毅:《中国炼丹术考略》,上海:上海三联书店,1998 年。

41. 艾兰、汪涛、范毓周主编,《中国古代思维模式与阴阳五行说探源》,南京:江苏古籍出版社,1998 年。

42. 宋志明、向世陵、姜日天:《中国古代哲学研究》,北京:中国人民大学出版社,1998 年。

43. 沈文华:《内丹生命哲学研究》,北京:东方出版社,2006 年。

44. 陈寅恪:《天师道与滨海地域之关系》,《陈寅恪史学论文选集》,上海:上海古籍出版社,1992 年,第 150—189 页。

45. 路永照:《论〈周易参同契〉的文本系统》,《周易研究》,2011 年。

46. 孔令宏:《宋明道教思想研究》,北京:宗教文化出版社,2002 年。

47. 张青玄注译:《悟真篇》,浙江道教学院课程教材,北京:中华书局,即出。

48. 王卡主编:《中国道教基础知识》,北京:宗教文化出版社,2005 年。

49. 王哲一、张兴发主编:《道教养生方法精粹》,北京:中医古籍出版社,2014 年。

50. 〔瑞士〕荣格、〔德〕卫礼贤著,张卜天译:《金花的秘密》,北京:商务印书馆,2019 年。

51. 〔瑞士〕荣格:《荣格文集》,申荷永总策划,高岚主编,长春:长春出版社,2014 年。

52. 〔美〕欧文·斯通著,姚锦清译:《心灵的激情:弗洛伊德传》,北京:世界图书出版公司,2015 年。

53. 威廉·詹姆士:《心理学原理》,北京:北京大学出版社,2012 年。

54. 高新民、储昭华主编:《心灵哲学》,北京:商务印书馆,2002 年。

55. 维特根斯坦:《哲学(1933):所谓“大打印稿”86—93 节》,《维特根斯坦全集》,第 12 卷,江怡译,石家庄:河北教育出版社,2003 年。

56. 〔英〕吉尔伯特·赖尔著:《心的概念》,上海:上海译文出版社,1988 年。

57. 〔德〕舍勒:《死,永生,上帝》,北京:中国人民大学出版社,2003 年。

58. 梁漱溟:《人心与人生》,上海:上海人民出版社,2011 年。

59. 梅剑华:《自我问题研究》,北京:首都师范大学出版社,2019 年。

60. 廖育群:《医者意也:认识中医》,桂林:广西师范大学出版社,2006 年。

61. 程乐松:《身体、不死与神秘主义:道教信仰的观念史视角》,北京:北京大学出版社,2017 年。

62. 程乐松:《中古道教类书与道教思想》,北京:宗教文化出版社,2017 年。

63. 戈国龙:《游心于佛道》,北京:华夏出版社,2007 年。

64. 倪梁康:《意识的向度》,北京:北京大学出版社,2000 年。

65. 温海明:《周易明意——周易哲学新探》,北京:北京大学出版社,2019 年。

66. 温海明:《道德经明意》,北京:中国社会科学出版社,2019 年。

67. 温海明:《坛经明意》,北京:宗教文化出版社,2021 年。

68. 温海明:《儒家实意伦理学》,北京:中国人民大学出版社,2014 年。

69. 李泽厚:《论语今读》,北京:中华书局,2015 年。

70. 杨立华:《一本与生生:理一元论纲要》,北京:生活·读书·新知三联书店,2018 年。

71. Pregadio, Fabrizion. *The Seal of the Unity of the Three-Mountain View*, Golden Elixir Press, 2011.

72. Lu-Chiang Wu(吴鲁强)and Tenney L、Davis(戴维斯)trans. *An Ancient Chinese Treatise on Alchemy Entitled Ts'an T'ung Ch'i*《参同契》英译, by Wei Po-Yang(魏伯阳), The University of Chicago Press, on behalf of the History of Science Society, Isis, Vol. 18, No. 2 (Oct., 1932), pp. 210‒289.

73. John R. Searle, *Consciousness and Language*, Cambridge University Press, 2002.

74. John R. Searle, *Intentionality：An Essay in the Philosophy of Mind*, Cambridge University Press, 1983.

75. 张其成:《张其成全解黄帝内经》,北京:华夏出版社,2021 年。

76. 林忠军:《象数易学发展史》,济南:齐鲁书社,1994 年。

77. 冯友兰:《三松堂全集》,郑州:河南人民出版社,2001 年。

78. 黄宗羲:《明儒学案》,北京:中华书局,2018 年。

后 记

九十年代初期,我在华东师范大学读心理学,常跟张源侠博士请教,他对我提的问题来者不拒,让我受益良多。那些年中,他对中医和丹道多有留意,很多思想融贯在他后来推动的"心意道"武学指导思想中:

> 道由心生,武源心意。身心相合,随心所欲。
> 百转千折,鹰虎龙蛇。万千拳势,总归一炁。
> 大道至简,撑筋拔骨。丹田九转,神气霄汉。
> 文人武相,武极文气。文武太极,天人一体。

对道、心、意、炁、神、天等问题的思考,伴随着我青年时代沉潜哲学的岁月。本科毕业时有一种文字学问已经读尽之后的无力感,担心自己无力穿透古圣先贤伟大著作承载的大道,好像一支努力射向真理靶心的飞箭,在逼近人生真相之时却耗光了身心能量,对唾手可得的真理只能远观而无力近品,当时深感遇到求真的瓶颈了。

那时已决意献身哲学之道,可对人生之路却深感迷茫,人生真道或许只有去波涛汹涌的社会和世界当中体悟了。天有不测风云,我以尽孝持家为务,先到厦门工作,这段经历迫使我彻底放空自己,从无法臆测的惊涛骇浪中汲取养料。蓦然回首,刚去工作的时候,我绝对无法想象,正是在鹭岛,我得到机缘参悟易学、佛学和内丹之学,这些无法在学院书本里头学到的人生智慧,让我开悟不断,醍醐灌顶。

没有鹭岛悟道的机缘,《周易明意》《坛经明意》和《新古本周易参同契明意》皆无由作矣。得林一知授后天返先天之丹道之方,通达本经阴符七术之后,多年求道之心,瞬间豁然开朗,从《易》到《参同契》一脉的内丹妙法,悟解心开,对求道修丹之术,略窥门径。1996年巧遇张维,他后来出佛入道,名虚古道人、青玄道长,他对《悟真篇》体悟深厚,研究甚深,其书最近将由中华书局出版。2016 年在厦门偶遇时,他就跟我讲解《五行攒簇图》的纲领要义,并就《参同契》《悟真篇》内在结构和条理多有开示。本书成书过程之中,跟他亦多有请益交流。1996 年还偶遇对丹道多有契悟之感的胡杰。我自鹭岛之后,多追求学问之丹道,而于身体之丹道,则随缘修习,一应自然。

自少年时代开始,我对《参同契》和《悟真篇》之学,心慕高远,希图参透。2007—2009 年间,曾以任法融道长《周易参同契释义》为讲义,与刘增光、李记芬、易佳、吴亚楠、王富宜、史经鹏等切磋共学。此后经年,因长期教学和研究《周易》之缘使然,经常琢磨思考丹道相关问题,每有良师,尽量请益,沉潜玩索,从未间断,久而久之,很多问题略有心得。

玩索既久,便知丹经本身极难,而古今体悟无穷无尽,入门尚难窥门径,何况基于《参同契》而立新说,古来几如天方夜谭。这就是为什么古今修丹之士众多,而能够依丹经立新说者少之又少。我自从夏威夷读博期间开始琢磨"意本创生"论,对于修丹与意识之关系,长期以来,多所留意。修丹的身心关系、意识对身体和心灵的调控,都是意本论哲学要体悟琢磨的问题。古圣先贤关于身心性命之修行大道,如何与现当代现象学和心灵哲学的问题沟通和对话,更是长期困扰我建构和丰富意本论哲学的重要问题。虽然我一直觉得这样的哲学问题很难有系统的答案,也曾提笔构思写作,但神思不畅,多次中途辍笔。

或许求道之人自有悟道之机缘。对意本论哲学问题长期追问,从未松懈,加上特殊的人生机缘,得以在 2016 年 4 月 9 日,面对洛城壮美的日落景象,完成此书初稿,写出"意本论"的修丹版本。全书以建构"意丹"学为旨,试图完成道教心意哲学的体系性创建。2016 年 2 月,在洛杉矶听王蓉蓉(Robin Wang)教授邀请的余强军教授修丹讲座,多受启发。时过境迁,四年中完成《周易明意》《道德经明意》《坛经明意》诸书,而此书的写作,可谓几起几落,多次搁笔,曾经担心永远无法找回"意丹"之境,徒叹时移世易,白云苍狗,物是人非,涕泣无言。幸而于绝境之中,常思朱熹、阳明、船山等绝处逢生之心境,没入庚子大疫的深沉海底,于斋戒中力存洁诚,终得以重回巅峰之丹境,找回四载之前,下笔如神的先天神意状态,所幸天意不见弃,回首修丹写意,一路跋涉,无限艰辛,险象环生,峰回路转,世事难料,长吁短叹,唏嘘难抑。

本书中心思想最后定为"通神之意",因为既然此神意通天,那么此神不可制,不可定,或可凝。我在十三岁时有灵魂出窍之感,此后似乎转成千年老神,来世一遭,冷眼静观世间起起落落,不以肉身得失为虑。在修身功法方面,黄胜得道长多次传授自家水功法,受益良多;赵薇帮助启动胎息,体验中经、讨论《黄帝内经》相关问题,多受开示,并引领向行益老师学习站桩,对觉悟身体气穴之通达,体验气机打通经络之感,对后天能量转化为先天元气之光华,理解凝神之意与通神之意的微妙关系等修炼节点,有了进一步切身体会;孙铁骑开示其师鞠曦的修炼功法和理论,并在《周易明解》导读群里用鞠曦先生的"形而中学"解读卦爻辞;王眉涵点拨小乘佛教修行;刘娜、王蓉指示民间道家导引功夫;加上与学生韩盟等探讨民间道家养生功法,指导黄天夷研究中医哲学等机缘,对全书的观点和论证都有帮助。

2018 年 8 月,在温哥华宁静的深夜,我研读鞠曦易学,感到一气呵成,于是修改《周易参同契》的初稿。草创这部书稿,助我进入浩瀚、清净、无限广远的精神历史时空之中去。这部书如此之艰深,古今注家如此之少,穿过任法融和鞠曦的解读,打通他们的理论,以期形成了自己的内丹学哲学体系——意丹学。我在夏威夷求学时,常深夜静观大洋,品波涛汹涌,如千军万马;在温哥华时,那种无限宁静中俯瞰全市之感,好像能于静定之中生成意丹,注满穿越古今的豪情。

我决意参照《参同契》古经而成意丹学。内丹修炼本来蕴含着济世救人的形而上之道,我正好可以将其在注释中哲理化、体系化。二十多年来,参研《周易》《道德经》对于体会内丹修炼之"道术",实现自我生命的内时空操控,多有助益。通过修行,不断提升自己的精神维度,改变自身的视野,来改变原来对问题以及对环境甚至他人评价的看法。哲学反思人生的最大用处还是无用之用,方为大用。哲学仅是智慧与选择的学问是不够的,还必须能够帮助人们提升精神维度,改变原来看问题视角和视野,甚至彻底改换人的精神底色。胡孚琛先生致力于推进内丹学的现代化,他如此写道:

内丹学只有搬进学术研究的殿堂,发动国内外的许多杰出科学家、哲学家、心理学家、医学家、脑科学家以此为基础共同开展研究，内丹学才能形成一套科学的新理论体系，才能超越古人冲开生面，才能真正有发展有前进，才能真正揭开内丹千古之谜并进而解开人类生命和心灵的奥秘。[1]

《周易参同契》所涉及的心身关系问题，今天仍然有着巨大的现实意义，在疫情时代受到高度关注的中医与西医关系问题，就直接与个人身心修炼问题和现代医学对话有关。在疫情期间完成此书，大有助于理解中国传统身心哲学的精髓，理解要以肾阴肾阳为根本，以中医十二正经为通路，才有身心合一，气机通天的精彩生命之旅。

理解《参同契》哲学和精神修炼，尤其是在西医主导的时代里，仔细琢磨中医哲学智慧，好像帮助我们上山看风景，看到的不再是山里的烂树叶子、破石头、垃圾和虫子。当我们打通了内时空与外在的宇宙空间，我们看问题的高度就不一样，会当凌绝顶，一览众山小，参悟精神，体会通神之意，理解境界与境遇的智慧，提升内空间的高度和维度，从而形成意丹。于是知道，意丹学体系化之后，或许也可能助人长生不老，永垂不朽，得道飞升。毕竟内空间提升，就自然打开精神生命与整个外时空的链接，正如《道德经》玄牝之门是天地大爱之门，母体大生之门，当下的阳意需以玄牝之阴意为情境创生的背景，从而时刻获得阴阳交流的能量而持续上升。

《参同契》意丹学的文字形成的时空，有些时刻不可思议。2016 年 4 月写出"意丹"之论，得当时阴阳之意融汇感通，犹如正午时刻的太平洋，波光粼粼，意丹从海面贯通天际，似乎蕴藏无限沧桑，象征此书意丹之论初成，而意丹可以横跨太平洋，具备感通天地之化境。2017 年秋，曾在苏州玄妙观附近流连忘返，感慨"道"之玄妙和"玄意门"之玄虚无边。[2] 在庚子大疫之时，体悟《参同契》难于登天的通神之意，于成书却是难以想象的天作之合。大疫之中，封城闭户，体悟天地静极之境，通于修丹所期之

---

[1] 胡孚琛：《丹道法诀十二讲》(珍藏修订版)，北京：社会科学文献出版社，2018 年，第 726 页。

[2] 仇兆鳌《古本周易参同契集注》后有《玄妙观碑记》，此玄妙观原在上虞县西南二里，乃魏伯阳故宅，元末观毁，冥冥中因缘玄妙莫名。

人身大静,气住脉停,小至一身,大至一国,身国一体,何至有别？ 庚子大疫初始,国家切断耳目口各窍,与世与民气断脉息,终于无限绝望痛苦的深层海底,调动全国之阳,拯救绝阴之地,待得一阳活络,复工温养阳气,气通升至乾鼎,终至国运周天河车,民生之意通神达天,国立家兴而脱胎换骨,生民各族返老还童,还丹九转而往纯阳国体。此取坎填离,排除阴疫之艰辛,恰证人身小阴阳,国运大阴阳,天地阴极阳生,身国一体,重振阳意,唯靠通神之意！

此《新古本》的特点,可以说是一意(通神之意)一炁(先天真一之炁)、"二天"(后天返先天)、"三通"(参同契、火炼金精、木火金)、"四言"(四言译文)、"五行"(五相类)。写作《新古本周易参同契明意》的过程,是与过往得道真人之灵魂对话的过程,也是和今世师友们交流的过程。既受清代朱云阳真人、南怀瑾先生、任法融道长、章伟文、赖贤宗、萧汉明等著作之启发,也多受王蓉蓉、吕锡琛、胡孚琛、卢国龙、陈霞、张广保、谢路军、林文钦、张其成、程乐松、陈佳红等思想与观点带来的灵感和启发。

著述之余,嘉缘荟萃,玄妙难言。曾受何建明、张雪松之邀多次赴崂山、武当山等道观讲学参访,并与道教班学员邓法炜、张兴发、王鑫等道长多有交流。北大同学李虎群传授意拳(心意拳、形意拳、大成拳)要义,朱高正老师教太极拳、站桩等,多有受益。2018 年 10 月,受谢路军教授、黄胜得先生邀请,到中央民族大学作《周易参同契的通神之意》讲座,讲稿经龙宇整理发表于《在民大听讲座:道学与术数学研究前沿》,并得杜保瑞、孙铁骑教授认可,发表于《吉林师范大学学报》2020 年第 4 期。2018 年秋季,曾以《周易参同契》英译本上比较哲学课。2019 年 5 月,在纽伦堡-爱尔兰根大学"周易与中西文化"工作坊上,巧遇《周易参同契》的译者Fabrizio Pregadio(玄英),他被同行誉为当代西方在内丹领域耕耘最深的学者。2019 年 3 月 17 日,经王鑫和刘世天道长引见,赴楼观台拜访任法融道长,他声若洪钟,气象犹龙,道通古今,德贯天地。没想到两年多时间之后,2021 年 5 月 26 日,任道长羽化登仙,其所悟丹法,后学望能继承弘扬。

2020 年 7 月,我受张青玄道长邀请,赴天台山浙江道教学院跟他与道长们参研问学,为深化本书开拓空间,期间自觉谈出了意丹境界。尤其在讲到纳甲时,似乎接通伯阳祖师构筑经典的境界,即那种依托《周易》可能达到极致的、以戊土真意通于先天真一之炁、从身心到天地和谐的境界,似乎体会到伯阳祖师写《参同契》那种美不胜收、通于天机的极致境界,也理解了他故意"乱辞"的根源。此感悟机缘或是桐柏宫道场张伯端紫阳祖师加持的缘故。

青玄道长是九十年代老友,认可中国人民大学台州籍徐兆仁教授在八十年代末主编的《东方修道文丛》之成就,该丛书在中华文化断代之际妙手相接,有无量之功德,吾辈当多加传颂。徐教授还是尼山世界儒学中心孔子研究院路则权部长的业师,后有缘相聚,一见如故,如此缘分相合,犹如1997年初因《周易辨证》(《周易正宗》前身)书缘拜访马恒君教授,感悟"易学三千家,清杂各有话,若问近世者,恒君第一家"的天道玄机,易道精微,天道循环,丝丝入扣,恰到好处。庚子冬至,唐明邦先生义女唐梦华转借胡孚琛先生《丹道法诀十二讲》(珍藏修订版)八卷,手不释卷之余,再度温习其《道学通论》,又多有收获,特别认可胡老师提出的道学使命观:"道学之士要为宇宙立基,为生灵立命,为人类图生存,为世界求和平,为科学开新篇,为社会奔大同,这就是新道学的历史使命。"[1]胡老师在百忙之中为小书赐序,不胜感激。回想疫情期间,我一边写作此书,一边重温少年时代点燃人生理想的法国思想家们如巴尔扎克、萨特、波伏娃、加缪、罗曼·罗兰、梅洛·庞蒂等的著作,感悟意丹而造意念之丹,当是学道悟道本来应有之意罢。

本成果受到中国人民大学2019年度"中央高校建设世界一流大学(学科)和特色发展引导专项资金"支持。感谢郝立新、王利明、臧峰宇、韩东晖、刘元春、李筑、肖立斌、周之江、杨朝明、路则权、孟坡、张海涛、牛喜平等师友们的关心和帮助。感谢赵敬仪(晓翠)、韩盟、孙世柳、李占科、秦凯丽、黄天夷、关欣、赵晨、郑鹤杨、尹海洋、陈迪芳、刘端俊、邹昱州、钱玉玺、袁传志、徐萃、鲁龙胜、寇哲明(Banjamin Coles)、甘文图(Arthur Ganczarski)、任寒山(Carson Ramsdell)等研究生们对此书的校对和修改。感谢多年来家人的包容和理解。感谢尼山世界儒学中心孔子研究院"泰山学者工程专项经费资助",感谢姜丹丹教授和上海三联书店黄韬、殷

---

[1] 胡孚琛:《道学通论》(2018年修订版,上下编),北京:社会科学文献出版社,2018年,上编第349页。

亚平、徐柯等的帮助,使它得以顺利出版。

　　人间意念念念相续,意念之丹是长生不老的丹道正法,可惜古今悟者寥寥。如果在天使之城犹如天启一般写下意丹学的初稿的时候,可以作为意丹学的生发时态;那在墨尔本的蓝天碧海彩帆之中修改意丹学文稿的时候,就是意丹学的进行时态;当疫情肆虐全球之历史性时刻,沉潜于帝都,其间涵泳往复,回首过往,无限江山,感慨万千,则可算是意丹学的完成时态。《参同契》和《悟真篇》早已穷尽所有丹道真理,本不需要加以赘述,我在此书中提出的不过是二十多年来自己参访学习和诚心体悟的一点心得体会,力图敷衍成论,作为"意本论"的"通神之意"之维,以就正于世间对"意丹"有感的得道之士。

　　《周易参同契》本具修丹法诀,能否彰明于天下,只待悟者自悟。一般人要想悟得先天真一之炁的存在,需要借助很多外缘,正如莫奈作画,其意能来自天地之光。此书的字里行间都在追索和确证先天真一之炁真实无妄,因为不能意会永恒的真炁,就没有灵感,也就不具备运思写作的基础。身体和意识都能感应接受先天真炁,是写作此书的关键,其他一切帮助先天真炁显现于意间的,都是外缘。但愿此书能够成为先天真炁亘古不败的见证,让后来者明白,先天真一之炁贯通天地人三才,只可意会不可言传,若能悟至先天真一之炁的化境,就能不断汲取意能,源源转化为思考写作的意识之流,如此方能确证意丹既真又实。

镜天斋主人

2016 年 4 月创于洛城

2018 年 8 月译于温村

2019 年 2 月注于泉城

2020 年 2 月解于墨村

2020 年 6 月成于京城

2021 年 6 月定于沪上

图书在版编目(CIP)数据

新古本周易参同契明意/温海明著. —上海:上海三联书店,
2022.1

ISBN 978 - 7 - 5426 - 7584 - 2

Ⅰ.①新… Ⅱ.①温… Ⅲ.①道教-气功②《周易参同契》-
研究 Ⅳ.①B234.995②R214

中国版本图书馆 CIP 数据核字(2021)第 223335 号

本书获泰山学者工程专项经费资助

新古本周易参同契明意

著　　者／温海明

责任编辑／徐建新
装帧设计／一本好书
监　　制／姚　军
责任校对／王凌霄　张　亓

出版发行／上海三联书店
　　　　　(200030)中国上海市漕溪北路331号A座6楼
邮购电话／021－22895540
印　　刷／上海惠敦印务科技有限公司

版　　次／2022年1月第1版
印　　次／2022年1月第1次印刷
开　　本／640mm×960mm　1/16
字　　数／320千字
印　　张／25.25
书　　号／ISBN 978 - 7 - 5426 - 7584 - 2/B·753
定　　价／99.00元

敬启读者,如发现本书有印装质量问题,请与印刷厂联系 021－63779028